非拘禁的措置と社会内処遇の課題と展望

刑事立法研究会 編

現代人文社

はしがき

　本書は、刑事立法研究会社会内処遇班の研究成果の一部である。タイトルが示すように、非拘禁的措置と社会内処遇を対象としている。両者はこれまで必ずしも区別されず、非拘禁的措置は社会内処遇を拡大したもの、あるいは、その諸形態として把握されてきたといってもよい。しかし、今日の日本の動きや国際的動向をみれば、非拘禁的措置は、従来の更生保護あるいは保護観察を中心とする社会内処遇のみならず、拘禁に代わる受け皿として、社会内で執行される刑罰および刑罰以外の行政的措置まで多様な方策を包含する広い概念として用いられるようになっている。従来の更生保護や社会内処遇も、電子監視や社会奉仕命令などと結びつけられることによって刑罰化され、その結果、保護観察もソーシャル・ケースワークとしての理念を失い、対象者の援助から監視へとその本質を変えようとしている。さらに、電子監視や社会奉仕命令などを独立した刑罰として非拘禁的措置に位置づける国もみられるようになった。これを一方の極とすれば、他方の極には、福祉的ネットから排除され、犯罪に陥った触法障害者・高齢者を刑事司法手続から早期に外し、福祉へとつなげていく方策として非拘禁的措置をとらえる見方もある。本書は、これらの動向を踏まえ、監視と援助という分析視角を用いながら、ソーシャル・インクルージョンの理念を基礎にした対象者の人権保障と社会復帰援助の観点から、あるべき非拘禁的措置の方策について総合的な検討を行うものである。同時に、現在国会に上程中の刑の一部執行猶予等についても批判的検討を行っている。

　本書には、社会内処遇班のメンバー以外から、韓国の金炯局弁護士（韓国ソウル西部地方法院国選担当弁護士）にも論文をお寄せいただいた。金弁護士の論文および韓国の電子監視に関する現行法令の翻訳にあたっては、崔鍾植准教授（大阪商業大学総合経営学部）および裵美蘭助教（九州大学大学院法学研究院）のお二人のご助力をいただいた。また、全体の校正においては、安田恵美さん（大阪市立大学大学院）および大塚英理子さん（一橋大学大学院）のご協力を受けた。心から感謝申し上げたい。

　本書は、科学研究費補助金基盤研究（B）「過剰収容時代における非拘禁的措置としての社会奉仕命令及び電子監視に関する比較研究」（代表者・土井政和（九州大学）、2008年度〜2010年度）および2009年度まで継続された龍谷大学矯正・保護研究センターにおける研究成果の一部である。

　　　　　　　　　　　社会内処遇班を代表して　土井政和（どい・まさかず）

第1部 総論

第1章 日本における非拘禁的措置と社会内処遇の課題
――「福祉連携型」刑事司法のあり方　土井政和……008

1. はじめに……008
2. 非拘禁的措置の内容、性格、基本原則……010
3. 非拘禁的措置と福祉の連携――「福祉連携型」刑事司法のあり方……019
4. 刑の一部執行猶予等に関する法案の批判的検討……024
5. むすび……032

第2章 中間的刑罰・社会内刑罰
甘利航司……036

1. はじめに……036
2. 社会奉仕命令（Community Service Order）……039
3. 電子監視（Electronic Monitoring）……043
4. 集中的監督プログラム（Intensive Supervision Program）……050
5. ハーフウェイハウス（Halfway House）……052
6. デイ・レポーティング・センター（Day Reporting Center）……055
7. ブート・キャンプ（Boot Camp）……057
8. 「社会内自由刑」の検討……060
9. おわりに……062

第3章 非拘禁的措置と保護観察の意義
正木祐史……073

1. はじめに……073
2. 保護観察制度の概要……074
3. 保護観察の法的問題……078
4. おわりに……089

第4章 非拘禁的措置をめぐるヨーロッパ評議会準則
大貝葵……094

1. はじめに……094
2. ヨーロッパ評議会の非拘禁的措置に関する準則の確認……094
3. ヨーロッパ評議会の準則との比較に基づく日本の社会内処遇の検討……119
4. むすびに代えて……126

第2部 各論

第5章 刑の執行猶予の実体法的考察
金澤真理 …… 136

1. はじめに …… 136
2. 執行猶予制度導入の際の議論 …… 137
3. 執行猶予制度の根拠となる思想 …… 143
4. 執行猶予の要件と量刑判断 …… 146
5. 一体としての刑の執行猶予 …… 148

第6章 刑の一部執行猶予
制度概要とその問題点　井上宜裕 …… 155

1. 序論 …… 155
2. 刑の一部執行猶予に関する試案 …… 156
3. 刑の一部執行猶予制度に対する評価 …… 166
4. 結論 …… 170

第7章 電子監視による保護観察？
甘利航司 …… 177

1. はじめに …… 177
2. 電子監視とは …… 178
3. 電子監視のはじまりと当初の議論 …… 178
4. 電子監視の展開 …… 180
5. 電子監視の「効果」…… 181
6. 拘禁（刑）の回避 …… 182
7. 電子監視「それ自体」の問題点 …… 183
8. 処遇との抵触──「信頼」の欠如 …… 185
9. おわりに …… 187

第8章 被疑者・被告人に対する非拘禁的措置
斎藤 司 …… 192

1. はじめに …… 192
2. 被疑者・被告人の非拘禁的措置としての保釈の現状と改革 …… 193
3. 保釈以外の非拘禁的措置の導入とその問題点 …… 201
4. 非拘禁的措置を実質化させるための基盤整備 …… 207
5. むすび …… 210

第9章 少年の立ち直りと「社会参加」
処遇論の視座　佐々木光明 …… 215

1. はじめに …… 215

2.「社会奉仕・社会貢献」論と「強い処遇」…… 216
3.少年保護手続における「社会参加活動」——援助のあり方のパラダイムシフト …… 220
4.立ち直りにおける子どもの権利保障と立法 …… 228
5.むすびに …… 230

第10章 更生保護施設の役割について
相澤育郎 …… 236

1.はじめに …… 236
2.更生保護施設と関連法令の沿革 …… 237
3.更生保護施設の現状と充実強化の方向性 …… 242
4.更生保護施設処遇の検討 …… 248
5.結びにかえて——更生保護施設の役割と課題 …… 256

第11章 非拘禁的措置の担い手と関連機関ネットワーク
地域生活定着支援センターを中心に　丸山泰弘 …… 263

1.はじめに——問題の所在 …… 263
2.地域生活定着支援事業について …… 265
3.司法側と福祉側からのアプローチ …… 269
4.地域生活定着支援センターにおける諸問題 …… 275
5.むすびにかえて——福祉に「沿う人」と「沿わない人」…… 278

第3部 比較法

第12章 イギリス2003年刑事司法法の運用状況
社会内処遇刑および執行猶予を中心として　高平奇恵 …… 284

1.はじめに …… 284
2.社会内処遇刑（community sentences）…… 286
3.仮釈放 …… 294
4.判決前報告 …… 297
5.結語 …… 298

第13章 アメリカにおける非拘禁的措置としての電子監視と社会奉仕命令
野尻仁将 …… 301

1.はじめに …… 301
2.電子監視 …… 302
3.社会奉仕命令 …… 309
4.おわりに …… 315

第14章
オーストラリアにおける非拘禁的措置の現状と日本への示唆
森久智江 …… 323

1. はじめに …… 323
2. オーストラリアにおける非拘禁的措置の目的 …… 323
3. オーストラリアにおける非拘禁的措置の現状とその効果 …… 329
4. むすびにかえて──日本への示唆 …… 333

第15章
ヘッセン州電子監視プロジェクトの概要
金澤真理 …… 340

1. はじめに …… 340
2. 最初のモデルプロジェクト …… 340
3. 電子監視の法的性格と実施手続 …… 341
4. 検討 …… 344

第16章
フランスにおける社会内処遇
井上宜裕 …… 350

1. はじめに …… 350
2. フランスにおける公益奉仕労働 …… 350
3. フランスにおける電子監視 …… 353
4. 結びに代えて …… 357

第17章
韓国における「特定性暴力犯罪者に対する位置追跡電子装置装着に関する法律」施行による位置追跡電子装置装着に対する考察
金炯局／翻訳：崔鍾植 …… 365

1. 序論 …… 365
2. 「電子監視装着法」の要旨 …… 366
3. 立法理由と導入の背景 …… 367
4. 運用状況と裁判例 …… 368
5. 現行電子装置装着法の問題点および改善方案 …… 370
6. 結論 …… 374

第4部 資料

特定犯罪者に対する位置追跡電子装置装着等に関する法律／同法律施行令／同法律施行規則（翻訳：崔鍾植）…… 380
更生保護法成立後の更生保護に関する略年表／更生保護に関係する主な文献（藤井剛）…… 402

第1部

総論

第1章

日本における非拘禁的措置と社会内処遇の課題
「福祉連携型」刑事司法のあり方

土井政和（九州大学大学院法学研究院教授）

1. はじめに

　1990年の第8回国連犯罪防止・犯罪者処遇会議において採択された「非拘禁措置に関する国連最低基準規則」(Standard Minimum Rules for Non-Custodial Measures　以下、「東京ルールズ」という）は、各国に社会内で実施可能な措置を拡大・充実させることを通して拘禁刑の適用を減少させ、犯罪行為者の社会復帰を促進することを要請している。しかし、その要請は期待どおりには進展せず、非拘禁的措置として社会奉仕命令や電子監視等の運用を拡大してきた国々においても刑務所人口の増加と過剰収容の問題は解決しておらず、これらの措置は必ずしも拘禁代替措置として機能していない。また、保護観察の監視機能の強化により対象者に対する保護観察官の権力的介入が進み、現実には社会内「処遇」が社会内「刑罰」化する傾向もみられる。
　2000年の第10回国連犯罪防止・犯罪者処遇会議においても、刑務所人口の増加と過剰収容を抑制するために、有効な拘禁代替措置を促進することの重要性が強調された。また、2002年の第11回国連犯罪防止刑事司法委員会でも、各国においてできる限り非拘禁的措置を活用すること、また、軽微な犯罪については修復的司法など当事者間において実現可能な施策を促進することが勧告されている。こうして、多くの国々で非拘禁的措置が存在していても十分に活用されてこなかった状況についての検討と問題の克服が要請されている[1]。
　刑務所の過剰収容状況が生じた日本でも、2006年7月、法務大臣により、刑事施設の「被収容者人員の適正化を図るとともに、犯罪者の再犯防止及び社会復帰を促進する」ための方策に関する諮問第77号が出された。「社会奉

仕を義務づける制度の導入の当否、中間処遇の在り方及び保釈の在り方など刑事施設に収容しないで行う処遇等の在り方等についてご意見を承りたい」との諮問だったため、非拘禁的措置の拡充によって刑事司法制度全体を見直し、社会内処遇の新たな展開を期待する見解も見られた。たとえば、日弁連では、不必要な拘禁の多用を排し、拘禁は最後の手段であるという国際準則に沿った刑事司法システム構築の好機とこれをとらえ、非拘禁化のための建設的な提言を行っていくことを表明し、「社会内処遇措置」に関する国際人権基準の紹介を行っている[2]。そのような方向で検討が進めば、その対象や提言の内容は広範囲に及ぶことが予想された。しかし、実際には、後述の通り、法制審議会被収容人員適正化方策に関する部会（以下、「適正化部会」という。）での検討対象はかなり絞り込まれ、最終的な提言はきわめて限定的なものとなった。

　適正化部会での審議を経て法制審議会は、2010年2月24日、「刑の一部の執行猶予制度の導入及び保護観察の特別遵守事項の類型に社会貢献活動を加えるための法整備に関する要綱（骨子）」を法務大臣に答申した。これに基づいて、「刑法等の一部を改正する法律案及び薬物使用等の罪を犯した者に対する刑の一部の執行猶予に関する法律案」（以下、「法案」という。）が策定され、第179回国会に上程された。こうして、刑の一部執行猶予という新しい制度および保護観察における社会貢献活動についての立法論議がなされるに至った。

　確かに、当初の適正化部会審議においては、多様な非拘禁的措置が取り上げられたが、審議の経過に伴い、議論の中心が、法務大臣諮問にあった、刑事施設の「被収容者人員の適正化を図る」ことや「刑事施設に収容しないで行う処遇等の在り方等」についてというよりも、諮問の一部である「犯罪者の再犯防止及び社会復帰を促進する」という目的に関するものへと集約されていったように思われる。「被収容者人員の適正化」や「刑事施設に収容しないで行う処遇等」により強い関心が向けられていれば、適正化部会の議論においても、東京ルールズなどの国際準則に基づく非拘禁的措置の拡充についての議論が活発に行われていたのではないかと思われる[3]。しかし、刑の一部執行猶予制度及び社会貢献活動がもっぱら刑罰多様化や再犯防止のための施策といった限定された枠組みの中で議論されたために、東京ルールズやその後のヨーロッパ評議会閣僚委員会規則（The European Rules on Community Sanctions and Measures. Committee of Ministers of the Council of Europe 1992.　以下、

「ヨーロッパ・ルールズ」という。）において展開された、非拘禁的措置に関する基本原則や運用方針は考慮されずに終わった。

現在、日本では、社会構造の変化の中で「福祉政策が後退し、セーフティネットから排除されたために犯罪に陥り、司法ネットに掬い上げられる結果になった高齢者、知的障害者、薬物依存者、生活習慣病を中心とする疾病保持者や難聴、手足麻痺などの障害者らが多く刑務所に収容されるようになっている。彼らに必要なのは、多くの場合、施設拘禁ではなく、ダイバージョンとしての社会内処遇であり、福祉的援助である」[4]。現在求められているのは、このような観点からの非拘禁的措置であり、そのための刑事司法の見直しではなかろうか。

本稿は、このような問題意識に立って、東京ルールズやヨーロッパ・ルールズで規定されている非拘禁的措置に関する基本原則を参考にしつつ、また、本研究会が研究成果として策定した更生保護制度に関する基本原則に基づき、刑事司法と福祉との連携という観点から、あるべき非拘禁的措置の方策について検討しようとするものである。それは同時に、対象者の人権保障と社会復帰援助の観点から社会内処遇の新たな課題にも言及することになろう。また、このような観点から、現在国会に提出されている法案についても批判的検討を加えたい。

2．非拘禁的措置の内容、性格、基本原則

(1) 概説

近年の施設内処遇から社会内処遇への重点移行の背景として、現代社会における「自由」の価値の増大とその剥奪に対する躊躇、刑務所への拘禁により社会生活の自由を奪ったうえで社会復帰のための処遇を行うという基本的矛盾、家族との別離や職場の喪失およびそれに伴う心理的な孤立といった拘禁刑の弊害、さらには、施設内における個人的ニーズに応じた処遇の困難さと一般社会内における処遇の有用さなどが指摘される。それらに加えて、最近では、過剰拘禁と収容経費の増大による刑務所の非効率性という付随的な要因がより顕在化した。このような施設拘禁に対する批判的評価は、拘禁刑適用の抑制・回避をもたらし、同時に、社会内処遇への期待を高揚させるはずであった。しかしながら、他方で、社会的には、経済的・構造的不況や福祉的ネットワークの後退などにより国民の生活不安や犯罪不安が増大し、犯

罪を行った者への厳罰化と社会的排除が促進されることになった。それは、対象者の生活再建による自立更生を目的とする保護観察を中心とする社会内処遇の枠組みを変容させ、対象者の監視と負担の付加による新たな制裁を生み出すことにもなった。非拘禁的措置という概念は、施設内処遇の対概念としての社会内処遇と必ずしも同義ではなく、社会内で執行される新たな制裁 (sanction) あるいは刑罰 (punishment) をも包含するものとなっている。

　このように、社会内処遇の拡大には２つの方向が認められる。１つは、施設内処遇の代替又は緩和の方向であり、もう１つは、社会内処遇における監視機能の強化という方向である。その背景には、刑務所の過剰収容状態を緩和する必要性、責任に応じた刑罰の多様化、被害者に対する配慮という政策的考慮がある。現実には、社会奉仕命令、集中的監督 (結合的) 保護観察、電子監視などの「社会内刑罰」化が見られる。しかし、このような傾向は、社会内処遇を福祉的なものから社会防衛的なものへと変質させる危険性を内包しているように思われる。

　たとえば、アメリカでは、医療モデルから司法モデルへの刑罰論の転換により、社会内処遇も、犯罪者の社会復帰援助を中心とするものから、刑罰的色彩を強めたものへと移っていった。イギリスでも、1991年刑事司法法６条により、社会内処遇であるプロベーション命令や社会奉仕命令を過剰拘禁対策としての拘禁刑代替手段から社会内刑罰へと転換した。その要件として、社会内刑罰を正当化する犯罪の重大性があげられた。そのことにより、社会内処遇の「厳罰化」が進み、たとえば、プロベーション命令にプロベーション・ホステル居住命令や社会奉仕命令などの付加、社会奉仕命令の刑罰化、あるいは仮釈放者・罰金不納付者・軽罪累犯者等に対する電子監視の適用拡大などが制度化された。

　このように、国民の犯罪不安感に基づく厳罰化政策は、刑務所の過剰収容をもたらしたばかりでなく、社会内処遇においても対象者に対する監視機能の強化となって現れている。特に、保護観察に電子監視を導入することも、過剰収容対策あるいは再犯防止対策として検討される状況が生まれている。また、性犯罪者の犯歴情報および居住地情報の警察への通知制度も実施されている。しかし、このような犯罪予防政策による監視機能の強化は、対象者の自立更生につながらないばかりか、社会からの排除を促し、また、対象者の社会への反発、再犯の促進となる可能性が強い。それゆえ、社会内処遇においては、社会内刑罰化を追求するのではなく、対象者の基本的人権に

配慮し、その主体性を尊重しつつ、対象者のニーズに基づく社会的援助を提供することによって社会復帰を促すことが必要であろう。

(2) 非拘禁的措置の内容

　非拘禁的措置とは何か。非拘禁的措置の最初の国際準則である東京ルールズは、非拘禁的措置（non-custodial measures）として次のものを上げている。①公判前の処分（disposition）として、警察、検察および刑事事件を取り扱うその他の機関によって行われる措置ならびに勾留回避、②公判段階の処分として、警告、懲戒及び訓戒等の口頭等による制裁、条件付き釈放、身分的制裁（status penalties）、経済的制裁ならびに罰金や日数罰金等の金銭的刑罰、没収または追徴命令、被害者に対する弁償または賠償命令、執行猶予または宣告猶予、保護観察および司法機関による監督、社会奉仕命令、出頭センターへの送致、在宅拘禁、その他の非拘禁的措置、上記各処分の併科。③判決後の処分として、一時帰休、中間処遇施設、就労もしくは教育のための釈放、各種形態の仮釈放、刑の免除、恩赦。

　ヨーロッパ・ルールズによると、「community sanction and measuresとは、犯罪をした者を地域社会内に維持したまま、条件および／または義務を賦課することによって彼らの自由に何らかの制限を課する制裁（sanction）および措置（measures）である。その執行は、その目的のために法律により規定された機関によって行われる。これは、裁判所あるいは裁判官によって課せられる制裁と、制裁の決定以前にあるいはそれに代えてとられる措置であり、また、刑務所の外で自由刑の執行を行う方法でもある。金銭的制裁はこの定義の中には含まれないが、その執行を確保するためにとられる行動の監督（supervisory）あるいは統制（controlling）はこのルールの範囲に含まれる」[5]。このルールズに基づく社会内制裁および措置をさらに促進するために出された2000年の勧告によると、立法的措置として次のような形態が例示されている。勾留代替措置、独立した制裁としての保護観察、社会奉仕活動（community service）、被害賠償、被害回復、被害者・加害者和解、薬物・アルコール濫用者や犯罪行為に関連する精神障害（mental disturbance）を負った者に対する治療命令、適切なカテゴリーの犯罪者に対する集中的監督（intensive supervision）、例えば、ヨーロッパ・ルールズ23条（人権保障）および55条（対象者にとって有意義な方法）を遵守することを条件として課せられる外出禁止命令又は電子監視、釈放後の指導監督（supervision）付きの仮釈放、が上げられている。

法制審議会適正化部会においても、社会奉仕命令、中間処遇、保釈、集中監督プログラム、在宅拘禁、電子監視、定期出頭命令、治療参加命令、ドラッグコート、強制的断薬、インターロックシステムの義務づけ、無令状捜索条項、分割刑等の諸制度について議論ないし紹介があった。その多くは、諸外国で社会内制裁と位置づけられているものである。

　東京ルールズでは、制裁という言葉は用いていなかったが、ヨーロッパ規則では、その名称に「社会内制裁」という言葉を用いており、また、「制裁」と「措置」を相対的に区別し、前者は裁判官が言い渡し、後者は行政機関の裁量で科すことができるとしている[6]。

　このように、非拘禁的措置には、きわめて多様な方法が含まれており、また、適用されている。そうであるからこそ、対象者の人権に介入する方法や程度も多様化せざるをえず、人権保障のための基本原則や詳細な規定が必要になる。ヨーロッパ・ルールズが東京ルールズよりも人権保障に詳細な規定をおき、また、その非拘禁的措置が対象者の社会復帰にとって有効であることを要求しているのもそのためであろう[7]。

(3)　非拘禁的措置の性格

　このように、非拘禁的措置の中には、これまで犯罪を行った者の社会復帰のための社会内処遇から社会内制裁あるいは社会内刑罰というべきものまで多様なものが含まれている。論者の中にも次のような見解がある。「社会内処遇において監督機能を強化すると、自由制限の程度においては、施設内処遇と社会内処遇との区別は相対化される。筆者は、強化された社会内処遇は、『社会内自由刑』と位置づけるのが、その実態を表す上で適切と考えている」とし、体感治安の悪化に伴って、犯罪者に厳しい処分を求める声が増加している中では、「適切な再犯危険性評価に基づく厳しい社会内処遇処分を実現しつつ、犯罪者の社会への円滑な再統合を図る方法こそが、今求められていると言えよう」と[8]。社会内自由刑として考えられているものは、更生保護施設への居住指定、電子監視および夜間外出禁止命令（電子監視付）、定期出頭命令、社会奉仕等の特定の活動命令、その他の厳しい遵守事項（抜き打ちの尿検査、血液検査、呼気検査等の義務づけ）である[9]。さらに、これらを拘禁刑回避ための中間的制裁として位置づけようとしている。「現在の日本には、このような多様な選択肢が存在しないため、施設内か社会内かの二者択一構造となっている」。そのため、不良措置を受けると施設内処遇への転換が図

られるので、「拘禁刑の可及的回避の見地からは、このような中間的制裁を迅速・確実に発動できるような法律整備が必要と考えられる」と[10]。

　しかし、このように、拘禁刑を回避するために、拘禁刑と社会内処遇の間に監視監督を強化した社会内刑罰あるいは中間的刑罰を設けるという方策が、対象者の人権保障との関係でどこまで正当化できるのか、また、拘禁刑の回避につながるのか、さらに、対象者の社会復帰に有用であるのかは、あらためて検討する必要がある。

　では、非拘禁的措置の性格をどう捉えるべきであろうか。拘禁刑を回避するものであれば、社会内制裁や措置を積極的に正当化し、制度化すべきなのであろうか。それとも、非拘禁的措置を社会内刑罰化ではなく、対象者の主体性の尊重と人権保障ならびに社会福祉との連携において対象者のソーシャル・インクルージョンを促進するものへと再構成すべきなのであろうか。この点について、東京ルールズやヨーロッパ・ルールズでは、必ずしも明確ではないが、少なくとも非拘禁的措置を正当化するために社会内刑罰化を積極的に推進することには消極的であるといえよう。

　東京ルールズは、「拘禁代替措置を受ける者に対する最低限度の法的保障とともに、非拘禁的措置の活用を促進するための基本的な諸原則を定める」(1.1)ことを目的とした。また、「加盟国は、人権の尊重、社会正義の要求および犯罪者の社会復帰の必要性を考慮しつつ、拘禁刑の適用を減少させることとなるその他の代替策を提供し、かつ、刑事司法制度を合理化するために、当該国の法制度の限度内において非拘禁的措置を発展させなければならない」(1.5)と定めている。非拘禁的措置の範囲については、「公判前における処分から判決後における処分に至る広範囲な非拘禁的措置を提供しなければならない」(2.3)とし、刑事司法のあらゆる段階で非拘禁的措置を提供することを義務づけている。しかも「非拘禁的措置の利用は、非刑罰化、非犯罪化への努力の一部分でなければならず、この努力を妨げまたは遅らせるものであってはならない」(2.7)とし、個人の権利や自由の尊重は、刑法の適用を制限し、減少させることをめざすとともに、厳格な基準によって正当化されえない場合には刑罰を科すべきでないということを要求しているとしている[11]。さらに、法的保障として、「犯罪者に対し義務を課する非拘禁的措置は、正式の手続もしくは裁判前またはこれに代えて適用される場合は、犯罪者の同意を求めなければならない」(3.4)とし、また、「犯罪者は、非拘禁的措置の実施に際し、個人的権利に影響を及ぼす事項について、司法機関もしくは権限を有するそ

の他の独立の機関に対し、不服申立てを行う権利を保障されなければならない」(3.5)と定めている。

　ヨーロッパ・ルールズでは、社会的制裁および措置 (community sanction and measures) の適用に際して、①社会の保護と対象者の社会的適応 (social adjustment) のためのニーズとの間で必要なバランスがとられること、②その濫用を防止し、その適用によって生じる社会的利益と不利益が十分に考慮されなければならず、拘禁の代替とすることのみを目的とする社会的制裁および措置の実施は正当化されないこと、③社会的制裁および措置は、厳格で形式的にではなく、一貫した個別化の観点に基づき実施されなければならないこと、が意図されている。また、「長期的に見れば、コミュニティーの中で刑事制裁 (penal sanction) を実施するほうが、コミュニティーから隔離して行うよりも、被害者の利益を含め社会全体をよりよく保護することができる」こと、また、「社会を保護するという観点とともに、対象者を責任ある人間 (a responsible human being) として尊重するという観点に基づいて、非拘禁的制裁および措置が実施される必要性が述べられている」[12]。

　各章の中では、対象者の人権保障として、差別の禁止、市民権および政治的権利の制限の禁止、社会保障を受ける権利の制限禁止、プライバシーの保護、対象者および家族の尊厳の保障などが規定されている。また、対象者の協力と同意を要件とし、被害者や社会に対する責任感を高め、措置への協力を確保するため、事前の説明や決定手続へ参加することが求められる。公判前の非拘禁的措置の実施には、対象者の同意が必要とされる。さらに、コミュニティーの関与と参加についても規定が置かれている。

　ここで注目すべきは、第一に、東京ルールズが述べているように、「非拘禁的措置の利用は、非刑罰化、非犯罪化への努力の一部分でなければなら」ず、「厳格な基準を用いて正当化されえない場合には刑罰を科すべきでない」ということである。ヨーロッパ・ルールズでは、社会内制裁および措置の「濫用を防止し、その適用によって生じる社会的利益と不利益が十分に考慮されなければならず、拘禁の代替とすることのみを目的とする社会的制裁および措置の実施は正当化されない」としている。また、これらに付随する条件や義務の不履行を理由とする自動的な拘禁措置への変更を行ってはならないとしている。これらは、非拘禁的措置がネット・ワイドニングになりうることを想定し、可能な限りの非拘禁化と非刑罰化を求めたものといえよう。

　第二に、対象者の基本的人権の保障と主体性の尊重である。非拘禁的措置

は刑事司法の各段階において実施されることから、司法機関だけではなく行政機関によっても適用される。対象者の人権保障を確保するためには、当該措置が人権に対する不適切なまた過度の介入や制限になってはならないことはいうまでもなく、同時に、本人の同意を要件とし、また、不服申立の機会の保障や、適用機関による説明責任と第三者機関による監督が必要とされている。

第三に、社会福祉との連携である。ヨーロッパ・ルールズは、社会保障を受ける権利の制限禁止、プライバシーの保護、対象者および家族の尊厳の保障、また、コミュニティーの関与と参加などについて規定している。これは対象者の社会復帰を社会の中で社会福祉との連携を維持・促進しつつ達成していくために不可欠なことであろう。東京ルールズやヨーロッパ・ルールズでは、この点について必ずしも十分に展開されていないが、われわれは、社会福祉との連携を更生保護改革の研究の中でできるかぎり具体化しようと試みた[13]。そこで、それをも踏まえつつ、非拘禁的措置の基本原則について述べておきたい。

(4) 非拘禁的措置の基本原則

非拘禁的措置を論じるにあたっては、まず憲法13条の個人の尊厳、31条の適正手続、36条の残虐な刑罰の禁止に関する規定等を想起しなければならない。周知のように、刑罰の執行過程とりわけ受刑者の法的地位を論ずるに当たっては、これらの憲法上の諸規定から、「デュー・プロセス関係論」が主張された[14]。これは、特別権力関係論を批判するのみならず、より積極的に、「憲法13条および31条にもとづいて刑罰権の発動として人権を制約するために広く確立されている基本的原理が、受刑者収容関係にも厳格に援用されなければならない」ことを要求している[15]。確かに、このデュー・プロセス関係論は、主として刑の執行過程を前提に論じられているが、刑の決定過程あるいは広く刑事手続におけるダイバージョンを含む「司法的処遇」全体を指導する原理とも考えられる。その点で、刑罰が文字通りウルティマ・ラティオ（最終手段）となることを導く原理でもあることをまず確認しておきたい[16]。

われわれは、これまでの研究成果として「更生保護基本法要綱試案」を策定するに際し、更生保護制度の基本原則について述べた[17]。それは、更生保護を前提としたものではあるが、非拘禁的措置にも妥当するものであり、非

拘禁的措置および社会内処遇を、社会内刑罰化ではなく、社会福祉との連携によって実施することも要請しているといえよう。その意味で、ここに関係部分を再掲しておく。

「更生保護における処遇の理論的根拠は、憲法に保障された基本的人権についての一般的保障としての『人格的発展の保障』、セーフティネットから排除された犯罪や非行をした人についての『生存権の保障』、刑事手続に関わったことによる不利益を排除するための『刑事手続の弊害除去』という三点に求められると考える。そのため、更生保護においても個人の尊厳と基本的人権の保障（実体的保障）がまず前提とされるべきであり、そこでの処遇は、対象者の主体性の尊重と、処遇者と対象者の信頼関係に基づく援助として、刑事手続の他の段階同様、適正手続に則って行われなければならない。実質的にも、保護観察対象者の社会復帰が成功するかどうかは、保護観察の担い手と対象者との間に協力・信頼関係が築けるかどうかにかかっており、対象者の協力を得るための基礎は、対象者がその人権や尊厳に対して適正な敬意をもって取り扱われることにあるからである。これが実現できなければ、対象者は、自己に課せられ、要求されていることに公正さや正義を見いだすことも確信を持つこともできないのである。再犯防止は、対象者との信頼関係を築く努力をし、彼らの生活再建のための援助を提供し、その自立的生活が構築された結果として実現されるものである。すなわち、できる限り非権力的援助を通じて対象者の更生を促進し、その反射的効果として再犯が防止されるという方向が追求されるべきである。ゆえに、更生保護制度改革を行うにあたっては、具体的に、以下のような点に留意すべきである。

第一に、更生保護における処遇は、刑事政策的発想による監視機能の強化ではなく、対象者の生活全般に対するサポートの必要性を認識した総合的支援としての援助機能の強化を主眼として改革されなければならない。そのサポートは東京ルールズおよびグロニンゲン・ルールズに謳われる同意原則に基づき、更生保護機関と対象者間の助言・説得と同意・納得の関係を前提とすることを遵守しながら、対象者が刑事司法の初期の段階におかれている時期から一貫した社会的援助として提供され、更生保護における援助措置へと円滑につなげられることが重要である。

第二に、更生保護における適正手続を実質的に保障するためには、保護観察において課せられる制限および条件は、適法かつ合理的なものでなければならず、その制限について対象者に適切な情報と法的援助が提供され、対象

者が異議を申し立てる機会が保障されなければならない。どのような根拠でどの程度の権利制約が可能なのかを比例原則に従って検討すること、前述の同意原則の前提として、遵守事項や更生保護における手続保障に関する情報の提供が行われることが必要である。自己情報についての異議申立手続が保障されていない状態で警察等他機関へ情報が提供されることは制限されるべきである。また、遵守事項違反への対応においては、遵守事項は保護観察の条件と理解すべきであって、その明確化が遵守事項違反の形式化を招くものであってはならず、自動的な不良措置がなされるべきではない。さらに、不服申立を可能とする手続的保障として、引致・留置手続については裁判所へ不服申立を可能とすること、仮釈放の申請・取消・審理過程においては単なる『面接』ではなく、『聴聞』手続ならびに代理人・補佐人の選任権、情報開示請求権の保障がなされなければならない。

　第三に、保護観察や更生緊急保護において対象者自身が真に必要な援助を受けられることを担保する制度として、社会一般に対するアカウンタビリティと対象者に対するアカウンタビリティが相補的に機能する制度的枠組みが必要である。アカウンタビリティの目的は、効率性や再犯防止の観点からこれを行うことにあるのではなく、対象者の生活再建への有効な支援が提供されているかどうかを判断することにある。個々の更生保護の担い手が実際にどのように活動しているかを評価し、問題があれば改善点を指摘するための第三者機関の設置とともに、イギリスのオンブズマン制度のように簡易迅速に更生保護に対する対象者の不服・苦情を汲み上げる制度を設けることにより、援助の実効性を高めることができる。

　第四に、更生保護における社会的援助の担い手として、更生保護機関と、矯正、労働、教育、医療、社会福祉等の機関やNGO、篤志家等の団体や市民との具体的な連携（ネットワーク）の構築が必要である。特に、社会的援助の方法および範囲が対象者の生活状況によって方向づけられるがゆえに、更生保護職員にはソーシャルワークの原則および方法に関する専門性の向上が図られなければならず、更生保護官署がコーディネートしながら、対象者の個人的な問題の解決のために福祉的援助を重層的に提供できるよう、『一貫した社会的援助』の観点に立つ『市民に開かれた更生保護ネットワーク』が構築されなければならない。また、このようなネットワークは犯罪予防目的によるコントロールの手段として利用されてはならない」。

　このような基本原則を非拘禁的措置においても考慮しつつ、次に、非拘禁

的措置と福祉の連携について論じよう。

3. 非拘禁的措置と福祉の連携
——「福祉連携型」刑事司法のあり方

(1) 前提認識

　「平成20年版犯罪白書によれば、一般刑法犯検挙人員に占める高齢者の比率は、2007年には13.3％を占め、過去20年間で約4倍になっており、65歳以上の高齢者人口の増加率約2倍と比べてもはるかに高い比率で増加している（224頁）。その犯罪の多くが窃盗で約65％を占めている。一方、毎年刑務所へ入所してくる新受刑者に占める65歳以上の高齢受刑者の比率も毎年上昇し、2007年には、男子受刑者で6.1％（過去20年間で約6倍）、女子受刑者で7.9％（同約7.2倍）にもなっている。2008年の入所受刑者数で見ると、男子では60歳以上13.7％、女子では15.8％となっている。65歳以上の満期釈放者の5年以内再入所率は約70％であり、それ以下の年齢層と比べても約10％高い。高齢者による犯罪では窃盗が特に多いがその多くが万引きであり、また、無銭飲食などの詐欺も多い。その背景を見ると、男子の場合、所持金が少なく、ホームレスや住居不定の生活を送っている者が目立ち、生活費に困窮して少額の食料品等を万引きするケースが多い。女子の場合は、生活費自体に困っているわけではないが、将来の経済的不安や、孤独感・孤立感といった心理要因が大きく影響しているように思われる（同291頁）。

　また、最近、受刑者の中に知的障害又は知的障害が疑われる者が多く含まれていることが、明らかになってきた。法務省によると、受刑者の入所時診断では、知的障害又は知的障害の疑いがあるとされる『知能指数相当値70未満』の者は6,520人（2009年）で全体の23％を占める。また、知的障害のある可能性が高い受刑者の自立支援や再犯防止策を探るため、厚労省研究班（主任研究者は田島良昭・南高愛隣会理事長）が法務省に委託して行ったサンプリング調査では、2006年10月末現在、比較的規模の大きい15刑務所に収容されていた受刑者2万7024人のうち、刑務所で医師から知的障害と診断を受けた者又は療育手帳をもっている者、ならびに、生活態度や会話能力などから『知的障害と疑われる』と心理技官らが臨床判断した者計410人を対象に調査を行った。その結果、障害年金など福祉サービスを受けるのに必要な療育手帳の所持者はわずか26人であった。罪名では窃盗が最も多く、犯罪動機で

は困窮・生活苦が36.8％を占めた。職業では無職が80.7％、学歴は中学校卒以下が86.1％であった。前回出所時に仮釈放を受けた者は２割、残りの８割は満期で出所している。身元引受人を親族としているのは27％で、未定・不詳が47％を占めた」[18]。

入所までに彼らが持っていたこれらの負因に加え、さらに、一般的な「刑務所帰り」のレッテルや前科の存在が社会的排除を促進し、社会復帰をいっそう困難にしている。

就労状況をみると、「平成21年に刑務所へ再入所した者（15,355人）のうち、無職者が占める割合が71.8パーセントにも上ることや、平成17年から平成21年までにおいて保護観察終了時に無職であった者の再犯率は36.7パーセントであり、有職者の再犯率の約５倍に上っていることなどからも、無職者の再犯率の高さは顕著となっている。刑務所出所者等は、前歴のため社会から排除されやすく、職業経験が乏しい傾向があることなどから、就労の確保が困難であることに加え、昨今の厳しい雇用・経済情勢の下では、更にその状況は厳しいものと言わざるを得ず、よりきめ細かな就労支援が必要である」[19]。

また、適切な帰住先の確保も重要な課題になっている。「刑務所出所者に占める満期釈放者の割合は年々増加している。平成21年には、満期釈放者は50.7パーセントを占め、そのうち、適当な帰住先（父母、配偶者、親族の元など）がなかった者のうち、56.6パーセント（10,651人）が１年未満に再犯に及んでおり、適当な帰住先のない者が短期間で再犯に至る傾向は顕著となっている。したがって、関係機関等が十分な連携を図ることにより帰住先を確保し、刑務所出所者等の生活基盤を安定させることが喫緊の課題である」[20]。

しかし、円滑に社会福祉に繋ぎ、その生活を再建するためにはしかるべき援助が必要であるが、従来、刑事司法と福祉を結びつける制度的な枠組みがほとんど存在しなかった。

われわれは、刑事司法制度における本人の更生に向けた福祉的援助をいわば「福祉連携型」刑事司法という観点から見直し、できる限り刑罰に依存しないで犯罪に対応する社会の実現に向けて刑事司法のあり方を再検討することが必要だと考える。可能な限り刑罰に依存しない社会における「刑事」司法という問題提起は矛盾を内包するように聞こえるかもしれない。しかし、そもそも刑罰がウルティマ・ラティオ（最終手段）でなければならないとすれば、その実現のために刑事司法はどうあるべきかを根本的に問い直すことが

必要である。そのための方策を刑事手続のプロセスの中でも追求することが、日本国憲法と国際準則に基づいた非拘禁的措置の促進にもつながるであろう。

(2) 刑事司法と福祉の連携をめぐる最近の動向

　90年代以降、犯罪増加と犯罪不安感への対応を根拠に厳罰化によるタフな刑事政策が推進されてきたが、今日では、厳罰化の前提認識や効果について懐疑論や批判論が強くなりつつある。そのような中で、法務省と厚労省の連携により、犯罪対策も刑罰依存型ではなく福祉的援助型へと展開する可能性が生まれつつある。刑事施設等へ社会福祉士・精神保健福祉士の配置、刑務所および保護観察所と福祉事務所やハローワークとの連携、出所者就労支援事業の開始、地域生活定着支援センターの設置、社会福祉法人による犯罪者（知的障害者、高齢者）等支援事業の取組、全国就労支援事業者機構の設立などがこれである。しかし、これら諸施策は緒についたばかりであり、相互の関係はまだ整序されていない。それゆえ、これらが有効に機能するには、相互の連携をネットワークとして関係づけることも必要であろう。

　最近、厚労省と法務省の連携によって自立が困難な受刑者に対する支援も始まった。たとえば、地域生活定着支援センターの設置にみられるように、従来の縦割り行政を超えて、国、自治体、福祉法人等が相互に協力し、出所者の社会復帰促進のためのネットワーク作りが始まった。また、民間の福祉法人なども犯罪をおかした高齢者や障害者などの社会復帰に関与するようになってきた。刑事司法の最終段階である更生保護の領域だけでなく、公判段階から対象者の生活再建を支援し、執行猶予へと導こうとする試みもある。たとえば、長崎の社会福祉法人南高愛隣会を中心として、全国4カ所での「地域社会内訓練事業」のモデル事業が平成22年度から始まっている。このように、とりわけ触法高齢・障害者に対しては、刑事手続と福祉的援助との連携が捜査から裁判、さらには処遇の段階においても試行されている。さらに、健常者についても、平成21年には、経団連はじめ全国規模の経済団体・企業等の発意により、刑務所出所者等の雇用の拡大を支援する全国就労支援事業者機構が設立された。その活動体である地方組織として自治体レベルでも就労支援事業者機構が設立され、具体的な支援活動が始まっている。なかでも、平成23年度から、全国3地域（東京、栃木、福岡）が更生保護就労支援モデル事業所に指定され、矯正施設等入所中も含めて就職活動支援や職場定着支援を実施し、成果を上げつつある。

これらの試みが刑事司法にいかなる影響を与えるのか、あるいは、それを積極的に組み込むことによって刑事司法そのものをいかに改革し再構成することができるのか、についての詳細な検討は今後の課題とせざるをえない。しかし、これを「福祉連携型」刑事司法という新たな観点から見直し、刑罰を文字通りウルティマ・ラティオとし、施設内、社会内を問わず、できる限り刑罰に依存しないで犯罪に対応する社会の実現へ向けた検討が必要であろう。

　しかし他方で、刑事司法と福祉との連携を無批判に促進し、非拘禁的措置を拡大する傾向に対しては注意を払わなければならない。それはまた、国家的・社会的な統制網が刑事施設を超えて社会へと拡大していくことをも意味するからである。「監獄の歴史をそれ自体の発達の歴史としてではなく、権力関係の分析を含めた広い社会的コンテクストのなかで理解しようとする立場からは、こうした自由刑代替策の展開は、自由刑の弊害を回避するという消極的な存在理由以外に、19世紀に潜在的に監獄が担った政治的機能を現代において社会化するための統制網の登場としてとらえられることになる。自由刑代替策が教育的、医療的、福祉的性格を有する場合には、とくにその統制網の拡大に注意が向けられようし、その拡大が代替策の実効性と効率性を最終的に担保する自由刑体制にもたらす効果や、代替策に至る簡略化された手続が、刑事手続の全体に及ぼす影響もここでは重要な関心となる。統制網の政治的機能をどのように規定するにせよ、19世紀の社会において、犯罪化と懲治監獄体制の整備に求められたコンセンサス確定と同質の運動が、現在、非犯罪化と脱刑事司法政策の展開を一つの軸としてくりひろげられているといえるのである」[21]。したがって、非拘禁的措置の拡大が、福祉的な支援の強制や刑事処分との代替取引とならないよう、言い換えれば、「福祉の刑事司法化」を防止するために、対象者の人権保障、適正手続の保障が実質化されなければならない。

(3) 刑事司法の見直し

　実体法である刑法の再犯加重や執行猶予など刑罰規定の見直しや、執行裁判所の設置なども検討すべき課題である。今日の知的障害者や高齢者による犯罪の実態や背景への認識は、ただ再犯者に対して重い刑罰を科してきた立法や法適用ならびにその正当化論に対して抜本的な再考を迫るものである。例えば、知的障害者や高齢者の犯罪の多くは、累犯とはいえ少額の万引きや

無銭飲食など比較的軽微な犯罪である。彼らに対し、刑罰の機能や効果を顧みることなく、重罰に処し、刑事施設に収容する政策をとり続けるべきなのであろうか。刑法59条の再犯加重規定の削除を含めた見直しが必要であろう。また、単純執行猶予から保護観察執行猶予そして実刑へと、段階的に刑の言渡を行う量刑実務も再考する必要があろう。この点で、刑法25条2項但書は削除すべきであろう[22]。

　刑事手続の各段階、特に、猶予処分（微罪処分、起訴猶予、執行猶予、仮釈放）の中で、いかなる福祉的措置が実施されており、何が課題とされているかを調査し、それを解決する理論的枠組みを検討することも必要であろう。これらの猶予処分が各機関の裁量に委ねられていることを考慮すると、その合理的裁量を根拠づける判断基準や資料が必要であり、対象者の福祉的措置の必要性と実施可能性についても検討が必要である。量刑段階での判決前調査制度については、国際犯罪学会第16回世界大会（神戸）でも、「判決前調査の国際比較――合理的量刑のための制度的方策として」のセッションが設けられ、有益な議論が行われた。しかし、判決前調査制度は裁判所における量刑段階の制度であり、行政機関によって行われる微罪処分や起訴猶予といった捜査段階における猶予処分には適用できない。それゆえ、刑事司法手続全体をカバーする制度や判断基準および調査資料の収集方法等が検討される必要がある。

　さらに、比較研究として、英米、独仏のみならず、最近、北欧（ノルウェー及びスウェーデン等）やイタリアとの比較研究が注目されつつある。犯罪行為を行った者のソーシャル・インクルージョンをはかるために、刑事司法と福祉がいかなる連携をとっているのか、今後その運用状況の調査を含む比較研究も不可欠である。

　微罪処分、起訴猶予、執行猶予の処分を受けられず、実刑を言い渡された被告人に対して、日本では、その執行を一時停止し、刑の具体的な執行方法を検討する裁判所は存在しない。執行方法は刑事施設に委ねられており、刑事施設は裁判所から送致された者を受け入れるしかない。イタリアでは、判決と刑の執行との間に、もう一つプロセスが介在する。矯正処分監督裁判所という、裁判所が言い渡した刑の具体的な執行方法を検討する裁判所である[23]。ここでは自由刑の代替刑も検討される。刑の言渡を受けた者について、施設外刑執行処遇支援事務所に所属するソーシャルワーカーが対象者について社会調査を実施し、その結果を裁判官、医師、犯罪学者らから構成される矯正処

分監督裁判所に報告する。裁判所は、それを参考に、受刑者の特性を考慮し、人道的な処遇や更生のために望ましい執行形態をあらためて決定するのである。このような制度によって、高齢者や障害者を刑事施設に収容することを回避できる仕組みが作られている。日本でも、イタリアの矯正処分監督裁判所のような執行裁判所の設置に向けた検討も必要であろう。

このように、非拘禁的措置を促進するため、刑事司法と福祉との連携のあり方が問われている中で、法案の刑の一部執行猶予や社会貢献活動の提案はいかなる意義をもつのであろうか。

4. 刑の一部執行猶予等に関する法案の批判的検討

(1) 概論

法制審議会適正化部会での検討は、社会奉仕命令、中間処遇、保釈の在り方とともに、他の非拘禁的措置についても議論したものの、結果的には、諮問にいう「刑事施設に収容しないで行う処遇等の在り方」というよりも、刑罰の多様化について提案するにとどまり、非拘禁的措置に関する東京ルールズを念頭に置いた議論も行われないままに終わった。それは、審議期間の経過とともに、諮問が出された当時の過剰収容状況が一定の落ち着きを見せ、収容者数の漸減傾向が見え始めたことや、そもそも「適正化」が単に被収容人員や収容率の減少のみを目指すものではないとされていたことも影響しているのかもしれない[24]。また、当初から、量刑において、刑の種類が少ないため、執行猶予か実刑かという選択肢しかなく、行為責任に応じた刑の言渡が難しいという運用上の問題が指摘されていたことも想起すると、このような結論は当然の帰結と考えられるかもしれない。

法制審議会の答申は、結果的に、拘禁刑と執行猶予の間の刑として刑の一部執行猶予を設けることで事実上の「厳罰化」と、社会貢献活動の義務を遵守事項に付加することで保護観察の「刑罰化」をもたらすことになると思われる。それらは、全体として保護観察を通じた監視の強化でもある。それは、社会内刑罰を推し進めるものではあっても、社会内処遇と対象者の社会復帰を促進するものとはならないであろう。

適正化部会では、被収容人員の適正化を図ることのみならず、犯罪者の再犯防止・社会復帰の促進をはかるという観点から、刑の満期終了者に対する対策についても議論された。そこでは、満期釈放者には、コントロールを強

めるべき「反社会型対象者」と、ケアや福祉的な措置を強めるべき「非社会型対象者」がいるとし、前者については、再犯防止の観点から、ミーガン法やジェシカ法、法務省から警察への情報の提供および登録と公開、GPSを用いた電子監視、ドイツの行状監督、フランスの社会司法観察刑などが議論された。後者については、上述の厚労省の科学研究と試行が紹介された[25]にとどまり、具体的な議論の進展はなかった。現在の起訴猶予や執行猶予を被収容人員の削減あるいは適正化のために有効なものにする方策についての検討も行われなかった。しかし、検討されるべきは、人員の削減という量的な問題だけではない。本来福祉的なネットワークの対象者であり、刑事施設に収容したとしても刑の効果が期待できない者に対する方策であったと思われる。ここでは、適正化部会での議論および法案の中に見られる基本的な考え方について検討したい[26]。

(2) 再犯防止

　法案の提案理由説明は次のように述べている。「近年、我が国においては、犯罪をした者の再犯者が占める割合が少なくない状況にあることから、再犯防止のための取組が政府全体の喫緊の課題となっており、効果的かつ具体的な施策を講ずることが求められています。この両法律案は、犯罪者の再犯防止及び改善更生を図るため、刑の一部執行猶予制度を導入するとともに、保護観察の特別遵守事項の類型に社会貢献活動を行うことを加えるなどの法整備を行おうとするものです」。政府によるこのような再犯防止の強調は、特に近年になって顕著になってきた。もとより、再犯防止そのものは否定されるべきものではない。しかし、その達成方法は、対象者に対する社会福祉的援助かそれとも監視統制の強化かによって全く異なる方向性および効果をもつことに注意しなければならない。

　「2005年7月には、『更生保護制度のあり方を考える有識者会議』が設置され、2006年6月には、最終報告書である『更生保護制度改革の提言──安全・安心の国づくり、地域づくりを目指して』がまとめられた。そこでは、更生保護制度の再犯防止機能に対して国民の厳しい目が向けられ、更生保護制度全般を見直すことが急務となったとの認識が示され、保護観察における監視機能の強化による再犯防止が主張された。その有識者会議提言を受けて、法務省では犯罪者予防更生法および執行猶予者保護観察法を整理統合し、対象者の改善更生と再犯防止を目的とする更生保護法案をまとめた。これは

2007年6月国会で可決され、更生保護法として成立した（2008年6月1日施行）。」[27]

　更生保護法は第1条において、更生保護の目的として、改善更生とともに戦後初めて再犯防止を規定した[28]。しかし、再犯防止は自立更生が実現できたときに果たされるものであって、再犯防止を独自に規定することは、従来のように対象者の社会的援助ではなく、監視統制の強化をもたらし、更生保護の理念を蔑ろにするものである。「再犯防止は、対象者との信頼関係を築く努力をし、彼らの生活再建のための援助を提供し、その自立的生活が構築された結果として実現されるものである。すなわち、できる限り非権力的援助を通じて対象者の更生を促進し、その反射的効果として再犯が防止されるという方向が追求されるべきである。」[29]

　しかし、その後も再犯防止という言葉は、その含意が十分に検討されることなく頻繁に用いられるようになった。犯罪対策閣僚会議「犯罪に強い社会の実現のための行動計画2008――『世界一安全な国、日本』の復活を目指して」（2008.12）においても、「再犯を防止するために効果的な新たな施策の検討」として、社会奉仕活動、刑の一部執行猶予制度等の導入、GPS発信装置を利用することの可否等について検討することが明記された[30]。さらに、法務省再犯防止対策推進会議「再犯防止策の今後の展開――就労・福祉による社会復帰支援を中心として――（中間取りまとめ）」（2010.8）では、刑務所出所者等の就労・福祉分野におけるより効果的な社会復帰支援施策の方向性[31]について提案するとともに、「再犯防止施策として、刑務所出所者等に対する釈放後の位置情報システムの装着による再犯抑止策」についても、「その在り方について関係機関等を交えた検討を行っていく必要がある」とした[32]。

　このように、再犯防止は、対象者に対する社会福祉的援助によって実現しようとする方向と電子監視等の監視統制の強化により社会防衛を図ろうとする方向に分かれる。その両者は対立矛盾するものである[33]。

　では、今回の法案は、再犯防止を強調することによって何を実現しようとしているのか。結論を先取りしていえば、それは監視統制の強化をもたらすことになると思われる。

　たとえば、施設内処遇と社会内処遇の連携が主張されているが、それをどのような観点から捉えているかが問題である。それは、対象者の危険性（再犯リスク）をどう軽減するかという観点であり、再犯防止が目的とされるものの、その実質は監視統制による社会防衛にほかならない。危険性への対応

だとすれば保安処分的構想につながり、対象者の生活再建への援助という社会復帰を実質化する観点は後退する。刑の一部執行猶予制度は、現行の仮釈放制度と比べ、残刑期間を超えてより長期間、保護観察に付すことになる[34]。監視統制の期間を長期化することによって再犯が防止できるのかはきわめて疑問である。先に議論されるべきは、現行の仮釈放制度のどこに問題があるのかである。これについては、確かに次のような議論がある。対象者は、窃盗であるとか、覚醒剤取り締まり法違反などの薬物の自己使用者であり、これらの者は、そもそも刑期が短く、仮釈放期間も平均5ヶ月と短い。しかも再犯傾向がある。これまでの仮釈放、保護観察の期間を確保しようとすると現行制度では難しいので、法律で後押ししようとしているのだ、と。しかし、仮釈放の期間が問題であれば、残刑期間主義を潜脱し、行為責任主義に反してまで刑の一部執行猶予制度を導入する必要はない。必要的仮釈放制度や善時制の導入も考えられる。より重要な課題は、保護観察の期間よりも、仮釈放者が直面する住居や職業確保の困難さや社会的孤立など生活を再建するために克服しなければならない問題であり、社会環境の調整・改善といった社会的援助である。

　また、法案によれば、刑の一部執行猶予（刑法27条の2）は、現行の執行猶予が「情状により」言い渡されるのと異なり、情状の考慮に加えて、「再び犯罪をすることを防ぐために必要であり、かつ、相当であると認められるとき」に言い渡すことができることになっている。その点で、過去の行為に対する責任非難を基本原則とする刑法の考え方とは異なる、判断の困難な将来の不確実な事項によって長期の自由制限を正当化しようとするものであって、実施されれば行為責任主義に重大な変質をもたらすことになろう。

　さらに、裁判官は、いつの時点で一部執行猶予に切り替えるべきか、すなわち、いつ施設内処遇から社会内処遇へと移すべきかを判断しなければならないが、施設内処遇の効果について十分な資料も情報もなく、再犯防止の必要性と相当性を考慮して刑の言渡をすることは困難である。また、一部執行猶予者を収容する刑務所においては、仮釈放の場合と異なり、出所時が決まっているため被収容者の社会復帰への意欲を喚起することが難しくなろう。

(3) 厳罰化

　刑の一部執行猶予制度は、実刑か執行猶予かの間の刑とされ、確かに、一方では、全部実刑の者が減少するかもしれないが、他方では、全部執行猶

予の者が一部実刑を受けることになろう。法制審議会においても、「中間的な刑責ということで、その刑期の全部を実刑にしなくてもいいのではないか、あるいは、全部執行猶予にするだけでは足りないのではないか」(部会第19回6頁)、中間的な制度を設ければ、「これが逆に裁判官が判断するに当たって、気持ちの上では一部実刑というか、実刑にしやすいという心理状態にならないか、逆に言うと実刑の場合が増える可能性はないのか」(総会)という疑問も出された。そうなれば、刑務所入所者は増えるだろう。全部実刑の者はいうに及ばず、従来であれば全部執行猶予となっていた者の中からも一部実刑となり刑務所に収容される者が出てくるからである。いずれも刑務所に入所することに変わりはない。執行猶予者と短期であれ入所者とでは、再犯率が大きく異なる。「刑務所帰り」というラベリングは社会復帰にとって大きな影響を与え、それは保護観察における補導援護をもってしても除去することは難しい。まして、保護観察の監督的側面を強化することで、社会へのインクルージョンが促進されるとは思われない。刑務所に収容されること自体の弊害を考慮することが重要である。刑務所への収容が社会復帰を阻害することは出所後の生活再建が困難となることに現れている。「従来、全部執行猶予の対象となっていた事案が一部執行猶予となって重罰化し、被収容人員の適正化という目的が達成できないという事態」が生じる[35]。

また、一部執行猶予制度の導入により、現行法下において全部実刑の事例の場合、刑務所の服役期間は短期化したとしても、猶予期間は長期化することになり、その間執行猶予取消の可能性にさらされるという不安定な地位におかれる。しかも、多くの場合、猶予期間中は保護観察に付されることになると思われるが、そうなれば刑務所収容による身体拘束に加えて、自由が制限される期間は長期化する。さらに、執行猶予期間中は資格制限を受け、特定の職業に就けないことで、事実上の重罰化となり、また、社会復帰は困難となる。

さらに、社会貢献活動が導入されることで厳罰化は進む。諸外国で導入されている社会奉仕命令は、もともとは刑務所へ収容する代わりに、社会内で労働するという刑罰である。そのようなものが社会貢献活動へと名称を変えただけで保護観察の特別遵守事項として許されるとは思われない。特別遵守事項は、あくまでも、対象者の社会復帰のために必要な限度で自由を制限し、行動指針を示すためのものである。にもかかわらず、社会貢献活動を導入すれば、諸外国で刑罰として行われているものが遵守事項として科されること

になる。特別遵守事項は刑罰法規に規定されるものではないため、罪刑法定主義の潜脱につながる。また、特別遵守事項を設定するのは行政機関であるから、行政機関による刑罰の言渡を意味するのに等しく許されない。

(4) 保護観察の変質

　適正化部会における当局の説明によると、刑の一部執行猶予制度の趣旨は、「比較的軽い罪を犯して、現行制度で実刑が言い渡される場合と執行猶予が言い渡される場合の中間の刑責を有するとともに、一定期間の施設内処遇と相応の社会内処遇を実施することが再犯防止、改善更生に必要かつ有用な者に対し、その刑責を果たさせつつ、施設内処遇と社会内処遇を連携させて再犯防止・改善更生を図るということ」[36]だとされる。

　では、実刑と執行猶予の「中間の刑責」とは何か。その量刑はどのように考えられるのか。刑の一部執行猶予で言い渡される刑は1つの刑であるということが前提とされているという。果たして1つの刑と考えることができるのであろうか。適正化部会では、社会内処遇における保護観察を付した処遇は、「一つの刑罰の在り方であると考えれば、判決の段階で、被告人の行為責任の範囲内で、刑罰の在り方として、刑事施設に収容する実刑と保護観察を伴う社会内処遇とを組み合わせた量刑の判断をすることも十分に考えられるのではないか」[37]、あるいは、「行為責任の範囲内で、実刑としての懲役刑と、保護観察付執行猶予に付された懲役刑とを適宜組み合わせた内容の刑罰を科すという発想で量刑することが考えられないか」[38]といった議論があった。

　しかし、それはこれまでの猶予処分の性格とは異なるものを導入することになろう。従来、猶予処分も保護観察もそれ自体が刑罰的性格を持つとは理解されてこなかった。上述の議論は、保護観察を刑罰化することにつながり、その性格を決定的に変質させることになろう。保護観察の監視的要素が強化されれば、保護観察をケースワークと考え、対象者の更生を援助していくという戦後の保護観察の理念は放棄されることになる。刑の1つだというのであれば、仮釈放の場合と同じく、実刑部分である施設内処遇と猶予部分である社会内処遇を連続したものとして捉え、ただ刑の執行方法が異なるものと解すべきであろう。そうだとすれば、残刑期間主義でなければ論理的一貫性を保ちえないことになる。刑の一部執行猶予は、執行猶予部分を刑罰類似のものとしつつ考試期間主義をとろうとするところに論理的矛盾がある。そ

れは、仮釈放を執行猶予と説明を変えただけで、実態は、仮釈放期間を満期を超えて延長したに過ぎない。それゆえ、「仮釈放制度ではできないことを（一部）執行猶予の名の下に実行するもので、現行の仮釈放制度における残刑期間主義を潜脱するもの」といわなければならない[39]。満期釈放者には保護観察が付されないがために、国は「問題の少ない犯罪者だけを選んで社会内処遇を実施し、問題性の高い犯罪者は放置している」といった主張があるが、満期釈放者のそのような問題は法案が想定している3年以下の懲役刑が言い渡される者ではなく、それ以上の刑期を言い渡された者にこそ当てはまるであろう[40]。しかし、そのような者であれば、現行の仮釈放の根本的な運用改善や必要的仮釈放制度または善時制の導入などが検討されるべきである。

5 民間団体等の監視統制体制への編入——連携のあり方

犯罪行為者の社会復帰に関心を持ち、積極的な支援を行う市民や民間団体等が社会内処遇に関与すること自体は否定されることではない。その関与のあり方が、対象者の生活再建への支援であり、福祉的援助である場合にはむしろ積極的に奨励されるべきことであろう。しかし、市民や民間団体が監視統制の一機関や下部組織として刑事司法の枠組みの中に編入されることがあってはならない。刑事司法が多様な社会資源との連携を行うにあたっては、その連携相手が有している基本的価値や理念を損なうことなく、その自立性を尊重しながら、対等な関係性を構築したうえで協力を求めるべきである。

① 薬物自己使用者に対する対応

本法案においては、薬物依存のある対象者への保護観察における指導監督の方法として、本人の同意のもと、「医療」あるいは「公共の衛生福祉に関する機関その他の適当な者が行う規制薬物等に対する依存を改善するための専門的な援助」を受けるよう必要な指示その他の措置をとることも予定されている（更生保護法第65条の3第1項・第2項）。このような方法によって指導監督を実施する場合、薬物自己使用に関する専門的援助の提供者として、ダルクやその他自助グループが想定されているようである。しかし、そのような民間団体の活動が刑事司法機関としての保護観察に編入され、あるいは、保護観察の下部機関化されていくことには大きな問題がある。

ダルクにおいては、薬物依存からの回復過程は段階的に進められ、「再犯防止」を直接の目的として取組みを行っているものではない。専門家による他律的な「回復」をさせる場ではなく、当事者としての主体的「回復」を目指す

自助の場において、回復過程における「失敗」を認めることができないような法的枠組みに基づき、他律的な強制に基づく「回復」を達成させようとすることは、既存の主体的「回復」の場を壊しかねない。例えば、ダルクと保護観察所の間で委託契約を結ぶ場合、処遇期間中における薬物の一時再使用について、保護観察所への通報を義務付けられる可能性も否定できない。現在においても、社会内処遇規則61条2項によって、補導委託の受託者には対象者の違法行為について保護観察所への報告義務が課されている。ダルクやその他の自助グループが、この補導委託の受託者となり、同様の報告義務が課されることになれば、必ずしも保護観察対象者のみがその場に属しているわけではないダルクにおいて、回復過程の在り方を外在的に限定される者とそうでない者という区別、あるいは、薬物再使用に対する相互監視の関係性を生じさせることとなり、ダルクが従来築いてきた回復の場を損なうこととなる。

　社会内処遇の充実を図っていくにあたり、ダルクのような民間団体や、福祉事業者等、これまで刑事司法に関与することのなかった多様な社会資源との連携を行うにあたっては、従来、その連携相手が有していた基本的価値や理念を損なうことなく、その自立性を尊重しつつ、対等な関係性を構築したうえで、処遇における協力を求めるべきである。連携の相手方は刑事司法機関の下部組織や補完機関ではないのであって、そのような自立性の尊重や対等性という前提を欠いた連携は、犯罪行為者の社会復帰について当該社会資源の本来的な力量を十分に発揮することを困難にすると思われる。

② 　社会貢献活動

　まず、社会貢献活動の内容が問題となる。年齢や性別、対象者の特性等を考慮し、実施できる社会貢献活動に差が出てくるからである。適正化部会では、公共の場所での清掃活動、福祉施設における介護補助活動等が例として挙げられているが、「みせしめ」にならないようプライバシーや名誉の保護をどうするかの問題があるほか、刑事司法における義務づけの一環（特別遵守事項）としてそれらの活動を行うことは、そのような職業に就くことをいわばサンクションとして位置づけることになりかねない。言い方をかえれば、特別遵守事項として活動先を設定することで、設定者は、図らずも職業差別観を示すこととなってしまう。

　また、対象者が社会貢献活動を履行しているか否かをどのような体制で確認・評価するかも問題である。もし、民間の同業に就いている協力者あるい

は保護司などが監視監督することになれば、民間団体等を監視統制体制へ編入することにつながるであろう。

5. むすび

　本稿は、現在進展しつつある犯罪対策としての犯罪行為者への福祉的援助を総合し、その観点から刑事司法全体を見直し、再構成することによって非拘禁的措置の拡充をはかることを提案するものである。これは、犯罪の刑罰的解決という方法をできる限り回避する具体的方策を探求し、刑罰に依存しない社会における刑事司法を構築することを目指している。それゆえ、非拘禁的措置の社会内刑罰化ではなく、社会福祉との連携を促進することを意図している。しかし、そのような方向が、福祉の刑事司法化をもたらし、対象者の人権を制限し侵害するものであってはならない。そのため、われわれは、刑事司法と福祉との連携のあり方を検討するにあたり、福祉的支援が個人に対する権力的・強制的介入や刑事処分との代替取引とならないよう、あらためて対象者の人権保障、適正手続の保障を実質化することに努めなければならない。それと同時に、刑事司法が民間団体や福祉事業者等との連携を行うにあたっては、その自立性を尊重し、対等な関係性を構築したうえで、対象者の社会復帰に向けての協力を求めるべきである。福祉機関や民間団体等は、刑事司法機関の下部組織や補完機関ではないことを忘れてはならない。

　今回の法案は、非拘禁的措置としての刑事司法と福祉との連携ではなく、社会内刑罰化を促進するものである。刑の一部執行猶予や社会貢献活動の立法化を進めるよりも、知的障害者や高齢者等、本来福祉的支援の対象とされるべき者が犯罪行為を行った場合の対応として、まずは、非刑罰的、非刑事司法的方策を模索すべきである。たとえば、刑法上の累犯規定や執行猶予制度など刑罰規定の見直しにとどまらず、刑事手続の中でも、福祉的措置による猶予処分の拡大・実質化、判決前調査制度の導入、自由刑執行裁判所の設置など、個別的、無関係に論じられがちな諸制度を福祉との連携という観点から相互に関連づけ、「福祉連携型」刑事司法を構築すべきである。それは、非拘禁的措置を拡大・促進し、刑罰を文字通りウルティマ・ラティオ（最終手段）とすることにつながるであろう。

（どい・まさかず）

1 非拘禁的措置の発展を妨げる要因とその改善策については、本書、大貝論文参照。
2 田鎖麻衣子「社会内処遇措置のための国連最低基準規則（東京ルール）について」自由と正義57巻12号（2006）、海渡雄一「欧州評議会における社会内処遇に関する国際人権基準の発展」同号。
3 適正化部会第2回会議において、弁護士監事から資料として東京ルールズとヨーロッパ・ルールズが提出されたにとどまる。議事録16頁。
4 土井政和「更生保護制度改革の動向と課題」刑事立法研究会『更生保護制度改革のゆくえ』現代人文社（2007）9頁。
5 附則（Appendix）1参照。
6 日本および諸外国で展開されている非拘禁的措置として次のものもあげられている。①公判前段階として、微罪処分、勾留の取り消し、勾留の執行停止、起訴猶予、略式命令手続、訓戒・改悛誓約（中国）、②公判及び判決段階として、罰金刑、保釈、勾留の取消、勾留の執行停止、執行猶予、刑事和解、保護観察、宣告猶予、社会奉仕命令、在宅拘禁、裁判の停止、同意によるプロベーション、条件付き釈放、管制刑（中国）、③判決後の段階として、仮釈放、外部通勤作業、外出・外泊制（帰休制）、恩赦、中間処遇制度、ハーフウェイ・ハウス、善時制、混合刑、週末拘禁、社会内処遇センター、減刑、監獄外執行（中国）、④刑事司法の全段階で行われる施策として、示談、被害者・加害者和解プログラム、被害弁償、電子監視システム。藤本哲也「刑事司法の各段階における非拘禁的措置に関する制度の特徴と課題」法学新報116巻1-2号（2009）、同「犯罪者のための社会再統合要因強化策に関する一考察」法学新報117号3-4号（2010）、染田惠『犯罪者の社会内処遇の探求』成文堂（2006）参照。
7 これについては、本書、大貝論文を参照。
8 染田、前掲、30頁。
9 染田、前掲、31頁。
10 染田、前掲、31頁。
11 Commentary on the United Nations Standard Minimum Rules for Non-Custodial Measures (The Tokyo Rules) 1993, P.10.
12 本書、大貝論文参照。
13 これについては、刑事立法研究会編『更生保護制度改革のゆくえ』現代人文社（2007）、刑事立法研究会社会内処遇班「更生保護基本法要綱試案」龍谷大学矯正・保護研究センター研究年報No.5（2008）参照。
14 福田雅章「受刑者の法的地位」澤登・所・星野・前野編著『新・刑事政策』日本評論社（1993）、同『日本の社会文化構造と人権』明石書店（2002）所収。
15 前掲、『新・刑事政策』208頁。
16 前掲、福田論文でも、自由刑の回避（ラベリング論）、自由刑緩和（「自由刑の純化」・「行刑の社会化」）にも言及している（209頁）。この点を含め、憲法と非拘禁的措置の関係について詳しくは別稿に譲ることにしたい。
17 前掲、龍谷大学矯正・保護研究センター研究年報No.5（2008）。
18 厚生労働科学研究『罪を犯した障がい者の地域生活支援に関する研究（平成18〜20年度）』(研究代表者：田島良昭）藤本哲也研究グループ報告、21頁以下。以上の記述については、土井政和「刑事司法と福祉」学士会会報889号（2011）から引用。
19 再犯防止対策関係省庁連絡会議『再犯防止施策の今後の展開〜現状の課題と施策実

現に向けた取組の方向性』(平成22年12月)、法務省再犯防止対策推進会議『再犯防止施策の今後の展開〜就労・福祉による社会復帰支援を中心として〜(中間取りまとめ)』(平成22年8月)。
20 同上。
21 刑法理論研究会『現代刑法学原論(総論)第3版』(三省堂、1996)321頁。また、社会内処遇の発展を処遇・処罰の構造転換、公的領域と私的領域の混淆ととらえる見解もある。竹村典良「非拘禁的制裁の展開構造―罰金刑と社会奉仕命令の関係性」竹村典良『犯罪と刑罰のエピステモロジー』(信山社、1999)106頁。
22 刑事立法研究会社会内処遇班「更生保護基本法要綱試案」前掲、第47　刑法の一部改正、151頁参照。本書、正木論文参照。
23 浜井浩一『実証的刑事政策論』(岩波書店、2011)405頁、同「誰を何のために罰するのか――イタリアにおける触法精神障害者及び高齢犯罪者の処遇を通して日本の刑罰と更生について考える」村井敏邦先生古稀記念論文集『人権の刑事法学』(日本評論社、2011)896頁以下。
24 正木祐史「社会貢献活動――法制審の議論」龍谷法学43巻1号(2010)124頁参照。
25 適正化部会第4回議事録4頁。
26 適正化部会における審議状況については、今井猛嘉「刑の一部の執行猶予」刑事法ジャーナル23号(2010)2頁以下。
27 前掲、「更生保護基本法要綱試案」112頁。
28 衆議院法務委員会(2007年4月25日)における更生保護法案の趣旨説明においても、長勢法務大臣は「更生保護は、犯罪をした者及び非行のある少年を実社会の中で適切に処遇することにより、その再犯を防ぎ、非行をなくし、これらの者が自立して改善更生することを助け、もって、社会を保護し、個人及び公共の福祉を増進することを目的とするものです……」と述べていた。
29 前掲、「更生保護基本法要綱試案」113頁。
30 犯罪対策閣僚会議「犯罪に強い社会の実現のための行動計画2008――『世界一安全な国、日本』の復活を目指して」(2008.12)、21頁。
31 われわれは、再犯防止の手段としての就労支援という刑事政策的発想から脱却して、本人の生活全般に対するサポートの必要性を認識した総合的支援が必要であると考えている。
32 前掲注19、「中間取りまとめ」、10頁。
33 もっとも、上述のように、社会的福祉的援助が刑事司法との連携を促進していく中で、監視統制の手段へと転化していく可能性もあることについては慎重な検討が必要である。
34 適正化部会第14回議事録、17頁。
35 刑の一部執行猶予に賛成する論者からも注意が促されている。永田憲史「刑の一部執行猶予制度導入による量刑の細分化」刑事法ジャーナル23号(2010)47頁)。他方、弁護士からも、この刑の一部執行猶予が「わずかながら、非拘禁化の道を開いたものといえる」と評価しながらも、「刑の一部執行猶予で言い渡される刑自体が現在の実刑の言渡し刑よりも重くなることも想定されないではない。これでは重罰化にしかならない」と注意を促している。(神洋明・青木和子「刑の一部執行猶予制度導入について――弁護士の立場から――」刑事法ジャーナル23号(2010)44頁。
36 適正化部会第19回議事録2頁。

37 適正化部会第13回議事録11頁。
38 適正化部会第13回議事録17頁。
39 本書、井上論文（第6章）参照。
40 太田達也「刑の一部執行猶予と社会貢献活動」刑事法ジャーナル23号（2010）19頁。

第2章
中間的刑罰・社会内刑罰

甘利航司（国学院大学法学部准教授）

1. はじめに

　本稿のテーマである中間的刑罰・社会内刑罰という言葉は、やや聞きなれないかもしれない。しかし、その適用例については、欧米ではテレビ・新聞等の報道でよく知られたものとなっている。2つの例を挙げる。アメリカの映画俳優である、ウィノナ＝ライダー（Winona Ryder）は、服飾店にて窃盗を行い、さらにバッグに鎮静剤を不法所持していた。3年間の刑務所（prison）での拘禁の可能性があったところ、裁判所は、3年間の保護観察を言い渡すとともに、社会奉仕命令、カウンセリングを受けることそして被害弁償する旨の判決を言い渡した[1]。同様にアメリカの映画俳優である、リンゼイ＝ローハン（Lindsay Lohan）は、飲酒運転中に事故を起こし、さらに車の中にコカインを所持していた。このことにつき、裁判所は、96時間のジェイル（jail）での拘禁のほかに、10日間の社会奉仕命令、36ヶ月の保護観察、18ヶ月の薬物処遇プログラムをなしとげること、数百ドルの罰金そして死体保管所を訪問し飲酒運転の被害者と話をするという、3日間のプログラムへの出席を命ずる旨の判決を言い渡した[2]。

　2つの事例で共に登場する社会奉仕命令が、中間的刑罰・社会内刑罰のもっとも代表的なものであり、その他のサンクションも（ジェイルでの拘禁を除いて）中間的刑罰・社会内刑罰である。さて、このような刑罰は、欧米で行われているだけのようにもみえる。だが、日本でもこのような刑罰を導入すべきであるという議論が近年登場した。

　その議論は、社会内処遇の「多様化」を目指すとし、次のように説く。日本では現在体感治安の悪化に伴い「犯罪者に厳しい処分を求める声が増加している。それらは、拘禁刑（実刑）を多用することが、犯罪者に対する厳しい処分を意味すると考えているように思われる」。だが、そのような厳しい処分は「社会内処遇においても十分可能」である[3]、と。

伝統的には、社会内処遇とは、保護観察等に付された人に対して、社会復帰のための援助をするものと考えられてきた。しかし、この論者は、それとは違うものを示している。むしろ、拘禁刑に匹敵するような厳しい社会内処遇があり、それは拘禁刑のかわり（拘禁の代替策）となるようなものであるというのである。そして次のように言う。「社会内処遇において監督機能を強化すると、自由制限の程度においては、施設内処遇と社会内処遇との区別は相対化される」。このように強化された社会内処遇は、「社会内自由刑」と位置づけるのが、その実態を表わすうえで適切である[4]、と。ここでは、社会内処遇がいわば刑罰として構成されている。さて、論者のいう「厳しい社会内処遇」=「社会内自由刑」であるが、「最も厳しい統制例」として次のようなものがあるとする。「（ア）更生保護施設への居住指定」であり、そこでは「門限午後6時」等の厳しい規則がある。「（イ）電子監視及び夜間外出禁止命令（電子監視付）」、さらには、GPSを活用した「対象者の所在の確認」。「（ウ）定期出頭命令」、すなわち「出頭センター〔への〕出頭命令、プロベーション・センター等所定の場所へ〔の〕定期出頭〔の〕義務付け」。「（エ）特定の活動命令」であり、「平日夜間、週末の日中に、社会奉仕命令、余暇活動等プログラムへの参加を義務付け」る[5]。

　欧米にて中間的刑罰・社会内刑罰という言葉でカテゴライズされているものが、ここでいう「社会内自由刑」である。そういったものを日本でも導入すべきかどうか。本稿の課題はそこにある。それらをアメリカの議論を中心としながら、順次検討していく。まず、日本でも導入が進められている、もっとも代表的な中間的刑罰・社会内刑罰である社会奉仕命令を扱う（上述の〔エ〕に対応する）。そして、社会奉仕命令と同様に非常に注目されている電子監視を扱う。注目されている理由は、対象者に対する監視・監督を行うことができる（とされている）からである（〔イ〕に対応する）。なお、電子監視においては、性犯罪者に対するGPSによる監視という問題があり、本稿のテーマとは一見ずれるが密接な問題であるので検討する。次に、監視・監督型の保護観察であり、電子監視を付すことが多い、集中的監督プログラム（ISP）についてみてみる。そして、（ア）とほぼ対応するハーフウェイハウスを、次に、（ウ）で述べられている出頭センターに対応するデイ・レポーティング・センター（DRC）を扱う。最後に、日本で導入が示唆されることはないが、しかし、そこで提示されている問題点が重要なブート・キャンプをとりあげることとする。

ただし、いくつか注意すべきことがある。本稿では、プロベーションやパロールという言葉が使用されている。ややラフに言ってしまえば、前者は、日本でいうところの保護観察付執行猶予であり、後者は、仮釈放(仮釈放には保護観察が付けられる。)に該当する。そして、中間的刑罰・社会内刑罰という言葉の意味である。「中間的」というのは、通常のプロベーションと拘禁刑(刑務所での収容)の中間(middle-range)だからであり[6]、また、「社会内」というのは、その実施が施設内(＝刑務所など)ではないからである。いずれにせよ、拘禁(confinement)の代替の制度という意味で同じものである[7]。そして、中間的刑罰・社会内刑罰というのが、2つの領域での使用方法があるということである。それは、どういうことかというと、一方では、拘禁回避の条件として、裁判所によって言い渡されるものがあり(Front Doorと呼ばれる。)、他方で、拘禁回避の条件として、すでに拘禁を科されている者が早期釈放に際して科されるものがあるということである(Back Doorと呼ばれる)。なお、中間的刑罰・社会内刑罰は、それぞれ組み合わされて使われる場合も多いということについても付言しておく。たとえば、電子監視を付されつつ社会奉仕命令を科されているといった場合などである。なお、本稿では、再犯という言葉が多く出てくる。この言葉は、一般的には、同種の犯罪を行ってしまうことを指すが、ここでは、文字通り、再び何らかの犯罪(そしてそこにはかなり軽微なものも含まれる。)を犯してしまうことを指す。中間的刑罰・社会内刑罰を実施することにより再犯防止効果があるのか、という言葉が多く出てくるが、対象者が再び犯罪をしないようになったかという意味であり、それは「社会復帰効果」とほぼ同義で使っている。そして、本稿のキータームとなるネット・ワイドニング(Net Widening)という言葉である。中間的刑罰・社会内刑罰は、拘禁刑のかわりとして導入されたものである。結論の先取りとなってしまうが、それらは拘禁刑のかわりとはなっておらず、むしろ、導入前だったならば軽いかたち(たとえば通常のプロベーション)で対処されていた者が、そのような刑罰が導入されたがゆえに拘禁刑対象となり、そしてその代替として中間的刑罰・社会内刑罰を言い渡されてしまっている。これがネット・ワイドニングである[8]。

　本稿では、以下のことを扱っていない。まず、罰金や被害弁償のような経済的なサンクションも中間的刑罰・社会内刑罰とされている。しかし、本稿では、冒頭で挙げた問題趣旨との関係で、それらは扱っていない。また、中間的刑罰・社会内刑罰は、細かい手続規定を踏まえたうえで議論する必要が

ある。しかし、それについても扱っていない。また、欧米の再犯防止効果の研究は、通常はきわめて実証的なものであるが、それはあまりに長大なものであるため、本稿では、簡略化されたかたちで紹介しているに過ぎない。

2．社会奉仕命令 (Community Service Order)

　社会奉仕命令とは、たとえば1年間といった一定期間に、週に3日、午前9時から午後3時まで、保護観察官の監視下で無償労働をする。労働内容としては、福祉施設で高齢者や障がい者の世話をしたり、公園や道路といった公共施設を清掃することである。

　このような社会への労働を科すというものは、伝統的に刑罰として行われてきたものでもある。中世以来、ドイツにおいては罰金を払えない者に、町の塀をつくらせる、運河の清掃を行わせるなどしていた。そして、たとえば、1614年にはスイスのベルンではこのようなことが法律上定められた。罰金を払えない者が、労働をして（罰金として言い渡された金額分を）払うという発想である[9]。また、イギリスでは、1600年前後に、（殺人等の重大犯罪を犯した者は除かれるが）犯罪者の処刑を回避して、海軍への徴用 (impressment) が行われていた。公共のために有益な労働を提供させるという目的で行われていたため、まさに現在の社会奉仕命令の思想とリンクするといえ、社会奉仕命令の「非常に興味深い先駆け」であるとされている[10]。

　時代を下って、社会奉仕命令が初めて立法化されたのは、1972年のイギリスである[11]。その経緯であるが、60年代後半から刑務所人口の増加が問題となり、それと同時に、拘禁刑がさらなる犯罪の抑止として有効ではないということが広く認められることとなった。そして、「非拘禁的刑罰と中間的刑罰 (Non-Custodial and Semi-Custodial Penalties)」と題した報告書が出された。この報告書は、当該諮問会議の小委員会の議長の名前をとってウットンリポート (Wootton Report) とも呼ばれる。その報告書の提案に基づき、1972年刑事司法法 (Criminal Justice Act) には、大要次のようなかたちで社会奉仕命令が規定されたのである。1．社会奉仕命令を受ける対象者 (offender) は16歳以上であること。2．彼／彼女が、拘禁に値するような犯罪をしたこと。3．社会奉仕命令を科すには、裁判所は、事前に保護観察官やソーシャル・ワーカーによりつくられた社会調査書を検討し、そのうえで、対象者が社会奉仕命令に適することと適切な仕事がある点について納得しなければならな

い。4．労働しなければならない範囲は、1年以内の期間での、余暇時間から割かれた40時間から240時間でなければならない。労働以外の義務はなく、プロベーションが課されるわけではない。5．対象者がもし仮に仕事場に来ない場合や指示通りに仕事をしない場合は、命令の違反として裁判所に戻され、50ポンドの罰金 (fine) を命ぜられるとともに仕事を継続するか、もしくは、社会奉仕命令の取消となる (拘禁となる)。対象者が、社会奉仕命令にすることができないような別個の犯罪を行い拘禁刑が科される場合も命令を取り消される[12]。

なお、注意が必要なのは、社会奉仕命令を科すには対象者の同意が必要であるということである。

そして、社会奉仕命令は、イギリスで導入された後、多くの国で導入されることとなった。スコットランドは1978年に導入した。デンマークとベルギーは1982年に、ポルトガルは1983年に、フランスやノルウェーは1984年に、そしてスイスは1985年に導入している[13]。欧米諸国では一般的に社会奉仕命令を導入しており、導入していない国を探すのが困難である。また、アジアでも韓国で社会奉仕命令が導入されている。

社会奉仕命令について積極的な論者は次のようにいう。ア．地域社会の側に「犯罪者の雇用や更生保護に目を向けさせる機会」が提供される。イ．アと関連して、犯罪者が社会で作業することにより「社会の応報感情」がある程度満たされとともに、「犯罪者自身、社会に直接に償いをしたという実感を抱かせる」。ウ．地域社会での労働により「犯罪者は社会復帰の機会をいっそう得る」ことができるように見えるのである[14]。

まず、アであるが、確かに対象者が社会で (真面目に) 作業している姿を人々がみることにより、犯罪者に対して関心をもつことになるだろう。だが、無償の労働が刑罰の執行として行われていることが客観的に明らかになるような状況であるならば[15]、それは、同時に、対象者に対する見せしめとしての効果も出てきてしまう。だからこそ、イの「社会の応報感情」が満たされるのだろう。つまり、犯罪者に対する関心の喚起は、実は、応報感情を満たすような「目立つ」実施とリンクしているのである。

そのため、イの直接的な「償い」の「実感」もネガティブな意味をもってくる。そのイントネーションをかえると、以下述べるようにかなり厳しい内容を有してくる可能性があるからである。タバコのポイ捨て禁止違反に対して社会奉仕命令を提案する議論が近時登場した[16]。そこでは、「地域の環境浄化活

動(例えば路上の吸い殻などの清掃)に参加させる」ことにより、「いかに社会に迷惑なものであるかを行為者に実感させることができ、社会に対する償いとしての意味は極めて大きい」とされている[17]。同様の例として、公園の遊具等を破壊したということから公園の清掃を行わせる場合が考えられる。拘禁刑においては、他人の身体を負傷した・他人の財産を侵害したという事実から、「自由」が拘束される。ここでは、行ったことと刑罰内容が抽象的にしかリンクしていない。ところが、社会奉仕命令においては、その柔軟性ゆえに、ここで挙げた例のように行った犯罪と限りなくリンクした内容の労働を科すことができることが分かる。そのことから対象者に償いの実感を与えるともいえるのであるが、むしろ、なしたことを対象者に「思い知らせる」という、(素朴な)応報的側面がより強く出てきしまうのである。

　以上のことから、ウの対象者の「社会復帰」については疑わしいように思われる。ウの論拠を支えているのは——それは社会奉仕命令が広範に使用されている理由でもあるが——次のような議論なのだと思われる。社会奉仕命令では、対象者が社会のために、たとえば非営利団体等のために働く(奉仕する)。対象者と社会との間で生じたコンフリクトを対象者自身が解消していき、そして社会が対象者を受けいれていく(再統合)。そのため、社会奉仕命令により、対象者が社会復帰していく、と[18]。しかし、社会・地域への奉仕や社会復帰を強調することはできないと思われる。何故ならば、「"community service"であって、"service to community"ではないから、地域への奉仕という原意は少なくとも見あたらない。とすると、素直に、このCSO〔＝社会奉仕命令＝引用者注〕をたんに社会内で作業を行うという刑罰ないし、その代替処分と考えた方が自然」であり、「作業を通じて、犯罪者は一般のボランティアの人々と同様、他人を援助したときの満足感……を味わうかもしれないが、それはあくまでも副次的な産物に過ぎない」からである[19]。実際の運用の場面でも、「社会奉仕命令に内在する考えは、更生(rehabilitation)というより、報復(retribution)と結びついている[20]」とされているのは、社会奉仕命令の本来の性質がやはり刑罰だからであろう[21]。「社会奉仕命令プログラムが再犯率を下げるという証拠はない[22]」とされているのも、この意味で理解可能である。

　なお、社会復帰的側面が強調されるのは、社会奉仕命令の実施に際して、対象者の同意が必要とされることにもある。つまり、対象者が「自発的に」刑罰を履行しているように見えるのである。しかし、場合によっては、同意

の存在は、労働を強制しているという批判を回避するためのものでしかない[23]。そして、実際上は、対象者が適切な情報を与えられたうえで同意しているか疑わしく[24]、単に違反しそうなものを排除するだけの形式的なものとなっている場合が多い[25]。そもそも拘禁か社会奉仕命令かの選択をせざるをえない場合での同意が「自発的に」行えるとは非常に考えにくい。結局、対象者の同意に何かしらのポジティブな意味を見出すべきではないのである。

　次に、社会奉仕命令が拘禁刑の回避となっているかが問題となる。オランダでは、社会奉仕命令は70年代初頭に導入されたが、しばらくは一般的な使用ではなかった。パイロットプロジェクトとして実施しはじめたのが1982年であり、そのあたりから一般的な使用となっている[26]。そして、オランダでは、もともとある罰金・宣告猶予刑（suspended prison sentence）と拘禁刑（unconditional prison sentence）との中間に、社会奉仕命令が導入されており、それはあくまでも6ヶ月以下の短期拘禁刑を回避するという目的であった。1985年から1994年の間で有罪を言い渡された人数自体には大した動きはなく、かつ、短期拘禁刑を言い渡された者の数が（有罪を言い渡された者の中の）約18％前後で推移しているにもかかわらず、社会奉仕命令は1985年には4％だけであったものが、1994年には15％となる右肩上がりの上昇を続けたのである[27]。つまり、ここでは、拘禁刑の回避につながっておらず、本来ならばより軽い刑罰を言い渡されるはずの者が重たい刑罰を科されているのである。このような現象、すなわちネット・ワイドニングであるが、オランダでは、50時間以内の短い社会奉仕命令を言い渡された者のうち43％がネット・ワイドニングによるものとされ、51時間から150時間の中ぐらいの社会奉仕命令を言い渡された者のうち44％がネット・ワイドニングによるものとされている[28]。

　社会奉仕命令に伴う、このネット・ワイドニングの問題に対し、日本での導入を示唆する論者は、「相当数の者を施設内処遇から社会内処遇に転換させることができるのであれば、ある程度のネット・ワイドニングがあったとしても、制度〔＝社会奉仕命令＝引用者注〕を導入する価値はある[29]」と述べる。オランダの例に従えば、確かに半分弱（aグループとする。）が刑をかさ上げされているが、他方で、半分強（bグループとする。）は拘禁刑を回避されているとはいえる。その意味で、bグループに限れば、社会内処遇への転換は行われている。このことはネガティブな意味を持ちえないのであり、導入の価値があることは理解できる。

だが、aグループは、拘禁を回避されるというbグループの利益のために、社会奉仕命令を科されてしまっているのだから、このことは不公正ではないであろうか。実際的な問題は次にある。社会奉仕命令に違反してしまうと拘禁刑を科されうるのであるから——たとえば、オランダでは社会奉仕命令の失敗率は10％前後である[30]——、拘禁を回避されたbグループの数は、時間的な幅をとりさえすれば下がったものとなる。そして、着目しなければならないのは、aグループの中にも、社会奉仕命令の違反で拘禁を科されうる者たちが当然含まれるということである。つまり、aグループの中には、社会奉仕命令が導入されなければ、(宣告猶予刑等の) 軽い対処であったのが、導入されたがために社会奉仕命令を科され、そして、その違反ゆえに拘禁を科されてしまう者たちがいるのである。以上のように考えれば、ネット・ワイドニングを超えるメリットを提示しなければ正当化できない。

3. 電子監視 (Electronic Monitoring)[31]

(1) 在宅拘禁としての電子監視

電子監視とは、一般的には在宅拘禁を行うために使用される電子装置である[32]。在宅拘禁とは、1日のある時間帯に (通常は夜中であり、たとえば夜中の9時から明け方の6時まで) 自宅にいることを命じるものである。このとき、その時間帯に対象者が自宅にいることを確認するために、対象者の足首にタグ (tag) と呼ばれるものを着けさせる[33]。対象者が自宅にいるということを、電子タグが、当該自宅に設置してある電話機につけられた受信機にシグナルを送る。そして、その受信機が、管理しているセンターに情報を送る。仮に、対象者が自宅にいない場合には電子タグがシグナルを送れないので不在であることが判明し、在宅拘禁の違反となる[34]。在宅拘禁の期間は、平均で79日 (1989年時点) であるとされているが[35]、この期間内に在宅拘禁の違反をすると、電子監視の取消となり拘禁刑を科されうる。ここでは、対象者の自宅にて自由の拘束が行われているため、自宅が刑務所代わりとなっている。そのため、比喩的に「刑務所としての自宅 (Home as Prison)」や「仮想の刑務所 (Virtual Prison)」などと呼ばれることがある[36]。

電子監視のはじまりは、1960年代のアメリカの心理学者シュビッツゲーベルの考案による。シュビッツゲーベルは、精神障がい者や受刑者の居場所を探知できるのであれば、その者たちの拘禁を避けることができると考えた。

そこで、彼は、対象者にシグナルを発する装置をつけさせ、そのシグナルをミサイルの追跡装置を改良したものにより探知し、その場所をスクリーンに出すことにより、居場所を確認するということを考案し[37]、1969年に特許を取得した。あくまでも拘禁の回避と対象者の社会復帰のためという目的であり、だからこそ、シュビッツゲーベル自身、自らの考案したものを「電子的な更生システム (electronic rehabilitation system)」としていた[38]。ところが、批判が強く実用には至らなかった[39]。

そして、時代を下り、ニューメキシコ州のアルバカーキーの判事ジャック=ラブは、1977年にスパイダーマンのコミックをみて1つの着想を得ることとなる。そのコミックの内容であるが、敵役が追跡装置を開発し、ぐったりしているスパイダーマンの腕に着け、居場所を探知するというものである。ラブは、このような追跡装置が矯正の領域でも使用できると考え、コミックのコピーと郵送物・動物につけられた追跡装置に関する記事とともに自らのアイデアの書かれた書類を州矯正局に送付した。ところが、それは相手にされなかった[40]。その後、ラブは、自らのアイデアを会社等に「売り込んだ」が同様に断られ続けた。しかし、技術者であるマイケル=ゴスは興味をもち、足首につけるタバコの箱ぐらいの電波発信装置を開発した。それは、1分ごとにシグナルを発し、それが電話に着けられた受信機に伝達され、それが本部のコンピューターに送られるというものである。発信機のシグナルが届く範囲は、受信機から45メートルほどであり、それより離れると、在宅拘禁違反が判明する仕組みとなっている。ラブは、1983年に3人のプロベーション対象者 (probationer) に保護観察の条件として電子監視を科しており、これが最初期の電子監視の使用である[41]。

そして、電子監視の使用はフロリダ州が中心となってくる（これは現在でも同様である）。1983年にフロリダのモンローカウンティーにて、28歳の男性に週末だけの在宅拘禁を言い渡す際に、電子監視が使用される。1984年の11月には、フロリダのパームビーチにて、最初の本格的なプログラムがスタートしている。最初の2年間で30のプログラムが行われ、1,000人が対象となった。次に、フロリダの他にミシガンとイリノイが主な実施州となり、1988年には、1日あたりの平均的な電子監視対象者はおよそ3,000人であった。1991年には、全米で約12,000人が対象となり、1994年には実施数が急上昇し、1998年には6万から7万5千人が電子監視対象者となっている。そして、2002年には1日あたり約10万人が、2007年には13万人以上が電

子監視対象者となっている[42]。

　アメリカの隣国カナダでは、1987年に試験的な実施が行われ、これが最初期の使用である。ヨーロッパでは、まず、イギリスが1989年に保釈の条件として使用したのがはじまりである。そして、裁判所が拘禁刑のかわりとして言い渡す刑罰（Front Door）としては、スウェーデンが1994年に導入し、イギリスが1995年に導入している。そのあとで、スコットランド（1998年）、スイス（1999年）、そしてオランダ（2004年）といったかたちで導入されていった。なお、早期釈放の際に科されるもの（Back Door）としては、オランダが1995年に導入し、イギリスが1999年に導入し、同年にスウェーデンやスイスで導入されている[43]。今現在、欧米諸国では電子監視が導入されているのが一般的であるが、アジア諸国でも韓国やシンガポールでは導入されている。

　日本での導入を示唆する論者は、ア．電子監視があることにより「社会内にとどまり、家族、会社等との関係……を維持することに価値を見いだす対象者（犯罪者）が相当数、存在する以上、その者の同意を得て電子監視を実施することに問題はない」（という見解が今日一般化している）と述べる[44]。また、イ．「過剰拘禁の緩和と処遇の多様化」、ウ．「犯罪者の社会的責任の喚起」、エ．「財政の効率化」、オ．「社会内処遇における犯罪者のコントロール強化を通じての保安の確保」として、注目に値すると述べる立場もある[45]。

　アで述べられている、対象者が家族とのつながりを切られることなく、社会内にとどまることができるということは、確かに否定できない。だが、電子監視では、刑罰の執行が自宅、つまり家庭内で行われている。このような刑罰の実施がそもそも法的に正当化できるかが問題となる[46]。憲法上は、プライバシーの侵害や不合理な捜索・押収といえるのではないかという問題（アメリカ[47]）や人格権の侵害、住居の不可侵性との抵触、行動の自由の侵害、そして電気通信の秘密や情報の自己コントロール権の侵害の問題（ドイツ[48]）がある。

　そして、電子監視が家庭内で刑罰を実施することは、対象者の家族に対する監視という側面が出てきてしまうことが避けられない。たとえば、電子監視を実施する側による、ランダムな家庭訪問や夜中に電話を掛けるということが行われている。対象者へのそのようなチェックが対象者の家族を巻き込むことなく行うことは困難である。ここでは、刑罰の履行の場所が家であるため（刑罰を科されている）対象者と（そうではないはずの）対象者の家族との区別があいまいとなってしまっている。そのため、電子監視対象者に対するプ

ライバシーの侵害の問題があることは勿論のこと、対象者の家族に対するプライバシーの侵害という問題が出てくるのである[49]。また家族に対しては別の問題もある。対象者がある一定時間に家にいない場合、対象者は電子監視の違反となり拘禁（刑）の可能性が出てくる。対象者の家族はそのことについて常に注意をせざるをえなくなり、まるで看守のような役割となってしまう[50]。そして、このことにかかわるが、対象者の家族は、対象者のかわりに食品や日用品を購入することや、電子監視を実施していくうえで必要な、たとえば電子監視業者との接触などのために、多くの時間を割かなければならなくなり、それは非常に大きな負担である[51]。そのため、対象者と対象者の家族との間にトラブルが生じる[52]。

以上述べた通り、対象者の家族は自らが刑罰を科されているかのような側面があり、同時に看守であるかのような役割を負わされる。そして、ときとして、近所の近隣住民から電子監視対象者がいる旨分かってしまうことがありうる。だとすると、電子監視を科されていることからくるスティグマ効果が対象者に発生するという従来から述べられていたことのほかに[53]、実は、対象者の家族においても、家族の一員が電子監視に科されているがゆえに発生するスティグマ効果が認められるのである[54]。

対象者は、電子監視を科されるに際しては、拘禁（刑）か電子監視かの選択を求められる。そのうえで、対象者が自らの意思で電子監視を選択しているのだから、アが述べるように問題がないという考えがある。しかし、上述したような問題を対象者の同意があるからということで正当化できるとは思えない[55]。

次にイの論拠を考えてみる。電子監視があることによって処遇が多様化するのはその通りであろう。だが、電子監視はあくまでも監視であり、「根本的には処遇に方向づけられているわけではない[56]」。そのため、保護観察官が行えるもしくは行うべきか疑わしい。諸外国では、監視業務を扱う業者（それはprivate sectorと呼ばれる。）が監視業務を担っており、そこに保護観察官が関与するのだが、それは従来の保護観察とはかなり内容が異ならざるをえない[57]。保護観察官としては、対象者の行動を大幅に管理できるが、対象者としては、管理されていることゆえに保護観察官（等）との間に信頼関係が生まれない[58]。そのため、処遇の多様化という以前に、処遇の意味は相当変化されたものとなってしまっている。

そして、イの過剰拘禁の緩和であるが、確かに拘禁刑の対象者が電子監視

となるならば、そのようにいえる。しかし、ここで２点注意すべきことがある。１点目は、電子監視の実施に伴いネット・ワイドニングが発生するということである。たとえば、フロリダ州では、拘禁を回避するために対象者に電子監視を科すというプログラムをつくったが、その結果は、刑務所で拘禁される者を減らさず、むしろ、拘禁人口を増加させただけであった[59]。そして、２点目は、電子監視の違反率の高さである。たとえば、アリゾナ州のピーマカウンティにて３ヶ月にわたって行われた170人を対象とした電子監視では、44人(25.8％)が逮捕され、16人(9.4％)がプログラム中に犯罪を犯し、12人（７％）が逃亡をしている[60]。違反者がすべて拘禁になるわけではないが、しかし、一見すると拘禁を回避されたかのように見えても、実は、事後的には拘禁となっている場合があるのである。そして、これがエの論拠にかかわる。エでいわれている、財政の効率化というのは、おそらく、刑務所等に拘禁しないですむがゆえのコストの削減であると思われるが、電子監視のコストは刑務所に比べれば安いというだけであって、通常のプロベーション・パロールに比べれば高い。使っている機材や監視システムが人件費を含めてコスト高だからである。そして、上述したようなネット・ワイドニングと違反者の拘禁の問題を合わせるとコストの削減とはなっていない。

ウとオを組み合わせて、電子監視を実施することで、対象者が社会復帰していき、保安の確保がなされるという趣旨で考えると、これも非常に疑わしい。たとえば、カナダで行われた調査では、電子監視対象者、通常のプロベーション対象者そして拘禁刑対象者の再犯率につき、「もし刑の宣告や処遇の目標の一つが対象者の再犯を減らすということであるならば、電子監視には、他の二つの矯正の選択肢〔＝プロベーションと拘禁刑＝引用者注〕と比べて、付加される効果はない。」「電子監視対象者の再犯率をプロベーション対象者と比べたときに、私達は、統計上の重要な差異を発見することはできなかった」としている[61]。つまり、電子監視それ自体には、社会復帰効果などないのである。

次にオであるが、電子監視を付されている期間において、対象者の犯罪を抑止できる、という趣旨で考えるならばそれは疑わしい[62]。まず、在宅拘禁時間以外に何を行っているかを管理することはできない。そして、仮にこの問題をできるだけ回避しようとするならば24時間体制の電子監視となる。だが、それでも家の中での犯罪を防止できるわけではない。また、イギリスの最初期の電子監視の実施は24時間によるものであったが、それは対象者

が精神的にも肉体的にも耐えられるものではないため非常に高い違反率を示し、完全な失敗例とされており[63]現実的ではない。何より、そこまでの自由拘束は、ただの憲法違反であるだろう。

(2) 性犯罪者に対する電子監視

電子監視においては、対象者に対する在宅拘禁が一般的な使用であった。ところが、アメリカをはじめとして、GPSを使用した電子監視が行われるようになっている。GPSは、特にフロリダ州を中心に展開しているため、以下では、フロリダでの状況を見てみる。

フロリダは、アメリカの各州に先駆けて1997年にGPSによる電子監視を導入した。これは、性犯罪者に対するものである。性犯罪者に対しては、たとえば、小学校や子供達が使うバス停付近や被害者の自宅付近等への立入りが禁止される。GPSによれば「リアルタイム」による監視が可能となるため、上述のような立入り禁止地域の設定とその立入り禁止違反への対処が、確実かつ実効的に行えるからである。具体的には、対象者は、タグを足首に装着されたうえで、GPSの受信機（見かけは携帯電話のようなものである。）をバッグなどに入れて携帯することが求められる。タグと受信機は引き離してしまうと、それが実施主体に分かるようになっているため、受信機をどこかにおいておくということはできない。そして、受信機を介して、監視を実施するセンターが24時間体制で対象者の位置情報を把握するのである。もし、対象者が立入り禁止地域に入ったならば、監視を実施する部門が対象者と実動部門に警告を発し、警告を受けたにもかかわらず、なお立入りを継続するならば、実動部門が対象者を確保するのである[64]。ただ、GPSの利便性のためであるが、それが性犯罪者以外に対しても使用されていくこととなる。

フロリダでは、導入後最初の1年間でGPSを付された者は3人ほどであったが、1998年には129人、1999年には177人、2000年には1,002人、2004年には1,104人、2005年には1,613人、2006年には2,147人、2007年には2,869人、そして2008年には2,933人というかたちで右肩上がりの増加をしている。このうち、性犯罪者に対するものは、2001年で37%とされている[65]。それに対し、通常の自宅の電話を利用した電子監視であるが、1998年には、1,559人であり、その数年前から大きな増減のない対象者数であったのが、GPSの増加と反比例するように、2000年には670人となり、それから少しずつ減少して2008年には244人となっている[66]。以上のようにGPSによる電子監視が

発展したのであるが、目を引くのは、2005年からGPSの対象者数が急上昇していることである。実は、2005年に重要な法改正が行われており、それは、性犯罪者に対するより厳しい制裁を内容とする、あらたな法律（それは性犯罪の被害者となった、当時9歳の女児の名前をとってジェシカ＝ランスフォード法[67]という。）が制定されたからである。同法は、刑務所から（満期）釈放された対象者であって、15歳未満の子供に対する性犯罪をした、18歳以上の者に対して電子監視を科すというものであり、ここで注目されるのは、13歳未満の子供に対する一定の性犯罪（たとえば誘拐・監禁や暴行を伴う場合。）をした者に対して、一生にわたる電子監視を科すことができるとしている点である[68]。

電子監視が新たに迎えている領域は、このような性犯罪者に対する電子監視であり、特に満期終了後に行うものである。同じような立法例は諸外国でもみられるが、GPSによる監視がやはり想定されている。

ここで対象となっている性犯罪者は、仮にGPSがなければ拘禁が科されているわけではない。その意味でここでの電子監視は、拘禁の代替策ではないのであり、従来の制度においては対応物がない。そして、一生涯にわたりつけられている場合が典型的なように、通常の電子監視とは全く異なる、非常に長期にわたる監視である。これは、日本の議論に引き付けていうと、保安処分なのである。通常の電子監視が、自宅での「拘禁」という側面が強調されていたのと異なり、ここでは「拘禁」としての意味合いは少なく、いわば「監視」に純化されているともいえる。そのため、先述した、通常の電子監視に対する批判のうち、たとえば対象者の家を刑務所代わりとしてしまう・対象者の家族が看守のようになってしまうといった問題は、必ずしもあてはまらない。

しかし、ここでのGPSによる監視は、危険性ゆえに科されているものである（保安処分であるため、特別予防のために科されているといってもよいであろう）。問題は、それが、社会の安全の確保において必要かつ最小限度のものであるか、言い換えると比例原則に合致しているのかである。つまり、他の代替手段が検討されたうえで導入されたのかである。GPSを導入したその他の州・国においては措くとしても、少なくとも、フロリダにおける性犯罪者に対するGPSの導入と、その拡大に資しているのは、監視ビジネスの存在である[69]。フロリダ矯正局（Department of Corrections）が1997年にGPS実施業者と結んだ契約はきわめて不透明であり、当然、そこには政治的な背景もある。州側が

行ったのは、まさに「正義・司法の売却 (Selling Justice)」なのである[70]。フロリダでは、あくまでも、ビジネス的・政治的な背景を伴ったかたちで導入されたのであり、プライバシー等の憲法上の権利と社会への危険性への対処とを慎重かつ適切に比較衡量したうえで導入されたわけではない。

　そして、次のような問題がある。電子監視には、スティグマ効果があるとされている。電子監視対象者は、自らを恥ずべきものと考え、自らを逸脱した存在であると認知してしまう[71]。性犯罪者に対する監視が極めて長期であることから考えると、それは非常に強いかたちで出てくる。そして、周囲の者も当該対象者をそのように逸脱した存在として（常に）把握するだろう[72]。実際上の問題として、性犯罪者に対しては、学校からある一定距離区間には住むことが禁止される。たとえば1,000フィートや2,000フィート以上離れていなければならない。この居住場所の制限のため、家族と別に暮らさなければならない対象者が多く、家族からのサポートが受けられないのだという[73]。つまり、対象者は、社会からも、そして家族からも隔絶したかたちで生活をせざるをえない。結局、GPSによる電子監視によって行っているのは、社会への統合が想定されていない——その意味で「市民 (citizen)」ではない——、淘汰・排除の対象でしかない「敵 (enemy)」をつくりだし、そして、実際に淘汰・排除することなのである。このような立法政策を肯定することは到底できない。

4．集中的監督プログラム (Intensive Supervision Program)

　アメリカで最も使用されている中間的刑罰が集中的監督プログラム（以下、ISPとする。）である[74]。これは、伝統的な保護観察 (probation; parole) と拘禁の間のものであり、通常の保護観察には適さないとされている、主に重罪を犯したリスクの高い者を対象にしている[75]。そういった者達をより効果的に監督する (supervise) ことによって、拘禁の代替とする制度である。

　ISPの原初形態は1950年代にすでにみられるが、現在と同じような形態となったのは、1980年代に入ってからであり、たとえばジョージア州は1982年に実施を開始している。そして、ISPは、1987年にはアメリカの40の州で実施され、1990年にはすべての州で実施されるようになっている[76]。

この制度の内容であるが、伝統的な保護観察との差異は監視・監督的側面である。保護観察官が対象者に対して行う接触は非常に多く、かつ、保護観察官は、対象者の雇用主との接触も行う。ここでの対象者との一対一の面接が、ISPの特色であるとされている。そして、ISPでは、保護観察官が取り扱う対象者の人数が少ない。たとえば、プロベーションにおいては保護観察官1人につき対象者29人で、それは通常のプロベーションでは1人につき139人であり、パロールにおいては保護観察官1人につき25人であり、それは通常のパロールでは66人であるのと格段の差がある[77]。このように保護観察官が対象者1人にかけられる時間等が多い。そのため、対象者1人につき面接を行う回数が多い。通常のプロベーションにおいては、1年間で平均12回であるところ、ISPにおいては1年間で平均83回である。そして、通常のパロールにおいては、1年間で平均21回であるのに対して、ISPにおいては102回であり、同様に格段の差がある[78]。
　ISPは、監督に焦点があてられるため、対象者は、厳しいルールや規則に従わなければならない。監督の内容として薬物の検査があり、対象者は検査場所に毎週行くことや、ランダムかつ事前に知らされていないかたちでの薬物の検査を受けることが求められている[79]。そして、監督は厳格に実施され、ルールや条件への違反に対しては、素早くかつ厳しく対処される[80]。このようなことの実効性を確保するため、ISPは、保護観察官と監視業務を行う者とのペアによって行われる場合もある[81]。以上のように厳格な保護観察であるため、対象者の中には、拘禁かISPかという選択をする場面において、前者を選択する者が多くいる。その数は決して少なくなく、3分の1近くが拘禁を選択している[82]。
　コストについてであるが、アリゾナ州のピーマカウンティでは、1日あたりのISPのコストは18ドルであり、通常のプロベーションでは3ドルであるのに比べて割高ではあるが、拘禁のコストが1日あたり62ドルであることに比べればやはり安く済む[83]。
　しかし、ネット・ワイドニングの問題がある。裁判官は、ISPが通常の保護観察（プロベーション）より厳格なものであることが分かると、ISPを科す傾向がある[84]。そして、ISPが監督的な保護観察であるため、（薬物を含む）技術上の違反（technical violation）率は通常のプロベーションより高い[85]。たとえば、6ヶ月以内の違反率について、カリフォルニア州のコントラ＝コスタでは、通常のプロベーションでは14％であるのに対し、ISPでは33％であり、

第2章　中間的刑罰・社会内刑罰

また同州のロス＝アンジェルスでは、通常のプロベーションでは9％であるのに対し、ISPでは29％になるとされている[86]。違反者は拘禁を科されうるので、(拘禁を回避しようとしてISPを導入したにもかかわらず)「皮肉にも、ISPは、刑務所に送られてしまうプロベーション対象者を増やしかねない[87]」のである。そのため、コスト削減になっているかは疑わしい。

　そして、再犯率についてであるが、一般的には、ISPに参加したプロベーション対象者の再犯率が下がるわけではない、もしくは通常のプロベーション対象者より再犯率が高いとされている[88]。ISPは、上述のように保護観察官と対象者との接触の回数が非常に多い。このことによって、再犯率が下がる（社会復帰が促進される）と長らく考えられていた。それにもかかわらず、再犯率が下がるわけではないというジレンマに、これまた同様に長らく悩まされてきた。興味深いのは、ISP対象者の方が再犯率が低いとされている場合があり、そこでの分析である。再犯率が低いとされている場合というのは、それは最初からリスクの低い対象者を選別しているか、ISPによる教育・就労支援が寄与しているのだという[89]。つまり、接触の多さというものでもなく、ましてや厳しい監視・監督ではなく、対象者に対する支援こそが対象者の再犯率を下げることや社会復帰に有効だとされているのである。そのため、IPSにおける監視的側面を見直すべきとして、次のように説くものがある。「コストの面では、伝統的にISPに加えて付属しているプログラム（電子監視、尿検査）はきわめて高い。ここでの費用を処遇プログラムに転換すれば、少なくとも、再犯の減少をもたらす保証がある[90]」、と。

5．ハーフウェイハウス（Halfway House）

　ハーフウェイハウスは、パロール対象者を収容して、刑務所から社会への橋渡しをするための施設であり、社会的サービスや資源、そしてサポートを受けられるようにするものである。対象者は、就労支援等のサポートを受けながら、食事や衣服、その他の生活必需品の提供を受ける。通常は、重罪を犯した者（felon）が、一般社会で働きながら、働いていない時間にこのハーフウェイハウスにて過ごす[91]。ハーフウェイハウスは、民間で運営されている場合もあり、また、公的なかたちで運営されている場合もある。

　ハーフウェイハウスの起源は、不明確なところもあるが、アメリカでは1817年までさかのぼれるとされている[92]。その年に、マサチューセッツ州の

刑務所委員会 (Prison Commission) が刑務所から釈放された対象者のための一時的な居住施設の設立を推奨したのである。委員会がこのような推奨を行った理由は、刑務所から釈放され次第、対象者は援助を受けられる環境におかれるべきであるという考えであった[93]。ただし、これはあくまでも提案としてあっただけであり、実現しなかった。というのも、刑務所にいた者が、一緒の居住空間にいると、相互に悪影響を及ぼしあうと考えられていたからである[94]。実際につくられたハーフウェイハウスの最初期のものは、1845年にニューヨークで誕生している、クウェーカー教徒により設立されたIsaac T. Hopper Homeと呼ばれるものである。これは、経済的に恵まれていない、出所した女性を対象とするものであった。このHopper Homeは今でも活動を続けている。

次いで、1864年にボストンにて、「恵まれない女性受刑者のための短期保護施設 (Temporary Asylum for Disadvantaged Female Prisoners)」が設立された。その設立の目的は、「家はないが悪徳〔など〕……を有せず、〔人生を〕やり直したいという強い熱意をもっている、州の矯正施設から釈放された女性に対して住まい、教育そして雇用を提供するため[95]」である。そこでは、食事や宿泊場所の提供だけにとどまらず、対象者に針仕事や初等教育を教えるなどをした（以後、名前をかえて存続していたが、1946年に消滅している）。そして、モード＝ブースらによって、1896年にニューヨークに「希望の家 (Hope House)」がつくられ、資金提供を受けて、シカゴ、サンフランシスコそしてニューオリンズといったところにひろがっていった[96]。だが、ハーフウェイハウスは、大恐慌の影響と、そのような困窮した状況ゆえに人々が犯罪者への処遇を疑わしいものと考えるようになったことから、1930年代から1950年代中ごろまでは、矯正の領域でほとんど姿を消していたのである。

しかし、そのあとで、刑務所に対する失望などにより、ハーフウェイハウスは、再び姿を現すこととなる。そして、1964年には全国ハーフウェイハウス協会 (IHHA = International Halfway House Association) が設立された。これは、ハーフウェイハウスの歴史の中で、きわめて重要な展開とされている。財政的な援助については、まず、1961年には、ハーフウェイハウスは政府からの（財政的な）援助を受けられるようになり、さらに、1965年には、受刑者処遇法 (Prisoner Rehabilitation Act) により、そのような処遇施設の設立が、法的に根拠づけられることとなる[97]。こういった事情から、以後、ハーフウェイハウスの数が増加することになる。1966年から1982年までの間で施設の

数は、40から1800まで増加した[98]。2005年の数値であるが、ハーフウェイハウスの対象者は約39,000人とされている[99]。

　ハーフウェイハウスは、以上でみたとおり、原則として、パロール対象者や満期釈放後における対象者のサポートを念頭においている。これをHalfway-Outと呼ぶ。しかし、プロベーション対象者に対して行う場合もあり、これをHalfway-In[100]と呼ぶ。この両者の実施形態は、かなり異なるとされている。前者においては、対象者を社会復帰させるという側面が前面に出るため、刑罰というよりは治療的で援助的である。そのため、環境としては非常に家庭的である。ところが、後者においては、対象者を一定の場所に中間的なかたちで(halfway)拘束しつつ、スタッフによる強度の監視を介したうえで、様々なプログラムをこなすことを求める刑罰なのである[101]。つまり、Halfway-Outは、「刑務所を一歩出た」がゆえに「非刑務所的」となっており、Halfway-Inは「刑務所に一歩近づいた」がゆえに「刑務所的」となっているのである[102]。

　ハーフウェイハウスでの1日当たりの拘禁費用は約43ドルとされており、それは、刑務所での拘禁費用の半分以下である[103]。ハーフウェイハウスのプログラム成功率は高いものとなっており、たとえば、連邦政府実施のハーフウェイハウスの成功率は90％であるとされている。州政府だとオハイオ州で64％である。コロラド州でのISPとの比較では、ハーフウェイハウスが55％であり、ISPが50％であり、「やや高い」数字を示している[104]。再犯率であるが、1年間の追跡調査では、73％が再犯しないとされており、その成功要因は処遇であるとされている[105]。

　ところが、ハーフウェイハウスは問題を抱えている。それは、更生保護施設が抱える問題とほぼ同様であるが、まず、近隣住民の反対がある。ハーフウェイハウスは、対象者の社会復帰を目指すものであり、そのため、住居や雇用に関するサービスを受けられるような社会的資源の近くである必要があるが、それは結局人が多く住む場所となる。しかし、多くの住民は、「私の近隣には存在しないこと (NIMBY=not in my backyard)」を求めることとなる[106]。そして、このこととリンクするが、対象者が何らかの犯罪をしないかについて、ハーフウェイハウスの職員をはじめとした実施側が、神経質になってしまっている[107]。また、ハーフウェイハウスは、なにより刑務所から社会へのソフトランディングのために重要である。ところが、ハーフウェイハウスをすべての者が利用できるわけではなく、非常に限られた者だけが利用できる。多く

の者は、刑務所からパロール（なお、アメリカでいうパロールとはかなり厳格なものである。）に直接的に移行されてしまっているという問題が指摘されている[108]。

6. デイ・レポーティング・センター
　　（Day Reporting Center）

　デイ・レポーティング・センター（以下DRCとする。）とは、高いレベルのコントロールをしつつ、対象者に処遇やその他のサービスを提供し、そしてそれに対象者が参加しなければならないという中間的刑罰・社会内刑罰である。そして、その名前が示すように、対象者は（ある一定期間に）DRCへの報告や出席が求められる点に特徴がある。DRCは、拘禁刑のかわりとしても（Front Door）、また、早期釈放の際にも使用されている（Back Door）。注目すべきは、（社会的援助のために）未決の者に対して使用される場合もあることである。

　DRCはあくまでも拘禁の代替であるため、提供されるプログラムを遵守しないなどをした場合は、より厳しい監視におかれたり、さらには社会奉仕命令や拘禁を科されることとなる[109]。なお、ハーフウェイハウスの対象者もDRCの対象者となりうるし[110]、薬物等で再犯リスクが高い者もDRCの対象となりうるが、武器を使用した犯罪を行ったような者は排除されている。DRCは、公的機関により運営されている場合も民間機関より運営されている場合もある。

　DRCは、もともとは、イギリスにて1970年代初頭に出来たデイ・センター（Day Centers）に由来する。それは、基本的な生活スキル等がない、常習的な、しかし重大な犯罪を犯すわけではない対象者に対して、各種トレーニングを提供するために登場した[111]。そして、それがアメリカに伝わり、1986年のマサチューセッツ州での実施が最初である。それは早期釈放者に対するものであり、拘禁対策という意味を有していた[112]。翌年にはコネティカット州で2つ目のDRCがつくられた。あまり正確なデータがないとされているが、1989年には8州で22のDRCがつくられ、1994年には22州で114のDRCがつくられている。1つのセンターで扱う人数が14人未満というところもあるが、平均的には、およそ85人を対象としている[113]。実施期間であるが、90日といったものから18ヶ月に及ぶものもある。たとえば、パロール対象者を扱っているシカゴの民間施設では、平均は7.2ヶ月である[114]。

DRCの対象者は、スケジュールを事前に提示され、それに従わなければならない。そのスケジュールの作成には対象者本人もかかわるが、その内容は非常に細かく、1時間ごとに行うべきことが書かれている。たとえば、個人カウンセリングやグループカウンセリングへの参加、教育的なもしくは就労のためのプログラム、ライフスキルを構築するためのプログラムへの参加をすることや、薬物治療・薬物違反の検査を受けることなどである。センターおよびプログラムの内容は、専門的かつ多くの領域にわたる。そのため、高いリスクのある重罪（felony）を犯した者を対象とするものや、軽罪犯人（misdemeanant）を対象としているセンターがあり、薬物治療に特化したセンターやドメスティック・バイオレンスの対象者に特化したセンターなどがある。提供されるプログラムも、たとえば、虐待をしてきたパートナーに対して暴力事犯をなした女性に対するものや、5歳以下の子供がいる、薬物依存の母親のためのものといった非常に細かい分け方により提供される[115]。そして、DRCの特徴でもあるが、プログラムは、開始当初と終了間際では内容が異なる。第1段階では、かなりの自由時間を（電子監視を科される等したうえで）制限され、多くの時間をセンターで過ごさなければならない。だが、第2段階ではグループカウンセリングを受けるようになり、第3段階ではセンターへの拘束が緩やかになり、また、教育・就業のための訓練を受けるのである[116]。

　そして、対象者は、頻繁にセンターに赴くことが求められる。たとえば、1週間のうち18時間もの時間をセンターで過ごし、各種プログラムを受ける。また、同時に、家にいるときには、随時、電話等でセンターに連絡をとらなければならない。仕事を持っていたり、仕事を探している対象者は、そこまで時間を割くことができないので、これより滞在時間は少なくなるが、出勤前にDRCのカウンセラーに連絡することや、仕事を終えて帰宅する前にDRCに寄りカウンセリングを受ける[117]、そして帰宅後に電話でセンターに連絡をすることが求められる。このような滞在時間は、プログラムの最初の時期ほど多く、次第に少なくなるというかたちになっている[118]。ここで少しふれたが、対象者とDRCとの連絡は非常に密である。DRCのスタッフが対象者の家に連絡をすることもあるし、職場でもありうるし、場合によっては対象者がよく行くような場所にもある[119]。そして、スタッフが対象者の家を連絡なしに訪問することや、さらには対象者の家の内部を調査することもある。

さて、DRCにおける成功率であるが、先述のマサチューセッツの実施（4か所）においては、79％が問題なくプログラムを終了し、16％が薬物使用や無断欠席によりプログラムを終了させられ、拘禁等を科されており、5％が再犯や逃亡により拘禁等を科されている[120]。しかし、一般的にはDRCの成功率は決して高くはなく、およそ半分の者しか成し遂げられない。そして、興味深いことに、監視に重点を置いたプログラムより、サービスに重点をおいたプログラムの方が、失敗率が高くなる。そのようなプログラムの方が、（対象者の期待とは裏腹に）ルールが多すぎるため、それがプログラム失敗の可能性を高めるのだという[121]。そのような厳しさのためであろうか、プログラムを成功した者と失敗した者とで再犯率に差があるわけではない[122]。また、ISPだけの対象者とISPにDRCが付された対象者の事後的経過を調べた研究は、後者において再犯率が下がるわけではないとし、ISPにDRCを付加するのは「お金の無駄」としている[123]。

7．ブート・キャンプ（Boot Camp）

　ブート・キャンプは、薬物事犯や窃盗等の財産犯を犯した、17歳から25歳といった健康的な若者（女性も対象者となる。）を主に対象としている。暴力事犯の者や暴力傾向のある者は除かれ、内容の過酷さゆえに、40歳以上は対象者とならないのが一般的である。ブート・キャンプの特徴は、90日から120日の間に施設（camp）において、対象者が軍隊のような生活を送るというものである。他の中間的刑罰・社会内刑罰と決定的に異なるのは、拘禁されているということである。しかし、中間的刑罰（・社会内刑罰）とされているのは、これがあくまでも刑務所やジェイルでの拘禁を回避するためのものであるからである。そして、裁判官が刑罰として言い渡す場合があり（Front Door）、すでに拘禁されている者が、ブート・キャンプに入隊する場合がある（Back Door）[124]。重点は後者におかれているとされている。なお、あまり知られていないが、ブート・キャンプの期間を終えた後で、ハーフウェイハウスに滞在しなければならなかったり[125]、一定期間電子監視に付される場合[126]もある。

　ブート・キャンプは、軍隊のような厳しい訓練や生活を送らせることにより、若い対象者に「ショック」を与えるものである[127]。その性質ゆえに、メディアの注目や政治的な注目を非常に浴びやすい（場合によっては最も注目を

浴びる）中間的刑罰・社会内刑罰である。

　軍隊のような生活を送らせるため、対象者は、ブート・キャンプに入るために、髪を剃らなければならない（女性は、短めの髪型にすればよい）。対象者は、グループ単位で行動しなければならず、かつ、実施者によって前もって詳細に設定されたスケジュールに沿って次のような1日を過ごさなければならない。まず、対象者は、早朝に日の出とともに起床する。そして、即座にユニフォームに着替えてグループで訓練の場所に行進して向かい、そこで訓練 (drill) を行う。訓練後、朝食の場所まで行進して向かい、そこで朝食をとるのだが、食べてよいと言われるまで食べてはならず、食事中に会話をすることは許されず、食事時間は10分間と非常に短い。朝食後に授業を受けたりもするが、肉体労働を課される場合があり、公園やハイウェイの清掃といった社会奉仕が課されることもある（当然、それは長時間にわたる）。そういった活動を終えた後も、キャンプに戻れば訓練が対象者を待っている。対象者には、自由時間が与えられず、休みなく訓練等の活動をすることが求められる。食事時間も休憩としての意味は最小限である。そして対象者は、寝る前にはスクワットをさせられて、午後9時30分には就寝するのである。対象者と実施職員は、いわば軍隊の下士官と上官という関係に立つ。対象者は、実施する職員に対しては「サー (sir)」や「マアム (ma'am)」という敬称をつけ、かつ、自らのことを「私は (I)」のように一人称で呼称するのではなく、「この者は・この候補生は (this cadet)」等の3人称で示す。対象者のユニフォームも軍隊式であるし、また、実施する職員も軍隊式の格好をしており、そもそも職員はもともと軍隊に入っていた経験がある[128]。

　ブート・キャンプは、1983年にジョージア州とオクラホマ州にて、刑務所やジェイルの過剰収容対策として創設された。さて、ブート・キャンプは、軍隊式の訓練を行うため、何故これが設けられたのかが問題となるが、もともと1800年代後半から1900年代前半においては、軍隊式の訓練が矯正に有効であると考えられていたからである。たとえば、1888年ニューヨーク州のエルミラの矯正院 (reformatory) にて、海軍新兵用 (boot) の合宿地 (camp) で行われている訓練を組み込んだ矯正プログラムが実施されており、ここに原型を見いだすことができる[129]。その後、そのようなプログラムは拡大することはなかった。しかし、その約100年後にすがたをかえて登場したブート・キャンプは、その開始時点である1980年代初頭から90年代初頭まで、極めて注目されその実施を拡大していった。その理由は、厳しい訓練等が、

犯罪に対する厳しい態度（tough on crime）をみせるという、当時の政治的風潮に合致していたからである。ここでは、対象者が、刑務所等にて怠惰に過ごすのではなく[130]、自らの犯した犯罪を、償わされているようにも見えるからである[131]。ブート・キャンプは1995年には州および連邦レベルで、成人用のキャンプが93、そして少年用のキャンプが30存在し、7,000人以上の対象者がいた。ところが、2000年にはおよそ3分の1のキャンプが閉鎖され、その減少傾向は継続している[132]。

さて、コストの面であるが、（刑務所等での）拘禁を回避できるならば、それはコスト削減となりうる[133]。ブート・キャンプが主に想定している場面は、すでに拘禁を科されている者が早期釈放の際に科されるというものである。そのとき、残余の期間と同期間科されるのではなく、凝縮したかたちで、つまり短期間のブート・キャンプへの参加が科されるのである。ところが、ブート・キャンプは過酷である。その内容はすでに述べたが、他にも、与えられたプログラムにわずかでも反してしまうと、その場ですぐに腕立て伏せやランニング等のサンクションが課される[134]。こういった事情のため、ブート・キャンプは脱落者が非常に多い。それは、30から40％に至り、かつ、その脱落は実施当初の期間に生じる[135]。それらが、当初の拘禁に戻されていることを考えると、コスト削減となっているかは疑わしい。

再犯防止効果であるが、これが非常に興味深い。先述のとおり、1980年代においてブート・キャンプが拡大したのは、その厳罰性であった。しかし、そこで拡大に寄与していたのはそれだけではなく、ブート・キャンプにおいては次のようなポジティブな効果があると信じられていたからである。それは、軍隊式の訓練により、規律を身に着けるとともに責任感や自己尊重感を涵養することができるというものである。確かに、ブート・キャンプを卒業出来た者は、自らのポジティブな心理的な変化を認めている[136]。ところが、ブート・キャンプには、再犯防止効果がなく[137]、ブート・キャンプの成功者（卒業生）と失敗者との間にも、再犯率に差がないとされている。その理由は、ブート・キャンプを卒業したことと、同施設を出た後で、社会内で自らの生活を適切に構築できるかは全く別であるからである。つまり、軍隊のような雰囲気、肉体的トレーニングそして厳格なルール等が——そしてブート・キャンプにおいては、暴力傾向のない対象者だけが参加しているという環境にありながら——（対象者の心理的変化の他に）刑務所を超える何かを生み出すわけではないのである[138]（こういった理由により、ブート・キャンプが近年縮

小されていったのである)。そのため、ブート・キャンプ中に継続的に処遇を行うこと、そしてブート・キャンプを出たあとでのサポートが注目されている[139]。ここでも処遇の重要性が指摘されているのである。

ブート・キャンプに対しては、憲法上の問題が指摘されている。上述のように、訓練の軽微な違反に対しても、厳しい（内部的な）サンクションが行われている。これは、告知・聴聞の機会を与えずに行われているためデュー・プロセスに違反している危険性がある[140]。そして、そもそもブート・キャンプは、残虐な刑罰を禁止した第8修正に反している可能性があるのである[141]。そして、職員の対象者への介入の度合いが非常に強く、そのため、意図せずして、職員の対応が過酷かつ暴力的になりやすいことも合わせて考えるとその問題がより現実化してくる[142]。

8.「社会内自由刑」の検討

中間的刑罰・社会内刑罰について論じてきた。それについての本稿の考えは後で述べるとして、冒頭であげた、社会内自由刑をここで検討してみたい。提唱者は、何故そのようなものを導入すべきだと考えるのだろうか。それは、社会内自由刑を科すことによって拘禁刑を回避することができるからであった。

この議論については、興味深い疑問が示されている。それは、「あえて『社会内自由刑』概念を提唱することで『社会内処遇「も」厳しいのだ』ということを『見せて』おくことが必要であるといった政策的な判断」なのではないか[143]、というものである。疑問を呈した論者は、おそらく、社会内処遇に転換するのであるならば、見かけだけ重たければよいのであって——何故ならば人々を納得させればよいのだから——実際上まで重たい必要はない、と考えているのだろう。それに対しては、高い危険性のある者に対する社会内処遇であるため、「社会の安全に対する脅威の増大を回避」する必要があり、「単なるポーズ」ではなく現に厳しいのである、という反論がなされている[144]。つまり、社会内自由刑提唱者は、重たくあるべきだといっているのである。そして、提唱者は「厳しい規律を基本とする」ブート・キャンプには再犯防止効果がないとしているし[145]、ISPにも再犯防止効果がないことを認めているのだから[146]、社会内自由刑の「厳しさ」には処遇上の意味など全くなく、「重い」だけの意味しかない。つまり、社会内自由刑が社会内処遇をするた

めの取引材料にとどまっておらず、積極的な自由の制限であり、まさに明確な厳罰化論であることが分かる。そして、「保護観察は、社会を保護するために、特定の者の犯罪防止又は再犯予防を実現することを目的とした刑事司法制度の一部であり、福祉政策の一環ではない[147]」とまで言っているのだから、こうなってくると欧米の中間的刑罰・社会内刑罰論とは、異なるレベルの議論となる[148]。

　そして、次に検討すべきことがある。中間的刑罰・社会内刑罰は、本稿でも繰り返し述べてきたように、拘禁刑の回避とならず何より再犯防止効果がない。そこで出てくる議論は、たとえば、社会奉仕命令の位置づけを、代替刑ではなく、そのような独自の刑罰であると再構成することである。つまり、ある一定領域の犯罪に対応する刑罰が欠如していたのであるから、その間隙を埋めるとするのである。これは、中間的刑罰・社会内刑罰が、仮に拘禁の代替策として導入されたとしても、その性質が変容してしまうということ、より正確には変容せざるをえないことを教訓的に示している。イギリスをはじめとして、欧米ではそのような方向性を採用しはじめているし、日本で「制裁の多様化」といわれる場合にはそのようなものが含まれている。そして、社会内自由刑提唱者も、実は、この方向性をも示唆している[149]。このような「独自の刑罰」説は、拘禁の回避という目的すら失うのだから、かなり積極的な使用となるし、その刑罰の違反により拘禁を科される者が増加するのだから、きわめて問題であるだろう[150]。

　社会内自由刑が拘禁の代替刑であるとしても、もしくは独自の刑罰であるとしても、提唱者は、社会内自由刑を科された対象者に違反があった場合には、新たなそしてより厳しい社会内自由刑を段階的に科していけば、拘禁を回避できると考えるのかもしれない[151]。しかし、ある一定の社会内自由刑に違反した者が、次に科される社会内自由刑（それは論者の意図による限り、段階的に、より重たいものになるはずである。）を適切に履行できるとは思われない。本稿が述べたように、中間的刑罰・社会内刑罰は厳格であるほど違反率は高くなる。そして、提唱者は、社会内自由刑の違反に対して「迅速・確実な制裁の発動[152]」を企図しているのだから、結局、拘禁につながるためのレールを丁寧に敷いているだけである。

　社会内自由刑提唱者は、拘禁に対するネガティブな評価を維持している。それは、一定限度で支持されるべきであると思われる。しかし、このような議論が拘禁への嫌悪を失った場合には非常に問題が出てくる。D.ゴフは、

拘禁に反対する価値観を断念してしまうと、保護観察官は、対象者のリスクへの対処として（短期）拘禁を提案してしまいうるとする。そうなると、処罰と処遇の境界線が不明確になり、両者の悪いところだけをとってしまうのだという[153]。たとえば、処遇上重要であるからとして（短期）拘禁を科し、その後で、中間的刑罰・社会内刑罰を科して処遇を行うといったものである。処遇については積極的に行う傾向があるから、前者の拘禁を促してしまい、そして後者においてもできるだけその期間を確保しようとする。後者はその高い違反率ゆえに拘禁が促進されてしまうのであるから、これは最悪のシナリオとなる。ゴフのこの議論を日本に引き付けて考えると、刑の一部執行猶予（特に薬物事犯の場合である。）がまさにこれにあてはまる。

9．おわりに

本稿は、中間的刑罰・社会内刑罰について論じてきた。それらは、1980年代からの刑務所等の拘禁施設の過剰収容対策として、欧米で注目され、そして拡大してきた。しかし、ヴァスによれば、拘禁の代替（alternative）とはならず、ただ、監視やコントロールを拡張しただけであるとする（ネット・ワイドニング）。つまり、良かれと思って引き入れたところ、ただ害悪を及ぼすだけであった「トロイの木馬（Trojan Horse）」なのである、と[154]。欧米の議論から学ぶべきは、まさにここにある。電子監視や社会奉仕命令など導入すべきではない。

特に、日本で導入が検討されている社会奉仕命令については、警戒しなければならないことがある。ときとして、社会奉仕命令の導入論として、（そのやや厳しい労働とそれを見た人々のリアクションに基づく）対象者の心理的な変化に言及されることがある。だが、対象者が社会に受け入れられていると感じることと、その社会で安定的に生活できることは異なる話である。それは、本稿がブート・キャンプにおいて述べたものと全く同じである。どういうことかというと、ブート・キャンプは厳しいものであるが、それゆえに、対象者においては規律を守るようになる等のポジティブな心理的な変化が認められる。しかし、対象者の再犯を防止する効果があるわけではなかった。つまり、中間的刑罰・社会内刑罰（の厳しさとそれ）によって生じる対象者の心理的変化を過大評価してはならないのである。

そして、欧米の議論から学ぶべき、もう一つの重要なものは、次のような

ものである。欧米の研究では、中間的刑罰・社会内刑罰における再犯防止効果を検討する際に、効果があるファクターを分析する。そこでは、学業の支援・就労の支援・居場所の確保・家族関係の改善のための支援といった「処遇」に意味があるとされている[155]。つまり、監視・監督的側面ではなくて、援助的な側面が対象者の社会復帰に有効であるということである。再犯防止や社会復帰を目指すのであれば、処遇に純化すること、正確に言うと対象者のニーズに適切に配慮した処遇に純化するべきである。その際に注意が必要なのは、監視・監督的側面には再犯防止効果がないとされているのだから、それと処遇が合わさると効果があるというわけではないことである。

　そう考えると、中間的刑罰・社会内刑罰のうち、ハーフウェイハウスやDRCが上述の趣旨で設定可能ならば、なお支持できると思われる。だが、ハーフウェイハウスにおいて、門限午後6時のような厳格さは不要であるだろうし、何より強制的な居住指定などをしてしまうのは逆効果である。そして、DRCのような組織が対象者へのプログラムを提供し、対象者がそれに参加するというのは推奨されるべきである。しかし、それを対象者に強制するのは問題があるし、プログラムへの不参加に対して何らかの不利益処分に付されるという事態は避けるべきであろう。次にISPには、その監視・監督的側面に問題があるが、そこで示唆されている保護観察官等による対象者への訪問は重要であると思われる。もちろん、接触の多さが重要なのではなく、いかに適切な援助ができるかということが重要なのである。その際にアルコール検査・薬物検査等を行うのは、むしろ対象者の社会復帰を妨げてしまうことにも配慮が必要である。そして、このように検討してみると、従来の日本の社会内処遇（保護観察）とそこまでかわらないことが分かる。

　結局、中間的刑罰・社会内刑罰の検討で出てくるのは、伝統的な日本の保護観察——おそらく、それはかつての欧米の保護観察の原初形態[156]に近い——の再評価なのである。

（あまり・こうじ）

1　George F. Cole et al., *Criminal Justice in America*, 4th ed, 2005, 276.
2　George F. Cole et al., *Criminal Justice in America*, 6th ed, 2009, 325. 本稿では、刑事司法や社会内処遇についての教科書類については、以後引用する際には、Cole, 325のようなかたちで、著者名（複数の場合は初めに出てくる著者名だけにする。）と頁数のみで引用する。

3 染田惠『犯罪者の社会内処遇の探求』(成文堂、2006年) 30頁。以下、同書を探求と略して引用する。
4 染田・探求30頁。
5 染田・探求31頁。(ア)ないし(エ)は原文通り。
6 Stephen G. Gibbons et al., *Probation, Parole and Community Corrections in the United States*, 2004, 304参照。
7 なお、中間的刑罰というのはIntermediate Sanction(s)の訳語であり、社会内刑罰というのはCommunity Sanction(s)という言葉やCommunity Penalty(-ties)という言葉の訳語である。中間的刑罰は、北米圏の文献で主に使用されるものであり、社会内刑罰は、ヨーロッパ圏の文献で主に使用されるものである。但し、後者の方は、早期釈放をはじめ、未決拘禁の代替措置等も含んでおり、その意味する内容は広い(Anton M. van Kalmthout et al. eds., *Probation in Europe*, 2008, 1153参照)。本稿では、両者を基本的に同一のものとして考えているが、ブート・キャンプのように、社会内で行っているとは言い難く、他方で、通常の(刑務所での)拘禁とは異なるので、社会内刑罰とは言い難いが中間的刑罰という字義からは捕捉可能である例もある。

さて、ここではsanctionやpenaltyという言葉が使用されているため、「処遇」をその実施において行うとしても、「処遇」という訳語は正しくない。何故ならば、対象者に対する権利制約が極めて強いからである。そこで、「制裁」という訳語もありうる。確かに、後述するGPSによる性犯罪者に対する電子監視は刑期終了後に行われるため、刑罰という語は不適当であり、他方で、制裁という語はそういったものを包含することができる。だが、本稿で扱うそれ以外の領域は、拘禁(刑)の代替として発展したものであり、そして犯行への反作用として行為者に科される、強い権利制約性を考えると、「制裁」という訳語では適切ではないように思われ、「刑罰」という訳語を使用している。
8 ネット・ワイドニングは、全部で3種類ある。1つ目は、もっとも一般的なもので、本文で述べたように、当該制約の対象となる者を新たにつくりだしてしまう、言い換えると、制約を科される対象者を「増やしてしまう」場合である(wider net)。2つ目は、新たに設けられた制約の対象とはならず、従来と同じ制約の枠内にあるが、それが従来に比べて「より厳しい」ものとなってしまうものである。たとえば、中間的刑罰・社会内刑罰を導入したとしても、なお通常のプロベーションにとどまる対象者がいる。しかし、その者に従来よりも厳しいプロベーションが課されてしまう場合である(stronger net)。そして、3つ目は、対象者を扱う部署が、従来とは「異なった部署」(通常は、より厳しいかたちとなる。)になってしまう場合である(different net)。ネット・ワイドニングについては、Cole, 339や横山実「少年司法のネット・ワイドニング」『刑事法学の現代的展開・八木古稀(下巻)』(法学書院、1992年) 481頁以下が分かりやすい。
9 Anton M. van Kalmthout et al., *Sanctions-Systems in the Member-States of the Council of Europe, Part1*, 1988, 10-11.
10 Ken Pease, A Brief History of Community Service, in: Ken Pease et al. eds., *Community Service by Order*, 1980, 1-2.
11 アメリカでは、1960年代後半のカリフォルニア州のアラメダにて、交通事犯を犯したが罰金を払えず、拘禁刑の可能性のある者に対して、拘禁の回避の目的で社会奉仕命令が科されている。Gail A. Caputo, *Intermediate Sanctions in Corrections*, 2004, 149.

12 以上についてはKen Peace, Community Service Order, *Crime and Justice*, Vol.6(1985), 54-55.
13 以上についてはKalmthout et al., *op.cit.*; Anton M. van Kalmthout et al., *Sanctions-Systems in the Member-States of the Council of Europe, Part2*, 1992; Anton M. van Kalmthout et al. eds., *Probation and Probation Services*, 2000による。ただ、社会奉仕命令は、罰金刑の不履行者に対する拘禁の回避の場合もあるので注意を要する。
14 大谷實『新版刑事政策講義』(弘文堂、2009年) 309頁。すでに同「イギリスの社会内処遇」罪と罰17巻4号（1980年）12-13頁。アないしウは引用者による。
15 たとえば、社会奉仕命令の対象者が複数名で同じユニフォームを着て作業をする場合があるが、これが正にここにあてはまる。
16 林幹人『刑法総論〔第二版〕』(東京大学出版会、2008年) 4-5頁。
17 深町晋也「路上喫煙条例・ポイ捨て禁止条例と刑罰論」立教法学79号（2010年）80-81頁。なお、下線は引用者による。
18 いわば修復的司法的なアプローチである。このような議論につき、今井猛嘉「社会奉仕命令」刑法雑誌50巻3号（2011年）163頁以下。さて、このような考えが正しく実態をとらえているか否かは措くとしても、多くの法適用者の念頭にあるのは事実である。そして、このような考えが、後で述べるネット・ワイドニングを促進してしまうのも事実である。
19 守山正『イギリス犯罪学研究Ⅰ』(成文堂、2011年) 109頁。日本ではすでに少年に対しては「社会奉仕活動」が行われているが、「このような強制措置を何らの法的根拠もなく、刑事司法機関ないし少年保護機関の裁量で行うことには問題がある」(同「犯罪者処遇と『社会奉仕』制度」罪と罰34巻2号〔1997年〕44頁)。
20 Dean John Champion, *Probation, Parole and Community Corrections*, 6th ed., 2007, 405.
21 このような趣旨からは、今現在日本で立法化が進んでいる、特別遵守事項として「社会貢献活動」を実施するというのは相当問題であるだろう。名称をかえたとしても、それが社会奉仕命令と実態はかわらないのであるから、刑罰として位置づけられるべきものである。にもかかわらず、遵守事項として設定可能とするのは、刑法典の改正をしないで、刑罰を創設しているのと全く同じだからである。立法提案の理由として、対象者の改善更生というものが挙げられているが――それがあることは疑わしいと思われるがそれを措くとして――、そのような要素が刑罰性を否定できるわけではない。さらに本稿9も参照。
22 Gibbons, 334-335.
23 Anton M. van Kalmthout, From Community Service to Community Sanctions, in: Hans-Jörg Albrecht et al. eds., *Community Sanctions and Measures in Europe and North America*, 2002, 580.
24 ここでは多くのことが考えられるが、(後述するネット・ワイドニングの問題があるため) 対象者が、そもそも拘禁刑対象の犯罪でないにもかかわらず、自分の置かれている状況を適切に把握できないがため社会奉仕命令に同意してしまう場合がある。Pease, *op.cit.*, 60.
25 Kalmthout, *op.cit.*, 595.
26 Gerhard Ploeg, The Netherland, in: Kalmthout et al. eds., *op.cit.*(Fn.13), 396.
27 E.C.Spaans, Community Service in the Netherlands, *International Criminal Justice Review*, Vol.8(1998), 1-3. なお、Ploeg, *op.cit.*, 397-398によれば、1989年には社会奉仕命令の

件数が600を下回ったにもかかわらず、1993年には約10,000件、そして1998年には約16,000件になっているとしている。そして、2007年には、40,000件を超えている。Anton M van Kalmthout, The Netherlands, in: Kalmthout et al. eds., *op.cit.*(Fn.7), 701.

28 Spaans, *op.cit.*, 9-12. 150時間をこえる社会奉仕命令を言い渡された者においては26％である。なお、本文で述べたような高いネット・ワイドニングのパーセンテージは、アメリカでも同様である。Caputo, 166.

29 佐伯仁志『制裁論』(有斐閣、2009年) 68頁。

30 Kalmthout, *op.cit.*(Fn.27),701; Ploeg, *op.cit.*, 398.

31 電子監視には、(1)で述べるような自宅の電話回線を介するものと(2)で述べるようなGPSによるものがある。もともとGPSによるものは性犯罪者に対するものであったが、次第に(1)で想定されているような領域への使用が拡大している。ただ、本稿では、便宜上、GPSによる電子監視を(2)にて満期釈放後の性犯罪者に対するものに特化して論じる。

32 この機材については、北澤信次『犯罪者処遇の展開』(成文堂、2003年) 258-259、277、285-286頁も参照。

33 このタグは簡単には外せないようになっており、かつ、仮に外してしまうとそのことをセンターが分かるようになっている。そして、このタグは近年は小型化したため腕につけるという場合もある。

34 なお、電子監視 (Electronic Monitoring) と在宅拘禁 (Home Confinement) は厳密には違う。電子監視は在宅拘禁以外でも使用されているし、また、電子監視なしの在宅拘禁というものもありうるからである。ただ、ここでは両者は同一のものとして論じていく。また、例外的ではあるが、実施場所が自宅ではなくハーフウェイハウスである場合もある。Howard Abadinsky, *Probation and Parole*, 11th ed., 2010, 271.

35 Harry E. Allen, *Correction in America*, 10th ed, 2004, 150.

36 また、「電子的な足かせ」(Electronic Ball and Chain; Elektronishe Fußfessel) とよばれることがある。電子監視が対象者の足に着けられることから、かつての囚人につけられていた足かせを想起させるためである。

37 そのため、在宅拘禁型の電子監視というより、後述するGPSによる電子監視に近い。

38 Richard G. Fox, Dr Schwitzgebel's Machine Revisited, *Australian and New Zealand Journal of Criminology*, Vol.20(1987), 131-132.

39 今現在、電子監視の使用が欧米では一般的であることからすると、何故、当初は強い批判を浴びたのかが——そして提唱者自身、社会復帰を企図していたのでもあるから——問題となる。それについては、William D. Burrell et al., From B.F. Skinner to Spiderman to Martha Stewart, in : Dan Phillips ed., *Probation and Parole*, 2009, 96は①電子監視により行動(や考え方)をかえていくという基本思想が受け入れられなかった②ジョージ＝オーウェルの『1984年』のような監視的な側面がリアルなかたちで現出していた③当時はテクノロジーが発達しておらず、あまりにも空想的なものと考えられたからとしている。

40 Jon'a F. Meyer, Home Confinement with Electronic Monitoring, in: Caputo, 97-98.

41 Burrell, *op.cit.*, 97-98.

42 以上についてはColin Goff, *Criminal Justice in Canada*, 5th ed, 2011, 322; Robert Lilly, From an American Point of View, in: Markus Mayer et al. eds., *Will Electronic Monitoring*

Have a Future in Europe?, 2003, 266; Dick Whitfield, *The Magic Bracelet*, 2001, 10-11.で提示されている数である。ただ、実施者数は文献により非常にぶれがある。

43 以上についてはSharon Grant et al., *Analysis of Questionnaires*, 2007, 4 (同資料は2007年の5月にオランダにて開催されたCEPのカンファレンスにて配布されたものである。); Whitfield, *op.cit.* による。

44 今井猛嘉「犯罪者に社会奉仕を義務づける制度について」ジュリスト1353号 (2008年) 115頁。なお、社会奉仕命令を実施するための手段の文脈において述べているものである。

45 大谷・講義309頁。アないしオは引用者による。

46 Anita Gibbs et al., The Electronic Ball and Chain, *The Australian and New Zealand Journal of Criminology*, Vol.36(2003), 2.

47 Champion, 103.

48 *Rita Haverkamp*, Elektronisch Überwachter Hausarrestvollzug, 2002, 182ff.

49 Joycelyn M.Pollock, *Ethical Dilemmas & Decisions in Criminal Justice*, 7th ed., 2010, 335.なお、ポロックは、電子監視の実施において、対象者が自宅のカメラ内蔵の電話を使用する場合があり、対象者が電子監視を実施するセンターに連絡をすると、実施者には対象者以外のものが見えてしまうとする。

50 Anita Gibbs et al., Home Detention with Electronic Monitoring, *Criminal Justice*, Vol.3 Num.2 (2003), 206-207.対象者が自宅にいなければならない時間との関係で、対象者の職場の上司が、対象者のそのような情報を知ったうえで、対象者の退勤時間について常に念頭におかなければならなくなる。つまり、対象者について配慮する者は家族に限らないのである。William G. Staples, "Where Are You and What Are You Doing?", in: Margaret K. Nelson et al. eds., *Who's Watching?*, 2009,42.

51 Gibbs et al., *op.cit.*(Fn.46), 10; Denise King et al., Is Home Detention in New Zealand Disadvantaging Women and Children?, *Probation Journal*, Vol.50 Num.2(2003), 120.ギブズやキングは、ジェンダー問題を含んだうえで、こういった負担が(対象者の母親もしくは妻である)女性にかかってきてしまうとしている。

52 Whitfield, *op.cit.*, 83.

53 このことについては、後述の注71の本文該当箇所を参照。

54 Ian M. Gomme, From Big House to Big Brother, in: Nick Larsen ed., *The Canadian Criminal Justice System*, 1995, 509.

55 後述するようにネット・ワイドニングの問題がある。そのため、Meyer, *op.cit.*, 121が述べるように、本来であるならば、より緩やかなプロベーション等になっていたはずの対象者に対して、拘禁かそれとも電子監視かという選択(=同意)をさせるのは、不公正であるだろう。

56 Meyer, *op.cit.*, 101.

57 だからこそ、イギリスでは、電子監視導入に対して保護観察官の強い反対があったのである。Mike Nellis, Electronic Monitoring and the Future of Probation, in: Wing Hong Chui et al. eds., *Moving Probation Forward*, 2003, 249-251.

58 佐藤幸治『現代国家と人権』(有斐閣、2008年) 272-273頁。

59 Christopher Baird et al., Measuring Diversion, *Crime & Delinquency*, Vol.36 Num.1 (1990), 123.

60 Theodore M. Forgach, *Cost Effectiveness and Use of House Arrest with Electronic Monitoring in*

61 James Bonta et al., *Electronic Monitoring in Canada*, 1999, 48.
62 Meyer, *op.cit.*, 115.
63 George Mair, Electronic Monitoring, *Criminal Justice*, Vol.5 Num.3(2005), 264.
64 以上についてはKathrine Johnson, State's Use of GPS Offender Tracking System, *Journal of Offender Monitoring*, Vol.15 Num. 2(2002), 15; Meyer, *op.cit.*,107.
65 Johnson, *op.cit.*, 22.
66 以上についてはWilliam Bales et al., Electronic Monitoring in Florida, *Journal of Offender Monitoring*, Vol.22 Num. 2 (2010), 8-9.
67 同法については野尻仁将「アメリカにおける電子監視と社会奉仕命令の現状」龍谷法学43巻1号（2010年）230-232頁、248頁注17。なお、アメリカの各州でも性犯罪者に対するGPSによる監視について検討が進んでいたところ、同法の制定とともに、各州でも同様の立法が現実化することとなった。Jeff Hartgen, Electronic Monitoring, *Journal of Offender Monitoring*, Vol. 18 Num. 2(2006), 7-8, 20. さらに平山真理「わが国における性犯罪者対策の課題」『刑事政策学の体系・前野古稀』（法律文化社、2008年）482-483頁および495頁注27参照。
68 Bales et al., *op.cit.*, 8.
69 北澤・前掲書286頁が示唆するように「携帯電話のように電子産業の『新市場開拓』の成果」なのである。
70 以上についてはLilly, *op.cit.*, 273-277.このSelling Justiceという言葉は、リリィが電子監視についてしばしば使うものである。
71 Mark Renzema, Rationalizing the Use of Electronic Monitoring, *Journal of Offender Monitoring*, Vol. 22 Num.1(2009), 7.
72 アメリカでは、さらに、性犯罪者の各種情報がインターネットで公開されるなどしていることも合わせて考慮する必要がある。この問題については、藤本哲也『性犯罪研究』（中央大学出版部、2008年）219頁以下。
73 Jason Peckenpaugh, Controlling Sex Offender Reentry, *Journal of Offender Monitoring*, Vol.19 Num.1(2006), 24-25.
74 染田・探求はIntensive Supervisionに対し「集中指導監督」という実態に即した訳語を使用している。なお、Intensive Supervision Probation/Paroleを略してISPと呼ぶこともある。
75 ただし、殺人、強盗そして強姦等を犯した、明らかな暴力傾向のある者は排除される。Caputo, 38.
76 Gibbons, 305-306.
77 Caputo, 42-43.
78 Caputo, 44.
79 Caputo, 43.
80 Caputo, 42-43.
81 Abadinsky, 260; Gibbons, 306.もともとはジョージア州にて発展してきた形態であり、このチーム一つで25名までの対象者を扱う。
82 Alisha Williams et al., The Lesser of Two Evils?, in: Dan Phillips ed.,*op.cit.*, 68-69.それは監視・監督が厳しいことと、違反ゆえに拘禁を科される場合にその刑期が長期にわたることとなるため、いわばISPを選択するのが「賭け」のようなものになってし

まうからである。そのため、同論文のタイトルが述べるように、ISPと拘禁は共に悪しきもの (evil) であるが、拘禁の方がまだましなもの (lesser) となってしまうのである。
83 Abadinsky, 259.なお、Abadinsky, 266は、オハイヨ州のルーカスカウンティにおける、拘禁の1人あたりの年間経費は32,000ドルであるのに対し、ISPの1人あたりの年間経費は6,000ドルであるとする。
84 Goff, 322.ゴフは、通常のプロベーションの対象となるはずの者にISPを科してはいけないという、ガイドラインがあるにもかかわらず、裁判官はそれに従っていないとする。
85 Abadinsky, 259-267はアメリカ各州のISPについて、あまねく技術上の違反率が高いとしている。
86 Joan Petersilia et al., Comparing Intensive and Regular Supervision for High-Risk Probationers, *Crime & Delinquency*, Vol.36 Num.1(1990), 100-103.こうしたISPの違反率は、電子監視による監督を合わせた場合にはより高くなる。なお、同論文もISPには再犯防止効果がないとしていることを付言しておく。
87 Cole, 336.
88 たとえばCaputo, 51.
89 Caputo, 52; Gibbons, 308-309.
90 Paul Gendreau et al., Intensive Rehabilitation Supervision, in: Joan Petersilia ed., *Community Corrections*, 1998, 205.同様に、James M.Byrne et al., The Effectiveness Issue, in: James M. Byrne et al. eds., *Smart Sentencing*, 1992, 297も対象者の行動・振る舞いをかえたいと考えるならば、現時点のように監視やコントロールに重点をおくことは見当違いであり、処遇の質や量の改善に焦点をあてるべきであるとする。
91 Cole, 387.
92 以下の記述も含めてShannon M. Barton-Bellesa et al., *Community-Based Correction*, 2010, 318-322.
93 なお、刑務所の過剰収容対策という側面を指摘する見解もある。Champion, 398.
94 Champion, 398.
95 Gibbons, 384-385.
96 もっとも、1890年代後半にはアメリカ刑務所協会 (America Prison Association) による、ハーフウェイハウスは受刑者としてのスティグマを継続させてしまうという批判を受けた (Gibbons, 385)。また、1900年代初頭には多くの州で (刑務所から釈放された元受刑者に対する援助の手段としての) パロールが実施されたため、ハーフウェイハウスの必要性が下がることとなったり (Barton-Bellesa, 320)、おそらく同じことであろうが、民間施設であることから州政府・連邦政府がつながりを遮断しようとする動きが出てきている (Champion, 398)。
97 Caputo, 170.
98 Champion, 398. ただし、この数字はアメリカとカナダを合わせた数である。なお、IHHA等に加入している団体に限られているので、実数はより多いとされている。
99 Champion, 398.
100 歴史的には、こちらの方の実施は1960年代からである。
101 Champion, 399.
102 橋本昇「これからの更生保護施設」更生保護62巻7号 (2011年) 12頁、藤本哲也『刑

事政策概論〔第六版〕』(青林書院、2008年) 279頁参照。
103 Champion, 401.
104 Caputo, 181.
105 Caputo, 182.
106 Caputo, 180. なお、Abadinsky, 276が示すデータによれば、77％がハーフウェイハウス自体には賛成しているが、50％が近隣に存在することには反対している。
107 Joan Petersilia, *When Prisoners Come Home*, 2003, 101. 以下同書をPrisonersと略して引用する。
108 Cole, 388.
109 Caputo, 82.
110 Caputo, 84.
111 Rob Canton et al. eds., *Dictionary of Probation and Offender Management*, 2007, 87〔Maurice Vanstone〕; Michael Tonry, Intermediate Sanctions, in: Michael Tonry ed., *The Handbook of Crime & Punishment*, 1998, 694. なお、1985年時点でのイギリスのセンターの数は80以上であり、プログラムの実施日数は30日や40日といったものである。
112 Caputo, 75.
113 Caputo, 77.
114 Petersilia, *Prisoners*, 101.
115 以上についてはCaputo, 78-79, 85-86.
116 Caputo, 82; Petersilia, *Prisoners*, 100.
117 Abadinsky, 282.
118 以上についてはCaputo, 89-90. 滞在時間が、1週間で35時間になるセンター(民間)もあるとされている。
119 Abadinsky, 282.
120 Jack McDevitt, Day Reporting Centers, in: James M. Byrne et al. eds., *op.cit.*, 159-160. このデータは古いものであるが、最近のデータもこれに近い数字を示す。Barton-Bellessa, 381〔Richard J. McCarthy〕。ただし、Cole, 336は低いリスクの対象者を選んだ結果ではないかとする。
121 以上についてはGibbons, 333-334.
122 Tonry, *op.cit.*, 695.
123 Liz Marie Marciniak, The Addition of Day Reporting to Intensive Supervison Probation, *Federal Probation*, Vol.64 Num.1(2000), 37.
124 Caputo, 60-63. この場合において注目すべきは、ブート・キャンプが施設での拘禁という側面があるため、拘禁がなお維持されているということである。
125 Caputo, 62.
126 Gaylene Styve Armstrong, Boot Camps as a Correctional Option, in: Doris Layton MacKenzie et al. eds., *Correctional Boot Camps*, 2003, 13. 以下同書をCorrectional Boot Campsとして引用する。
127 対象者にショックを与えるための拘禁であるため、「ショック拘禁(shock incarceration)」とも呼ばれる。ただ、ショック拘禁はより広い概念であり、その中には、ブート・キャンプの他に分割刑(split sentence)も含まれる。分割刑とは、裁判所が対象者に一定期間の刑を言い渡し、対象者はまず拘禁を科されるが、その

刑の残余の部分を保護観察に付されるというものである。Barton-Bellesa, 334.
128 以上については Armstrong, *op.cit.*, 10-11; Caputo, 65-66.
129 Armstrong, *op.cit.*, 7-8; Caputo, 58.
130 Caputo, 59.
131 Armstrong, *op.cit.*, 8-9.
132 Cole, 337.
133 ただ、ブート・キャンプのコストは低くはなく、1日あたり1人につき、たとえば、34.2ドル（サウス・カロライナ）、68.5ドル（ニューヨーク）、44.5ドル（ジョージア）かかるとされている。Doris Layton MacKenzie, The Impact of Shock Incarceration Programs on Prison Crowding, in: *Correctional Boot Camps*, 311.
134 Armstrong, *op.cit.*, 10-11. 後で述べるように憲法上の問題がある。
135 Caputo, 70. 脱落率が、40％や50％を超える例もあるとされている。Armstrong, *op.cit.*, 12.
136 Caputo, 73.
137 マッケンジーの多くの研究がそれを示す。分かりやすいものとして、Doris Layton MacKenzie, *What Works in Corrections*, 2006, 296.
138 以上についてはDoris Layton MacKenzie et al., Boot Camp Prisons Recidivism in Eight States, in: *Correctional Boot Camps*, 190-192.
139 Armstrong, *op.cit.*, 11-12; Doris Layton MacKenzie et al., Effects of Boot Camps on Offending, in: *Correctional Boot Camps*, 205
140 Doris Layton MacKenzie, Boot Camp Prisons for Young Offenders, in: *Correctional Boot Camps*, 24.
141 Barton-Bellesa, 336.
142 Doris Layton MacKenzie et al., Where Do We Go From Here?, in: *Correctional Boot Camps*, 322-324. その意味で、対象者に対するリスクが高い。さらに、そのことと完全にリンクするが、職員は対象者に対して厳しく接しなければならず負担が大きく、強いストレスにさらされているため離職率が非常に高い。そして、対象者が負傷したりすることによって、（法的な）責任を負うリスクも高い。MacKenzie, *op.cit.*(Fn.140), 24参照。
143 正木祐史「書評（染田・探求）」犯罪社会学研究32号（2007年）168頁。
144 正木・前掲論文169頁〔染田〕。
145 染田・探求8、10、19頁。
146 染田・探求9、471頁。社会奉仕命令には、ポジティブな評価を与えているが、明確に（それ自体が）再犯防止効果があるとはしていない。
147 染田・探求343頁。
148 実は、「社会内」にいてよいがしかし「自由」を制限してよい、ということを端的に認める議論は、欧米の議論と比較して相当ラディカルなものである。拘禁を回避するためというだけで、このような議論を正当化できるとは思われない。さらに、土井政和「世界の刑事思潮から見た更生保護の将来」『更生保護の課題と展望』（日本更生保護協会、1999年）542頁も参照。
149 染田惠「社会奉仕命令・中間処遇の導入に向けての課題」刑法雑誌47巻3号（2008年）139頁。
150 現にイギリスでは、過剰収容が進んだとのことである。高平奇恵「イギリスにおけ

る社会内処遇の現状」龍谷法学43巻1号（2010年）211、225頁。
151 染田・探求32-33頁、染田・前掲論文139頁参照。これは、論者によれば、「仮〔釈放〕に基づく保護観察を受けていた母親が、遵守事項に違反して所在不明となり、その間に出産した」というような「社会内処遇の条件に違反した」という場合（探求32頁および同注32〔この事案は実際にあったものとのことであり、結局、仮釈放が取消になったのだという〕）にも拘禁を回避するために機能するのだという。確かに拘禁は回避されるべきであろう。しかし、そもそも、このような事案にて仮釈放の取消対象とするのは理解できないし、「社会内での制裁」により拘禁を回避するという論者の意図も、本文で以下述べるように、同じように結局は拘禁につながってしまうのではないだろうか。
152 染田・探求33頁。
153 Dennis Gough, 'Tough on Probation', in: Jane Winstone et al. eds., *Community Justice*, 2005, 96.
154 Antony A. Vass, *Alternatives to Prison*, 1990, 78-79.
155 もっともMacKenzie, *op.cit.*(Fn.137), 331-335が示すように処遇の内容にもよる。
156 参考にされるべきは、John Augustus, *A Report*, 1852である。

第3章 非拘禁的措置と保護観察の意義

正木祐史（静岡大学大学院法務研究科准教授）

1. はじめに

　非拘禁的措置をめぐる議論において従前から中心となってきたものに、プロベーションとパロールがある。このうち、パロールは拘禁刑の執行が開始された後のものであり、それをどのような期間、どのような内容をもって構成するかということが主たる問題となる。他方、プロベーションは、付随的な制約・義務を基本的には伴わないものから、刑罰として構成されるものまで、多様なものがある[1]。日本においては、従来、パロールは、旧・犯罪者予防更生法（以下、旧・犯予法）の下で必要的に保護観察を伴う仮釈放（仮出獄）として構成されてきた。他方、プロベーションの代表格である執行猶予は、刑罰そのものではない刑の付随処分として、付随的制約等を伴わない単純執行猶予と制約等のある保護観察付執行猶予とに分かれ、後者は旧・執行猶予者保護観察法（以下、旧・猶予者観察法）の下で保護観察が実施されてきた。

　治安強化が叫ばれ、情報管理の動向が強化されていく社会情勢の最中、2004年から2005年にかけて、性犯罪で受刑歴のある者や保護観察に付されている者による世間の耳目を引く重大事件が相次いだことを直接の契機として、法務省に「更生保護のあり方を考える有識者会議」が設置された[2]。有識者会議では、その冒頭でこそ、更生保護の制度についての法的性質や権利保障の検討が必要であるとの発言があった[3]ものの、その実質的な検討はなされないままに推移し、最終的にまとめられた報告書でも、「保護観察の充実強化」名下に、保護観察に付されている者に対して様々な義務を課す提言がまとめられた。それは現実の立法作業にも受け継がれ、2007年6月には、

従前の旧・犯予法と旧・猶予者観察法を一本化する形で、更生保護法（以下、法ないし現行法ともいう）が公布され、翌2008年6月に施行された。

筆者はかつて、仮釈放保護観察について、自由刑純化論のコロラリーとしての構成を試みたことがある[4]。それは、更生保護法制定以前において、旧・犯予法と旧・猶予者観察法とに仮釈放保護観察と執行猶予保護観察とが分属していることを前提としたものである。後に確認するように、従来されていた議論を前提とすれば、更生保護法が両者を一本化して保護観察規定を統一化したこと、また、更生保護法立法過程において遵守事項が肥大化する傾向をみせていたということは問題とされるべきものだった。そして、それらの問題に対して上記構成を提示したことには、今なお一定の意義が認められるものと考えている。

しかし、以前の試みの中では、執行猶予保護観察については十分な構成ができず、また、不良措置としての仮釈放や執行猶予の取消についても、検討が不十分なままであった。また、更生保護法が公布・施行された現在、むしろ仮釈放保護観察と執行猶予保護観察とを統一的に説明することができないかという課題も出てきた。それと相前後して、共同研究として更生保護に係る立法提案作業を進めたこともあり[5]、本論攷では、上記立法提案と現行の仮釈放取消・執行猶予取消の規定を手がかりにして、改めて保護観察の意義を確認することとしたい。合わせて、一部執行猶予および社会貢献活動の導入に係る最近の法案[6]について若干の検討を試みたい。

2. 保護観察制度の概要

(1) 仮釈放保護観察

既決被収容者は、刑法28条の要件たる応答日経過の通告（法33条）後、刑事施設長の申出（法34条1項）または地方更生保護委員会（以下、地方委員会）の職権で（法35条1項）仮釈放審査が開始され、地方委員会による仮釈放を「許す処分」の決定があるとき（法39条1項）に、仮釈放となる[7]。この仮釈放の法的性格については、その制度開始当初から第二次世界大戦までは、釈放に意味をもたせる「条件付の釈放」であると解され、恩恵的に運用されていたが、戦後の旧・犯予法の制定整備により、刑の執行の一形態と解するのが一般的とされている。すなわち、仮釈放によって現実の拘禁は解かれるが、法律上は当該拘禁の根拠たる刑の執行に服していると理解するのである。これは、

以下にみるように、仮釈放中に保護観察に付されることや、その間、本人の円滑な社会復帰を目的とする処遇が予定されていること、また、仮釈放の期間に刑期が進行することを理由としている[8]。

　仮釈放期間中は保護観察を受けるものとされている（法40条）。その期間について、法77条5項は、保護観察停止の決定の時から刑期の進行も停止し、保護観察停止を解く決定の時からその進行を開始するとしている。また、刑法29条2項には、仮釈放の処分が取り消されたときには、仮釈放中の日数を刑期に算入しないことが規定されている。これらの規定から、仮釈放の処分が取り消されず、保護観察停止の決定もされなければ、すなわち、保護観察が実施されている間は、刑期が進行することが導かれる。また、仮釈放の期間は、宣告刑の刑期から刑事施設での執行刑期を差し引いた残期間だということにもなる[9]。この点、旧・犯予法33条2項には、保護観察の期間は、言い渡された刑の期間の経過後まで及ぶものと解してはならないとする規定があったが、現行法からはそれに該当する条文は削られている。

　保護観察の目的は、「対象者の改善更生を図ること」、すなわち犯罪者自身の社会復帰であり、指導監督および補導援護を行うことにより実施する（法49条1項）。指導監督については法57条により接触保持・行状把握や遵守事項を遵守するための措置、専門的処遇実施の方法によることとされ、また、補導援護については法58条で「自立した生活を営むことができるようにするため、その自助の責任を踏まえつつ」各号に定める方法で行うことが規定されている[10]。遵守事項は、一般遵守事項（法50条）[11]と特別遵守事項（法51条）[12]とに分けられる。この遵守事項は、一定の義務を保護観察対象者に課す点で不利益（権利制約）的性格をもつものであり、その不遵守が後述の不良措置をとる理由ともされていることから規範的性格をももっている。また、保護観察を実施するうえでの指導指針たる役割も負わされている[13]。

　なお、旧・犯予法においては、仮釈放、保護観察とも「更生の措置」として第3章の中に規定されていた。これは、同法1条が「犯罪をした者の改善及び更生を助け」ることを目的として規定していたことと相俟って、仮釈放および保護観察の性格を位置づけるうえで重要なものだったといえる。しかしながら、現行法では、この構成はとられなかった。

　仮釈放保護観察については良好措置の定めはない。保護観察対象者に対しては、地方委員会・保護観察所長は、必要があると認めるときに出頭を命じることができ（法63条1項）、一定の事由があるときは裁判官の発する引致

状により引致することができる（同2項・3項）。不良措置ないし関連措置については、仮釈放取消審理のための留置（法76条）、保護観察の停止（法77条）、仮釈放の取消（法75条・刑法29条1項［とりわけ4号］）がある。保護観察が停止されると、前述のとおり刑期の進行が停止する一方、遵守事項違反を理由とする仮釈放の取消ができない（法77条6項）。仮釈放が取り消された場合、釈放中の日数は刑期に算入されない（刑法29条2項）[14]。

(2) 執行猶予保護観察

刑法25条は執行猶予について定める。この執行猶予の法的性格については、大別して、刑の付随処分であって刑罰そのものではないとされる。判例はそこから、執行猶予条件の変更は同法6条が規定する「刑の変更」にあたらないとする[15]が、この判例に対しては強い批判があり、一個の独立した刑事処分としての性格を備えたものとする見解が有力である[16]。猶予期間を取消なく経過したときには、刑の言渡の効力が失われる（刑法27条）。

執行猶予に際して付される保護観察については、刑法25条の2が定めている。それによれば、保護観察に付する旨の言渡は、刑の執行猶予が初度目の場合は裁量的に、再度目の場合は必要的に行われる。その観察期間は、（後述の良好措置がとられる場合を除き）執行猶予の言渡が確定した日から開始され、執行猶予の終了まで継続する。これに対応して、旧・猶予者観察法があった。

刑法および旧・猶予者観察法による執行猶予保護観察は、戦後の法改正により導入されたものである。旧・犯予法には成人の執行猶予者に対する保護観察が含まれなかったため、この点についての対応を図るために、1953年、刑法および旧・犯予法の改正案が国会に提出された[17]。刑法改正案にあっては、25条に2項を追加して執行猶予の要件を緩和し、さらに25条の2を新設することにより、初度目執行猶予者には裁量的に、再度目執行猶予者には必要的に保護観察に付するとするものであった。これに合わせて旧・犯予法を改正して執行猶予保護観察を含めようとしたものである[18]。

同法案についての国会審議においては、初度目保護観察に係る提案部分が削除され、再度目執行猶予者に限って必要的に保護観察に付するとされたほか、旧・犯予法による対応が頓挫することとなった。その理由は、仮釈放となっている者については刑執行の延長線上にあると考えられるのに対して、執行猶予者はまさしく刑の執行が猶予されているのであって受刑者ではない

から、両者はその性格を異にするはずであり、とりわけ、旧・犯予法中の遵守事項が課せられるといった自由制約を執行猶予者に認めることへの抵抗感が強かったことがみてとれる。また、保護観察が所期の効果をあげているのかというその実態に対する批判もあった。

もっとも、上記改正にあたって、衆議院では、初度目執行猶予者に対しても保護観察の下におくようにすることが望ましいという附帯決議がなされていた。それもあり、翌1954年に再び刑法改正案が提出された。ここで、同法25条の２が改正されてようやく初度目執行猶予者にも裁量的な保護観察が可能となった。また、前年の批判にこたえて執行猶予者に対する保護観察については旧・犯予法とは別建てとし、旧・猶予者観察法を新たに制定した。

その後、更生保護法によって旧・犯予法と旧・猶予者観察法とが統合されたことにより、執行猶予保護観察についても、その目的・実施方法については、仮釈放保護観察と同様なものとなった[19]。この点、旧・猶予者観察法では、その２条で「保護観察は、本人に本来自助の責任があることを認めてこれを補導援護するとともに、第五条第一項に規定する事項を遵守するように指導監督することによって行うものとし、その実施に当つては、画一的に行うことを避け、本人の年齢、経歴、職業、心身の状況、家庭、交友その他の環境等を充分に考慮して、その者にもつともふさわしい方法を採らなければならない」と規定していた。同条では、補導援護の文言が先にあり（その後の規定の順序としても、同法６条として先に補導援護を、次いで７条に指導監督を定めるという構成だった）、運用基準についても「画一回避」の文言が入っているなど、旧・犯予法とは違う体裁であった。また、2006年改正[20]前の旧・猶予者観察法では、遵守事項は一般遵守事項のみ[21]で、その内容も旧・犯予法のそれと比べて限定されていた（同改正により、一般遵守事項の一部が改正された[22]ほか、特別遵守事項の規定が５条２項・３項として追加された）。

執行猶予保護観察には、良好措置として、刑法25条の２第２項による仮解除の制度がある。この場合、同条３項により、遵守事項違反が執行猶予言渡を取り消す事由とならないなどの効果が定められている（法81条参照）。仮解除の有無を問わず（そもそも執行猶予に保護観察が付されているか否かを問わず）執行猶予言渡を取り消されることなく猶予期間が経過すれば、刑の言渡は効力を失う（刑法27条）。出頭命令・引致については仮釈放保護観察と同じ規定による（法63条。ただし、引致は保護観察所長のみができる）。不良措置としては、刑法26条の２第２号による執行猶予言渡の取消がある（同号による遵守事項違

反を理由とする取消の要件は「その情状が重いとき」とされており、仮釈放の場合に比して加重されている)[23]。取り消された場合、宣告刑の全期間が執行対象となる。

3. 保護観察の法的問題

(1) 仮釈放保護観察の特徴と問題点

仮釈放については、上述のとおり、その期間中保護観察に付されること、一定の処遇が予定されていること、また、刑期が進行することから、刑の執行の一形態と理解するのが一般的とされている。そして、仮釈放保護観察については、残刑期間中の付随処分としての必要的保護観察と理解されている。

その特色と問題点を概観してみると、まず、固有の刑法典には、仮釈放時の保護観察についての規定はおかれていない。規定は更生保護法（その前身となる旧・犯予法）におかれており、その解釈により、仮釈放保護観察についての上記理解が導かれることとなるほか、仮釈放期間と残刑期間との一致という帰結が導き出されている。また、仮釈放保護観察には、不利益的性格・規範的性格があることから、仮釈放中も一定の権利制約が課されることになるという点からみれば、施設内においては、拘禁という移動の自由に対する制約があり、仮釈放中には保護観察という権利制約があるということになる。保護観察の停止決定があった場合に刑期の進行が停止するという更生保護法上の規定は、それを裏打ちしたものといえる。これは、施設拘禁と仮釈放中の両期間を合わせて、裁判所の宣告刑期とするという趣旨であり、責任主義に基づく司法判断を重視したものとする評価が可能であろう。

ただし、一般的にそのように理解されている上記解釈は、仮釈放が取り消された場合には仮釈放中の期間を刑期に算入しないという刑法29条2項の規定と整合を欠くこととなる。実態としては仮釈放中の保護観察という権利制約を受けていながら、法的評価によれば仮釈放取消によってその期間が刑期に算入されないのである。これは、実態としてみれば、通算の権利制約期間が裁判所の宣告刑期を超えていることとなり、本来の趣旨に合わないのではないだろうか。

この点で、上述した、現行法からは旧・犯予法33条2項に該当する条文が削られていることをどう考えるべきか。仮にこれが上記不整合に対応するためのものだとすれば問題である。「仮釈放期間＝残刑期間」という原則は、他の規定の解釈により導き出せるとしても、改めて積極的に規定して確認す

べき内容である。責任主義の観点からは、少なくとも、残刑期間を超える仮釈放期間の設定といったことは許容すべきでない。

次に、遵守事項の位置づけが問題となる。現行法77条1項では「仮釈放者の所在が判明しないため保護観察が実施できなくなったと認めるとき」を、保護観察の停止事由としている。これは、法50条3号ないし5号に係る一般遵守事項の違反があった場合ということができよう[24]。遵守事項は保護観察における指導監督の対象でもある。これらからすると、遵守事項は保護観察の条件としての性格をもつとも考えられる。他方、刑法29条1項4号によれば、遵守事項違反は仮釈放の取消事由である。この意味においては、遵守事項は仮釈放の条件として位置づけられることになろう[25]。

また、遵守事項自体の妥当性も検討を要する。上述のように、遵守事項違反は、保護観察の停止や仮釈放の取消といった不良措置を導くという重大な効果を持っている。その際、たとえば現行法50条1号の「健全な生活態度の保持」といった遵守事項が、そのような効果を持つ内容として妥当なものか、現行法において遵守事項が拡張されたことに問題はないか、といった点を指摘することができ、遵守事項そのものをもっと整理して再構成すべきではないか、ということが問題となろう。

(2) 執行猶予保護観察の問題点

執行猶予保護観察については、上述のとおり、戦後の制定に曲折があった。その理由を端的にいえば、執行猶予者は、文字通り刑の執行が猶予されているのであり、受刑を前提とする仮釈放者とは違う、仮釈放者のような自由制約が認められるいわれはない、ということである。

理論的にみれば、現在もなおこの点は大きな解決課題として残されているというべきであろう。すなわち、執行猶予保護観察における権利制約の根拠と限界を改めて示す必要が依然としてある。旧法時代には遵守事項が仮釈放保護観察から緩和されていた等のことがあるにせよ、執行猶予が刑の執行に入っていないのであるならば、仮釈放保護観察におけるものと同様の理論構成はとりえない。それにもかかわらず、2006年の旧・猶予者観察法改正では、制定時の議論を振り返ることもなければ、それにふさわしい理論構成を用意することもなく、むしろ旧・犯予法の規定に近づける形で保護観察執行猶予者の権利制約を強める方向がとられたのである。

(3) 従前の検討

①仮釈放保護観察：自由刑純化論のコロラリーとしての構成

本論文冒頭に述べた、かつて試みた構成とは、以下のようなものである。

仮釈放について一般的理解とされている刑の執行の一形態説を基礎として、施設内処遇における自由刑純化論を仮釈放段階にまで及ぼした場合には、どのような構成が考えられるか、現行の制度をどのように再構成することになるか。このような考察方法をとった趣旨は、一方においては、仮釈放が刑の執行の一形態であるとするならば、施設内処遇においてとられる原則は仮釈放段階にも適用されるべきではないかとする問題意識があるからであり、他方においては、この考察により、保護観察の制度の問題点や解決課題を明らかにしたいからであった。

自由刑純化論をごく簡潔にいえば、自由刑の刑罰内容、すなわち権利制約の内容は拘禁に尽きるとする考えである。その際、いわゆる「処遇」をどのように把握するかが問題となるが、ここでは、国家は、自由刑の弊害を除去する義務、自己発達権の機会を保障すべく社会復帰プログラムを準備する義務および（既決）被収容者が自ら問題解決できるよう助言等により積極的に働きかける義務を負うと解したうえで、「処遇」とは、被収容者の危険性を除去するための強制的な治療行為などではなく、被収容者の釈放後の生活再建に向けた援助と定義され、施設収容時から釈放時まで一貫して行われるものである、と考える。本人の任意性を貫徹した同意原則を採用したうえで、社会的援助の提供として把握するのである[26]。

この理論を仮釈放後の段階にまで推し及ぼすとどのようになるか。自由刑純化論にあっては、刑罰内容としての拘禁に、社会的援助としての施設内処遇が観念されていた。それが仮釈放保護観察においては、刑罰内容としての保護観察関係維持に、社会的援助としての保護観察処遇がひとまず観念されることになる。

```
自由刑純化      ：刑罰内容としての拘束    ＋   社会的援助としての
                                      ↓    施設内処遇
仮釈放保護観察：刑罰内容としての        ＋   社会的援助としての
               保護観察関係維持              保護観察処遇
```

ここにいう「保護観察関係維持」とは、施設内処遇における「拘禁」に対応

するもので、保護観察官ないし保護司との関係を維持し保護観察を受けている状態といったものである。「拘禁」は、物理的に隔てられた区画内にいなければならないという移動の自由の制限であるが、「保護観察関係」の場合には、任意に保護観察の下から離れることはできないという限度での移動の自由の制限を意図している。既決被収容者の権利制約が自由刑の内容としての「拘禁」という移動の自由の制限に尽きるのであれば、その自由刑の執行の一形態とされる仮釈放段階においても、「保護観察関係維持」という移動の自由の制限に尽きるはずである。「保護観察処遇」とは、保護観察の下で提供される処遇全般を指すものとする[27]。

②同構成の意義

上記構成をとることの意義は、まず第一に、現行法77条5項の保護観察停止規定（あるいはさらに旧・犯予法33条2項）と整合がとれるということにある。施設内にあっては「拘禁」として刑罰が執行される期間があり、社会内にあっては「保護観察関係維持」として刑罰が執行される期間があり、両者の総計が宣告刑期と同一となるからである。

意義の第二は、刑罰内容として「保護観察関係維持」を措定し、「保護観察処遇」を切り離したことから生じるものである。つまり（自由刑純化論を基盤とした当然の帰結ともいえるが）、一方において保護観察に付されている者に対する自由制限の内容を明確に限定し、他方において処遇の強制性を否定するということである。前者については、仮釈放保護観察対象者の自由制限は、刑罰執行としての最小限度のもの、すなわち保護観察から離脱しない（「保護観察関係維持」）という限度での行動の自由制限のみが許されることになる。そこから後者にもつながることになる。この点からは、とりわけ不良措置を導くことになる遵守事項についての再考が迫られる。端的に言えば、遵守事項はその再編を免れない。

遵守事項が、その違反が不良措置を導くことになりえるという点で規範的性格を、そしてそれにより保護観察に付されている者に対する義務づけになるという点で不利益的性格をももっていることからすれば、上記刑罰内容に関連するもののみが遵守事項として構成されることになる。たとえば、一般遵守事項として設定されている「健全な生活態度の保持」などはむしろ道徳規範に近いと思われるうえにその内容がわかりにくいこと、特別遵守事項の定め方がなお抽象的に定められることが多いとされる点は、遵守事項違反

か否かの判断が困難であり、したがって不良措置の運用にも困難を生じるといったことにつながる。また、一般遵守事項にせよ特別遵守事項にせよ、一種の行動指針・努力目標、社会において他人と共生していく上での共同生活規則ともいうべき事項までが包含されていることがある[28]。これら遵守事項の肥大化ともいえる状況に対して、上記構成によって限界を画すことができる。

　上記構成の立場からは、現行法から旧・犯予法33条2項に対応する規定が落ちたことは、先述したとおり、問題というべきである。むしろ、罪刑法定原則、責任主義および謙抑性の観点から、仮釈放処分が取り消されることなく残刑期間が経過したときは刑の執行を終了したものとする旨の積極規定が刑法上に規定されるべきであろう。さらには、刑法29条2項については、仮釈放取消の場合にも仮釈放中の日数を刑期に算入すべきとする改正が加えられるべきことになろう[29]。

　そして、第三の意義は、保護観察に付されている者の法的地位に着目したことである。従前、(既決)被収容者については、その法的地位を探求することにより、権利制約の限界や有すべき権利についての探求がなされてきた[30]。それを、同じ刑罰執行段階にあると解しうる仮釈放保護観察に付されている者に応用したのだが、これにより、(意義の第二でも確認したように)刑罰執行段階にある者についての自由制約の許容限界を画すことができる。そこからはまた、執行猶予保護観察においては、その法的地位としては、少なくとも刑罰執行段階には入っていない者であるのだから、その段階に入っている者と同等の自由制約が許容される根拠はないということをも導きうる。これは前述したように、執行猶予保護観察に係る刑法改正および旧・猶予者観察法制定過程ですでに議論されていたことである。このことが、旧・犯予法と旧・猶予者観察法とで規定の体裁や順序が異なっていたことの積極評価と、それを仮釈放保護観察の方向に一本化する形で更生保護法が制定されたことに対する批判へとつながることになる。

③同構成の限界と問題点

　このように、仮釈放保護観察に付されている者の法的地位に着目したことにより、その自由制約の限度を明確にしようとした点、そして仮釈放保護観察と執行猶予保護観察とを一本化することに問題があることを明示できた点においては、上記構成にはなお意義があると考える。しかしながら、上記構

成には、問題点もある。それは、「保護観察関係の維持」を刑罰内容としたことに起因している。

上述のとおりこれは、自由制限内容・限界を明確化したいがための構成であったが、保護観察そのものを刑罰に取り込んでしまったことには問題があった。まず第一に、(とりわけ自由刑純化論否定説にとってみれば) 保護観察中の制約をかえって根拠づけることにつながるおそれがある。刑罰内容であるということが自由制約の根拠となってしまうのである。また、仮釈放中の全期間につき必要的に保護観察に付することを前提にしてしまっているという側面もある。むしろ、現行法がとるその前提自体を検討対象にすべきではなかったか。

第二に、この構成は、執行猶予保護観察についての説明にはならない。もちろん、そもそもの関心は保護観察に付されている者の法的地位如何ということにあり、仮釈放は刑罰執行段階であるということを確認することには一定の意義があり、執行猶予はそれとは違うということを強調することにも一定の意味はあって、自由制約の限界を画すことができる (受刑段階にある仮釈放でこの限度なのだから、その段階に至らない執行猶予では同等以下のはず) という点でその意義はなお失われていないものと考えている。しかしながら、(現行法がそのようになっているとはいえ) 仮釈放保護観察に付されていることによって「刑期が進行する」ということにとらわれ過ぎたのではないか、すなわち「刑期進行」と保護観察とを結びつける必然性があったか、ということも問うべきであったと考えられる。むしろ、仮釈放と執行猶予とで、そこで実施される保護観察は違うものなのかといった面 (いわば機能的同質性) からの議論も必要だったのではないか。

そして第三には、この構成を検討するにあたり、不良措置 (仮釈放や執行猶予の取消) の問題を組み込まなかったことである。とりわけ保護観察との関係では、遵守事項違反がなぜ取消を招くのか、という点について一定の方向性を示さなければならない。

以下では、これらの問題を検討するため、まず、共同研究の成果である更生保護基本法要綱試案 (「要綱試案」) の到達点を確認し、次いで、現行法の仮釈放ないし執行猶予の取消に係る規定をきっかけとした考察を加えていく。

(4) 新たな検討
①要綱試案の到達点

まず、要綱試案の思想と構成は次のように表現される。「『本人の人間としての尊厳を確保し、信頼関係を築きながら、その生活を再建する社会的援助によって、彼らにとっても社会にとっても有益な更生保護制度を構築する』という考え方から、全体の構成を、本人に対する社会的援助に関する規定を先に置き、指導監督などコントロールに関わるものは後に規定することにした。そのため、社会的援助、法的社会的環境整備、援助の担い手、更生緊急保護などの規定を前置し、保護観察は後置した。」(前文)[31]。

　次いで、保護観察の意義である。まず、その目的は、「保護観察に付されている者の円滑な社会復帰を図ること」にある(第48)。実施方法・実施原則については、「遵守事項を遵守するよう指導監督し、およびその者に本来自助の責任があることを認めて個別的処遇計画を実施することにより、社会的援助を提供して実施するもの」とし、尊厳・権利・プライバシーを保護し、実施にあたっては「本人の同意を基礎とし、または本人の希望を最大限尊重しなければならない」(第49)。

　仮釈放保護観察については、良好措置としての仮解除を新たに導入したうえでその措置を可能な限り早期に追求すること、遵守事項違反が直ちに不良措置(取消)につながらないことを確認する(第60、第62)。執行猶予保護観察についても、(従来ある)仮解除の可及的早期追求および遵守事項違反が直ちに取消につながらないことの確認を規定する(第66、第67)。

　これらから確認できるのは、まず、更生保護の本旨は社会的援助の提供にあるということである。そして、仮釈放にも仮解除を導入することにより(当初は必要的とするが)任意的保護観察とし、また、保護観察にするか否かの判断基準としての本人の自律性を核に据えるということである。

②現行法の取消事由を手がかりに

　仮釈放の取消については、刑法29条1項が規定する。ここでまず確認したいのは、そこで規定されているのはすべて「裁量的」取消事由だということである。これは、従前、意外と見過ごされてきた点ではないだろうか。

　ここには、社会復帰過程においてはその主体である本人の試行錯誤(trial & error)が一定程度予定されているという観点を、刑事法制自体が持ち合わせていると読む余地がある。遵守事項違反があるという事実(同項4号)を、処遇(社会的援助の提供)のあり方を再考するきっかけと把握すると解してこそ、この取消事由が必要的ではなく裁量的であるにすぎないことをよく説明でき

る。あるいはまた、仮釈放中の再犯で実刑になったとしても（同1号）、仮釈放は取り消さないでよいのである。しかし、このような場合にもなお「裁量的」取消とされていることはどう理解すべきか。再犯をしたことの刑事責任の処理はしなければならない。その違法・責任の量によっては実刑を免れないこともあるだろう。しかし、それもまた社会復帰過程における試行錯誤の現れであるとするならば、むしろ、社会内処遇を連続した一定期間確保する必要性が顕著に表れた場合ともいえる。もちろん、仮釈放になっている前刑と、その仮釈放中の再犯で実刑となった後刑とは同時執行できない。しかしながら、現行法上、たとえば、いったん仮釈放となっている前刑の執行を停止して後刑を先に執行し、後刑について仮釈放となったらそれを執行したうえで、その後に残る前刑の仮釈放部分の執行を再開するということが可能である（刑事訴訟法474条参照）。刑法・刑事訴訟法を一体として解釈適用することにより、連続・一定期間の社会内処遇を確保することができるのである。

　もちろん、社会内処遇に関する観点からしても、仮釈放が取り消される可能性はなおある。その際、刑法29条2項は、仮釈放期間の刑期不算入を定めている。これは、自由刑純化論コロラリー構成の問題点として指摘したこととかかわるが、この理解では、刑期不算入は実質的な刑期延長となり、仮釈放者に著しい不利益を強いることになる。むしろ、仮釈放の法的性質を刑の執行の一形態と解するならば、仮釈放者の地位を端的に「仮釈放が取り消され再収容がされえる立場」と解すべきではないか。その際、刑期進行の理由は、保護観察に付されていること（保護観察関係維持）ではなく、仮釈放状態にあることそれ自体（上記のような立場におかれているという心理強制がかかっている状態）ということになる。この場合、仮釈放が取り消された場合の刑期不算入を規定する刑法の上記規定は、仮釈放を刑の執行の一形態と解する前提と矛盾することから改正を要する。実際、要綱試案は、その第47⑤で、刑期を算入するよう刑法を改正する提案をしている。

　また、確かに、保護観察に付されていることを刑期進行の理由とし、仮釈放の法的性質を刑の執行の一形態と解する従来の理解による限りは、必要的保護観察を前提とせざるをえないだろう。しかしながら、刑期進行理由を上述のように理解すれば、仮釈放の全期間を保護観察に付す必要はなくなる。前述した要綱試案第60による仮釈放への仮解除制度導入提案は、このような趣旨に出たものである。

　次に、執行猶予の取消については、刑法26条および26条の2が定めをお

く。26条は、必要的取消事由を定める。そのうち、2号および3号については、疑義が呈されており[32]、改正刑法草案では、2号を裁量的取消事由に、また、3号はそもそも取消事由から削除するという提案をしている。1号の執行猶予中再犯による実刑判決の確定という事由については、必要的取消事由とするのもやむをえまいか。執行猶予の場合、仮釈放について先述したのとは違って、猶予期間を停止して、再犯の刑が終了した後に、再度猶予期間を再開するというのは、現行法上実現しえないし、執行猶予という制度上もそのような構成をすることを意義づけることは困難であるように思われる。もっとも、とりわけ保護観察付執行猶予が選択されて保護観察が実施されている場合の再犯については、仮釈放の場合と同様に社会復帰過程における試行錯誤の表れとみる余地のある事案は少なくないだろう。それに対しては、再度執行猶予の要件を再考することによって対応すべきであろう。この点、要綱試案では、第47①において、刑法25条2項但書の削除を提案している。これは、初度目保護観察付執行猶予者についても再度目執行猶予の余地を残そうという趣旨に出たものである。

　刑法26条の2は、執行猶予の裁量的取消に係る規定であり、保護観察付の場合の遵守事項違反（「その情状が重いとき」）はその2号となる。これが「裁量的」取消であることの理由は、仮釈放取消のところで述べた社会復帰過程における試行錯誤の表れという視点がそのまま妥当するし、違反要件が加重されている理由は制定過程および自由刑純化論コロラリー構成のところで確認した法的地位の違いがあるからである。

　いずれにせよ、遵守事項違反は裁量的にのみ取り消されうる。このように、遵守事項違反を仮釈放ないし執行猶予の取消事由として残すという選択をする場合、遵守事項の内容が問題となる。自由刑純化論コロラリー構成をとった場合の方向性は前述したが、少なくとも、遵守事項を、取消を導くだけの権利制約性・規範性をもつべきものと、指導指針性をもつに過ぎないものとに画分し、前者のみが取消事由として構成することが必要であろう。具体的に現行のもので前者に含まれるのは、法50条3号ないし5号となろう。これらは、保護観察に付されているすべての者に適用されるべきものであり、保護観察に付されている実質にかかわるものといえるからである。それ以外の事項については、権利制約たる性格を持つのではなく、本人の行動指針・努力目標あるいは社会的援助として提供される「処遇」の計画と把握される、社会内処遇における「個別的処遇計画」[33]に再編すべきであろう。この個別的

処遇計画に掲げられる事項については、計画のとおりに進まなかったからといってただちに不良措置をとることはできない。計画のとおりに進まない場合は、まず、計画の変更が検討されるものとする[34]。なお、個別的処遇計画は、本人の同意を原則とするものであるから、計画の中に、これまで特別遵守事項として設定されてきたような、行動指針・努力目標的事項を掲げることはもちろんのこと、本人の自発的意思に基づく簡易尿検査の実施、処遇プログラムへの参加を盛り込むことも可能であるが、あくまで本人の自発的意思にまつものでなければならない。それらを義務づけることは言わば「処遇」の強制にあたり許されないと解すべきであろう。

では逆に、裁量的に取り消すべき場合とはどのようなものということになるだろうか。裁量的取消事由とされているものが、社会復帰過程における試行錯誤の現れであると把握するとするならば、社会内処遇によっては社会復帰が不可能ないしきわめて困難となった場合と解すべきであろう。このように解することにより、遵守事項違反を理由とする安易な取消を回避することができ、むしろ遵守事項違反があったという事実を、処遇内容の再検討のきっかけとすることができる。それにより、本人により適した充実した社会内処遇につなげていくことこそが更生保護の本旨であるといわなければならない。

そうだとすると、保護観察そのものについても、次のように理解を改める必要がある。保護観察に付するか否かは、もっぱら本人に対する社会的援助提供の必要性に基づいて判断されるべきである。上述した刑法25条2項但書削除の提案や仮釈放における仮解除制度導入の提案とあわせ、要綱試案では、刑法25条の2第1項を「前条の場合においては猶予の期間中保護観察に付することができる。」と改正する提案をしている（第47②。もちろん、再犯の場合にその必要性が高いという推定が働く可能性はあろう）。これらは、このような理解に基づいている。そこからまた、執行猶予に保護観察を付するか否かの判断は、刑の軽重と関連させて考えるべきではなく[35]、その判断を十全にするためには、十分な判決前調査制度の導入について検討する必要があろう。

③近時の法案について

第179臨時国会に提出された「刑法等の一部を改正する法律案」等では、刑の一部執行猶予制度の導入および特別遵守事項としての社会貢献活動の導

入が提案されている。前者については、本書第5章・6章で検討されており、後者については、その法制審議会における議論を追ったうえで若干の問題提起を以前したことがある[36]。ここでは、これまでの検討に照らして上記法案について簡単に触れておきたい。

　まず、一部執行猶予制度の導入については、「実刑と全部執行猶予との中間的な刑事責任に応じた刑罰」という新たな選択肢と、「施設内処遇後に相応の社会内処遇の期間を確保し、施設内処遇と社会内処遇の有機的な連携を図る制度」を設ける趣旨とされている。しかしながら、より積極的に「施設内処遇と社会内処遇の有機的な連携を図る」、あるいは社会内処遇の実効的な期間を確保したいのであれば、まずもって現行の仮釈放制度の運用状況の改善を図り、あるいは必要的仮釈放制度[37]の導入を検討すべきである。そして、刑事施設に収容することなく、福祉や医療による社会的援助の方策を充実させることによって、個々の行為者が社会復帰を果たすうえで実効性のある「個別化」された社会内処遇の実現が目指されるべきであろう。

　また、刑の一部執行猶予判決を言い渡すにあたっては、「従来の刑責評価に変更はない」ものとされている。しかしながら、結果としては、全部執行猶予が言い渡される事案と比して、刑罰終了までの期間は長期化することが想定される。たとえば刑責評価として同じ懲役2年執行猶予2年であったとして、全部執行猶予ならば執行猶予期間である2年を取り消されることなく経過することにより刑の言渡の効力が失われる（刑法27条）のに対して、実刑部分1年6月・残刑6月分につき執行猶予2年という一部執行猶予では、実刑の執行が始まってから3年6月が経過しないと刑の執行を受け終わったことにならないのである（刑法27条の7［新設］）。もちろん、刑の執行猶予中は、まさしく「刑の執行を猶予」しているのであって、「刑の執行」には入っていないのであるから、従来に比して刑期そのものが長期化する訳ではない。しかし、猶予期間中にも保護観察に付される場合があり（刑法27条の3第1項［新設］）、その場合は遵守事項違反によって執行猶予が取り消されることも想定されている（同27条の4・27条の5［新設］）。そうだとすると、実質的な自由制約期間は従来に比して長期化するのであって[38]、それを「刑の執行猶予」であるからという理由で実現しようとする本制度は、責任主義を潜脱するものであり許されない。

　さらに、遵守事項違反による一部執行猶予取消に係る新設規定である刑法27条の5には、現行刑法における（従前の）執行猶予取消に係る26条の2に

ある「その情状が重いとき」という文言が入っていない。遵守事項違反に対する取消が形式的に行われるようであれば、執行猶予判決を受けた者に対する平均的な実質的自由制約期間は、現行法において想定されるよりも相当長期に渡ることも考えられるし、保護観察の実効性の観点からしても、遵守事項違反を形式的に取消に結びつけることは、社会復帰過程における試行錯誤の意味を無視することになり、かえって保護観察処遇を硬直化させかねないという問題がある。

　法案では、特別遵守事項としての社会貢献活動の導入も提案されている。この社会貢献活動というのは、実態は欧米で行われる社会奉仕命令とかわらない。社会奉仕命令は、元来は刑務所収容の代替として、社会内で労働するという刑罰である。そのようなものが名前を変えただけで保護観察の特別遵守事項として許されるとは思われない。現行法を前提とするとしても、特別遵守事項は、あくまでも、対象者の社会復帰のために必要な限度で自由を制限して、行動指針を示すためのものである。そうであるにもかかわらず、社会貢献活動を導入してしまうと、諸外国で刑罰として行われているものが遵守事項として科されることになる。さらに、上で検討したように、特別遵守事項を規範的・権利制約的に構成してその違反を取消事由とすることを否定し、本人の同意の下で個別的処遇計画として再構成するとしても、それによって上述した社会奉仕命令の元来の性格を否定し去ることができるとは思われない[39]。

4．おわりに

　ここまで検討してきた保護観察の理解によれば、仮釈放保護観察と執行猶予保護観察をことさらに別異に理解する必要はない。いずれも、本人の社会復帰のために必要な社会的援助を提供するための1つの方策であるということになる。他方で、保護観察が実態として一定の制約を伴うものであるとすれば、従前してきた検討によって自由制約の限界を画することもなお必要であろう。いずれの点からも、現行の刑法・更生保護法の体系にはみるべき点がある一方で、見直すべき点も多くある。また、一部執行猶予および社会貢献活動を導入しようとする法案は厳しく批判されるべきである。

　むしろ、現時点で必要なのは、社会内処遇を実質的実効的に行うためにはどのような制度ないし環境の整備をしなければならないかを検討すること

ある。これまでに私たちが一定程度蓄積してきた研究成果を、現実の制度・活動にどのように実現していくかということにこそ目を向けなければならない時期に来ているといえよう。

(まさき・ゆうし)

1 本書第3部比較法部分など参照。また、崔鐘植「韓国における社会内処遇制度の現状と課題」刑事立法研究会編『更生保護制度改革のゆくえ——犯罪をした人の社会復帰のために』(現代人文社・2007年)(以下、『ゆくえ』)291頁以下、謝如媛「社会内処遇をめぐる台湾の現状——2005年の法改正を中心に」『ゆくえ』328頁以下等も参照。
2 有識者会議およびその議論状況・提言については、法務省ホームページhttp://www.moj.go.jp/KANBOU/KOUSEIHOGO/index.html (最終閲覧日・2011年12月28日) 参照。
3 有識者会議第1回会議(2005年7月20日)における佐伯仁志発言。
4 金子みちる=正木祐史「保護観察の法的再構成・序論——保護観察対象者の法的地位から」前掲注(1)『ゆくえ』55頁以下。正木祐史「仮釈放保護観察における権利保障のあり方」福田雅章先生古稀祝賀論文集『刑事法における人権の諸相』(成文堂、2010年) 345頁以下も参照。
5 刑事立法研究会社会内処遇班「更生保護基本法要綱試案」龍谷大学矯正・保護研究センター研究年報5号(2008年)112頁以下(以下、「要綱試案」)。
6 刑法等の一部を改正する法律案(平23・11・4第179閣法13)および薬物使用等の罪を犯した者に対する刑の一部の執行猶予に関する法律案(平23・11・4第179閣法14)。
7 なお、(刑法28条を前提としつつ)旧・犯予法31条2項では、許可基準に係る文言として、「相当と認めるとき」と規定されていた(具体的基準については旧・仮釈放、仮出場及び仮退院並びに保護観察等に関する規則[以下、旧・仮釈保観規則]32条参照)。ところがこれに対応する現行法39条1項には許可基準に係る文言はなく、犯罪をした者及び非行のある少年に対する社会内における処遇に関する規則(以下、規則)28条に落とされている。
8 その他に刑の一形態と解する説がある。以上につき、大塚仁=河上和雄=佐藤文哉=古田佑紀編『大コンメンタール刑法[第二版]第1巻』(青林書院、2004年) 655頁以下[吉永豊文=林眞琴]参照。なお、松本勝「仮釈放の法的性格と運用状況」更生保護50年史編集委員会編『更生保護の課題と展望』(日本更生保護協会、1999年) 201頁も参照。
9 このため、有期刑の場合には、その刑期の終了時に保護観察も終了するが、無期刑受刑者は、終身保護観察を受けることとなる。なお、この保護観察の法的性格についても議論がある。先述のとおり、現行刑法においては仮釈放に係る保護観察についての規定はなく、刑罰や保安処分と並ぶような独立の処分としては承認されてはいないとされる。井上正治「現代における刑罰思想」平野龍一編『現代法と刑罰』(岩波書店、1965年) 215頁等参照。また、仮釈放保護観察について保安処分そのもの(狭義の保安処分)とする解釈はされていないようであるが、「広義の保安処分の一

種」とする見解がある。小川太郎『自由刑の展開』(一粒社、1964年)、染田惠「保護観察における基本的人権の尊重とその方法」犯罪社会学研究17号(1992年)90頁等参照。
10 その他、応急の救護に係る規定がある(法62条)。
11 一般遵守事項は、法48条に規定される保護観察対象者すべてが遵守しなければならない事項である。旧法から更生保護法への改正に当たり、一般遵守事項はその内容が大きく拡張された。
12 旧・犯予法制下において旧・仮釈保観規則5条に規定されていた特別遵守事項の範囲については、現行法51条2項に規定されることとなった。ただし、旧・仮釈保観規則5条(同5条の2も参照)にあった「本人の生活歴、心身の状況、犯罪又は非行の原因及び態様、居住すべき住居地の環境等からみて適切であり、本人がこれを誓約して遵守することができると認められ、かつ、本人の自由を不当に制限しないものでなければならない」という文言は、現行法および規則からは削られている(代わりに、不良措置がとられうることを踏まえるべきことが規定された)。また、特別遵守事項については変更・取消が可能となった(法52条、53条参照)。さらに現行法では、56条に「生活行動指針」が規定された。これは、遵守事項とは異なり、不利益性・法規範性はないものとされるが、他面において、「生活行動指針に即して生活し、及び行動するよう、必要な指示その他の措置をとること」は指導監督の内容であって(法57条1項2号)、その「指導監督を誠実に受けること」は一般遵守事項の内容である(法50条2号)という法構造を前提とすると、不利益性・法規範性が完全に払拭されているとはいえないように思われる。
13 川崎政宏「仮釈放における遵守事項の研究」法務研究報告書83巻3号(1997年)11頁以下参照。
14 ただし、仮釈放取消審理のために留置されていた場合には、その留置日数は刑期に参入するものとされている(法76条2項)。
15 最判昭23・6・22刑集2巻7号694頁。
16 大塚ほか編・前掲注(8)491頁以下[豊田健]参照。
17 第15回国会に提出されたが審議未了廃案となり、第16回国会に再提出された。斉藤三郎「執行猶予に伴う保護観察制度——刑法等を改正する新しい刑事政策」時の法令99号(1953年)1頁、長島敦「刑法等の一部を改正する法律」法律時報25巻10号(1953年)940頁、同「刑法等の一部を改正する法律の解説」警察研究25巻7号(1954年)52頁参照。
18 旧・犯予法制定当時には同法33条1項に4号が規定されていた。これは、旧少年法では、18歳未満の少年が懲役・禁錮につき執行猶予の言渡を受けた場合には、期間中、少年保護司の観察に付されることとされており、それが当面効力を有するとされていたのに対応したものである。これを改正し、同号を刑法改正案25条の2の場合と改めようとしたものである。
19 特別遵守事項の設定・変更権限は、仮釈放保護観察の場合は地方委員会にある(法52条2項)一方、執行猶予保護観察の場合は保護観察所長にある(同条4・5項)。
20 平18・3・31法15。
21 そのほかに、旧・猶予者観察法7条による「指示事項」があった。
22 5条1項2号改正。旅行・転居について届出制だったのが許可制となり、長期旅行が1箇月以上とされていたのが7日以上となった。

23 なお、執行猶予取消の全体については、刑法26条・26条の2を、取消手続については刑事訴訟法349条・349条の2および法79条・80条を参照。
24 旧・犯予法でいえば、42条の2第1項「居住すべき住居に居住しないため、保護観察を行うことができなくなったとき」(同法34条2項1号・4号に掲げる一般遵守事項の違反があった場合)。
25 この点につき、川崎・前掲注(13)19-20頁参照。
26 正木祐史「社会的援助の理論と課題」刑事立法研究会編『21世紀の刑事施設——グローバル・スタンダードと市民参加』(日本評論社、2003年) 114頁。なお、土井政和「一貫した社会的援助」刑政108巻4号 (1997年) 54頁、同「社会的援助としての行刑 (序説)」法政研究51巻1号 (1984年) 35頁も参照。
27 「施設内処遇」に対応する語としては「社会内処遇」があるが、たとえば応急の救護や更生緊急保護、そして保護観察の下で提供される処遇など、「社会内処遇」が包含しうるものは多様であり、各語の関係についてはなお整理すべき課題がある。そのため、ここではさしあたり「保護観察処遇」の語を用いる。
28 この点、有識者会議の最終報告においても「遵守事項に生活指針、努力目標的なもので違反に対する問責が困難な事項も含まれており、その性格があいまいなものとな」っていることが指摘されている (16頁)。また、現行法では前述したとおり、生活行動指針なるものが導入されたが、それと特別遵守事項の内容とがどの程度明確に区別できるかは疑問である。
29 前掲注(5)「要綱試案」第47⑤参照。
30 福田雅章「受刑者の法的地位と『要綱案』」ジュリスト712号 (1980年) 40頁、同「処遇権の基礎」刑法雑誌25巻1号 (1982年) 163頁、同「受刑者の権利」宮崎繁樹=五十嵐二葉=福田雅章編著『国際人権基準による刑事手続ハンドブック』(青峰社、1991年) 326頁等参照。
31 前掲注(5)「要綱試案」114-115頁。
32 大塚ほか編・前掲注(8)566-590頁 [豊田健] 参照。
33 「個別的処遇計画」については、藤井剛「個別的処遇計画の実施——『処遇の個別化』から『個別化された援助』へ」刑事立法研究会編・前掲注(26)135頁参照。
34 なお、社会内処遇における個別的処遇計画は、「一貫した社会的援助」を提供するために、施設内処遇におけるそれを引き継いで随時更新されるべきものであろう。
35 一般には、刑事訴訟法402条の関係で、主刑および執行猶予の期間が同一ならば、保護観察付のほうが重い刑と考えられている。松尾浩也監修『条解刑事訴訟法第4版』(弘文堂、2009年) 1072頁等。なお、大阪高判昭33・7・10高刑集11巻7号391頁等参照。
36 正木祐史「研究ノート:社会貢献活動——法制審の議論」龍谷法学43巻1号 (2010年) 104-128頁。
37 武内謙治「仮釈放の法律化と社会化——必要的仮釈放制度と任意的仮釈放制度の提唱——」刑事立法研究会編・前掲注(26) 228-235頁参照。
38 ことは、当該自由制約期間だけにとどまらず、資格制限の関係でも大きな影響を与える。一定の事由があることにより免許を与えられない、あるいは職に就けない資格制限には多様なものがあるが、たとえば、①禁錮以上の刑に処せられ、その刑の言渡の効力が失われるまで (学校教育法9条2号、弁護士法7条1号など)、②禁錮以上の刑に処せられ、その執行を終わるまで、またはその執行を受けることがなく

なるまで（地方公務員法16条2号、国家公務員法38条2号など）、③禁錮以上の刑に処せられ、その執行を終わり又はその執行を受けることがなくなってから一定期間を経過するまで（司法書士法5条1号、行政書士法2条の2第4号など）、等がある。これらいずれの場合においても、本文で挙げたような例では、一部執行猶予の場合のほうが資格制限の期間が長くなる（職業選択の幅を狭める）という問題がある。

39 もっともこの点については、少年保護の各領域において社会参加活動が行われており、それとの異同等についてさらに立ち入った検討が必要である。

第4章 非拘禁的措置をめぐるヨーロッパ評議会準則

大貝 葵（大阪市立大学大学院法学研究科研究生）

1. はじめに

　現在、日本において、社会内処遇に関する議論が展開されている。一方で、ヨーロッパにおいても、非拘禁的措置についての議論が展開され、すでに非拘禁的措置に関する一定の準則がすでに採択されている状況にある。ヨーロッパ評議会では、非拘禁的措置の目的として、対象者のソーシャル・インクルージョンが明確に掲げられていることに加え、対象者の人権保障の要請等が明示されている。そこで、本稿では、日本における社会内処遇の議論を検討するうえでの手がかりを得ることを目的として、ヨーロッパ評議会において新たに採択されたプロベーションに関する規定（プロベーションルールズ）、および、プロベーションルールズを基礎づけている非拘禁的措置に関するヨーロッパルールズを概観する。そのうえで、非拘禁的措置に関するヨーロッパルールズとプロベーションルールズ（以下、両者を併せてヨーロッパ評議会の準則と表記する）を参考としつつ、日本の社会内援助に必要となるであろう観点について検討する。

2. ヨーロッパ評議会の非拘禁的措置に関する準則の確認

　非拘禁的措置に関する規定の策定にむけた国際的な動きとして、まず、1987年、ポワティエにおける国際刑法監獄財団（The International Penal and Penitentiary Foundation）の第6回会議にて、非拘禁的措置のための最低準則策定に関する話し合いが進められた。翌年の1998年には、オランダのグロニンゲンで行われた、国際刑法監獄委員会（The International Penal and Penitentiary Commission）において、最低準則が正式に文章化され承認された。この動き

を受け、国連において、非拘禁的措置に関する最低準則の準備作業が進められ、1990年、非拘禁措置に関する国連最低基準規則 (United Nations Standard Minimum Rules for Non-custodial Measures) である東京ルールズが採択された。その後、1992年には、ヨーロッパ評議会も閣僚委員会 (Committee of Ministers) において、非拘禁的措置に関するヨーロッパルールズ (the European rules on community sanctions and measures)[1]を採択した。以降、非拘禁的措置に関する技術的発展などを契機に、非拘禁的措置に関するヨーロッパルールズの補足と修正の必要性が指摘されるようになる。2000年に示された、非拘禁的措置の実施改善に関する勧告等を経て、2008年にはプロベーションに関するレポートが提出された。翌2009年には、プロベーションルールズの草案が閣僚委員会から提出され、2010年に、ヨーロッパ評議会閣僚委員会において、プロベーションルールズが採択された。以下では、まず、この非拘禁的措置に関するヨーロッパルールズ、および、プロベーションルールズを概観することとする。

(1) 非拘禁的措置に関するルール
1 非拘禁的措置に関するルールの概要
本ルールの目的

　非拘禁的措置に関するヨーロッパルールズの勧告 (Recommendation no.r92) には、ルールズの目的が3つ示されている。まず、(a)加盟国の立法者と措置に関与する者 (たとえば、措置決定権者[2]や措置実施の責任者) が、非拘禁的措置を公正 (just) かつ効果的に実施できるよう、その指針を示すこと。次に、(b)非拘禁的措置の創設や実施において、措置対象者 (offender)[3]の基本的人権が保障され、その基準を示すこと。最後に、(c)定められた義務や条件にしたがって措置が実施されることを保障し、その保障が措置の信頼性を担保するものとなること。そして、措置の実施を引き受けるスタッフと措置の実施に関与するコミュニティーのすべての者へ、明確な行動規則を提案することである。これら3つの目的に、次のような点がそれぞれ考慮される。まず、(a)´措置の適用に際して、社会の保護 (被害者に生じた損害の回復と法秩序の維持) と、措置対象者の社会適応 (social adjustment) に不可欠なニーズの承認とのバランスが保たれること。次に、(b)´措置の適用に際しては、その濫用を防止することが重要であり、措置から生じる社会的利益および不利益が、十分に考慮されなければならないこと。そして、拘禁の代替とすることのみを目的とした非拘

禁的措置の実施は正当化されないこと。最後に、(c)´措置対象者の個別的考慮[4]に基づき措置が実施されること。加えて、国際的に確立されてきた一連のルールを参照し、措置の実施に関する経験の相互参照 (exchange) が促進されること。

さらに、上記勧告は、長期的視点にたてば、コミュニティー内で刑事制裁 (penal sanction) を実施するほうが、コミュニティーから隔離してそれを行うよりもむしろ被害者の利益を含め社会全体をよりよく保護することができると指摘している。一方で勧告は、社会を保護するという視点とともに、対象者を責任ある人間として (a responsible human being) 尊重するという視点に基づいて、非拘禁的措置が実施される必要があることも述べている。勧告においては、このルールズが、現段階で一般的に受け入れられている一つの行動指針を形作り、十分な非拘禁的措置の適用を導く性質を有していることが示されている。

ルールの構成および各章の概要

以下、本ルールズを概観していく。第1部は一般則として〈1～2〉[5]、第1章〈3～11〉法的枠組み (legal framework)、第2章〈12～19〉裁判上の保障と不服申立手続 (judicial guarantees and complaints procedures)、第3章〈20～29〉基本的人権の尊重 (respect for fundamental rights)、第4章〈30～36〉措置対象者の協力と同意 (co-operation and consent of the offender) から構成される。第2部は人的および財政上の資源 (human and financial resources) として、第5章〈37～41〉専門スタッフ (professional staff)、第6章〈42～43〉財源 (financial resources)、第7章〈44～54〉コミュニティーの関与と参加 (community involvement and participation) から構成される。第3部は非拘禁的措置の運営、管理 (management aspects of sanctions and measures) として、第8章〈55～69〉実施条件 (conditions of implementation)、第9章〈70～75〉業務手法 (methods of work)、第10章〈76～88〉非拘禁的措置の効果と不履行の結果 (operation of the sanction or measure and consequences of non-compliance)、第11章〈89～90〉非拘禁的措置の業務に関する調査および評価 (research on, and evaluation of, the working of community sanctions and measures) から構成されている。最後に、附則として各ルールにおける用語の定義が置かれている[6]。

以下、主な特徴を述べる。第1章に前置されている第1条は、本ルールの公平な適用を要請している。続く、第1章は、非拘禁的措置に関して、法律

に定めるべき事項を列挙している。具体的には、措置の実施に際して求められる条件や義務、措置の期間の限度という項目があげられている。さらに、実施者に関する事項として、実施責任者の責任と義務、権限の内容といった項目もあげられている。措置に付随する条件や義務の不履行を理由とした逮捕や拘禁が行われる場合であっても、自動的な拘禁措置への変更を法定することは許されない旨が規定されている。また、実施権者[7]の業務に対して、外部機関による定期的な調査が行われることも法律に明記される事項とされている。

第2章は、非拘禁的サンクションおよび公判前に行われる非拘禁的措置については、司法機関が決定することを要請する。加えて、措置の適否の決定に対する不服申立およびそのための手続について規定が置かれている。

第3章は、対象者の人権保障について示している。具体的には、措置の適用および実施に際する差別の禁止、市民権および政治的権利の制限禁止[8]、対象者の苦痛をより強めるような実施方法の禁止、社会保障を受ける権利の制限禁止、プライバシーの保護が各規定において要請されている。このような人権保障に関する規定は、グロニンゲンルールにおいても強調されてきたものである。本ルールズは新たに、国際基準にしたがって基本的人権が保障されること、対象者およびその家族の尊厳が尊重されること、対象者の自尊心・家族関係・コミュニティーとのつながり・社会における職能が損なわれてはならないこと、侮辱や不適切な詮索ないしは公表から保護されること、国際倫理規準に合致しない医学的心理学的処遇および手続にさらされないこと、ならびに、措置が身体的精神的損害の不当なリスクを惹起してはならないことを、明記した。そして、これらの人権保障に沿って措置を実施する責任は、措置実施権者にあることも確認されている。

第4章は、対象者の協力と同意に関し定めている。本章規定は、被害者および社会に対する対象者の責任感が、措置を通じて高められることが望ましいとする。一方で、対象者の措置に対する協力を確保するために、対象者には事前に説明が行われること、および、決定手続に対象者が可能な限りで参加することを求めている。さらに、公判前に実施される非拘禁的措置、あるいは、サンクションの代替としての非拘禁的措置の実施には、対象者の同意が不可欠であることも確認されている。あわせて、同意を求めるに際しては、対象者から同意が明示されること、および、同意により基本的人権が侵害されないよう留意することが要請されている。

第5章は、措置を実施するスタッフに関する規定である。具体的に要請される事項として、措置を実施するスタッフの差別的採用を禁止すること、人的資源が量的および質的に確保されること、ならびに、活動に際して必要となるトレーニングと情報がスタッフに提供されることがあげられている。加えて、スタッフと実施権者の関係性について次のことが求められている。職業上の専門スタッフは、法律により定められている実施権者へ説明責任を果たすこと、スタッフの義務・権利・責任に関しては、実施権者がそのありようを決定すること、および、実施権者がスタッフを監督し、彼らの業務についてのアセスメントを行うことである。

第6章は、措置の財源に関し、それが、公的支出から確保されることが適当であるとする一方で、第三者機関からの支援の可能性も認める。ただし、第三者機関からの支援に依存してはならないこと、および、第三者機関からの支援がある場合には、その手続や支援資金の監査方法のルールが求められている。

第7章は、コミュニティーの関与と参加に関して定めている。要請される事項としては、措置の性質や内容が適切に周知されることがあげられる。これは、一般市民や措置に参加する市民に措置が正しく理解されることで、措置が犯罪行為への適切で信頼性のある対応として認められることを目的としている。加えて、コミュニティーにある既存の資源を活用することが推奨されている。これは、措置対象者のニーズに適合しかつ対象者の権利保障に適した方法を実施権者が利用できるようになることを目的としている。さらに、コミュニティーおよび対象者の立場から見たコミュニティー参加の目的が示されている。すなわち、対象者が、コミュニティーとの有機的なつながりを発展させられるよう参加者が対象者を援助すること、および、対象者に対するコミュニティー側の関心が喚起され、対象者への接触と支援の可能性が拡大することが望まれている。参加活動の範囲については、法律ないしは実施権者が定めた範囲での監督に限定され、専門的な職務は、スタッフによって行われるものとされる。その他、コミュニティーからの参加者に対し守秘義務が課せられるとする一方で、活動中の事故や職務上の公的支出は補償の対象となる旨が規定される。

第8章は、措置の履行について規定が置かれている。まず、本章規定は、措置が、対象者にとって可能な限り有意義な方法で実施されること、および、措置は措置対象者の社会適応に直接関連する個別的、社会的発達へ資す

るものであることを要請している。そして、措置の決定や実施に関与する裁判所および検察官へ助言が必要な場合には、専門のスタッフ等が助言を行うものとする。次に、対象者の手続段階での権利保障として、専門家による援助、情報の開示、対象者の意見表明の機会の確保などが求められている。その中では、対象者からの措置の不服や変更要請に対し、実施権者が遅滞なく対応する必要があるとも指摘されている。加えて、規定では、個別事案記録について以下のことが要請されている。まず、個別事案記録が実施権者により作成されること、あわせて、対象者はその記録にアクセスする権利をもつことである。次に、記録の内容については、監督者から対象者へ説明が行われること、記録内容について対象者から異議申立を行うことが可能であることである。そして、対象者個人の情報が、就労斡旋や何らかの支援を提供する機関へ開示される場合であっても、開示範囲は、活動の目的によって制限されるべきであり、この記録は、当該規定に沿って、措置終了後、保管ないし破棄されることが要請されている。最後に、措置実施に伴う作業上の留意事項として、次のことが指摘されている。営利目的での措置の実施が禁止されること、現行の公衆衛生に関する法に合致する形で措置が実施されること、措置実施から生じた事故、障害、不利益 (liability) に対し補償がなされること、対象者による措置費用の負担を禁止することである。

　第9章は、業務の実施手法に関して要請される事項を示している。まず、プログラムの個別化と措置に携わる者（対象者、監督者、コミュニティー）の適切な業務関係の発展の上に措置が実施されることがあげられている。次に、この個別化の要請を満たすために、実施権者とスタッフには裁量が与えられること。ただし、処遇の重大な不平等を生じさせない範囲に限る。そして、実施権者の指示に関しては、それが明確に行われること、当該指示が措置決定から導かれる範囲を超えるべきではないこと、活動の統制の範囲は必要最小限とすべきことである。最後に、実施権者の使用する方法は、専門的な基準に則していることを要請している。

　第10章は、措置の効果と措置不履行の結果について定めている。諸規定は、措置開始時に、措置の内容および不履行の帰結の両方が通知されるべきとする。ここではさらに、措置不履行の場合に、それぞれの関与者が採る手続が明確に定められることも求めている。軽微な違反は、裁量的手段でただちに対応されることが望ましく、必ずしも措置の取消しが指示されるわけではないとされる。すなわち、軽微な違反に対しては、面談が行われ、そこで

は、対象者が意見を述べる機会が与えられ、陳述された意見の記録簿への記載および対象者への説明が推奨されている。一方、違反が重大な場合に、規定は次のことを求めている。違反の状況を詳細かつ客観的に記載したレポートが作成され、決定権者は、このレポート記載の要素を詳細に検討した後でしか、措置の部分的ないしは全部の修正および取り消しを決定することができないこと、措置の修正ないしは取り消しの決定に先立ち、決定権者は対象者に意見表明の機会を確保すること。さらに、不履行を理由をとして措置の取り消しを検討する場合、対象者の措置履行期間やその際の態度が考慮される必要があることである。加えて、措置の義務および条件の不履行が、必ずしも、拘禁刑 (imprisonment) への措置変更を導くわけではないことが確認されている。本章規定ではさらに、措置に伴う義務や条件の不履行が犯罪 (offence) とはならないことも明示されている。その上、措置の修正は、対象者が社会復帰可能な状態にどの程度近づいたかという観点からも検討されることが望ましいとされる。そして、条件や義務が履行され、措置の目的を達成するにあたり対象者に義務を継続する必要がないと判断される場合には、決定権者は、定められた期限前に、措置を終了することができるとされている。

　最終章である11章では、措置に関する調査が奨励され、定期的な評価の実施が求められている。その評価の際の具体的観点としては、措置の目標が、立法機関 (law makers)、司法機関[9]、決定権者、実施権者およびコミュニティーの期待 (expectation) に沿ったものであるか、拘禁刑の減少に貢献しているか、対象者の犯罪に関係するニーズに対応できるものとなっているか、費用対効果の程度、コミュニティーにおける犯罪減少に貢献しているか、という5項目があげられている。

　ここまで、非拘禁的措置に関するヨーロッパルールズについて概観してきた。本ルールズは、先に採択されたグロニンゲンルールおよび東京ルールズをより充実させた規定ぶりになっている。具体的には、グロニンゲンルールにくらべ、措置のあり方およびその実施方法、措置に関与する者の権限についてより詳細な規定が設けられた。また、グロニンゲンルールには示されていなかった、コミュニティーとの関係性についても規定されている。非拘禁的措置に関するヨーロッパルールズは、対象者の人権保障に関する直接的な規定に関してはグロニンゲンルールと類似している一方、間接的な規定を通じて、対象者の人権保障をより実質的に保障するものとなっている。一

方、東京ルールズとの比較においても、類似の規定が多く認められるが、東京ルールズには規定されている被害者と対象者との関係に関する事項、および、再犯防止に関係する事項は、非拘禁的措置に関するヨーロッパルールズには置かれていない。この観点は、次のプロベーションルールズにおいて考慮される。

2　非拘禁的措置の実施改善に関する勧告の概要

そして、2000年「非拘禁的措置に関するヨーロッパルールズの実施改善に関する勧告 (Recommendation on Improving the Implementation of the European Rules on Community Sanctions and Measures)」が新たに閣僚委員会において承認された[10]。この勧告の中では、1992年以降、非拘禁的措置がより効果的でより広く適用される可能性が見出されてきたと述べられている。あわせて、措置の発展と実務の変化に対応すること、および、各国において個々に生じている問題を解決することを目的として、非拘禁的措置に関するヨーロッパルールズの追加的解釈と説明が必要となっていることも指摘されている[11]。そこで、上記勧告を作成した委員会は、非拘禁的措置のより効果的な活用を導くために、いかに示す6つの観点に基づき、自国の立法、政策、および、実務を再検討することを勧告している。それは、第1に立法、第2に量刑実務、第3に当該措置の効果的な実施の要請、第4に当該措置への信頼性の促進、第5に効果的なプログラムと効果的介入の構築、第6に調査に関する事項である。各観点で要請される事項を簡単に確認していく。

第1では、プロベーションや電子監視などをはじめとする多様な方法を用いた非拘禁的措置に関して新たに個別規定を設けること、一定の犯罪に対して拘禁刑に代わる非拘禁的措置の可能性を示すこと、裁判所において使用される非拘禁的措置の導入に関しても新たに規定を設けることが指摘されている。第2の点については、それが、非拘禁的措置の活用の促進を目的としたものであり、立法者によって行われることが求められている。あわせて、重大犯罪の再犯者に対する非拘禁的措置の適用を禁じた規定を見直すよう求められている。

第2は、量刑の理論的根拠が確立されること、非拘禁的措置に関する諸施策に司法機関も関与すること、司法権者が拘禁刑を避け非拘禁的措置を適用する場合の減軽事由が明確化されることを要請している。

第3では、措置を実施するための適切な機関が設置され、十分な資源が確

保され発展すること、関与する人の専門性が向上すること、措置の機能・目的・基本的価値 (basic values) を示したステイトメントが作成されること、ステイトメントとあわせて機関が作成する計画と実務が措置の実施を補完するものとなることを求めている。加えて、権限者の実施業務に対する第三者機関による定期的な監査の導入も奨励されている。

　第4では、司法における非拘禁的措置への信頼を高めるために、非拘禁的措置にかかわるヨーロッパルールズの規定をできる限り広く普及するべきとされる。さらに、措置の効果に関する情報が提供され、司法機関と実施に関与するスタッフとが定期的に議論できる場が設定される必要があると指摘されている。その上、措置実施機関と地域コミュニティーとの協力も要請されている。

　第5では、費用対効果が測定されること、プログラムの実施規準や行動指標が策定されること、調査結果に合致しかつ訓練されたスタッフの知識に合致したプログラムが策定されることを求められている。そのプログラムは、対象者の基本的生活スキル、教育状況、就労状況、薬物等の中毒症状への働きかけに配慮して作成されるとされる。同時に、措置が各コミュニティーに適した方法となるよう特別な配慮のもとプログラムが作成されるべきことも示されている。さらに、対象者の措置適応能力や再犯可能性に関連づけられる個別的、社会的要因といった明確な基準にしたがって措置の適用が導かれるべきとされる。加えて、認知行動療法などをはじめとして、再犯に至ってしまった対象者のためのプログラムや介入 (措置) の発展に対して特別な注意を向けられる必要があるとされる。

　第6では、非拘禁的措置に対する監督および評価のために、適切な調査が行われる必要があるとされる。その調査では、犯罪抑制因子と再犯因子の比較がなされること、再犯の頻度や重大性とともに、社会復帰のための個別的かつ社会的因子を検討すること、プログラム同士の効果測定が行われること、非拘禁的措置の適用範囲と結果に関する統計が作成されること、スタッフの業務に関する質および量に関して評価が行われることが求められている。

　このように2000年の勧告においては、新たに導入された非拘禁的措置の形態や、より効果的な非拘禁的措置の適用に対応するための具体的視点が明示されている。その後、この採択に先立ち、2008年の犯罪問題に関するヨーロッパ委員会 (European Committeee (ママ) on Crime Problems: CDPC) の委員会レポートの結論 (General Rapporteur's Conclusion) のとりまとめ、2009年

の閣僚委員会による勧告草案 (Draft Recommendation) の作成などの準備作業を経て、2010年、プロベーションルールズが閣僚委員会によって採択された。以下、2010年のプロベーションルールズに反映されている2008年の委員会レポートの結論を確認し、2009年の閣僚委員会から提出された草案を概観した後、2010年のプロベーションルールズの概要を提示する。

(2) プロベーションルールズ
1　プロベーションルールズ草案の概要
2008年のレポートの概要

2008年のレポートは、プロベーションにおける対象者の権利などに関し、21の項目について検討している。以下では、プロベーションルールズの特徴を特に反映していると考える、第1、第2、第4、第6、第8、第9、第11、第19の8つの項目について確認する。

第1項目では、プロベーションの目的は、対象者が法を遵守した生活を送れるようともに活動することを通じて、対象者の社会復帰が達成されることであるとされる。この活動の中には、対象者が社会復帰する機会を創出すること、その機会を十分に活用するために必要なスキルを対象者が獲得できるよう助けること、社会復帰するよう対象者を動機付けることも含まれるとされている。

第2項目では、プロベーションにより、対象者が変化する可能性を信じるという考え方が示されている。プロベーション機関は、対象者を責任ある人間として扱い、彼らの最もよい状態 (the best) を引き出すことを試みる必要があるとする。また、可能な限り、対象者は自らに関係する決定に十分に関与するとともに、アセスメント、計画、介入、評価にも積極的に関与することが求められている。

第4項目は、介入の目的が再犯の可能性を減少させることであると述べている。ゆえに、その目的に沿った介入は、建設的なもの (be constructive) でなければならず、処罰的なものであってはならないとされている。

第6項目は、対象者を効果的にコントロールする態様とは、対象者自身によるセルフコントロールであることが指摘されている。ただし、外圧的コントロールが、ときには処罰的なものとして (as punishment)、あるいは、公共を保護するために必要とされる場合があることも留保している。しかし、その外圧的コントロールが用いられる場合に、プロベーションの業務として、

常に、対象者に事前に説明を行い承諾を得る（informed consent）努力が行われなければならないとする。

第8項目は、ソーシャル・インクルージョンは、社会正義の要請であり、プロベーション実務におけるキー原則となることが明示されている。市民社会にあるサービスや制度に平等かつ合理的にアクセスしてこなかった(social exclusion)人は、犯罪を行う可能性が高いことに照らして考える場合、対象者のソーシャル・インクルージョンをプロベーションの任務として引き受けることは、犯罪減少の一助にもなるということが指摘されている。

第9項目は、対象者のソーシャル・インクルージョンを達成するために、プロベーションは、市民社会にある諸機関と密接に連携して業務を進めなければならないとされている。対象者の複雑なニーズに対応するためには、機関相互の協力的かつ相補的作業が必要であるとされる。

第11項目では、裁判所管轄によっては、プロベーション機関が、被害者へのサービスをも提供しうることが確認されている。被害者へのサービスの提供を行わない場合でさえも、プロベーション実務は、被害者の利益と権利を尊重しなければならないと同時に、自身が引き起こした損害を対象者が認識するよう助けるために、対象者とともに活動するものとされる。

第19項目は、プロベーションの政策実務が、エビデンス（科学的に証明可能なもの：evidence）主導のものであるべきとする。プロベーション機関の業務は、正確な調査と評価に基づき、実施されなければならず、収集されたデータは、貴重な情報資源となりうることが確認されている。

本レポートは、以下にみる2010年のプロベーションルールズの基本的な考え方を導いていると言えよう。

2009年草案の修正点

翌2009年に、閣僚委員会によりプロベーションルールズとその注釈書の草案が提出されている。この草案を基本として2010年のプロベーションルールズと注釈書が策定され採択されている。本稿では、本案作成段階で加えられた特徴的な修正個所を中心に草案を確認する。修正個所を確認することで、本案が対象者の主体的社会復帰のための規定を目指していることを示す一助となるからと考えるからである。

細部の修正として、まず、作業や措置の主体および客体を明示するために文言が変更されていることがあげられる。次に、草案に示されている第45条

（レポートに記載される事項）と第89条（措置不履行による犯罪構成の否定）は、本案段階で削除され、注釈書に記述されるにとどまってい。加えて、附則の単語に関しては、「評価(evaluation)」「釈放後の監督(post-release supervision)」「社会復帰(rehabilitation)」「生活再建(resettlement)」「修復的司法(restorative justice)」は本案段階で新たに定義された。

　さらに、本案作成の段階で行われた修正のうち、プロベーションルールズを特徴づける上で重要であると考えられる次の3点について確認する。1点目は、対象者が被疑者である場合を明確に区別した点である。具体的に見てみると、草案第42条および第44条は、上記区別を明確にした規定ぶりにはなっていなかった。プロベーションルールズにおいては、対象者が被疑者の場合には、プロベーションとしての措置に対する対象者の同意が不可欠であることなどがはっきりと記述された。2点目は、コミュニティーサービスの定義を変更した点である。草案第48条においては、コミュニティーサービスとは、対象者が決められた時間で従事する(giving up)サンクションないしは措置とされているが、プロベーションルールズでは、プロベーション機関が組織し監督するサンクションないしは措置と変更されている。この変更により、コミュニティーサービスはプロベーション機関が関与する業務であることが意識された。3点目は、生活再建とアフターケアについての規定が大きく変更されていることである。まず、草案では両者は同じ項目に規定されていたが、プロベーションルールズでは、2つを別個に項目立て規定している。項目を別にすることで、生活再建として提供される支援と、アフターケアとして任意に提供されうる支援が区別され、支援の性質およびそれぞれの必要性が明確になっている。このような部分的な変更を行いつつ、2008年の委員会レポートの結論と2009年の草案に基本的に沿う形で、2010年のプロベーションルールズが策定され採択された。

2　プロベーションルールズの概要

　以下、ヨーロッパ評議会プロベーションに関する勧告およびルールの概要を提示する。プロベーションの規定は、全8章と用語に関する附則から構成されている。第1章〈1～17〉ルールズの射程、適用、定義、基本原則(scope, application, definitions and basic principles)、第2章〈18～34〉組織とスタッフ(organisation and staff)、第3章〈35～41〉説明責任と他機関連携(accountability and relations with other agencies)、第4章〈42～65〉プロベーション業務(probation work)、第5章〈66〜92〉監督手続 (process of supervision)、第6章〈93〜98〉プロベーション機関によるその他の業務 (other work of probation agencies)、第7章〈99〜103〉不服申立手続と監査、監視 (complaint procedures, inspection and monitoring)、第8章〈104〜108〉調査、評価、メディアおよび公衆との協働 (research, evaluation, work with the media and the public) という構成になっている。以下では、第1章において、プロベーションの基本原則を逐次確認した後、各章の概要を章ごとの特徴に沿って示していくこととする。

キー概念の定義とルールの原則

　第1章は、このルールの射程および適用に関する項目、プロベーション等の用語の定義に関する項目、基本原則の項目に分かれている。最初の項目は、本ルールにしたがってプロベーション機関が設置されること、および、プロベーション機関が適切に機能することを求めている。また、プロベーション機関以外の機関が、同様の任務を行う場合にも、本ルールが適用されることが留保されている。本ルールと他の規定との関係についても示されている。すなわち、本ルールは、対象者[12]の処遇をよりよく導きうる国際人権に関するその他の基準や手法と矛盾しないことが確認されている。さらに、本ルールズが、特に、1992年の非拘禁的措置に関するヨーロッパルールズの勧告とあわせて参照される必要があるとする[13]。2番目の項目では、プロベーション、プロベーション機関、非拘禁的措置[14]、アフターケアに関してそれぞれ定義している。プロベーションとは、非拘禁的措置の実施に関連するものを指すとする。また、プロベーションは、法律によって定められ、対象者へ強制されるものであることが明示されている。したがって、本ルールズにおいて採用されている定義においては、プロベーションは制定法に根拠をもつことが特に強調されている[15]。プロベーションには、対象者のソーシャル・インクルージョンを目的とした監督[16]、指導、援助[17]と、コミュニティーの安全に資する監督、指導、援助の両方が含まれるとする。本ルールズにおいて使用されるプロベーションという用語の中には、ヨーロッパにおいて行われている、プロベーション機関の様々な任務が包含されていると述べられている[18]。プロベーションに関する定義の中では、次のことが示されている。すなわち、まず、プロベーション機関とは、プロベーションの業務とその責任を負うために法律によって指定された組織を指すとされる。そして、国内の制度に左右されるものの、プロベーション機関の任務として、司

法機関が情報に基づき正当な決定に達するよう支援すること、そして、司法機関ないしは決定機関へ情報と助言の提供を行うことがあげられている。次に、対象者の釈放準備および生活再建（resettlement）[19]を目的として、拘禁中の対象者への指導と支援を提供すること、早期釈放者[20]の監督と援助を行うこと、修復的司法による介入を行うこと、犯罪被害者へ援助を提供することがあげられている。プロベーション機関の行う業務は国ごとに多様であることが留保されつつも、本定義では、そのもっとも共通する核となる業務をプロベーション機関の業務として示すということが確認されている[21]。アフターケアは、対象者の再統合（reintegration）の手続・過程（process）を意味するものであると定義されている。アフターケアは、対象者が希望する場合にのみ行われる支援であり、拘禁からの満期釈放後、対象者が建設的、計画的、監督的方法でコミュニティーへ戻るための支援手続を指すとされる。

　本ルールズの基本原則として、17項目が示されている。原則第1では、プロベーション機関に対して、対象者の統制（control）[22]を含む監督、指導、援助を目的として、対象者と積極的に関係を構築することが求められている。そして、プロベーション機関は、対象者との関係を構築することを通じて、対象者の再犯を防止し、かつ、対象者のソーシャル・インクルージョンを促進することを目指すとされ、それゆえ、プロベーションは、コミュニティーの安全と公平な司法運営にも資することになるとされる。この第1の基本原則は、上記2008年のレポートの第1、2、4、8から導き出されていることが指摘されている[23]。

　原則第2は、プロベーション機関により、対象者の人権が尊重され、すべての介入は、対象者の尊厳、健康、安全、幸福の観点に基づいて行われる必要があると指摘する。対象者には権利が一定程度制限される場合があるということを留保しつつも、一方で、必要最低限度の介入という原則が貫かれること、そして、対象者の社会復帰の前提として、対象者の人権が尊重されるべきことが確認されている[24]。

　原則第3は、プロベーション機関が被害者に関する問題に従事する場合には、被害者の権利とニーズが尊重されるよう求められている。

　原則第4は、それぞれの事案が正当かつ公平に扱われることを保障するために、対象者の個別的性質、状況、ニーズがプロベーション機関により最大限考慮されることを求めている。加えて、ここでは、機関の介入に際して、性別、人種、言語、宗教等によるいかなる差別も禁止されている。本ルール

ズ以前の準則で既に確認されてきた原則が本ルールズにおいて改めて示ささ れた理由について、プロベーションが、その利用者の大多数の事情に適合す るよう設計されている反面、同じサービスが全ての者へ適合的とはなりえな い状況へ配慮することが必要であると説明されている[25]。そして、プロベー ションの政策実務における差別的運用を防止するために[26]、政策実務に対す る定期的な検討および新たな政策実務に対する平等なアセスメントが必要で あることも指摘されている[27]。

原則第5は、サンクションないし措置を実施するにあたって、プロベー ション機関は、司法[28]ないしは行政決定[29]によって与えられる範囲を超えて 負荷や権利制限を対象者に課してはならないとする。同時に、個々のケース において考慮される犯罪の重大性および再犯リスクの厳密な評価[30]から導か れる範囲を超えた負荷や権利制限も禁止されている。

原則第6では、介入に対する対象者の承諾および協力を可能な限りえるこ とが、プロベーション機関に求められている。対象者の同意が必要となる場 合には必ず、対象者が自らの権利を理解し、かつ、同意を与えることあるい は留保することの十分な意味をも理解している必要があると指摘される[31]。一 方で、必ずしも同意が必要とされない場合でも、スタッフには、対象者の理 解と同意をえるために、可能な限り行動することが求められるとされている。 また、対象者の意思に反して、犯罪予防活動が実施される場合には、プロ ベーション機関は、犯罪予防活動実施の決定が正当なものとして対象者に了 解されるよう対象者へ活動の説明を行うなど、努力するべきものとされる[32]。

原則第7は、終局的な有罪認定前の介入[33]が行われる場合には、対象者へ の説明と説明に基づく承諾が必要であるとする。あわせて、同原則は、この 介入の決定が無罪の推定の原則を侵害するものではないことを確認している。

原則第8は、国内法 (national law) において[34]、プロベーション機関そのも の、機関の業務、機関の責任、および、公的機関ないしは他の組織とプロ ベーション機関との関係を定義づけるよう要請している。

原則第9は、プロベーション機関以外の機関ないしはボランティアによっ てプロベーションが行われる場合でも、プロベーション機関は、公的機関と しての責任を負い続けるとする。すなわち、サービス提供機関がどのような 機関であっても、公的機関であるプロベーション機関が、適切かつルールズ にしたがってサービスが実施されたことを保障する責任を負うとされる[35]。

原則第10は、プロベーションの業務が、正当で人道的な刑事システムの

キー要素として認められる[36]ことを保障する。したがって、プロベーション機関の地位は、業務に見合ったものであることが求められるとともに、適切に承認されること、および、プロベーション機関に適切な量の資源が確保されることが求められている。

　原則第11は、適切な場合に（where appropriate）、プロベーション機関による専門的助言や調査を決定機関が活用することを推奨している。これは、再犯を減らし、かつ、自由剥奪に代替する手段の使用を促進することを目的とするものである。ただし、助言にしたがうか否か、あるいは、どの程度したがうかについて判断するにあたり、司法の独立性は阻害されないとされる[37]。

　原則第12は、対象者のソーシャル・インクルージョンを促進することを目的として、プロベーション機関に、公的ないし私的な機関、および、地域のコミュニティーと協力して業務を行うことを要請している。対象者の複雑なニーズに対応し、かつ、コミュニティーの安全を高めるためには、機関相互の相補的作業および多分野にわたる作業が必要であるとされる。

　原則第13では、プロベーション機関によって行われるすべての活動および介入は、国内および国際レベルにおいて最も高い道徳的規準と専門的規準を満たすことが必要があるとされる。すなわち国際的規準に基づいて人権基準を設定することにより、自国と他国との実務比較が可能となり、かつ、不適切ないしは非倫理的な介入を点検することができるとされる[38]。

　原則第14は、プロベーション実務に対する不服申立手続として、利用可能かつ公平有効な手続が準備されることを推奨している。

　原則第15は、プロベーション機関に対して、定期的な内部監査（regular government inspection）ないしは第三者機関による監視（independent monitoring）が行われるべきことを示している。

　原則第16では、上記調査を奨励することにより、プロベーション業務の効果を高めることが管轄権限者に期待されている。同時に、このような調査は、プロベーションの政策実務を適切な方向へ導く（guide）ために使用されるべきであるとする。これらの調査が厳格（rigorous）、かつ、公平なものとなるために、大学機関あるいは外部の調査センターに調査を依頼する場合もあることが指摘されている。あわせて、調査結果の公開も要求されている[39]。

　原則第17は、管轄権限者とプロベーション機関は、プロベーション機関の業務について、メディアおよび世論へ情報の提供を行うことを要求する。これは、社会における、プロベーションの役割と価値への理解が促進される

ことを目的とするもので、本原則は、多くの国において、プロベーションが一般の人々にほとんど知られていないという認識に基づくとされる[40]。

各章の概要

第2章は、組織とスタッフに関して定めている。本章規定は、上記プロベーションの基本原則を実現するために重要であるとされる[41]。要請される事項として、まず、プロベーション機関の構造、地位、資源が、プロベーション機関の業務および責任に見合ったものとなり、かつ、業務の重要性を反映するものとなることがあげられている。次に、公的機関であれ、公的機関から認可を受けた私的組織であれ、業務にあたっては、正式な政策指針と権限機関の定めるルールにしたがうことが要請される。そして、プロベーション機関は、他の司法機関および市民社会から信頼を獲得するよう（earns the respect）行動すべきであり、そのために、管轄権限者が、スタッフに対し、適切な量の資源、公正な人選および人事[42]、ならびに、十分な報酬と適切な運営管理を保障することが求められている。加えて、スタッフのトレーニングに関して、次のことが要請されている。最善のサービスを提供できるよう[43]、スタッフに対して特別なトレーニングと教育が実施されること、スタッフの技術、知識、価値がトレーニングを通じて維持、促進されること、ならびに、スタッフが実務の中で裁量を行使しできるようになり、かつ、犯罪の特殊性および被害者の特殊性[44]に対応できるようになることである[45]。続いて、スタッフと管理者との関係性について規定されている。すなわち、管理者は、適正人員の確保とスタッフ業務の適正な管理について責任を負い、かつ、他機関との連携の調整に関する任務も負うとされる。そのほか、ボランティア[46]が一定のプロベーション業務に参加する可能性が示唆されている。ここでは、次に示す理由からボランティアの参加が積極的に評価されている[47]。まず、ボランティアの参加を通じて、市民社会自身が犯罪の対応へ参加することになるということ。一方で、ボランティアの参加が、対象者の生活を変化させ、市民としてのモデルを提供し、そして、犯罪により惹起した損害を対象者が理解することを助けるものとなる可能性があること、さらに、市民は、対象者の手本となり、対象者の味方となりうる存在として、対象者との関係づくりにおいてはプロベーションスタッフよりもより多くの価値をもつ可能性があること[48]。さらに、プロベーションの目的を社会がよりよく理解するうえで、一定の役割を果たしていることが指摘されている。

第3章は、プロベーション機関とその他の機関との連携について定めている。まず、プロベーション機関と、司法機関および他の管轄権限機関との連携が規定されている。その上で、連携する場合には、レポートを通じてプロベーション機関から他機関へ情報が提供されるものとされる。また、その他の支援機関、市民社会における多方面の領域、および、刑務所との連携の必要性も指摘される。あわせて、上記レポートの作成についても規定が置かれている。具体的には、一般的なものであれ[49]個別的なものであれ、レポートに記載される事項は法律により明示にされ、かつ、職業上の秘密遵守の規定にしたがうものとされる。ただし、一般的なレポートに関しては、公開が予定され、レポートの提出を通じて、プロベーション機関の業務に関する情報が管轄権限者へフィードバックされることになるとされる。そのほか、プロベーション機関と他機関との連携は、対象者の複雑なニーズに対応することを目的としつつ[50]、次のことが求められている。まず、プロベーション機関が、他機関との連携の調整について責任を負うこと。加えて、対象者が他機関との関係を構築するための入り口として活動すること[51]。さらに、被拘禁状態にある者がコミュニティーでの生活へ円滑に移行できるよう、刑務所とプロベーション機関が連携することである。最後に、このような連携および協働に伴う情報交換に関して、国内法により法定されるべき事項として、職業上の秘密遵守に関する事項、データの保護に関する事項、情報交換そのものに関する事項があげられている。

　第4章は、プロベーション業務の内容として、A）判決前（調査）レポート、B）その他の助言レポート、C）コミュニティーサービス、D）監督措置、E）対象者家族への働きかけ、F）電子監視、G）生活再建、H）アフターケア、I）外国籍の対象者に関する働きかけの9項目について定めている。

　A）判決前調査レポートに関する規定では、プロベーション機関が、司法機関へ提出される判決前レポートを、準備することが求められている。これは、司法機関が、起訴、不起訴、あるいは、サンクションないし措置の決定にあたり、司法機関を援助することが目的とされている。レポートのために収集される情報は、対象者の意見聴取等を通じて行われるものとされている。レポートを作成する際には、対象者に対しレポートの作成に関与する機会が与えられること、対象者の意見が反映されること、対象者およびその代理人にレポートの内容が開示されることが必要であるとされる。レポートには、対象者の個別的・社会的情報、再犯可能性および公共に対する侵害の危険に

関する評価、措置結果の予測、そして、レポート作成者の意見が示される[52]。これらの情報は、手続の中で確認され更新されていくことが求められている。

B) その他の助言レポートの規定では、主に、刑務所ないしは被拘禁状態から釈放するにあたり作成されるレポートに関し規定が置かれている。レポート作成に際し考慮されるべき事項としては、上記の判決前レポートにおいて示される事項に加えて、コミュニティーへ対象者を釈放することの実現可能性 (feasibility)、釈放にあたり付加される特別な条件、釈放準備に必要な介入等の項目があげられている[53]。このレポートを通じて、釈放の決定について権限をもつ者へ情報が提供されることになり、必要ならば、対象者には、レポート作成に関与する機会、ならびに、意見を述べる機会が与えられるとされ、かつ、対象者が意見を述べた場合には、レポートにその意見が反映され、内容が対象者およびその法定代理人に伝えられるものとされる。判決前レポート、および、その他のレポートは、国内法制度にしたがって作成されることが推奨されており、レポートの内容について、対象者は異議を申し立てることができる[54]とされる。

C) コミュニティーサービスの規定は、コミュニティーサービスを、プロベーション機関により組織され監督される非拘禁的措置と定義し、コミュニティーサービスにおける労働はコミュニティーのために無報酬で行われるものとする。同規定は、プロベーション機関に対して、対象者の技術の発展、および、ソーシャル・インクルージョンを支援するような作業[55]を特定し活用することを求めている。一方で、この作業が、対象者に対するスティグマ付となるようなものであってはならないこと[56]、プロベーション機関ないしはスタッフの利益、あるいは、商業的利益のために行われてはならないことを確認している。あわせて、プロベーション機関は、対象者に適した作業を特定するにあたっては、コミュニティー、および、作業から直接に利益を受ける者の双方の安全を考慮する必要があること、対象者の尊厳を尊重しかつ目的が達成される方法[57]により作業が実施されるべきことが求められている。作業に伴い求められる観点として、対象者の健康および安全が十分に考慮されること、様々なカテゴリーのニーズに対応できる作業が準備されること、実施予定の作業に関し対象者へ意見を求めること[58]があげられている。これらの観点は、作業に対する対象者の理解を促進し、対象者が積極的に作業に取り組むことを促すものとされる[59]。コミュニティーサービスは各地域で、同意を必要とする場合と裁判所の決定により強制されうる場合で異なる

とされる[60]。

D）監督措置に関する規定は、監督が、国内法に従い、一連の司法手続（裁判前・中・後）の中で特定の時点、たとえば、裁判中の条件付保釈、条件付不起訴、執行猶予、早期釈放等の時点において実施される旨定めている。監督実施に際しては、次のことが求められている。対象者の多様性と独自のニーズを十分に考慮すること、監督が、純粋な統制手段としてのみならず、他の措置と組み合わせるなどの方法を用いることで、対象者への助言、援助、動機づけの役割も果たすこと。統制として用いられる場合であっても、それが、再犯の可能性、および、損害の程度と釣り合っていること、ならびに、社会復帰を支援し、対象者の協力を促進するやり方で実施されるべきであることである[61]。

E）対象者家族への働きかけに関する規定は、プロベーション機関が、国内法にしたがって、直接あるいは他の機関を通じて、対象者の家族へ支援を提供する必要があることを指摘している。具体的には、刑についての情報を提供すること、社会福祉援助申請について助言すること、対象者と家族との関係性維持を助けること等が業務として想定されている[62]。このような家族のつながりが、対象者の社会復帰と犯罪からの離脱に大きな役割を果たすとする[63]。

F）電子監視に関する規定では、電子監視が使用される場合に、対象者の社会復帰および犯罪離脱を目的とした介入と組み合わされるべきことが確認されている。加えて、電子監視による監視レベルが、個別ケースに必要な考慮[64]を超えないことが求められている[65]。この監視レベルに関する配慮は、電子監視が、対象者の権利侵害のみならず家族や友人へも影響を与えることからも導かれている[66]。

G）生活再建に関しては、釈放に伴う各段階で生活再建の措置が実施される旨が定められている。まず、釈放前の準備段階においては[67]、釈放後の社会的および職業上[68]の社会復帰を支援するために、釈放段階では、対象者を援助するために、そして、釈放後は、拘禁時中から行われてきた処遇を継続するために、生活再建が実施されるべきとされる[69]。この際、釈放前の準備段階では、刑務所、対象者、対象者家族、地域等と、釈放時には刑務所との関係調整が、プロベーション機関により図られる必要があるとしている。

H）アフターケアに関する規定は、次のような支援として、アフターケアが実施されることを要請する。すなわち、釈放時に課された義務が終了した

後も、継続して対象者へ提供される支援、あるいは、釈放時に何らの義務も課されない対象者への支援である[70]。ただし、アフターケアとして提供される支援は、対象者が希望した場合で、かつ、国内法により許可されている場合に限り、プロベーション機関が行うものとされる。

Ｉ）外国籍の対象者に対する働きかけに関する規定は、プロベーション機関が、外国籍の対象者[71]へ、ニーズに適合したサービスを提供する要請している。ここで求められるサービスとは主に、コミュニティーでの監督と生活再建とされる[72]。また、出国への引き渡しに伴い、プロベーションの決定国と実施国間での対象者の移送が行われる場合、プロベーション業務の引き継ぎは、EU加盟国同士の場合には、基本的にA Framework Decisionにしたがい、ヨーロッパ評議会の加盟国間では、独自の調整により行われるものとされる[73]。ここでは、そのために、国家間の継続的かつ綿密な連携が確立され維持されることが期待されている。

第5章は、Ｊ）アセスメント[74]、Ｋ）計画、Ｌ）介入[75]、Ｍ）評価[76]、Ｎ）実施と履行(enforcement and compliance)、Ｏ）記録・情報・秘密の6項目について定めている。前述した監督の目的は、本章に述べるアセスメント、計画、介入、評価のサイクルを通じて最もよく実現されることが指摘されている[77]。

Ｊ）アセスメントに関する規定は、アセスメントが体系的かつ徹底した個別的考慮に基づき行われるものとする[78]。個別考慮の中には、リスク（再犯や対象者の脆弱性に対するもの）、積極的要因(positive factors)、ニーズ、ニーズに対応するために必要となる介入、、介入に対する対象者の反応が含まれる。さらに、アセスメントに必要な事項として、アセスメントへ対象者が積極的に関与すること、対象者が手続とその結果について十分に理解していること、アセスメントが定期的に検討されることをあげている。あわせて、対象者に変化が生じるたびに[79]アセスメントが随時行われるこ、アセスメントのための独自の方法[80]が確立されること、アセスメントのためのトレーニングがスタッフに提供されることも求めている。アセスメントを実施するにあたっては、対象者の再犯危険性にのみ関心を向けるのではなく、対象者の可能性や能力についても焦点が当てられるべきであるとされる[81]。

Ｋ）計画に関する規定は、すべての非拘禁的措置の計画作業を管轄権限者が準備するものとしている。実施される事項を具体的に示した計画（書）は、プロベーション機関の業務の指針となると同時に、設定目標への到達度(progress)をプロベーションスタッフおよび対象者自身が評価する場合の基

準ともなるとされる。ここで設定される目標は、個別的なものでなければならず、かつ、計測可能ならびに達成可能なものでなければならないとされている[82]。計画は、対象者と協議しながら策定され、その実行可能性を担保するために[83]、できる限り対象者の同意を得ることが求められている。この計画が前記アセスメントに基づいていること、および、アセスメントの再検討時には計画の再検討もあわせて行われることを要請している。

L）介入に関する規定は、介入の具体的なカタログとして、雇用計画、教育プログラム、職業指導、認知行動療法などをあげている[84]。すなわち、この介入が、司法の命令による場合には処罰（punishment）であるとされる[85]。一方で、プロベーションにおける措置としての介入のその性質は、処罰的なものというよりもむしろ、社会復帰および犯罪離脱を達成するために建設的なものとなることが要請される。また、介入の方法は、グループワークなどを含め多様な方法が用いられること、および、そのために他機関との連携や他機関への業務委託が行われることが求められている。そして、このように複数機関の関与により業務が行われる場合には、その調整等を行う責任者が置かれるものとされている。また、介入にあたっては、対象者の理解を得ることが必要であると同時に、対象者の理解を得るために、プロベーション機関が対象者へ十分に情報を提供し、対象者が活動へ積極的に参加するための最善の努力をなすことが推奨されている。

M）評価に関する規定は、対象者の変化（progress）に対する、定期的な評価と、その評価に基づいた残余期間の計画変更を求めている。対象者の変化が確認できる場合、あるいは、監督が実行不可能な状況になった場合等に、この評価にしたがった監督の変更あるいは終結が、プロベーション機関から決定権者に提案されるものとされる。評価の中には、対象者から出された監督についての意見も記録されるものとされる。さらに、最終評価の段階では、外部機関による、監督の有効性に対する判断も求められ、あわせて、この段階でも、対象者への意見聴取が行われるものとする[86]。各段階における評価は、必ず、ケース記録に書き込まれることとされる。

N）実施と履行に関する規定では、対象者が、自ら参加する活動に納得し同意するやり方で、処遇が進められることは[87]、非拘禁的措置の効果を確保するという意味で、重要となることが確認されている。したがって、条件不履行に対する制裁という威嚇を用いて条件を履行させようとするのではなく、対象者が、自らに課されているものおよび、不履行の結果について十分に認識したう

えで、積極的に監督にしたがい、条件を履行することが必要であることが述べられている。また、監督業務が契約の形態をとるような場合には、対象者が、スタッフの義務と責任について十分に認識していることが要請される。これは、スタッフが対象者の不履行を判断し、それに伴い再収容する権限を与えられている場合に、スタッフの指示が法に基づく指示なのか、単なるアドバイスなのかについて、対象者が理解できている必要があるという理由による[88]。不履行の典型的な帰結としては、裁判所への引致、刑の宣告、あるいは、刑務所への再収容があげられている[89]。一方で、不履行の原因は多様であり、必ずしも対象者の意図的な違反というものばかりではないため[90]、プロベーション機関は、この失敗の原因について十分に考慮し、積極的かつ迅速に対応する必要がある[91]ことも指摘されている。ただし、いかなる場合であれ、対象者による不履行は記録される[92]。さらに、非拘禁的措置に関するヨーロッパルールズと同様に、不履行が、自動的な施設収容を導く旨法定することは禁じられるべきであるという点は、本ルールズにおいても確認されている[93]。

O）記録・情報・秘密の規定は、記録が、プロベーション機関に課される説明責任を果たすための重要な手段となることを確認した上で、記録について次のことを求めている。記録は、プロベーション機関からその他の関与機関への説明および情報提供のために利用されること、そのため、記録に記載される情報は正確かつ最新のものであること、したがって、記録はプロベーション機関の管理担当者により定期的に検討、調査、監視されることである。記録には、名前、住所、雇用などをはじめとする対象者の個人的情報、ならびに、アセスメント、計画、介入、評価、および、監督状況[94]等が記載されること、法の規定にしたがい記録が行われること、記録そのものは秘密遵守原則およびデータ保護の対象となること、したがって、情報の共有にあたっては、厳格な手続に基づくことが求められている。ゆえに、使用目的が明確な場合に限り、情報の共有が可能となることが指摘される[95]。対象者は、法律に予定された範囲で、かつ、他者のプライバシーの権利を侵害しない範囲で、自らの記録についてアクセスする権利をものとする。同時に、記録の内容について異議を唱える権利ももつことが確認されている。

第6章は、プロベーション機関のその他の作業として、P）被害者に対する働きかけ、Q）修復的司法の実践、R）犯罪予防の3つの項目について定めている。

P）被害者に対する働きかけに関する規定では、これまで刑事司法の枠の

外に置かれてきた被害者に対し、プロベーション機関が支援を提供する可能性について指摘されている。ただし、プロベーション機関による被害者支援としては、他機関が行っている被害者支援活動をサポートするということが想定されるにとどまる[96]。一方で、プロベーション機関が、被害者への支援を行う場合には、被害者の個別的ニーズに十分に対応する必要があることも指摘されている。加えて、プロベーション機関の行う支援として、被害者への情報の提供も想定されている[97]。被害者はプロベーション機関の関与のもと、対象者に関する情報を開示され、あるいは、対象者の決定に関してプロベーション機関から意見を求められることもあるとされる[98]。この場合に、プロベーション機関は、被害者の意見が慎重に取り扱われ、かつ、十分に考慮されていることを、被害者へ伝えるとともに、司法機関による措置の決定に際しては、被害者の意見のみならず、対象者に関する多くの要素が考慮されていることを、被害者に明確に伝えられるよう要請されている。

Q）修復的司法の実践に関する規定は、プロベーション機関が修復的司法に参加する場合には、対象者ならびに被害者双方の権利およびニーズをプロベーション機関が明確に特定し、確認することを求めている。また、修復的司法に関与するプロベーションスタッフには、そのための適切なトレーニングが提供されることが推奨されている。この修復的司法の実践の手引として、2002年、国連の経済社会会議において決定された基本原則が用いられるとされている[99]。

R）犯罪予防に関する規定は、国内で法定されていることを条件に、プロベーション機関の専門的技術および経験を犯罪減少政策の発展に利用することができるとする。これは、犯罪減少という目的のもと、コミュニティーの安全に従事する他機関へ知識を提供する必要があること、および、それらの機関との協力関係が必要であるという考えから導かれている[100]。

第7章は、不服申立手続、調査、監視について定めている。不服申立手続および調査が、国内法の中に明確に定められ、したがって、利用可能かつ有効な手段となることが要請されている。さらに、不服申立手続としてスタッフと対象者との話し合いといった非公式なレベルのものから、機関内部の上級部署ないしは第三者機関[101]へ訴えるという高いレベルのものまで想定されるが、いずれのレベルにおいても、それが、公正な手続となることが求められている。手続および調査の結果は、申立者へ通知されるとする。また、プロベーション機関は管轄権限者への説明責任を果たすこと、プロベーション

機関に対し定期的な内部調査および独立した機関の監視が行われること、そのような調査等にプロベーション機関が十分に協力することも求められている。プロベーション機関によるこれらの不服申立手続および調査手続への関与が、プロベーション機関にとって、自らのサービスの向上を学ぶ機会となることが望ましいとされる。

第8章は、調査、評価、メディアと世論との連携について定めている。近年、'what works'の要請がますます意識されてきていることから[102]、プロベーション業務もエビデンス[103]に基づき実施されることが要請されている。そのために、法の修正を含め、政府の政策実務も、国際基準に沿った科学的知識と調査に基づいて行われるべきものとされる。また、プロベーション業務の役割と価値をより理解してもらい、プロベーションへの信頼を高めるために、管轄権限機関作成のレポートの公開等を通じて、マスメディアおよび市民へ定期的に情報が提供される必要がある点を確認されている[104]。プロベーションの基準や実務の改善を目的として、プロベーションの政策実務に関する諸機関相互のステイトメントが利用されるものとされる。

以上が、プロベーションルールズの概要である。このプロベーションルールズは、先の非拘禁的措置に関するヨーロッパルールズにおいて示された要請にしたがって、プロベーションを行う際の実施規定としての性格を持つとされる。一方、プロベーションの目的として対象者のソーシャル・インクルージョンを明示した点や、各措置がエビデンスに基づく必要があることを指摘した点は、非拘禁的措置に関するヨーロッパルールズから新たに付け加えられた観点であろう。さらに、非拘禁的措置に関するヨーロッパルールズ制定以降、新たに発展した措置である生活再建、電子監視、調査、計画策定、事後的評価方法などに関する手法について規定が追加されていることも特徴と言えよう。ただし、本ルールズの注釈書に指摘されるように、裁判所の命令によるプロベーションサービスがサンクションの一環であることが明確に示され、被害者および社会（の安全）の観点から、対象者の権利が一定程度制限されることが留保されている。他方で、対象者の納得が、プロベーションの実効性を担保するものとなるということが繰り返し指摘され、プロベーション機関はできる限り、対象者の関与や理解、同意をえる努力する必要があることが強調されている。加えて、有罪認定前の介入に際しては、対象者の承諾が必要となることも明記されることによって、実施されるプロベーションが任意の援助であるのか、決定機関により強制されるものなのかにつ

いて注意がむけられている。ただし、同意の任意性をいかに担保するかについては、注釈書にわずかに言及されるにとどまるなど、基本原則を通じて示されている理念を現実的に実行していく方法を確立し保障することは、国内法の制定に任されている。プロベーションという概念が幅広い射程をもち、その実施に関しても、各国で異なる方法が用いられていることに照らして考えた場合、準則がまず、包括的に人権を保障することを目指したところに意義があると言える。

ここまで示してきた通り、このヨーロッパ評議会の準則は、社会内処遇を通じて対象者のソーシャル・インクルージョンを支援し、同時に人権を保障しようとする規定として、積極的役割を果たすものとなろう。一方で、ヨーロッパ評議会の準則にかんがみて日本の更生保護法および犯罪をした者および非行のある少年に対する社会内における処遇に関する規則（以下、社会内処遇規則と呼び、両者をあわせて、社会内処遇に関する規定と呼ぶ）を見てみると、対象者のソーシャル・インクルージョンのための支援や人権保障の観点から、さらに検討を要する点が残されているように思われる。そこで、以下では、特徴的なものに焦点を絞りつつ、日本の社会内処遇に関する規定を、ヨーロッパ評議会の準則と比較しつつ、検討してみる。

3．ヨーロッパ評議会の準則との比較に基づく日本の社会内処遇の検討

以下では、まず、ヨーロッパ評議会の準則との比較に基づき、日本の社会内処遇に関する規定の特徴を確認する。続いて、日本の社会内処遇が、対象者のソーシャル・インクルージョンのための支援としてより充実したものとなりうるか、すなわち、対象者の社会的援助として機能しうるかという視点から、社会内処遇に関する規定を検討する。ただし、今回は、対象者の同意と手続参加、対象者の人権保障への配慮、実施者へ要請される観点、処遇のアセスメント・計画・評価の４つの観点を中心に検討を行う。むすびに代えて、今後、社会内処遇に対して、グランドデザインを視野にいれたより広い観点から検討を要する事項について指摘する。

(1) 日本における更生保護の特徴

ヨーロッパ評議会の準則は、その目的として、対象者の社会復帰ないしは

ソーシャル・インクルージョンと社会の保護を並立に掲げている。しかしながら、非拘禁的措置の目的を、対象者のソーシャル・インクルージョンに置き、そのことを明確に述べ強調していることにこそヨーロッパ評議会の準則の特徴があると思われる。加えて、非拘禁的措置の実施規定の性格をもつプロベーションルールズでは、肯定的な人間関係の構築に基づく監督、指導、援助を通じて再犯防止（社会の保護）が達成されること、および、監督には、コントロール活動のみならず指導、援助が組合わされること（プロベーションルールズ55：以下、Pr数字と表記する）が要請されている。その上、義務の不履行に対する制裁という威嚇によって措置に対する対象者の協力を得ることは否定されている（Pr85）。これらの規定から、非拘禁的措置対象者の再犯防止は、単なる監視により達成されるべきではなく、措置に付された対象者に対する適切な働きかけ通じて達成される必要があると捉えられている。

　一方で、日本の社会内処遇に関する規定においても、社会内処遇の目的として、再犯の防止、対象者の自立、改善更生が並立に掲げられている。そして、厳格な姿勢と慈愛の精神を持って対象者と接し、対象者の信頼を得るよう努力しながら、社会内での処遇を行うことが目指されるとともに、指導監督と補導援護を一体的かつ有機的に行うこと（社会内処遇規則51③：以下、社数字と表記する）により保護観察が実施されることが要請されている。このことから、保護観察では、監視という手段のみを用いて対象者の再犯防止を目指すのではなく、対象者に対する社会援助を通じて、対象者の再犯防止と改善更生を達成しようと試みられていると捉えることができる。ただし、現行の社会内処遇に関する規定は、対象者が、自立と改善更生を助けられる客体として位置付けられてしまう余地を残しており、対象者のソーシャル・インクルージョンを達成するための規定として十分に機能しない可能性があると懸念される。そこで、日本における社会内処遇が、対象者の主体的な社会復帰を支援し、対象者のソーシャル・インクルージョンを果たすための援助となるためには、いかなる点に注意を要するのかについてヨーロッパ評議会の準則と比較しながら、日本の社会内処遇に関する規定を具体的に検討してみる。

(2) 社会内処遇に必要な観点の個別的検討

　上記目的にしたがって、以下では、対象者の同意と手続参加、対象者の人権保障への配慮、実施権者へ要請される観点、処遇のアセスメント・計画・

評価という４つの観点から日本の社会内処遇に関する規定を検討する。

対象者の同意と手続参加

　まず、対象者の同意と手続参加について見てみる。ヨーロッパ評議会の準則においては、対象者のソーシャル・インクルージョンが達成されるためには、非拘禁的措置への対象者の主体的な参加が保障される必要があるということが認められている。そのために、対象者が手続へ参加し、とられるサンクションないし措置に納得し同意することが求められている。具体的に見てみると、実施権者は、対象者と措置の実施に関して合意を結ぶ任務を負っているということが法に明記されること（非拘禁的措置に関するルールズ８：以下、CSM数字と表記する）、さらに、実施に際して、対象者の協力がえられるよう、出来る限り対象者が、措置に関する手続へ参加すること（CSM34）が要請される。対象者の同意と協力に基づいて措置を実施するために、プロベーションルールズにおいても規定が置かれている。たとえば、プロベーション機関は、対象者に対して、説明に基づく同意と介入への協力をできる限り求めていくべきとしている（Pr6）。また、対象者がレポート作成（Pr46）や、アセスメント作成（Pr67）へ関与すること、計画に対して可能な限り対象者が同意すること（Pr73）、評価に際しては、監督の妥当性に関する対象者の意見が取り入れられること（Pr83）などが求められている。加えて、前述したように、対象者の協力をえる手段として、不履行に対する制裁の威嚇力にのみに頼ることは否定されている（Pr85）。

　一方、日本においては、保護観察に対する同意について更生保護法第83条が、保護観察付執行猶予の言渡しに際して「……裁判が確定するまでの者について保護観察を円滑に開始するため必要があると認めるときは、その者の同意を得て……その者の住居、就業先その他の生活環境の調整を行うことができる」と規定するのみである。これは、裁判確定前の活動であるために、同意を要件としていると見ることができ、対象者によるその後の保護観察への納得や協力をえることを目的としたものとは必ずしも言えない。また、一般遵守事項および特別遵守事項の内容を記載した書面を交付するに際して、「遵守事項を遵守することの重要性について自覚を促すために、これを遵守する旨の誓約をすること」が求められている（社53）ほか、補導援護を更生保護施設へ委託する場合にも、「改善更生に努める旨の誓約をさせる」と規定されている（社60）。この誓約の提出は、あくまでも、対象者によ

る同意を証明するものとして用いられることが望ましく、対象者に遵守事項を強制的に守らせるための手段として用いられるべきではないと言うべきである。仮に、誓約提出が、遵守事項の強制的な遵守と結び付けられるならば、指導監督は、再犯防止のための監視と対象者への心理的強制という威嚇として機能することになり、補導援護や応急の救護（更生緊急保護）はそのような遵守事項を遵守する者のみに与えられる恩恵的な援助として用いられてしまうという事態も生じかねない。したがって、誓約の提出には、処遇に対する対象者の同意と納得が前提とされ、その同意を証明するものとして書面が交わされるという一連の手続の流れが法律の中に明示されることが必要であると考えられる。

対象者の人権保障への配慮

次に、対象者の人権保障に関する規定について見てみる。ヨーロッパ評議会の準則においては、非拘禁的措置を受ける主体として、対象者が位置づけられている。一方で、非拘禁的措置に関するヨーロッパルールズにおけるサンクションおよびプロベーションが、司法機関の決定により強制される場合があることも自覚されている。したがって、非拘禁的措置の決定および実施に際しては、人権侵害防止のための具体的な規定が設けられている。たとえば、措置を実施する際には、差別的な適用がなされることが明確に禁じられており（CSM20）[105]、プライバシー権が尊重され（CSM23）、社会保障の権利が保障され（CSM28）[106]、身体的な侵害や苦痛を伴う措置の適用が禁止されるている（CSM26 CSM27）（その他Pr原則2・4・13・15も同趣旨）。

しかしながら、日本においては、社会内処遇規則第3条が、「更生保護法における処遇が公正を旨とすること」を定めているほかは、対象者の人権侵害を防止するための直接的な規定は設けられていない。もっとも、処遇が改善更生のために必要かつ相当な限度において行われること（更生保護法3：以下、更数字と表記／社41①②）、対象者への処遇の内容が通知されること（更54・55、社51・52）、限定的であり実効性について不十分ではあるが不服申立の審査請求が保障されていること（更92）から、対象者への人権侵害に対して一定程度の保障が担保されている側面もある。しかしながら、保護観察を通じた社会内処遇が、一定の強制力を持つ現行制度の性質をより強く自覚し、対象者の人権保障がヨーロッパ評議会の準則に示されるレベルで具体的に規定されることが望ましい。この様な人権保障の意識の強化は、対象者が

社会復帰のための援助の主体であるという意識を担保することにもつながると思われる。

そして、司法と福祉の連携の重要性を指摘する本書の立場からもう一歩進めて考えるならば、司法と福祉との連携に際して生じる可能性のある人権侵害（本書、土井論文・丸山論文参照）に対しても、明確な規定、手続、制度を設け、それを防止することに努める必要があろう。

実施者へ要請される観点

さらに、社会内処遇に携わる人に関する規定を確認する。上記のような人権侵害を防止しつつ、社会内処遇が対象者の主体的な社会復帰に資するよう、適切かつ有効に実施されるためには、処遇を実施する者の資格、資質、技術等が保障されている必要があろう。そのために、ヨーロッパ評議会の準則においては、措置を効果的に実施するのに必要な、十分なスタッフの質と量が確保されるべきこと（CSM38）、スタッフは自らの業務を実施するために、適切かつ継続的なトレーニングを受け、実施に際して必要となる情報を入手できること（CSM39）が求められている。同時に、コミュニティーからの参加者の職務範囲が、その能力に応じて定められること、および、参加者にも必要なトレーニングが行われるべきこと（CSM51）が確認されている。プロベーションルールズにおいては、より詳細に規定されている。たとえば、プロベーション機関には組織に適切な質と量の資源が確保されること、措置実施にあたり必要となる知識、および用いられる技術が常に更新されること、措置実施者のトレーニングが継続的に行われること、プロベーションスタッフがボランティアへの助言および援助を行うことなどが具体的に求められている（Pr10・第2章）。

日本では、実施者である保護観察官が、医学、心理学、教育学、社会学その他の更生保護に関する専門知識に基づき、事務に従事することが要請されている（更31②前段）。さらに、保護司の加重負担の禁止と、保護観察官による保護司への指導および助言（社43④）も規定されている。しかしながら、保護観察官の過剰業務、保護観察の業務がボランティアである保護司へ相当程度委託されていること、および、社会奉仕活動などの任意の活動にコミュニティーからの参加者が参加しているなどの事情に照らして保護観察を考える場合、日本においても、保護観察官はもちろん、社会内処遇に携わる者は、その処遇の有効性を担保できるだけの資源、資格、スキル、知識を十分に備

えていることが望ましいであろう。したがって、そのためのトレーニングが予定されることはもちろん、処遇に携わる人に要求される事項が法律に明示される必要があろう。

処遇関与者に要求される事項を考えるにあたっては、対象者の主体的な社会復帰を支える上で重要となる、対象者と処遇関与者との人間関係の構築という観点にしたがって各事項が検討される必要があろう。さらに、そのような人間関係の構築にとって必要となる、関与者の資源やスキル等の保障および発展に加え、関与者の専門性の向上の観点からも検討される必要があるように思われる。

また、処遇の充実と、実効性を担保するためには、関与者個人の資源やスキルの発展はもちろん、実施権者を中心とした、処遇および援助のためのネットワークが構築されることが望まれる。ヨーロッパ評議会の準則においては、対象者のニーズに合致し、対象者の権利を保障する方法が有効に機能するために、コミュニティー既存の適切な資源を用いることが実施権者に求められている（CSM45）。このような要請から、プロベーション機関は、公的あるいは私的機関等と協力して業務にあたることも求められている（Pr12・37）。

一方、日本においても、更生保護法第30条において、保護観察所の長が、所掌事務遂行のために、官公署、学校、病院、公共の衛生福祉に関する機関、その他の者に対して、必要な援助と協力を求めることができる旨が定められている。この規定に基づき、処遇および援助のネットワークをより積極的に構築することはもちろん、今後は、そのようなネットワークの構築が制度として確立していくために、ネットワーク構築のあり方を法定する必要もあるであろう。その具体的なモデルとしては、更生保護基本法要綱試案[107]第15条「更生保護は、本人が地域社会において自立した日常生活を営むことができるように援助するものであることにかんがみ、国、地方公共団体、地域社会、民間団体および個人の間でのネットワークを構築し、社会資源を最大限に活用して営まれるものとする」および、同試案第16条「国および地方公共団体は、保護司、更生保護事業者、社会福祉機関その他ボランティア団体等との民間団体および個人と対等な関係のもとで協働して更生保護の施策を進めなければならない」といった規定が参考になる。

処遇のアセスメント、計画および評価

　最後に、処遇のアセスメント等について見てみる。対象者への処遇が、監視としてではなく、対象者の主体的な社会復帰の援助として機能するためには、非拘禁的措置の内容が常に対象者のニーズに沿ったものであり、非拘禁的措置そのものが社会復帰に有効であることを保障する仕組みが必要となることは、ヨーロッパ評議会の準則において確認されている（CSM55）。そのような要請を担保するために、プロベーションルールズにおいては、対象者のニーズ等を把握するためにアセスメントを行うこと（Pr66 - 71）、そのアセスメントに沿って計画が策定されること（Pr72 - 75）、計画実施の評価とそれに基づく再計画が策定されること（Pr81 - 84）が求められている。また、前述の通り、これらの一連の手続に対象者が参加すること、および、対象者の意見を聴取し、可能な限り対象者の同意をえることが求められている。そして、このような一連の手続こそが、措置に対する対象者の同意と協力の獲得、措置への納得と主体的参加、対象者の社会復帰という重要なサイクルを作り出す役割を担っていることが指摘されている[108]。

　一方、日本においては、指導監督の方法と補導援護の方法を定めるにあたっては、対象者の個別の状況が把握されることが要請されている（社41）。また、特別遵守事項の決定にあたっては、裁判所が意見を求められ、その意見の範囲内で遵守事項が決定されるものとされる（更52、社49 - 51）。具体的な保護観察の場面では、アセスメントおよび計画の基準として、S段階、A段階、B段階、C段階といった基準が用いられ、この基準に基づき、対象者が分類され、その分類に基づき処遇が策定されている。もっとも、この処遇の策定にあたっては、対象者の再犯リスクを基準とすることは避けられるべきであろう。保護観察が対象者の社会復帰のための処遇を目的としていることを前提としつつ、その目的達成のために何が必要かつ有効であるかということを基準に、保護観察時の処遇が策定される必要がある。この場合、たとえば、家庭裁判所調査官による調査および処遇意見の提出が一つのモデルとなると考えられる。加えて、日本の社会内処遇に関する規定の中に、対象者に対する処遇の個別的な有効性に関する事後的検討を可能とする制度、ならびに、アセスメントおよび計画を検証するための制度も設けられる必要があろう。

　さらに、ヨーロッパ評議会の準則においては、非拘禁的措置そのものの効果を検証する必要性が意識され（CSM90）、措置の効果を評価するにあ

たっては、エビデンスに基づく調査と評価が行われることが要請されている(Pr104)。日本においては、保護観察そのもの、および、保護観察中の処遇の有効性に関する調査と評価を行う制度は設けられておらず、それらをいかに確保するかについても、今後の課題となろう。ただし、処遇自体の有効性に対する評価は、ともすれば、その処遇が対象者の再犯リスクをどのくらい減少させることができるかという観点からの評価に陥ってしまう(リスクマネジメントの)危険をはらむことに注意が必要である。そこで、リスクマネジメントの危険を回避するために、まず、処遇そのものが、対象者の社会復帰のための援助であり、再犯防止はその反射的効果としてのみ捉えるべきことをここで確認しておかなければならない。その上で、処遇自体の評価は、対象者の社会復帰にとってどのくらい有効かという基準にのみしたがい、かつ、処遇技法そのものに対して行われるものであることを明確にしておくことも必要であろう。さらに、処遇の効果について、実施者が対象者へ説明する任務と責任を負うことも明確にしておくことが有益であろう。

以上、限られた観点からではあるが、社会内処遇が対象者の社会復帰を援助するための処遇となるのに必要とされる条件を指摘した。今後、日本において、さらなる議論が展開されることが望まれる。

4. むすびに代えて

最後に、社会内処遇を考えるにあたっての課題を指摘する。

対象者の積極的な取り組みを引き出す魅力的な処遇のあり方

対象者が処遇に納得し、自ら積極的に処遇に取り組む姿勢をもち、その結果、対象者の主体的な社会復帰が促進されることを目指すには、そもそも、その処遇が、対象者にとって魅力的[109]なものである必要がある。その点に関し、ヨーロッパ評議会の準則は、非拘禁的措置が、対象者に対して可能な限り有意義なものとなり、かつ、対象者の人格的、社会的発展に資するものとなることを要請している(CSM55)。そして、そのような要請にしたがい、非拘禁的措置が実施されるためには、対象者の個別的ニーズと事情が考慮される必要があることが指摘されている (Pr 4)。すなわち、前述した対象者の同意と手続参加を制度的に確保すること、対象の個別的ニーズを考慮すること、対象者にとって有意義な処遇を実施することを通じて、対象者の措置に

対する自発的かつ積極的な取り組みを引き出すことも、プロベーション機関の任務の一つと考えられている。

　日本においても、社会内処遇規則第56条に示される就労意欲を喚起するような処遇の実施が担保されるためには、まず、処遇が対象者にとって魅力的であることが前提となろう。今後、魅力的な処遇の個別的なカタログや、実施のあり方および制度化についてさらなる検討が必要であろう。一方で、更生緊急保護に関し、社会内処遇規則第115条が、その対象者を「改善更生する意欲を有する者」と限定していることは、更生保護法第85条以下が目指す援助をゆがめてしまう危険がある。むしろ、このような改善更生する意欲を引き出す魅力的処遇が提案されていくことこそ重要なのではないだろうか。

幅広い（グランドデザインの）観点から検討を要する事項

　また、以下に指摘する3点は、社会内処遇を議論するにあたって、検討を要する点ではあるものの、必ずしも保護観察の枠組みに限られる課題ではないため、今回は課題として指摘するにとどめる。

　まず1点目は、保護観察における被害者の支援に関するものである。ヨーロッパ評議会のプロベーションルールズにおいては、プロベーション機関が、被害者に対する援助を行う場合に必要となる配慮について規定が置かれている（Pr93-96）。一方で、想定されている被害者援助は、他機関による援助への紹介およびサポート、そして、情報の提供に限られている。このようなヨーロッパ評議会の準則の枠組みを参考としつつ、日本における保護観察時の被害者への配慮について、その範囲および具体的内容等について議論が展開されていく必要があろう。

　2点目は、マスメディアおよび国民に対する情報提供に関するものである。ヨーロッパ評議会の準則においては、非拘禁的措置に対する市民の理解と信頼を高めることが重要であるとされている（CSM前文b 44・46）。一方で、日本においては、更生保護法第2条1項において、国は、その責務として、保護観察への国民の理解を深め、その協力を得られるように努めなければならない旨が規定されるにとどまっている。そこで、国民に正しく保護観察が理解されるための適切かつ具体的な開示方法に関し、今後検討していく必要があると考えられる。加えて、保護観察官および保護司のみならず、更生保護に携わるすべての機関および人に対し、「対象者の社会復帰の援助として保護観察を実践していくために必要となる教育」を求められることにな

ろう。すなわち、刑事司法以外の領域の専門家ではあるが、対象者への支援等を行う場合、適切な指導理念のもとで社会内処遇に携わることができるよう、トレーニングのあり方なども含めその具体的方法が検討される必要があろう。

3点目として、判決前調査制度に関するものである。プロベーションルールズにおいては、裁判所が非拘禁的措置に関する決定を行う場合、必要に応じて、プロベーション機関は裁判所に対して判決前調査書を提出するとされている（Pr42-44）。日本においても、判決前調査の可能性が議論されていくことが望ましいが、そのあり方については、裁判の量刑段階における判決前調査の性格付け、調査範囲、調査実施者の所属や資格など様々な観点から検討される必要があろう。

以上、ヨーロッパ評議会の準則の概要を確認し、それに基づき、日本の保護観察に代表される社会内処遇についての検討を試みた。ヨーロッパ評議会の準則を一つの指標とした場合、現在の日本における社会内処遇が、対象者の主体的な社会復帰の援助として確立するためには、第2部において示した検討をはじめとして、さらに議論を重ねていくことが望ましいであろう。

（おおがい・あおい）

1 このcommunity sanctions and measuresとは、措置対象者が、コミュニティー内に維持されたまま、何らかの条件あるいは義務により自由を一定程度制限される措置であり、かつ、当該目的のために法律により任命された一定の組織により実施される措置と定義づけられている。また、community sanctions and measuresという用語は、裁判機関により言渡されるサンクションおよび、サンクションの前段階あるいは代替としての措置（measures）および、刑務所の外で行われる拘禁刑の執行形態を指すものとされる。金銭的サンクションを担保するための監督あるいは、統制活動も本ルールズの射程に入るものとされている。
2 措置決定機関とは、措置を課しあるいは取り消し、または、措置の義務や条件を修正するために、法律によって権限を付与された司法機関ないしは同様の権限を与えられた何らかの組織であると定義されている。
3 措置対象者とは、被疑者、被告人（an accused）および既決者（a sentenced person）を指すと定義づけられている。
4 ここでの個別考慮とは、人格と能力（capabilities）の観点のみならず、犯罪と刑事責任の観点からも考慮されるものとされる。
5 以後、〈 〉の中は、ルールズの該当番号を示す。
6 本稿において示す用語の定義は、当該箇所に従っている。
7 実施権者とは、措置に対して第一義的に責任をもつ組織であり、措置の実際の実施

について決定を行う権限をもつ組織であると定義されている。多くの国においては、この実施権者は、プロベーション機関であると指摘されている。
8 ただし、国連およびヨーロッパ評議会において定められる人権や基本的自由に反する場合に、その制限が禁止されるとされている。
9 司法機関とは、裁判所、裁判官、検察官（prosecutor）を指すとされる。
10 Norman BISHOP=Ursula SCHNEIDER, Improving the implementation of the european rules on community sanctions and measures: Intoduction to a new council of europe recommendation, European Journal of Crime, Criminal Law and Criminal Justice, 2001, pp180-183.においては、非拘禁的措置の発展を妨げる要因が指摘されている。すなわち、この非拘禁的措置は、世論が厳罰化傾向にある国においては、非拘禁的措置へは懐疑的態度が示されているが、非拘禁的措置が発展してきている国においても、立法、量刑、実施の三つの領域において問題が生じていると。立法に関しては、非拘禁的措置を導入するに当たり、刑法および刑事訴訟法の改正が必要となり、すでに当該措置を導入している国においても、その適用拡大のためにはあらたに修正が必要とされているとされる。具体的には、対象者の拡大および、電子監視などの技術的発展による適用の拡大が指摘されている。量刑実務に関しては、裁判官および検察官が当該措置の適用に積極的でないということが述べられている。この背景には、当該措置への信頼性が低いことが指摘されており、この信頼性の低さと消極的適用が悪循環を生じさせていることが指摘されている。措置の実施に関しては、犯罪者の増加と、対象者の抱える問題の重大性が措置の実施への困難を生じさせているとする。加えて、適切なスタッフの不足および財源不足、援助技術についての知識の欠如が指摘されている。
11 加えて、非拘禁的措置に関するヨーロッパルールズ第5条に規定される、非拘禁的措置の期間についての修正として、定期的検討を条件に、不定期の非拘禁的措置が例外的に認められるとされている。
12 プロベーションルールズの箇所において示す対象者はoffenderを訳したものである。このoffenderには、被疑者および被告人が含まれており、刑事手続の対象となっている者を示すとされている。
13 本文には、本ルールズが、その他、非拘禁的措置に関するヨーロッパルールズのスタッフに関する1997年の勧告、刑事領域におけるメディエーションに関する1999年の勧告、非拘禁的措置に関するヨーロッパルールズの促進に関する2002年の勧告、終身刑および長期受刑者に対する刑務所管理に関する2003年の勧告、ヨーロッパ被収容者規則に関する2006年の勧告、犯罪被害者に関する2006年の勧告、拘禁への再拘留に関する2006年の勧告を補足するものであることが指摘されている。
14 当該単語の定義は、本稿前半においてすでに指摘しているものと同様である。
15 Ministers' Deputies CM Documents 187 add3, 15 December 2009, Commentary., p2.（以下2009, Com.と略す）
16 監督という用語は、対象者をコミュニティーの中に維持することを目的として実施権者等によって行われる援助活動と、対象者が課されている条件ないし義務を履行することを確保するためにとられる活動の両方を指すとする。また、必要な場合には統制もこの監督活動の一つとして行われる。監督は、強制的なものもあれば、対象者の要請に基づく任意のものもある。
17 援助は、統制とならんで、監督手続に不可欠な部分を形成するものと定義されてい

る。この援助には、通常、住居、雇用、教育、家族支援の提供などに関する援助が含まれるとされる。法制度によっては、プロベーション機関とは異なる機関がこの援助を提供する可能性があるとされる。以下、援助という表記はこの意味でのみ用いる。
18 2009,Com.,op. cit.(note15),2.
19 生活再建は、拘禁からの釈放後の関与形態を指すものであり、制定法に規定されているものを指すとされている。その意味において、アフターケアとは区別して使用されると指摘されている。そして、生活再建のための措置は、拘禁中から開始される、積極的かつ調整的な方法によって、収容者をコミュニティーへ再統合する手続をさす。本ルールズにおける生活再建のための措置の実施期間とは、刑務所からの釈放後から立法上の義務が終了するまでの間の期間を指す。
20 早期釈放とは、刑務所での刑期が満期になる前に刑務所から釈放されるすべての形態を指すとされている。
21 2009,Com.,op. cit.(note15),2
22 統制とは、サンクションおよび措置に際して課せられた義務や条件が、対象者によって履行されているかを確かめるための、あるいは、その履行を確保するために一定の制限が付加される活動であると定義されている。統制には、通常、義務や条件の不履行の場合における統制には、通常よりも厳しいサンクションないしは措置が伴うとされる。さらに、そのような厳しいサンクションないしは措置の威嚇力が利用される。そして、統制概念は、監督概念よりも狭い概念として用いられるとされる。
23 2009,Com.,op. cit.(note15),2に指摘されていることを参照。
24 ibid.
25 ibid.
26 ibid.では、このような差別は、時に、間接的にあるいは無意識のうちに生じる可能性があることが指摘されている。
27 ibid.
28 ibid.において、この場合の「司法」という用語には、プロベーション関与の性質およびレベルを決定する訴追権限者も含まれると指摘されている。
29 2009,Com.,op. cit.(note15),4では、行刑施設の決定によるプロベーションが念頭に置かれている。
30 ibid.この評価は、各国の法に規定されている合理的な方法によって行われることが指摘されている。
31 ibid.
32 ibid.
33 ibid.では、この段階での、司法機関への情報の提供は行われないことが指摘されている。
34 国内法という場合、国内の立法機関によって可決された法律のみならず、その他の拘束力のある規則や命令、裁判所の判例（法）など、国内の法制度が認める法創造の形態により形成された全ての形式の法を含む。
35 2009,Com.,op. cit.(note15),4.
36 ibid.
37 2009,Com.,op. cit.(note15),5.

38 ibid.
39 2009,Com.,op. cit.(note15),6. 加えて、この原則の前提として、2008年レポートの第8の項目において指摘されている、エビデンスに基づくプロベーションの実施という原則も指摘されている。
40 ibid.
41 ibid.
42 2009,Com.,op. cit.(note15),7では、前科の経験が独自の業務に貢献する場合には、前科がある者についても、スタッフとしての採用の可能性があることが指摘されている。
43 ibid.
44 ibid.では、たとえば、特別な配慮を必要とする対象者として少年や女性が指摘されている。
45 ibid.では、その他、多様性を尊重し、そのことに価値を置くことの重要性についてスタッフがより認識し、さらに、対象者のニーズに適合する業務を採用することの重要性についてもスタッフがより強く認識するためにも、トレーニングが必要であると指摘されている。
46 2009,Com.,op. cit.(note15),10において、ボランティアとは、プロベーション機関の業務にボランティアで従事する人のことを指し、他機関においてプロベーション業務に就く人は含まれないとされている。
47 ibid.しかし、一方で、ボランティアが、社会を保護する役割をもつために、対象者から完全に信頼される存在となりえるかについて疑問も示されている。その意味において、対象者の側にもまた、ボランティアが関係づくりに関与するための権利と責任を理解するべきことが指摘されている。
48 ボランティア参加の効果についてはibid. 加えて、対象者の側もまた、無報酬で援助してくれる者に対しては、高い評価を示すことが指摘されている。
49 一般的レポートの事項が法律により規定されるべきことは、2009,Com.,op. cit.(note15),11に指摘されており、ルールズ自体には明記されていない。
50 ibid. さらに、他機関が対象者の複雑なニーズに対応することにより、プロベーション機関が、一般的な業務に集中的に資源を割くことができるという利点が指摘されている。
51 ibid.
52 2009,Com.,op. cit.(note15),14.さらに、被害者への支援業務がプロベーション機関により行われる場合には、被害者に関するレポートも作成される可能性があると指摘されている。
53 その他、2009,Com.,op. cit.(note15),15には、受刑者が戻ってくるであろうコミュニティーの状況、考慮されるべきリスクと対象者の保護を可能とする要素（protective factor）、および、釈放時に特別な条件が必要となるか否かについての意見がレポートに記載されるものとされている。
54 ibid,
55 ibid.では、さらに、プロベーション機関が行う作業が、対象者が行った犯罪に釣り合っていること、社会復帰の達成および損害賠償の履行を目的として行われることもあわせて指摘されている。
56 2009,Com.,op. cit.(note15),16では、コミュニティーサービスは公共および対象者の

ために、より積極的に選択されるべきであると指摘されている。
57 ibid.たとえば、労働時の服装などへの考慮が必要であると指摘されている。
58 ibid.では、意見聴取は、労働期間中に、定期的に行われ、労働の残余部分を実施するための方法を決定するための資料とされることが指摘されている。ただし、対象者の意見が必ずしも尊重されるわけではないこともあわせて確認されている。
59 ibid.
60 2009,Com.,op. cit.(note15),15. ただし、コミュニティーサービスのうち、裁判所が指定した時間での労働作業は、処罰 (punishment) にあたるとされる。一方で、コミュニティーサービスは、公共および対象者の双方の利益のために選択されるべきものであることがあわせて指摘されている。
61 2009,Com.,op. cit.(note15),17.
62 ibid.
63 ibid.
64 ここに示されている個別的考慮は、犯罪の重大性および地域の安全に関する考慮に基づくとされる。
65 加えて、2009,Com.,op. cit.(note15),18では、電子監視がもつ政治的魅力ゆえに、電子監視に対する対象者の同意の必要としない運用がなされる危険が生じると同時に、対象者に関する包括的かつ最新の情報にアクセスすることが可能な状況を生み出してしまう危険性があることも指摘されている。
66 ibid.
67 ibid.では、釈放前の準備として、拘禁中からプロベーションスタッフが積極的に関わることが奨励されている。
68 職業上のという文言が入った理由として、2009,Com.,op. cit.(note15),19では、雇用がgood lifeの重要な要素となることを理由としてあげている。
69 2009,Com.,op. cit.(note15),18-19は、good lifeを通じて、犯罪離脱が達成されるという考え方にしたがって、生活再建のための措置が実施されていることを指摘する。そして、生活再建は、対象者個人の利益と志に専心し、彼らの正当な目標(legitimate object) の達成を支援すること、および、対象者の強み（ストレングス：strengths）に基づいて対象者がコミュニティーにおいて法を遵守する構成員となるよう助けることが求められるとされる。
70 2009,Com.,op. cit.(note15),19.
71 ibid.では、このような規定が置かれた背景として、ヨーロッパ内での人の移動が増加したことに加え、移動先で人々が危機的状況に置かれやすいことが指摘されている。すなわち、外国籍の人は自国の人々に認められる法的権利を欠いている場合が多く、必要なサービスから排除されてしまう状況があると指摘されている。
72 2009,Com.,op. cit.(note15),20では、外国籍の人がもつニーズの多様性が指摘されており、プロベーション機関は、そのことを十分に考慮し、適切なニーズに応える努力をしなければならないと指摘されている。
73 ibid.
74 アセスメントとは、介入のあり方を策定し、司法、その他の権限機関へ助言を行う前に、対象者のリスク、ニーズ、ストレングスを評価する手続を意味する。また、アセスメントでは、犯罪の原因を特定し、どのような措置が再犯可能性を減少させうるかについても特定することが求められる。

75 介入とは、対象者の再犯を防ぎ、かつ、法を遵守した生活を送るよう対象者を助けることを目的とした、対象者に対する監視、処遇、援助、指導に関する何らかの活動を意味する。
76 評価とは、設定目標の達成度に関する徹底した検討を示す用語と定義される。そして、評価手続においては、対象者にとって次に必要となるものが決定される。
77 2009,Com.,op. cit.(note15),21.
78 2009,Com.,op. cit.(note15),22.
79 ルールズの中では、アセスメントを提出するタイミングとして、適切な非拘禁的措置を決定する時点、正式に犯罪手続がダイバージョンされる時点、監督開始時点、対象者の生活に顕著な変化がある時点、監督の性質やレベルの変更が必要となる場合、監督措置の終了時の5つがあげられている。
80 2009,Com.,op. cit.(note15),23. 具体的には、各リスクの測定を可能とするツールのみならず、動態的ファクターである雇用や薬物濫用状態などを測定できる独自のアセスメントツールが、各裁判所によって用いられることも指摘されている。
81 ibid.
82 ibid.
83 2009,Com.,op. cit.(note15),24. さらに、同書では、措置の実行を担保するために、対象者が措置の内容を十分に理解している必要があり、そのためには、対象者に対して措置が十分に説明されていることが要請されるとする。
84 ibid.
85 ibid.
86 2009,Com.,op. cit.(note15),26.
87 ibid.では、このような同意を得るためには、対象者が公平に扱われているという感覚をもつことが重要であると指摘されている。
88 ibid.
89 ibid,さらに、2009, Com., op. cit. (note15),27において、プロベーションスタッフが不履行に関する手続を主導する場合、このような役割が、プロベーションスタッフの本来果たすべき役割との間に、ある種の緊張関係を生み出してしまうことが懸念されている。そこで、いくつかの裁判所管轄では、不履行の立証手続とその後の対応に関する決定手続を二分する手法が用いられているとされる。
90 ibid.たとえば、不履行の原因として、生活の混乱や、自暴自棄、あるいは、終日の就労についたことにより機関と連絡が取れなくなる場合などが想定されている。
91 ibid.この場合の対応として、たとえば、対象者と監督実施者との間での、履行に向けた取り組みに関する話し合いがあげられている。
92 ibid.
93 2009,Com.,op. cit.(note15),27.
94 ibid.において、具体的に、業務内容、設定目標、面接記録、訪問記録、その他の重要な活動記録が書きこまれると指摘されている。
95 2009,Com.,op. cit.(note15),28においては、情報が共有される具体的な場合として、対象者によるコミュニティーへの重大な侵害が惹起される可能性がある場合があげられている。すなわち、コミュニティーの安全を確保する必要性と矛盾しないかぎりにおいて、情報の秘密原則が尊重されると指摘されている。
96 2009,Com.,op. cit.(note15),28-29.

97 2009,Com.,op. cit.(note15),29.
98 ibid.
99 2009,Com.,op. cit.(note15),30.
100 ibid.
101 ibid.では、第三者機関に訴える場合として、申立者が前者の手段では十分でない、あるいは、前者手段に対し不服がある場合があげられている。
102 2009,Com.,op. cit.(note15),32.
103 ibid.では、この効果の重要な基準の一つとして、再犯減少という基準があげられている。
104 ibid.では、情報の提供を通じて、プロベーションの効果について市民の理解を促進すると同時に、リスクフリーな社会は、プロベーションをはじめいかなる刑事司法システムによっても達成不可能であるということが市民に認識されることで、プロベーションに対しても現実的期待を持つようになると期待されている。
105 Pr 4では、このような差別的適用の禁止が改めて明示されている。
106 Pr50もまた、社会保障に関する権利が保障されることを要請している。
107 「更生保護基本要綱試案」龍谷大学矯正・保護研究センター研究年報第5号（2008）。
108 2009,Com.,op. cit.(note15),20-21.
109 対象者にとって魅力的な処遇とは、対象者が、社会復帰するにあたり、生活展望が持てるような処遇であると考えられる。

第2部 各論

第5章
刑の執行猶予の実体法的考察

金澤真理（大阪市立大学法学研究科教授）

1. はじめに

　有罪が宣告されても実刑に付さずその執行を猶予することは、刑事実務において広く行われている[1]。刑の執行猶予、なかんずく、自由刑の執行猶予は、拘禁に伴い、その対象となる者の再社会化、社会復帰が困難になる等の弊害が大きいことから、有罪判決を受けたが、その執行の必要性が必ずしも高くない者に対して、上記の弊害を回避するために設けられた制度であると解されている。それゆえ、従来、この制度をめぐっては、その有効性の観点から専ら刑事政策的に議論がなされてきた。固より、特定の立法目的を掲げ、その実現に資する法制度を立案する場合には、その可能性、実効性に対する実証的検討が不可欠である。刑の執行猶予においても、再犯率、取消率を始めとしたその効果に専ら関心が集まってきた。しかし、導入当初の議論においては、専ら実証的効果の検証に基づいて、その是非が検討されたわけではなく、むしろ執行猶予の法的性格論を踏まえた実体法上の観点からも盛んに議論がなされてきたのであり、かかる議論には今日においても学ぶことが多い。そこで、本稿は、主に単純執行猶予をとりあげ、実体法的観点からその意義を再吟味し、最近の執行猶予をめぐる立法動向をも射程に入れて若干の考察を行うことをねらいとする。

　刑の執行猶予制度が導入されて以来、幾多の改正が試みられ、その適用範囲は次第に拡大してきた。特に、近時社会内処遇の重要性が増すにつれて、その一環としての執行猶予及び保護観察に関心が集中してきた。尤も、制度が十分に機能したとの評価を得ているわけではない。変遷を経てきた執行猶予制度を全般的に考察して、平田紳は[2]、執行猶予には、確かに拘禁の弊害を避けうるというメリットがあるが、その本質は警告にあると理解し、刑の

宣告を行うことは、この警告の最後通牒性を担保する意味合いがあると述べた。統計資料に依拠しつつ、平田は、起訴猶予と執行猶予との実務上の相関関係を示唆したうえで、刑の量定判断において、執行猶予の適否判断が予測を含む不確定的な要素を包含するがゆえに、やや特異な判断となりうることを指摘する。また、特に保護観察を実効的にするために、諸外国の制度を参考にしつつ立法論として、判決前調査制度や宣告猶予制度の導入を検討している。解釈論としても、執行猶予者が期間内にさらに罪を犯した場合、必要的取消と裁量的取消とが別に規定されていることに鑑みて、裁量的な執行猶予の取消は、もはや社会内処遇では対処できない場合に限るべしと主張している。平田が執行猶予制度の理論的実践的検討を踏まえて、執行猶予の取消につき、性急な運用に警鐘を鳴らしていることに注意すべきである[3]。平田の問題意識を出発点として共有しつつ、刑罰の機能を問う刑法理論と刑事政策とを架橋する刑の執行猶予を再度理論的に検討しよう。

　近年、執行猶予をめぐって取り上げられてきた理論的問題点は、大要以下のものである。第一に、適用範囲を拡大されてきた執行猶予の刑事政策的意義の変容、第二に、量刑における責任と予防、予測判断との関係、最後に、執行猶予制度を運用する際の施設内処遇と社会内処遇との緊張関係の調整である。それでは、近時の立法論は、これらの論点を十分に検証し、問題点を克服しようとしているのであろうか。そこで、まず、執行猶予制度が日本に導入される際、論点となった問題を取り上げたうえで、如上の問題点について検討する。

2．執行猶予制度導入の際の議論

　日本の執行猶予制度は、1905（明治38）年の「刑ノ執行猶豫ニ関スル法律」を嚆矢とする。大詰めとなっていた刑法改正に対する反対運動が、日露戦争の開戦により軍国議会に提出されることへの警戒も加えて批判の勢いを増し、刑法改正案が容易に議会を通過しないことが予測された。そこで、衆議院議員元田肇が、1905年2月7日、第21回帝国議会に「刑ノ執行猶予及免除ニ関スル法律案」を提出した。近年各国において刑の執行、免除を行う法律を設けて好結果である。そこで、日本でもかかる規定を設けた刑法改正案を提出したところ、全般の改正が首尾よく進まないため、独立した新法律を設けたいとの趣旨による[4]。

本法律制定以前からこの問題をめぐっては、激しい議論が闘わされていた[5]。刑の執行猶予に関する議論は、既に1892（明治25）年5月4日の審査委員会において緒についた。刑法典中に刑の執行猶予の項目を設けるべきか否かを論点として掲げ、短期自由刑が必ずしも刑の目的を達しないがゆえに情状による行刑猶予を導入すべしとする説、諸外国においても試験中の制度であり法典中に掲げるべきでないとする説（必要なら仮出獄の方途を模索するとの対案も示された）、行刑を猶予すること自体賛同しかねるが、導入するなら刑法典中に規定すべしとする説等諸説の検討の結果、刑法典中に規定されることとされた。当初、たたき台となった案によれば、刑の執行猶予は、初犯にして懲役又は禁錮6月以下の言渡しを受けた者について、情状により裁量的に認められるものであり、初犯にして罰金刑の言渡しを受け、完納できない者についても同様とされた。執行猶予期間内に罰金以外の刑に当たるべき重罪を犯さなかった場合には、刑の執行を免除するものとされた[6]。
　この議論を受けて明治28年及び30年の刑法草案では、以下のように規定された。

　　　第三十三條　刑ノ執行猶豫ハ刑ノ執行前檢事ノ申立ニ因リ裁判所之ヲ決定ス此場合ニ於テハ其決定アルマテ刑ノ執行ヲ停止ス
　　　第三十五條　刑ノ執行猶豫ノ期間内更ニ罰金以外ノ刑ニ該ル可キ重罪ヲ犯ササルトキハ其猶豫セラレタル刑ノ執行ヲ免除ス
　　　第三十六條　刑ノ執行猶豫ノ期間内更ニ罰金以外ノ刑ニ該ル可キ重罪ヲ犯シタルトキハ當然後刑ト共ニ前刑ヲ執行ス

　この草案によれば、検事の申立による手続を要し、猶予期間内に所定の犯罪を犯さなかった場合、刑の執行が免除されるに過ぎなかった。また、執行猶予の対象、期間も法定されていなかった。
　刑の執行猶予に関する根本的かつ実質的な検討は、刑法連合会において展開された[7]。当初の議論では、そもそも刑の執行を猶予すること自体の是非が争点となり、また、執行猶予の導入に肯定的な立場からも、その対象をどこまで認めるか、さらには、執行の免除とすべきか、刑の言渡しの効果を消滅させるべきか、その効果をめぐって交わされた。執行猶予の導入を進めようとしたのは、古賀廉造、富井政章、三好退蔵ら、これに対して反対論を主張していたのが、倉富勇三郎、小河滋二郎、横田國臣、石渡敏一らであった。

導入賛成論の主張の論拠は、まず、拘禁刑の弊害、就中、短期自由刑の弊害回避であり、ひいては刑の本来の目的たる犯罪予防の観点である。短期に監獄に拘禁しても改善の目的を達することができず、むしろ悪風感染のおそれがあるというものである。導入賛成論者は、この主張を、ベルギー、フランス、英米等、既に導入をはかった諸外国の実績を掲げて説いている。尤も、執行猶予の犯罪予防効果については、諸外国においても試験的に導入されていると紹介されているにとどまり、資料の信頼性、分析についての決め手に欠け、効果の有無は結局定かではなく、いずれの陣営にも説得性のある論を提示しえていない。むしろ執行猶予導入の是非をめぐる攻防は、刑罰の意義自体をめぐって展開された。

　刑の本来の目的を達するために執行猶予を導入すべしとする賛成論の主張に真っ向から疑問を投げかけた倉富は、特定の刑を言い渡す以上は、その判決を是非とも執行しなければならず、執行の必要がなければ最初から刑の言渡しをしない方がよいとする。刑が言い渡されても執行猶予を受けられるとなると、刑罰の威嚇力が無くなるうえ、公平を欠くというのである[8]。これに同調して、村田保は、再犯がかえって増えると反対し、小河もまた、諸外国の実績の正確性に疑念を表しつつ、ともかく日本においては実行が難しいと消極意見を述べた。また、石渡も原則として刑は犯罪に科されるのに、犯人に刑を科する方途を導入すると、刑法に異質なものが取り込まれると論難した。

　他方、古賀は、当初、経済的な観点から執行猶予により、経費節減をはかることができるとして、導入を強力に主張した。ところが、この立論に対しては、反対派のみならず、賛成派からも異論が投げかけられたため、後にこの主張を引っ込めた。古賀のいま一つの論拠は、要罰性の不存在である。一時の激情に駆られて犯罪に走ったものの、改心しているならば、刑罰の改善、改良目的が達せられたので、もはや処罰の必要がないとするのである。しかも、再犯があった場合には、直ちに刑を執行するという鎖をつけて、刑罰目的を確実にすると述べた。同様に、刑罰目的に照らして執行猶予制度の合理性を説きつつ、裁判で有罪を言い渡されること自体が「幾ラカ刑ノヤウナモノ」で、それに加えて猶予期間の続く間、刑に服する恐怖にさらされることが十分威嚇力をもつとして、執行猶予制度の導入に賛同するのが富井政章である。かかる観点から、富井は、執行猶予が取り消されることなく期間を経過した場合には、刑の執行を免除する原案ではなく、判決の効力を失わしめ

る方がよいと主張した[9]。この問題をめぐる議論は2日にわたり、反対説を唱えていた村田も、猶予が悪いのではなく、刑が確定後に猶予するのがよくないと論調を変え、原案の方向へと収斂に向かう。梅謙次郎は、執行猶予の明確な効果を知りえないが、さりとて執行猶予にはまるで効果がないことを証拠を示してこれに反対した論もないと、議論をまとめようとした[10]。これを受けて、都筑馨六も、執行猶予を裁判の仮宣告と位置づけ、解除条件と解したならば、有罪である以上、処罰しないわけにはいかず不公平だとする反対論とも齟齬を生じないと説いた[11]。なおも賛否の意見が述べられたが、議決の結果、刑の執行猶予法を設けるという結論に達した。

かかる議論を受けて、1900 (明治33) 年の刑法改正案では、以下の規定が提出された[12]。

　　　第三十三條　左二記載シタル者禁錮一年又ハ懲役六月以下ノ言渡ヲ受ケタルトキ情状二因リ裁判確定ノ日ヨリ一年以上五年以下ノ期間内其執行ヲ猶豫スルコトヲ得
　　　一　前二罰金以外ノ重罪ノ刑二處セラレタルコトナキ者
　　　二　前二罰金以外ノ重罪ノ刑二處セラレタルコトアルモ其執行ヲ終リ又ハ其執行ノ免除ヲ得タル日ヨリ十年以上罰金以外ノ重罪ノ刑二處セラレタルコトナキ者
　　　第三十五條　刑ノ執行猶豫ノ期間内更二罰金以外ノ刑二該ル可キ重罪ヲ犯シ又ハ猶豫ノ言渡前二犯シタル罪二付キ罰金以外ノ重罪ノ刑二處セラレ若クハ猶豫ノ言渡前他ノ罪二付キ罰金以外ノ重罪ノ刑二處セラレタル者ナルコト発覚シタルトキハ猶豫ノ言渡ハ之ヲ取消ス可シ但第三十三條第二号二記載シタル者二付テハ此限二在ラス
　　　第三十六條　刑ノ執行猶豫ノ言渡ヲ取消サルルコト無クシテ猶豫ノ期間ヲ経過シタルトキハ其刑ノ言渡ハ當然消滅ス

執行猶予の対象者および期間を法定する、後の執行猶予規定に連なる諸規定が整備された。執行猶予の必要的取消事由として、猶予期間中の (罰金以外の) 再犯に加えて、余罪について罰金以外の重罪の刑に処する判決が確定したこと、執行猶予の欠格事由にあたることが発覚したことも規定されたが、その理由は、かかる場合には、その刑の執行を猶予すべき必要がないと簡単に述べられるにとどまった[13]。特に重要な点は、無事に執行猶予期間が経過

した場合の効果について、刑の言渡しが当然消滅するという文言が採用されたことである。理由書は、「本制度ノ最モ主要ナル點」と位置づけ、いったん不幸にして犯罪者となっても一定期間謹慎状況にあるときは改悛したものとして、その罪を問わないとの趣旨を明らかにし、「犯罪者タルノ汚名ヲ免レ純白ノ人ヲ以テ世ニ處スル」ことができると高唱した。もっとも、この改正案は、第14回帝国議会への提出が見送られたことから、さらに修正を加えた刑法改正案が1901（明治34）年第15回帝国議会に提出された。執行猶予に関する規定には、若干の文言上の修正に加えて、執行猶予期間の下限を2年に引き上げる修正を施した。しかし、第15回帝国議会もまた審議未了のまま会期を終えた[14]。

翌年の第16回帝国議会に提出された刑法改正案中、執行猶予に関する規定は以下のとおりである。

  第三十一條　左ニ記載シタル者一年以下ノ禁錮又ハ六月以下ノ懲役ノ言渡ヲ受ケタルトキハ情状ニ因リ裁判確定ノ日ヨリ二年以上五年以下ノ期間内其執行ヲ猶豫スルコトヲ得
   一　前ニ禁錮以上ノ刑ニ處セラレタルコトナキ者
   二　前ニ禁錮以上ノ刑ニ處セラレタルコトアルモ其執行ヲ終リ又ハ其執行ノ免除ヲ得タル日ヨリ十年以内ニ禁錮以上ノ刑ニ處セラレタルコトナキ者
  第三十三條　左ニ記載シタル場合ニ於テハ刑ノ執行猶豫ノ言渡ヲ取消ス可シ
   一　猶豫ノ期間内ニ更ニ罪ヲ犯シ禁錮以上ノ刑ニ處セラレタルトキ
   二　猶豫ノ言渡前ニ犯シタル他ノ罪ニ付キ禁錮以上ノ刑ニ處セラレタルトキ
   三　第三十一條第二號ニ記載シタル者ヲ除ク外猶豫ノ言渡前他ノ罪ニ付キ禁錮以上ノ刑ニ處セラレタルコト發覺シタルトキ
  第三十四條　刑ノ執行猶豫ノ言渡ヲ取消サルルコトナクシテ猶豫ノ期間ヲ経過シタルトキハ刑ノ執行ヲ免除ス

理由書は、報復主義を掲げる刑法は、前世紀の遺物に属するとして、刑法の目的は、秩序維持上罰しなければならない犯人のみを罰することにあり、処罰の必要ない者の刑を執行しては、かえって「更ニ他ノ犯行ヲ敢テスル蛮勇ヲ助長スル」と警告する。恕することなく刑を執行する者とその執行を猶

予して犯人を善良に遷らせる者とを区分することで、必罰法理の適用を必要な限度にとどめるというのである[15]。

貴族院特別委員会(明治35年2月6日)では、執行猶予の対象について、より具体的で実質的な論が展開されている。反対論を主張する村田が、拘禁の悪弊は、むしろ幼年者にあると述べたことを受けて、未成年者を対象とする修正案が出されたが、前後の規定との関係で修正文言が定まらないまま採決に入り、結局原案どおりとされた[16]。ところが、第16回帝国議会貴族院に提出された刑法改正案の第2読会(明治35年2月24日)においては、穂積八束により、刑の執行猶予に関する章の削除の動議が出された。穂積は、刑の言渡しの効力が当然消滅すると定める34条を殊更に問題視したうえで、刑法の本領は裁判官が刑を言い渡す標準を示すのであるから、執行について刑法典に盛り込む必要はなく、特別法律を設けるのが穏当であるとして関連条文の削除を主張した[17]。これに対して国務大臣清浦奎吾が登壇して趣旨説明、反論を行った後、決議に付され、結局原案が採用された。

第16回帝国議会に提出された改正案においては、執行猶予が取り消されることなく期間を経過した場合の効果は、刑の執行の免除とされた。その理由として、罰金刑に執行猶予が予定されていないにもかかわらず、それよりも比較的重い自由刑について、刑の言渡しの効力を消滅させるとすれば、罰金刑に処された人について「全然無垢ノ人タルニ途ナシ」となり「絶大ノ不理」と説かれている。

第17回帝国議会にも、執行猶予に関して第16回帝国議会に提出されたものと同一内容を規定する刑法改正案が提出されたが、貴族院本会議において第1読会が開かれた当日に衆議院が解散され、審議はまたしても未了となった。刑の執行猶予に関する規定の検討は、1905(明治38)年の第21回帝国議会に提出された「刑ノ執行猶予及免除ニ関スル法律案」の審議においてなされ、以下の3条と附則から成る法律案が提出された。

　　第一條　左ニ記載シタル者二年以下ノ禁錮ノ言渡ヲ受ケタルトキ裁判所ハ情状ニ因リ裁判確定ノ日ヨリ二年以上五年以下ノ期間内其ノ執行ヲ猶豫スルノ言渡ヲ爲スコトヲ得
　　　一　前ニ禁錮以上ノ刑ニ處セラレタルコトナキ者
　　　二　前ニ禁錮以上ノ刑ニ處セラレタルコトアルモ其ノ執行ヲ終リ又ハ其ノ執行ノ免除ヲ得タル日ヨリ十年以内ニ禁錮以上ノ刑ニ處セラレタルコトナ

キ者
　第二條　左ニ記載シタル場合ニ於テハ刑ノ執行猶豫ノ言渡ヲ取消スヘシ
　　一　猶豫ノ期間内ニ更ニ罪ヲ犯シ禁錮以上ノ刑ニ處セラレタルトキ
　　二　猶豫ノ言渡前ニ犯シタル他ノ罪ニ付禁錮以上ノ刑ニ處セラレタルコト発覚シタルトキ
　第三條　刑ノ執行猶豫ノ言渡ヲ取消サルルコトナクシテ猶豫ノ期間ヲ経過シタルトキハ刑ノ執行ヲ免除ス

　執行猶予の対象を1年以下の禁錮に限定する動議が出され、監視に付された者を除外する但書が付加され、さらに執行猶予は、裁判所において検事の請求に因り、又は職権をもって刑の言渡しと同時に執行猶予を言い渡す等の手続的規定を付加する修正案が再度提出され、両院を通過して成立した。
　一方、刑法改正作業も進められ、1906（明治39）年に司法省内に設置された法律取調委員会法典調査会で、再度執行猶予に関する規定がとりあげられた。同年7月9日の委員総会で、執行猶予の範囲を広くすること、罰金刑の執行の全部又は一部を猶予する規定を設けることが議決され[18]、7月21日の取調委員会議決では、執行猶予を取り消されることなく猶予期間を経過した場合の効果を「裁判言渡ノ効力ヲ失フ」に改めるべきことが議決された[19]。

3. 執行猶予制度の根拠となる思想

　以上で概観したように、刑種、刑期が限定された犯罪につき、情状により刑の執行を猶予することができる旨を定める単純執行猶予制度の骨格が示された。有罪判決を宣告し、その後一定の条件のもとに刑の執行を免じるベルギー、フランスの制度に範をとった、初期の草案に示された制度には、未だ社会内処遇の観念はなく、執行猶予の対象者に対し、社会復帰を目指して更生のための処遇を施す制度は、1953（昭和28）年に設けられた保護観察制度の導入を待たなければならなかった[20]。したがって、当初、執行猶予制度を用いて犯罪を犯した者に直接働きかけ、改善をはかろうという思想はさほどなかったと言えよう。ただ、刑罰の目的を犯罪予防とする前提に立てば、杓子定規に刑罰を科しても、特に短期自由刑の場合には、その目的が達せられないばかりか、むしろ弊害に陥る場合があるとの理解が大勢を占めたのである。かかる文脈では、単純執行猶予の意義は、有罪の宣告を受けた者が実際

に刑を科されるという脅威にさらされ、猶予期間中改悛して再度犯罪を犯さないようにする、まさに最後通牒としての威嚇に求められた。

執行猶予制度の採否をめぐっては、刑罰理論に関する原則的な論争が看取される。執行猶予制度に反対する論者は、刑罰の一般予防機能を重視し、かつ、絶対的応報の見地から犯罪行為に対する刑罰と執行される刑罰との一致を主張するのに対し、導入に賛成する論者は、特別予防を考慮したうえで、犯罪行為の可罰性と、行為者を現実に処罰する必要性とを区分し、後者については、犯罪行為以外の（場合によっては犯行後の）事情や改悛の程度をも考慮して、刑罰目的に即した個別の判断が許されるとの理解を示すのである。しかし、応報刑主義を採るか教育刑主義を採るかによって、執行猶予の採否が一義的に決まるわけではない。むしろ自由刑の機械的執行の限界に直面して、刑罰論体系に対する調整原理としての執行猶予に意義を見出すとき、その機能は多義的になる[21]。

また、展開された根拠論と実際の規定とが必ずしも整合して成立したわけではないことにも注意する必要がある。当初の議論においては、執行猶予制度をそもそも認めるか否かをめぐって意見の対立があった。特に絶対的応報の立場から寛刑化に対する懸念を示す反対論に対して、導入を認めようとする見解の主張は多様であったが、いずれの立場からも短期自由刑の弊害回避が合意点となったため、当初の案では、結局執行猶予が認められる対象が極限された。

執行猶予制度の前提は、犯罪行為に対して科されるべき刑罰は、有罪宣告として言い渡されるものの、行為者の個別事情を考慮して、刑罰を科すべきか否かが別途判断されるというものである。上述のように、対象がごく短期の刑を言い渡された者にのみ限定されることには、導入に積極的な見解のみならず、消極的な見解からも疑義が出されていた点を指摘したい[22]。執行猶予制度の主たる対象を、刑期を問わず、改悛して再犯のおそれのない者にするのか、少年、未成年にするのか、再犯の場合にも認めるべきかについて、それぞれ論争となったが、最終的に刑種、刑期による条件のみが付され、しかも比較的短期の刑に限定された規定で決着した。

たとえば、明治33年改正案においても、執行猶予の対象となるのは、1年以下の禁錮、6月以下の懲役に限られている。この審議の過程では、執行猶予の刑事政策的意義が多元的に主張されると同時に、改悛の情が見られる等もはや処罰の必要性がない者に不要の刑罰を科さないことの重要性が繰り

返し説かれた。これは、執行猶予制度が単に刑事政策的考慮のみならず、刑罰の実体論を踏まえて導入されたことを意味する。行為時、行為者の状況を汲んでもはや刑罰が必要ない者にそれを科すべきでないという思考が根底にある。執行猶予が現実に刑罰を必要としない者の刑の猶予を一般的に企図した制度であれば、対象を短期の刑にも自由刑にも限定する必要がないことになる。明治34年改正草案理由に示されたかかる思想は、後の執行猶予対象の拡張の契機となり、戦後の判例も「犯罪の情状比較的軽く、そのままにして改過遷善の可能性ありと認められる被告に対しては、短期自由刑の実刑を科することによつて、被告人がともすれば捨鉢的な自暴自棄に陥つたり、刑務所におけるもろもろの悪に感染したり、又は釈放後の正業復帰を困難ならしめたりすることのないよう」刑の執行を猶予すると、その意義を要罰性の不存在、短期自由刑の弊害の両側面から説いた[23]。処罰の不要性を強調するときには、執行猶予を取り消されずに猶予期間が経過した場合、刑の言渡しの効力が失われる、条件付有罪判決制度を採用したことの説明がより説得力をもつものとなる。再犯を犯さなかったことで、対象者が自ら処罰の不要性を証明したことになるからである。

　執行猶予の対象が短期の刑を付される犯罪に限定されたのに対して、猶予期間が２年から５年と比較的長く設定されていることについては、政府委員より、刑期より短ければ「猶豫ノ主意ニ適」わないと説明されていた[24]。仮に猶予期間中に所定の犯罪を犯したならば、その犯罪に対する刑に服するのは勿論、猶予されていた刑にも服さねばならないことから、必ずしも寛刑となったわけではない。むしろかかる期間の長さこそ、再犯予防のための威嚇力を期待させる担保と解される。それと同時に、所定の期間猶予が取り消されなかったことは、当該対象者が、執行猶予に値するほど処罰の必要性がないことを示唆するものとなる。

　なお、運用上の問題点についても指摘がなされていた。執行猶予を付する基準となる情状の判定が困難であり、公平を期そうとするならば、同一事案について、すべからく執行猶予を付すべきことが実務に定着すると、刑罰の威嚇力そのものが失われるとの指摘があった[25]。それを避けようとするならば、裁判官は、犯情に加えて、今後の再犯についての予測を強いられることとなる。もっとも、予測がしばしば裏切られることも考慮すべきであるとの傾聴すべき指摘が既になされていたことも強調すべき点である。

　戦後、執行猶予制度はさらなる発展を遂げた[26]。今日、執行猶予の適用範

囲は拡張され、実務においても多用されている[27]。1947 (昭和22) 年の改正により、3年以下の懲役、禁錮及び5,000円以下の罰金を言い渡された者にまで適用範囲が拡大され、次いで、1953 (昭和28) 年の改正により、再度の執行猶予が規定されるに至り、さらに、執行猶予期間経過後、刑の言渡しの失効の効果が罰金にも推し及ぼされ、不均衡が一部是正された。もはや執行猶予を導入する際の根拠は、現行規定の根拠としては妥当しない。当初の立法趣旨である短期自由刑の弊害回避のみを根拠として本制度を説明することは困難である。いまや執行猶予に期待される機能は、当初のものと異なると解されよう。しかしながら、単純執行猶予が保護観察付き執行猶予とはなお独立して規定されていること、しかも多用されていることに鑑みれば、独自の意義をもつものと捉えざるをえない。それは、すなわち犯罪行為自体に可罰性が認められるものの、裁判の時点で刑罰を執行する必要性が必ずしもない者を、一定の条件のもとで処罰から解放し、猶予期間経過後刑の言渡しの効力を失効させることにあり、立法時より主張された論拠を踏まえたものである。問題は、かかる効果をもつ執行猶予を認める基準が、広範に裁量に委ねられてきたことにある。そこで、次にこの点を検討しよう。

4. 執行猶予の要件と量刑判断

　執行猶予制度が認められる範囲は飛躍的に拡張したにも拘らず、執行猶予に付すべきか否かは、情状によって決定される。既に、刑法改正の議論を受けて、執行猶予制度が規定された趣旨に照らして、執行猶予の可否を決する情状とは、犯情は固より、これに限らず刑を科さない方がかえって再犯防止の目的を達することができるだろうと考える根拠となる諸般の情状を指すとする見解が存した[28]。

　今日、執行猶予を付するか否かは、広義の量刑の問題に属すると解されている。さらに、実務においても、執行猶予の可否は、量刑の際に一般的に考慮される基準、すなわち行為責任及び予防の必要性の観点から決せられているとされるが、必ずしもそれだけにとどまらない[29]。責任判断においては、行為者がどの程度非難されるかが問題となることから、当該行為の事情（犯情）、たとえば、客観的な事実として、当該行為の状況、行為態様、結果の重大性、行為者の果たした役割、主観的な事情として、行為時の行為者の精神状態（動機・目的）、行為にあらわれた生活環境などが材料となる。また、

違法阻却事由、責任阻却事由とまでは言えなくとも、それに類似する事情が責任を減弱させる要素として考慮される。これに対し、行為責任、予防判断とは直接関わらない事情、たとえば、犯行そのものとは無関係な犯罪後の態度、事件の社会的影響、社会的制裁の有無等は、少なからぬ判例において量刑事情として考慮されているものの、理論的にこれらを量刑判断に加えることには批判が向けられている。しかし、執行猶予を付するか否かの判断においては、広くこれらの事情も考慮されているのである。それは、これらの事情が犯行そのものに関わる刑事責任とは異なるものの、処罰の必要性の有無や再犯のおそれの有無に関わると解されるからである。この論理の背景には、執行猶予制度導入の是非をめぐる議論でも見られたように、刑罰の執行に先立つ有罪判決の宣告自体に刑罰に準じる機能を認め、犯行後、裁判集結に至るまでの間の行状を資料として、最終的な刑罰執行の必要性を判断することができるという思考があるように思われる。

　無論、有罪判決の言渡しと刑罰の執行との間には大きな懸隔があるが、刑罰自体が軽ければ両者の距離は相対的に縮まり、かつ、当初の執行猶予規定においては、その対象がごく軽い刑罰を定めた犯罪に限られていたため、かかる犯行の軽微さも相俟って、処罰の必要性の有無の判断には、犯行後の態度を含む行為者事情を総合して勘案することは許され、かつ、それで十分とされていたのであろう。しかし、3年以下の懲役若しくは禁錮又は50万円以下の罰金が言い渡される犯罪の種類は多岐にわたり、裁判官が、ましてや裁判に関与した裁判員が刑の言渡し時に再犯の有無を予測し、執行猶予の可否を判断するのは実際には困難な作業となろう。何より問題であるのは、かかる予測を「情状」の名のもとに総括的に判断してしまうことである。もとより、執行猶予を付す際の基準となる情状が完全な裁量のもとになされるべきでないことは論をまたない。特に、犯罪事実が認定され、有罪の宣告が前提である以上、処罰の必要性を否定する特別予防的な事実を考慮事項とすべきことになろう。執行猶予の可否を決する段階で下される判断は、処罰の現実的必要性、すなわち、実刑に付さなければ将来再度犯行を犯すかどうかの予測に基づく判断である。

　この点につき、条件付恩赦の形式で、猶予期間の経過後刑の執行が免除されるに過ぎないものの、日本と同様の単純執行猶予の規定をもつドイツ刑法56条1項は、1年以下の自由刑を対象として、「有罪を言い渡される者が、有罪判決だけで既に警告として受け止め、刑の執行の作用がなくとも、将

来もはやいかなる犯罪行為をも行わないであろうと期待することができるときは、刑の執行を猶予する。その際に、特に、有罪を言い渡される者の人格、前歴、行為の事情、犯行後の行為者の態度、生活状態、及び、執行猶予によりその者に期待し得る効果を考慮する」と規定する。執行猶予の可否を決する判断は、有罪判決の警告としての威嚇効果及び将来犯罪行為をしないであろうという再犯予防の両側面からの期待を予測することで行われる。かかる予測の資料は、規定に列挙された、将来行為者がさらに犯罪を犯すか否かの判断に資する状況であり、犯行そのものに直接関連しないものも含む多岐にわたる事情である。特別予防的観点から既に量刑に影響を及ぼした事情であるか否かは重要ではないが、専ら責任の量に影響を及ぼすに過ぎない事情、法秩序保護の観点のもとでのみ意味のある事情は除外される[30]。もはや犯行を犯さないであろうという期待は、もとより確実なものである必要はない。また将来合法的な生活をする蓋然性も必要ではない[31]。日本の執行猶予の要件も、かかる見地から、本来法文上明定すべきであるが、保護観察付執行猶予との相違を踏まえると、単純執行猶予の判断基準は、専ら有罪判決の言渡しが警告として効果を発揮し、それにより（一定期間）再犯予防がはかれると期待できるか否かによることとなろう。

5. 一体としての刑の執行猶予

　法制審議会の「刑の一部の執行猶予制度の導入及び保護観察の特別遵守事項の類型に社会貢献活動を加えるための法整備に関する要綱（骨子）」の答申が出され、また、これを受けて第197回国会に「刑法等の一部を改正する法律案及び薬物使用等の罪を犯した者に対する刑の一部の執行猶予に関する法律案」が提出された。法案自体は参議院で可決された後、国会閉会のため継続審査となったが、執行猶予制度に関する刑法の一部改正がにわかに現実味を帯びてきた。以上で検討してきたように、この改正は刑事政策のみならず、実体刑法論、刑罰論における抜本的変更を意味する。たしかに、判例の見解によれば、刑の執行猶予は、刑罰そのものではなく、刑の執行のしかたに過ぎない[32]。しかし、猶予期間が経過すれば、刑の言渡しそのものの効力が失われ、他方、期間中に違反があれば執行猶予が取り消され、現に刑に服しなければならない日本の規定に則して考えれば、単に刑の執行のしかたにとどまると解すると矛盾が生じよう[33]。この意味で、執行猶予制度は、単なる執

行方法にとどまらず、条件付の有罪であるが、刑罰の一種として位置づけられる。

　犯行が数個にわたる場合であっても、一個の刑罰が言い渡される場合がある。言い渡された刑が単一のものであるならば、その一部について執行を猶予することはできないと解されているのである[34]。この点に関して、従来、刑の一部についてその執行を猶予することができるか否かの議論があったことを想起しよう。刑事政策的合理性があるとしながらも、期間が満了すれば、刑の言渡が効力を失うとする現行法のもとでは、刑の一部を執行することは困難であろうとする見解[35]、罰金刑を含めて単一の刑は不可分であり、これを強いて分断し、その一部についてのみ執行猶予を付することはできないとする見解[36]が支配的であった。それは、科される刑罰が、全体として一個のものと評価されるからにほかならない。刑罰の対象となる行為が複数あったとしても、一つの人格に科される刑罰は、それらを総合して算定され、かつ、集中的に科されることが、合理的で自由に対する侵害の程度も比較的低いことからすれば、かかる評価には理由があるものと思われる。執行猶予は、「刑法的評価の加えられた刑の実体に関するもので、しかも対象者の自由の拘束に関するものであるから、一個の独立した刑事処分としての性格を有するもの」[37]という説得力ある見解は傾聴に値する。同一人に対して二個以上の刑が科される場合には格別、本来一個の刑罰の一部のみを猶予することは、たとえ立法をするにせよ、理論的に矛盾しないか、また、刑事政策的に妥当か否かを検討しなければなるまい。

　有罪判決が下されるのに続いて、そこで宣告される刑罰を実際に執行すべきか、それとも猶予すべきか、次いで、どの程度猶予すべきかが判断されることになる。単純執行猶予を前提とすると、最初の段階たる執行猶予を付すべきか否かの局面では、(取消がなされない限り)最終的に刑罰を科す必要がないかどうか、刑の執行自体の要否がまさに問題とされる。次の段階では、執行猶予の取消がありうることを考慮して、刑の言渡しの効果の消滅に至るまでの不安定な期間を(5年を限度として)、どの程度対象者に負わせるかの判断がなされる。そうであれば、最近提案されているような、微妙な量刑判断に加えて執行猶予の付与のしかたまで細分化する立論は、少なくとも単純執行猶予の制度趣旨には矛盾することとなろう。「『全か無か(all or nothing)』しか認めない制度のもとでは、刑事政策目的を十分に達成し得ない」との批判[38]は、当たらない。むしろ犯罪構成要件に対応して規定された法効果たる刑罰につ

き、たとえその範囲内にとどまるにしても、何故に一部の執行猶予という形で変更を加える必要があるのか、また、全部執行猶予ではなく一部執行猶予とした場合の情状の差異をどれほど説得的に説明しうるのか、根本的な疑義がある。さらに、論者の主張するように、刑事政策の目的に照らして個別的ニーズに則した量刑、刑の多様性を模索するのであれば、より多岐な可能性が検討されてしかるべきであるのに、刑の一部の執行を猶予するのか、それとも全部を猶予するのか、という限られた選択肢しか示されないことも理解し難い。私見によれば、量刑の段階で、当罰性、要罰性に応じた刑の量定がなされるべきであり、言い渡される刑と執行される刑とが合致するのが本来望ましい。ただし、有罪を宣告すべきであっても現実に処罰の必要性がない場合には、実刑にするのではなく、刑の執行猶予が付されるべきなのである。翻ってどうしても実刑にすべきであるなら、単に刑を減軽して言い渡すことで足りるであろう。実刑にならずにすむ点、執行猶予を取り消されることなく期間を経過すれば有罪の言渡し自体が失効するという点に大きな期待があるからこそ、実際の刑期以上の期間でも再犯防止を動機づけられる。この制度趣旨に鑑みれば、僅かの期間でも実刑になれば、動機づけの効果は大幅に減殺されよう。

　さらに検討すべきであるのは、取り消されることなく猶予期間を終えた場合の効果についてである。何事もなく猶予期間が満了すれば、刑の言渡しが効力を失う現行規定に比して、刑の一部の執行猶予の場合、猶予期間が経過すれば、刑が猶予されていない期間を刑期とする刑に減軽され、刑の執行を受け終わったものとする参考試案では、結果に差があり過ぎ、刑の一部の執行猶予が全部猶予に比べて犯情が重いとされているにせよ、同じ制度の枠内で説明することは困難と解されるからである。

　さらに、刑の一部の執行猶予の実践面においては、より大きな問題がある。猶予の期間には制限がないが、仮に短期間のみ刑を執行し、その後その執行を猶予するときには、結局、短期自由刑と同じ状況が生まれることとなり、執行猶予制度がそもそも導入された経緯に照らしても、大きな矛盾が生じることとなる。他方、実刑とする期間を比較的長くとるときには、言い渡された刑が執行されないよう、対象者自身の再犯防止を動機づけるという執行猶予自体の意義が没却されるであろう。また、刑の一部の執行猶予の定型的な運用は、結局仮釈放を必要的に導入することと実際上変わらなくなり、本来趣旨を異にする執行猶予制度と仮釈放制度とを混同することになりかねない

ばかりでなく、仮釈放制度における残刑期間主義を潜脱し、考試期間主義をもちこむこととなり、問題は社会内処遇全般に関わるものとなろう[39]。

執行猶予制度の適用範囲が拡大してきた経緯に照らすと、同じく執行猶予と称されながら、必ずしも同一の趣旨で説明しきれないものが多く含まれるようになったことが判明する。それゆえ、一般的には執行猶予が付される事例の類型化、細分化の要請があることは否定しきれない[40]。しかし、その要請に応える方途として必要なのは、まず執行猶予の意義を再確認することである。そのうえで、執行猶予制度の本旨を損なうような規定の変更を施すのではなく、執行猶予の要件たる情状を分析し、実刑の必要性、執行猶予の付与の是非を問うよう試みなければなるまい。

(かなざわ・まり)

1 平成22年版犯罪白書によれば、平成21年の地方・簡易裁判所で終局処理を受けた人員(75,128人)のうち、執行猶予が付されたのは、42,569人(うち保護観察付は3,622人)で執行猶予率は59.3％である。また、裁判確定人員中有期懲役刑の執行猶予率は近年6割前後(平成20年58.2％、同21年58.0％)を推移し、有期禁錮刑の執行猶予率は9割を超える(平成20年94.4％、同21年94.3％)。このように、実務における執行猶予の割合は決して低くはない。かかる執行猶予の運用状況に鑑みて、罰金刑が結果的に脇役の存在となり、量刑の場面でも自由刑の執行猶予もしくは罰金刑のいずれが選択されるかという点が実践的重要性をもつようになるとの指摘がなされている(守屋克彦「罰金刑と自由刑」菊田幸一、西村春夫、宮澤節生『社会のなかの刑事司法と犯罪者』(2007年) 397頁以下。
2 平田紳「執行猶予の問題点」福岡大学法政論叢38巻2＝3＝4号(1994年)211頁以下。
3 平田・前掲237頁以下。
4 明治38年2月8日衆議院議事速記録・内田文昭＝山火正則＝吉井蒼生夫『日本立法資料全集』(以下、『立法資料』)26巻(1995年) 40頁。第21回帝国議会衆議院第1読会で、委員会に法案が付託され審議が始まり、修正の後、衆議院(このとき、刑の免除は、執行猶予の「結果」としてもたらされたに過ぎないとして、法案の名称から「免除」が削除された)、貴族院を通過し、4月1日、公布された。なお、その後の改正審議において、執行猶予に関する規定は改めて刑法典中に組み込まれ、1907(明治40)年刑法第4章に編別されることとなった。
5 1890(明治23)年の改正刑法草案は、翌年の帝国議会に提出されるも議決に至らず会期が終了した。これを受けて、司法省は1892(明治24)年に刑法改正審査委員を任命し、改正案の立案・審査に当たらせた。
6 23回司法省刑法改正審査委員会の立案・審査決議録『立法資料』21巻(1993年) 72頁以下。
7 条約改正に対応するために設けられた法典調査会のうち、刑法を担当する第3部の会議で、刑法連合会に改正論議が付託された。

8 第3回刑法連合会議事速記録『立法資料』21巻356頁以下。
9 前掲『立法資料』21巻363頁以下。
10 刑法連合会第4回議事速記録『立法資料』21巻392頁以下。
11 前掲『立法資料』21巻397頁。
12 12月25日の法典調査会で、罰金刑にあたるものには執行猶予を付さないこと、執行猶予期間を時効の期間にそろえることは長きに失することから5年に限ること、再犯の場合でも刑の執行猶予が付されうること等の修正が加えられた。
13 明治33年「刑法改正案」理由書『立法資料』21巻51頁。この内容が現行法における執行猶予の必要的取消事由として、継承されている。第1号に規定する取消事由が合憲であることに争いはない（最決1951（昭和26）・10・6刑集5巻11号2173頁参照）が、第2号、第3号については見解が分かれる。第2号について、判例は合憲説を採るものの（最大決1967（昭和42）・3・8刑集21巻2号423頁。ただし、最大決1953（昭和28）・6・10刑集7巻6号1419頁における真野毅裁判官の意見）、疑問を呈する見解もある（団藤重光・刑法綱要総論第3版（1991年）584頁）。第3号をめぐっては、見解が、さらに錯綜しており（最大決1958（昭和33）・2・10刑集12巻2号135頁は、明示の憲法判断を下さないまま、第3号により執行猶予を取り消しうるのは、執行猶予判決後に所定の事実が発覚した場合であることを要するのであるから、判決言渡後確定前に検察官がかかる事実を覚知していた場合は、これにあたらないとして検察官の執行猶予取消請求を棄却した）、合憲、違憲がそれぞれ対立して主張されている。
14 この間、刑法改正に対する反対運動が盛んになり、第15回帝国議会の貴族院本会議において、改正案の付託を受けた刑法改正案特別委員15名のうち、高木豊三、菊池武夫、三好退蔵が刑法改正に反対の実行委員であった。『立法資料』23巻（1994年）7頁参照。
15 明治35年第16回帝国議会提出「刑法改正案」理由書『立法資料』24巻76頁以下。
16 明治35年2月6日貴族院刑法改正特別委員会議事速記録第6号『立法資料』24巻（1995年）306頁以下。
17 明治35年2月24日貴族院議事速記録第16号『立法資料』24巻631頁以下。
18 「刑法修正案に関する書類」（穂積文書）『立法資料』26巻97頁。
19 「刑法修正案に関する書類」（穂積文書）『立法資料』26巻102頁。
20 平野龍一・矯正保護法（1963年）43頁、豊田健・大コンメンタール刑法（第2版）第1巻（2004年）§25-27前注13（487頁）参照。
21 刑罰の宣告と現実の執行とを段階的に捉え、刑罰執行の威嚇を重視するときは、応報刑の側面、また、特別予防的な改善に重きを置けば、目的刑の側面からその意義を説くことができる。Franz v.Liszt, Bedingte Verurteilung und bedeingte Begnadigung, VDA III.Bd., 1908, 86 ff. 司法調査課「刑の執行猶豫制度」法務資料第66号（1925年）参照。また、応報的正義の見地に立っても報償の観点から制度を正当化することができると説くものもある。小野清一郎・刑の執行猶予と有罪判決の宣告猶予及び其の他（1931年）48頁以下、荘子邦雄「刑の執行猶予」『刑事法講座第3巻』（1952年）589頁以下参照。
22 諸外国の法制を比較検討を踏まえ、小河は、日本の制度は、ノルウェーの制度に倣ったものとの認識に立ったうえで、帝国議会の審議でも見たように、規定を厳しく批判するが、同時に、拘留、罰金を対象としないのは矛盾であり、対象が狭きに

23 最判1949（昭和24）・3・31刑集3巻3号408頁。
24 明治35年2月6日貴族院刑法改正案特別委員会での倉富勇三郎の発言『立法資料』24巻299頁。
25 明治30年10月23日刑法連合会における村田保の意見『立法資料』21巻368頁。
26 1940（昭和15）年の改正刑法仮案は、執行猶予に加えて宣告猶予の制度を設け、6月以下の懲役、禁錮、資格喪失、資格停止、500円以下の罰金、拘留又は科料を言渡すべき場合で「情状特ニ憫諒スヘキ」と認める場合、裁量的な宣告猶予ができること（105条）、また、資格停止以上の刑に処される等して判決の宣告を受けず2年経過すれば、免訴の言渡しがあったものと看做す（107条）ことを規定した。改正刑法準備草案もまた、前に禁錮以上の刑に処せられたことのない者に対し、6月以下の懲役、禁錮、3万円以下の罰金又は拘留若しくは科料を言い渡すべき場合、「判決の宣告を留保することを相当とする情状があるとき」、6月以上2年以下の期間、宣告猶予を可能とする制度を設け（84条）、さらに、保護観察、損害賠償命令を内容とする付随処分ができる旨規定した（85条）。
27 導入当初の確定裁判を経た被告人員に対する執行猶予人員は、明治38年において608,608人に対して1,071人（執行猶予率0.2％）、明治39年においては661,513人に対して2,026人（同0.3％）、明治40年は729,121人に対して3,298人（同0.5％）、明治41年以降増加傾向を見せ、121,337人に対して5,450人（同4.5％）、明治41年、146,813人に対して7,978人（同5.5％）であった（司法省調査課・起訴猶予処分・留保処分・刑の執行猶予の教育学的考察・司法研究報告書集第19輯（1935年）110頁）が、当時は、かかる実績が「相当多い」と評価されている。
28 勝本勘三郎・改正刑法講話（1912年）223頁。
29 植野聡「刑種の選択と執行猶予に関する諸問題（2）」判タ1281号（2009年）150頁以下は、制度の趣旨を踏まえて、執行猶予の基準を段階的横断的に整理し、初犯の場合には、原則執行猶予とされる犯罪は、類型上害悪が対外的にそれほど顕在化していないものが多いであろうとしたうえで、処罰の意味を「実質的害悪を未然に防止するために、それにつながる行為を禁圧する点に、その主眼があ」り、責任非難の点は否定できないものの、「将来同種の行為を反復させないという観点が重視されてよい」とする（植野・前掲160頁）。遠藤邦彦「量刑判断過程の総論的検討（第2回）」判タ1185号（2005年）29頁以下参照。
30 Jutta Hurbrach, StGB LK 12.Aufl., 2008, §56/17.
31 予測には、広範囲にわたる「疑わしい」場合が含まれることについて、Wolfgang Frisch, Prognoseentscheidungen im Strafrecht, 1983, 80ff.
32 最判1948（昭和23）・6・22刑集2巻7号694頁。
33 藤木英雄、団藤重光編・注釈刑法（1）202頁。
34 罰金刑について、福岡高判1951（昭和26）・12・14高刑集4巻14号2114頁。
35 平野・前掲50頁。
36 豊田・前掲530頁。
37 豊田・前掲491頁。
38 今井猛嘉「刑の一部の執行猶予」刑事法ジャーナル23号（2010年）2頁。
39 井上宜裕「刑の一部の執行猶予——制度概要とその問題点」、本書第6章参照。なお、太田達也「刑の一部の執行猶予と社会貢献活動」刑事法ジャーナル23号（2010年）

27頁以下参照。
40 中間的刑量の創設に意義を見出すものとして、永田憲史「刑の一部執行猶予制度導入による量刑の細分化」刑事法ジャーナル23号（2010年）46頁以下。

第6章 刑の一部執行猶予
制度概要とその問題点

井上宜裕（九州大学大学院法学研究院准教授）

1. 序論

　社会内処遇に関して、今まさに導入されようとしているのが、「刑の一部の執行猶予制度」である。2011年11月4日、「刑法等の一部を改正する法律案」及び「薬物使用等の罪を犯した者に対する刑の一部の執行猶予に関する法律案」が第179回臨時国会に提出された。なお、本法律案は、同年12月2日、参議院本会議を全会一致で通過し、衆議院に送付されたが、同9日の衆議院本会議で継続審議とされている。本稿では、「刑の一部の執行猶予制度」について、法制審議会の議論状況を中心に考察し、同制度の具体的内容を明らかにする。そのうえで、刑の一部執行猶予制度の問題点を指摘し、同制度を導入する必要性の有無について検討を加える[1]。

　刑の一部執行猶予制度を検討する前提として、同制度の導入の当否が検討されるに至った経緯について概観する。

　2006年7月26日、法務大臣から、「被収容人員の適正化を図るとともに、犯罪者の再犯防止及び社会復帰を促進するという観点から、社会奉仕を義務付ける制度の導入の当否、中間処遇の在り方及び保釈の在り方など刑事施設に収容しないで行う処遇等の在り方等について御意見を承りたい」とする被収容人員適正化方策に関する諮問第77号が発せられ、同日開催された法制審議会第149回会議において、同諮問についてまず部会で審議すべき旨が決定された。この決定を受けて、「法制審議会被収容人員適正化方策に関する部会（部会長：川端博明治大学法科大学院専任教授）」（以下、「部会」）第1回会議（2006年9月28日）が開催された。

　そこでは、事務当局による以下のような諮問の経緯、趣旨説明が行われた[2]。まず、刑事施設の収容状況について、刑事施設の収容人員数は、過去10

年間一貫して増加傾向にあり、受刑者等の既決者に係る収容率は、2002年以降、116％を下らない状態が継続しているが、収容定員の増強が収容人員、実際に刑事施設に収容される人員の増加に伴う収容率の上昇に追いついていないという現状が紹介された。

次に、犯罪情勢について、刑法犯の認知件数は、1996年以降2002年まで毎年戦後最多を更新、現在も高水準を維持しており、受刑者の平均刑期も長期化傾向にあるとされ、刑事施設の収容能力の向上にとどまらず、これと併せて、刑事施設に収容しないで行う処遇等の充実強化についても検討する必要があるのではないか、そのことによって、犯罪者の改善、更生、犯罪の予防という刑罰の目的の一つをよりよく達成しつつ、被収容人員の適正化を図ることができるのではないかとの提案がなされた。

また、刑を受け終わった者あるいは仮出獄や執行猶予中の者による重大再犯、窃盗あるいは薬物犯罪を繰り返すなどして幾度も受刑する者が相当数存在することが指摘され、犯罪者の再犯防止及び社会復帰の促進もまた重要な課題とされた。

そこで、刑事施設の過剰収容状態の解消による収容人員の適正化、犯罪者の再犯防止及び社会復帰の促進のためには、①刑事施設に収容しないで処遇を行う方策、②いったんは刑事施設に収容した者について、適切な時期に社会復帰が期待できる形で社会内に戻すことができるような方策、③刑を受け終わった者に対する再犯防止・社会復帰支援制度が考えられるとされた。

その後、各国の関連諸制度も参照しつつ[3]、社会内処遇及び中間処遇に関する議論が行われた[4]。第17回部会会議（2008年10月7日）で、具体的な法整備につながる可能性のあるものとして、「保護観察の一内容としていわゆる社会奉仕活動を行う制度」と「刑の一部の執行猶予を可能とする制度」の2つに検討対象が絞られた。そして、以後の部会会議では、事務当局によって作成された各制度についての具体的な制度案をたたき台として議論することが確認された[5]。

2．刑の一部執行猶予に関する試案

ここでは、刑の一部執行猶予制度に関する参考試案及び要綱（骨子）案をめぐる議論状況から、中でも、立案当局の説明に注目しながら、今時導入されようとしている同制度の具体的内容を明らかにする。

(1) **刑の一部の執行猶予制度に関する参考試案**

　第18回部会会議（2009年1月29日）では、事務当局によって作成された以下の参考試案が配布された[6]。

・刑の一部の執行猶予制度に関する参考試案
　第1　初入者に対する刑の一部の執行猶予制度
　1　次に掲げる者が3年以下の懲役又は禁錮の言渡しを受けたときは、情状により、1年以上5年以下の期間、その一部の執行を猶予することができるものとすること。
　　（1）　前に禁錮以上の刑に処せられたことがない者
　　（2）　前に禁錮以上の刑に処せられたことがあっても、刑法第25条の規定によりその執行を猶予された者又はその執行を終わった日若しくはその執行の免除を得た日から5年以内に禁錮以上の刑に処せられたことがない者
　2　1の場合においては猶予の期間中保護観察に付することができるものとすること。
　3　刑の一部の執行猶予の言渡しを取り消されることなくその猶予の期間を経過したときは、その刑を執行が猶予されていない期間を刑期とする懲役又は禁錮の刑に減軽するとともに、当該期間の刑の執行が終了した時点で刑の執行を受け終わったものとすること。
　4　その他所要の規定の整備を行うものとすること。

　第2　薬物使用者に対する刑の一部の執行猶予制度
　1　規制薬物又は毒劇物の自己使用・単純所持に係る罪（以下「薬物自己使用等事犯」という。）を犯した者であって、上記第1の1（1）又は（2）に当たらないものが、3年以下の懲役の言渡しを受けた場合において、犯情の軽重その他の事情を考慮して、その薬物自己使用等事犯に係る犯罪的傾向を改善するために必要であり、かつ、相当であると認められるときは、1年以上5年以下の期間、その一部の執行を猶予することができるものとすること。
　2　1の場合においては猶予の期間中保護観察に付するものとすること。
　3　薬物自己使用等事犯を犯した者に対し、上記1の罪とその罪より重い刑が定められている他の罪とに係る懲役の言渡しをするときは、その一部の執行を猶予することができないものとすること。

4　刑の一部の執行猶予の言渡しを取り消されることなくその猶予の期間を経過したときは、その刑を執行が猶予されていない期間を刑期とする懲役又は禁錮の刑に減軽するとともに、当該期間の刑の執行が終了した時点で刑の執行を受け終わったものとすること。
　5　その他所要の規定の整備を行うものとすること。

　第19回部会会議（2009年２月24日）では、参考試案第１の「初入者に対する刑の一部の執行猶予制度」について検討がなされた。
　まず、参考試案第１の制度趣旨について、当局は、「比較的軽い罪を犯して、現行制度で実刑が言い渡される場合と執行猶予が言い渡される場合の中間の刑責を有するとともに、一定期間の施設内処遇と相応の社会内処遇を実施することが再犯防止、改善更生に必要かつ有用な者に対し、その刑責を果たさせつつ、施設内処遇と社会内処遇を連携させて再犯防止・改善更生を図るということ」と説明している[7]。より具体的には、「例えば、現行制度で懲役２年の判決が言い渡された場合、その２年の範囲内で実刑による施設内処遇を行い、かつ仮釈放が認められれば、その残刑期間に限られた部分で保護観察を行うということになろうかと思います。要するにその処遇の枠が刑期の２年間ということになろうかと思います。これに対し、参考試案第１の制度が導入された場合に、例えば、懲役２年、うち１年が実刑、残りの１年が３年間執行猶予という判決が言い渡されますと、まず、その実刑部分の１年により施設内処遇を行うことができ、さらに、残りの１年が３年間執行猶予されますので、その３年間、もちろん保護観察が付けばより積極的な処遇を行うことができますけれども、３年間、その執行猶予の状態に置くということになります。そして、その３年という執行猶予の期間中、再犯等の善行保持の条件に違反したような場合においては、執行猶予が取り消されるという心理的強制を受けながら、自力更生に努めることとなりますので、そういった意味で施設内処遇と相応の期間の社会内処遇を連携させて改善更生を図ることができる」とされる[8]。このように、当局は、現行制度の仮釈放制度では残刑期間の縛りがあるため十分な観察期間がとれないことから、相応の社会内処遇期間を確保するために刑の一部執行猶予制度を導入する必要性があるとしている。
　また、この制度では、刑責自体の評価を変えないということが前提とされており、たとえば、「現行制度で懲役２年の実刑とされている例で申し上げ

ますと、その懲役2年を分割して1年の実刑、その残りの1年を執行猶予にするということですと、それはやはり軽くなるということになるかと思いますので、全体としての刑期は延びるということになる」とされる[9]。

刑の一部執行猶予が可能となる刑期を3年としている点については、「この制度は、比較的軽い罪を犯して、現行制度で実刑が言い渡される場合と執行猶予が言い渡される場合の中間の刑責を有する者というところを念頭に置いており」、「そもそも懲役・禁錮の期間が長期に及ぶような、刑責の重いものというのは、この制度の対象にはなじまないのではないか」と説明されている[10]。

これとの関係で、裁判所の判断可能性について、当局は、「やはり裁判所が判決時に一部猶予の判断ができるかどうかという観点から、実刑か執行猶予かという中間的な刑責の者であれば判決段階で裁判所がその刑責をベースにご判断いただくことがより可能になってくるのではないか」と述べている[11]。

刑の一部の執行を猶予するか否かの判断は、まず、その中間的な刑責といえるかどうかをベースとして、次に、特別予防の観点、すなわち、刑の一部の執行を猶予して施設内処遇と社会内処遇を連携させることが再犯防止・改善更生のために必要かつ有用といえるかどうかが考慮されてなされるとされ[12]、保護観察を任意的としている点については、保護観察にもやはり自由の制約という側面があり、保護観察に付する必要のない者も含め、法律上必要的に保護観察に付することとするのは相当でないと考えたことによると解説されている[13]。

実刑部分について仮釈放が可能かについて、当局は、仮釈放は可能とした上で、「刑の一部の執行が猶予されて、受刑中の者についても、併せて仮釈放の制度を活用することを可能とすることによりまして、裁判段階だけではなく受刑の段階における対象者の実情等に応じたよりきめ細かな処遇が実現し、その一層の再犯防止・改善更生を図ることができる」とし、受刑中のどの時点から仮釈放が可能となるのかという点については、「現行の刑法第28条の仮釈放と同じように、言い渡された懲役・禁錮の全体を基準にして、その全体の刑期の3分の1を経過した後に、仮釈放を可能とするということが考えられる」としている[14]。したがって、当局の考えによると、たとえば、懲役3年で、1年は実刑、残り2年は執行猶予という場合には、仮釈放ができないことになる[15]。

一部執行猶予制度において猶予期間がいつから起算されるのかについては、

実刑部分の執行が終了した時点が原則になるとされ[16]、猶予期間が取り消されることなく満了した場合の法的効果は、その刑を、実刑部分を刑期とする刑に減軽するとともに、実刑部分の執行が終わった時点で刑の執行を受け終わったものとするとされている。

第20回部会会議（2009年3月10日）では、参考試案第2の「薬物使用者に対する刑の一部の執行猶予制度」について検討が行われた。

まず、実質要件の内、「犯情の軽重」について、「刑期をどの程度の期間にするか、あるいは、実刑部分と執行猶予部分をそれぞれどの程度の期間にするのかなどといった判断においては、犯した罪に対する刑責の重さが重要な判断要素になる」とされ、犯情が重い場合とは、たとえば、「薬物の単純所持であれば、その量が多ければ、それだけ犯情は重い」ということになり、薬物の自己使用では、「常習性が高ければ、それも犯情が重い」ということになるとされる[17]。「その他の事情」では、たとえば、「薬物自己使用等事犯に係る犯罪的傾向が認められるのかどうか、さらには、その程度がどの程度のものなのか」といったことが顧慮されると述べられている。「必要性」及び「相当性」について、「必要性」とは、「薬物事犯に係る犯罪的傾向を改善するための必要性」、「相当性」とは、「一部執行猶予することの相当性」とされ[18]、たとえば、「出所後には所属している反社会的な組織に戻ることを明言するなど、真摯に社会内処遇を受ける意思がないことが明らかで、社会内処遇を行ったとしても、それによる改善更生が期待できないような場合もあり得るのではなかろうかと考えており、そういった場合は、仮に薬物自己使用等事犯の傾向性があって、一部執行猶予の必要性が認められたとしても、社会内処遇による改善更生が期待できず、一部執行猶予の相当性が欠ける」とされる[19]。

この場合の裁判所の判断可能性について、当局は、「薬物の自己使用・単純所持事犯は問題性が非常に明らかであって、事案による個性も余りなくて、それに対する対処法も、その傾向性を何とか取り除くということで共通しているのではないか、だから、こういう一部執行猶予というのが、一般的・類型的に有用であり、しかも裁判所の目から見ても、判決時でも一般的に判断しやすい」というのが出発点としている。

この類型で最も議論となるのが第2の3であるが、その趣旨について、当局は次のように述べている。「非常に割り切って考えれば、薬物の自己使用・単純所持事犯以外の罪が入っていれば、一部執行猶予の対象から除外す

るという選択肢も恐らくあり得るのだと思います。ただそれでは狭すぎると考えた場合に、一方で、薬物の自己使用・単純所持事犯さえ入っていれば、ほかにどのような問題があっても、あとは裁判所にお任せすればよいというのは一つのお考えだと思います。しかし、……例えば、薬物自己使用等事犯の問題性は、当該事案においては非常に小さいという場合もありましょうし、いろいろなバリエーションが考えられる中で、薬物自己使用等事犯さえ入っていれば判断できるという前提に立っていいのかということも考えまして、……何らか類型化できないかと考えて」、第2の3を規定したとされる[20]。

また、第2の3の要件自体は満たしていても、「他の犯罪の方の問題が大きい場合であるとか、他の犯罪の犯罪的傾向もかなり進んでいるという場合には、薬物自己使用等事犯に対処するために一部執行猶予にするというだけではやはり十分でない、あるいは十分かどうか分からないということになり」、相当性のところで、刑の一部執行猶予は不相当という判断になるとされる[21]。

第22回部会会議（2009年4月30日）では、これまでの議論が整理され、より具体的な説明がなされている。

実刑部分をどれぐらいにするかについて、当局によれば、文言上枠は設けていないが、施設内処遇と社会内処遇を連携させて、その再犯防止・改善更生を図るという制度趣旨からして、「全体の刑期に対して極端に短い刑期の部分についてのみ実刑とするというようなこと」はこの趣旨にそぐわないとされ、たとえば、「1か月を切るような刑を実刑部分としたりするというようなことは相当ではない」とされている[22]。

本制度の導入によって刑事責任を軽く評価することではないとする点について、当局は、一部執行猶予制度が導入された場合には、実刑となる期間は相対的に短くなる一方で、全体の刑期は長くなるのではないかとしている[23]。

保護観察に付するかどうかについて、当局の見解では、一部執行猶予の制度の対象としてどのような人が乗ってくるのかということと、この制度に対する国民の信頼という2つの観点からするとやはり量刑の問題として、一部執行猶予の部分について保護観察を付すべき場合が多いのではないかとされる。すなわち、執行猶予中の再犯者の場合や、1年半近くあるいはそれ以上刑務所内で受刑してそれから執行猶予になる者の場合（多くの場合、少なくとも刑期の半分ぐらいは実刑に服することになるという推測に基づく）には、対象者にとっても、国民の安心という点でも、さらには同制度に対する国民の信頼

を根付かせるためにも、保護観察を付するのが相当ではないかとされる[24]。
　第24回部会会議（2009年6月25日）では、「刑の一部の執行猶予の取消事由」、「刑法第25条による刑の執行猶予の取消事由」及び「刑の一部の執行猶予の猶予期間の起算日」に関する検討がなされた[25]。

・刑の一部の執行猶予の取消事由等に関する資料[26]
第1　刑の一部の執行猶予の取消事由について
1　初入者に対する刑の一部の執行猶予の取消事由
　（1）　次に掲げる場合においては、刑の一部の執行猶予の言渡しを取り消さなければならないものとすること。
　　ア　刑の一部の執行猶予の言渡し後に更に罪を犯し、禁錮以上の刑に処せられたとき。
　　イ　刑の一部の執行猶予の言渡し前に犯した他の罪について禁錮以上の刑に処せられたとき。
　　ウ　刑の一部の執行猶予の言渡し前に他の罪について禁錮以上の刑に処せられ、その刑について刑法第25条の規定による執行猶予の言渡しがないことが発覚したとき。ただし、刑の一部の執行猶予の言渡しを受けた者が、同条第1項第2号に掲げる者であるときは、この限りでない。
　（2）　次に掲げる場合においては、刑の一部の執行猶予の言渡しを取り消すことができるものとすること。
　　ア　刑の一部の執行猶予の言渡し後に更に罪を犯し、罰金に処せられたとき。
　　イ　参考試案第1の2により保護観察に付せられた者が遵守すべき事項を遵守しなかったとき。
　（3）（1）及び（2）により刑の一部の執行猶予の言渡しを取り消したときは、執行猶予中の他の禁錮以上の刑についても、その猶予の言渡しを取り消さなければならないものとすること。
2　薬物使用者に対する刑の一部の執行猶予の取消事由
　薬物使用者に対する刑の一部の執行猶予の取消事由については、1（1）ウを除き、1と同様のものとすること。

第2　刑法第25条による刑の執行猶予の取消事由について
　刑法第25条による刑の執行猶予の言渡しについては、同法第26条各号に掲

げる場合のほか、次に掲げる場合においても、その言渡しを取り消さなければならないものとすること。
1　猶予の期間内に更に罪を犯して刑の一部の執行猶予の言渡しを受けたとき。
2　猶予の言渡し前に犯した他の罪について刑の一部の執行猶予の言渡しを受けたとき。
3　猶予の言渡し前に他の罪について刑の一部の執行猶予を言い渡されたことが発覚したとき。ただし、猶予の言渡しを受けた者が同法第25条第1項第2号に掲げる者であるときは、この限りでない。

第3　刑の一部の執行猶予の猶予期間の起算日について
1　刑の一部の執行猶予の期間は、その刑のうち執行が猶予されていない期間の刑の執行を終わった日から起算するものとすること。
2　1に規定する期間の刑の執行を終わったときに他に執行すべき懲役又は禁錮があるときは、刑の一部の執行猶予の期間は、1にかかわらず、その執行すべき懲役又は禁錮の執行を終わった日又はその執行の免除を得た日から起算するものとすること。

　基本的に現行制度における執行猶予の取消と同様の規定であるが、保護観察の遵守事項違反による裁量的取消の場合、刑の一部執行猶予の取消では「その情状が重いとき」という文言が削除されている点には注意を要する。この点、当局は、「判決により一部猶予の猶予期間中保護観察に付された者について、その社会内処遇の実効性を担保し再犯防止・改善更生を図るためには、全部猶予中の保護観察におけるよりも遵守事項の遵守を強く促す必要がある」ためと説明している。この「刑の一部の執行猶予の取消事由等に関する資料」の内容は、ほぼそのまま要綱（骨子）案に受け継がれることになる。

(2)　要綱（骨子）案

　第25回部会会議（2009年7月28日）で、これまでの議論を踏まえて事務当局によって作成された、要綱（骨子）案が示された[27]。

・要綱（骨子）案
第一　刑の一部の執行猶予制度

一　初入者に対する刑の一部の執行猶予制度
　　1　次に掲げる者が三年以下の懲役又は禁錮の言渡しを受けた場合において、犯情の軽重その他の事情を考慮して、必要であり、かつ、相当であると認められるときは、一年以上五年以下の期間、その一部の執行を猶予することができるものとすること。
　　（一）　前に禁錮以上の刑に処せられたことがない者
　　（二）　前に禁錮以上の刑に処せられたことがあっても、刑法第二十五条の規定によりその執行を猶予された者又はその執行を終わった日若しくはその執行の免除を得た日から五年以内に禁錮以上の刑に処せられたことがない者
　　2　1の場合においては猶予の期間中保護観察に付することができるものとすること。
　　3　刑の一部の執行猶予の言渡しを取り消されることなくその猶予の期間を経過したときは、その刑を執行が猶予されていない期間を刑期とする懲役又は禁錮の刑に減軽するとともに、当該期間の刑の執行が終了した時点で刑の執行を受け終わったものとすること。
二　薬物使用者に対する刑の一部の執行猶予制度
　　1　一の1の（一）又は（二）に掲げる者以外の者であっても、規制薬物若しくは毒劇物の自己使用・単純所持に係る罪（以下「薬物自己使用等事犯」という。）又は薬物自己使用等事犯及び他の罪を犯し、その薬物自己使用等事犯に係る犯罪的傾向を改善することが必要であると認められるときは、一の1を適用することができるものとすること。
　　2　1の場合においては猶予の期間中保護観察に付するものとすること。
三　刑の一部の執行猶予の取消事由
　　1　初入者に対する刑の一部の執行猶予の取消事由
　　（一）　次に掲げる場合においては、刑の一部の執行猶予の言渡しを取り消さなければならないものとすること。
　　　（1）　刑の一部の執行猶予の言渡し後に更に罪を犯し、禁錮以上の刑に処せられたとき。
　　　（2）　刑の一部の執行猶予の言渡し前に犯した他の罪について禁錮以上の刑に処せられたとき。
　　　（3）　刑の一部の執行猶予の言渡し前に他の罪について禁錮以上の刑に処せられ、その刑について刑法第二十五条の規定による執行猶予の言渡し

がないことが発覚したとき。ただし、刑の一部の執行猶予の言渡しを受けた者が同条第一項第二号に掲げる者であるときは、この限りでない。
　（二）　次に掲げる場合においては、刑の一部の執行猶予の言渡しを取り消すことができるものとすること。
　　（1）　刑の一部の執行猶予の言渡し後に更に罪を犯し、罰金に処せられたとき。
　　（2）　一の2により保護観察に付せられた者が遵守すべき事項を遵守しなかったとき。
　（三）　（一）又は（二）により刑の一部の執行猶予の言渡しを取り消したときは、執行猶予中の他の禁錮以上の刑についても、その猶予の言渡しを取り消さなければならないものとすること。
　2　薬物使用者に対する刑の一部の執行猶予の取消事由
　薬物使用者に対する刑の一部の執行猶予の取消事由については、1の（一）の（3）を除き、1と同様のものとすること。
四　刑法第二十五条による刑の執行猶予の取消事由
　刑法第二十五条による刑の執行猶予の言渡しについては、同法第二十六条各号に掲げる場合のほか、次に掲げる場合においても、その言渡しを取り消さなければならないものとすること。
　1　猶予の期間内に更に罪を犯して刑の一部の執行猶予の言渡しを受けたとき。
　2　猶予の言渡し前に犯した他の罪について刑の一部の執行猶予の言渡しを受けたとき。
　3　猶予の言渡し前に他の罪について刑の一部の執行猶予を言い渡されたことが発覚したとき。ただし、猶予の言渡しを受けた者が同法第二十五条第一項第二号に掲げる者であるときは、この限りでない。
五　刑の一部の執行猶予の猶予期間の起算日
　1　刑の一部の執行猶予の期間は、その刑のうち執行が猶予されていない期間の刑の執行を終わった日から起算するものとすること。
　2　1に規定する期間の刑の執行を終わった時に他に執行すべき懲役又は禁錮があるときは、刑の一部の執行猶予の期間は、1にかかわらず、その執行すべき懲役又は禁錮の執行を終わった日又はその執行の免除を得た日から起算するものとすること。
六　その他所要の規定の整備を行うものとすること。

第二　社会貢献活動を特別遵守事項とする制度　（略）

　要綱（骨子）案と参考試案の大きな相違は、「薬物使用者に対する刑の一部の執行猶予制度」参考試案第2－3「薬物自己使用等事犯を犯した者に対し、1の罪とその罪より重い刑が定められている他の罪とに係る懲役の言渡しをするときは，その一部の執行を猶予することができないものとすること」の部分が削除された点である。

　第26回部会会議（2009年12月22日）で、以上の要綱（骨子）案に基づく法整備を行うことが相当であるとする意見が全会一致で採択された後[28]、第162回法制審議会総会（2010年2月24日）で、要綱（骨子）案が全員賛成で原案のとおり採決され、法務大臣に答申された[29]。

　その後、要綱（骨子）案を基本的に受け継いだ、「刑法等の一部を改正する法律案要綱」[30]及び「薬物使用等の罪を犯した者に対する刑の一部の執行猶予に関する法律案要綱」[31]に基づき[32]、「刑法等の一部を改正する法律案」[33]及び「薬物使用等の罪を犯した者に対する刑の一部の執行猶予に関する法律案」[34]が作成され、2011年11月4日、第179回臨時国会に提出されるに至った。

3．刑の一部執行猶予制度に対する評価

　本章では、刑の一部執行猶予制度がもたらす効果について、議論状況を整理し、問題点を指摘する。

(1) 刑の一部執行猶予制度の有効性

　刑の一部執行猶予制度について、部会委員であった今井猛嘉は、刑の個別化による理論的正当化を主張する。すなわち、今井は、「刑の一部執行猶予制度は、被収容人員の適正化という課題に対する解決手段の一つとして考案されたものではあるが、刑事政策の基本原理から正当化されるべきであり、かつ、それが可能な制度である」とし、「刑の個別化（あるいは、それを基礎づける刑事制裁の多様化への要請）」をその根拠とする[35]。

　同じく部会委員であった神洋明、青木和子両弁護士によれば、同制度は、「社会内処遇を重視して、保護観察対象者の改善更生を図り、社会復帰を促進し、結果として再犯防止効果も得られる制度として歓迎すべき」とされ、

この制度の導入は「新しい刑罰メニューの追加ということになる」と評価されている。さらに、同制度の意義として、「執行猶予期間中に比較的軽い罪を犯した場合、現行法では、執行猶予に付された懲役刑と再犯について言い渡された懲役刑を合算して服役することになるが、執行猶予を言い渡された懲役刑は実刑を言い渡される場合に比較して長い刑期（検察官の求刑通りの懲役）となることが多いことから、この制度が利用できれば、合算により相当長期に及ぶことになる服役期間が緩和できることになる」点を挙げる[36]。

また、太田達也においては、一部執行猶予は、「刑事施設からの釈放後に社会内処遇の期間を設け、施設内処遇と社会内処遇の有機的な連携を図るところに最大の眼目が」あり、「謂わば『裁判による仮釈放』であり、『満期釈放の予防』に資するものである」とされ、「実刑と猶予刑から成る新しい量刑の選択肢を設けるという意義もある」とされる[37]。さらに、「一部執行猶予は、刑事施設への収容だけでなく、釈放された後も猶予期間や保護観察が設定され、犯罪者の監督や処遇がきちんと行われるとなれば、一般予防としても、また被害者や国民感情としても、従来の放漫な満期釈放よりむしろ理解を得やすいのではないか」と述べられている[38]。

永田憲史も、一部執行猶予制度の導入によって、「懲役２年と懲役１年10月の間に、懲役２年、うち２月を例えば１年一部執行猶予とする中間的刑量が誕生する」ことになり、「行為責任や行為者の事情に合わせて、これまでよりもきめ細かな量定を行うことができるようになる」として、一部執行猶予の導入は望ましいとの評価を下している[39]。

このように、刑の一部執行猶予制度の導入に関しては、刑の個別化や処遇選択の多様化を根拠に好意的に受け入れられている感がある。弁護士の立場からも、同制度には服役期間の長期化を緩和する効果が期待されている。

確かに、執行猶予中の再犯について、現行制度では、再度目の執行猶予は１年以下の懲役または禁錮の場合にのみ可能であるが、同制度によると、刑期が１年を超えて３年までの場合にも、刑の一部執行猶予が可能となる[40]。しかし、服役期間の長期化が仮に同制度によって緩和されたとしても、監視期間は長期化するのであり、この点は当然、問題視されてしかるべきであろう。上記のいずれの見解も、監視期間の長期化が責任主義に抵触する危険性についての認識が十分でないように思われる。

(2) 刑の一部執行猶予制度の問題点

　本節では、要綱（骨子）案及び法律案で示された、刑の一部執行猶予制度が抱える問題点を指摘する。

　まず、この一部執行猶予制度には、施設内処遇と社会内処遇の限界点、すなわち、どの段階で施設内処遇から社会内処遇に移行するかを裁判所が確定しうるかという根本的な疑問がある。当局の説明によれば、初入者に対しては、実刑と全部執行猶予の中間的な刑責の者であれば判決段階で裁判所がその刑責をベースに判断可能とし、薬物使用者に対しては、薬物の自己使用、単純所持事犯は問題性が明確であることから一般的、類型的判断が可能とされた。しかし、具体的な対象者の社会復帰を考えるならば、当該対象者の社会内処遇の適否は、行刑現場の判断に基づいて決されるべきであり、期間の限定や対象の類型化等を図ったとしても、この判断は本来的に裁判所による司法判断にはなじまないものである[41]。とりわけ、薬物使用者に対する刑の一部執行猶予については、類型化の一環として提案された、（薬物自己使用等事犯とその罪より重い刑が定められている他の罪とに係る懲役の言渡しをするときはその一部の執行を猶予することができないとする）参考試案第2の3が要綱（骨子）案では削除され[42]、同制度の適用の有無は最終的に裁判所の相当性判断にのみ係っている。法制審議会の審議の過程で類型化の必要性が強調されてきたが、薬物事犯について、裁判所に判断可能な類型を切り出したといえるのかそもそも疑問であって、当局による裁判所の判断可能性の説明は破綻しているといわざるを得ない[43]。

　次に、現行制度との整合性、とりわけ、仮釈放制度との関係が問題である。当局も実刑部分に対する仮釈放の余地は認めるものの、実刑部分ではなく、執行猶予部分も含めた刑全体の3分の1を経過した後にしか仮釈放ができないという立場を採っている。この立場によると、たとえば、懲役3年で、1年は実刑、残り2年は執行猶予という場合、仮釈放の余地がなくなることになる。これに対しては、ある委員が、仮釈放の余地がない場合、善行保持のインセンティブが働かないのではないかと疑問を呈し、実刑部分の3分の1で仮釈放を可能とすることも考えられうるとしていた[44]。やはり、社会内処遇に移行するか否かは基本的に行刑現場の判断に委ねるべきであって、判決時の裁判所による司法判断がこれを阻害することがあってはならないというべきである。上記の例のように、実刑部分が刑全体の3分の1以下になり仮釈放の余地が裁判所によって否定される場合、これは、裁判所による保安期

間の設定とすらいえる[45]。

　さらに、執行猶予の取消をめぐる問題もある。要綱（骨子）案及び法律案によれば、執行猶予期間中の再犯に対しても刑の一部執行猶予は可能であるが、この場合、前刑の執行猶予が必要的に取り消されることになり、実刑の期間が非常に長くなる。この点、ある委員から、長期の施設内処遇を必要としないような場合のために、執行猶予の一部取消といった制度枠組みを考える余地があるのではという提案[46]もなされたが、結局、要項（骨子）案及び法律案では採用されていない[47]。他方で、遵守事項違反による取消について、現行法にある「その情状が重いとき」という文言が削除されている点も看過できない。社会内処遇の有用性を強調しつつ、遵守事項違反につき直ちに施設内処遇への移行を予定するのは矛盾であろう。

　加えて、刑の一部執行猶予制度の導入は刑責の評価を変えるものではないという「論理」に従えば、実刑部分は短縮されるものの刑全体は長期化することが想定される。これに、執行猶予部分の猶予期間が加わると対象者に負担が課せられる期間は非常に長期にわたることになる。そのうえ、上記の取消の問題点を考えると、刑の一部執行猶予制度は、従来の刑責の評価を変更しないどころか、従来の制度では考えられない程の監視の長期化をもたらすものといえる。また、保護観察について、当局が、一部執行猶予部分に保護観察を付すべき場合が多いのではないかと述べている点にも、監視強化の意図が垣間見られる[48]。なお、法律案によれば、必要的保護観察となる薬物使用等の罪を犯した者に係る刑の一部執行猶予に関しては、特に必要のない場合を除いて、更生保護法51条2項4号[49]の処遇を受けることを特別遵守事項として定めることが義務づけられている[50]。上述のとおり、全部執行猶予の場合より一部執行猶予の場合の方が、遵守事項違反による執行猶予の取消しが容易である点も併せ考えると、強制的な処遇プログラムの実施にどこまで実効性があるのか疑問が残る。

　最終的に、刑の一部執行猶予制度を導入する必要性があるといえるであろうか。刑の一部執行猶予に際して、実刑部分が短期の場合、既に指摘されているように[51]、短期自由刑の弊害が如実に現れることになる[52]。他方、実刑部分が長期の場合、同制度によらずとも、現行の仮釈放制度の積極的運用で十分に対処可能といえる。社会内処遇の有用性を強調するならむしろ、必要的仮釈放制度の採用へと向かうべきである。当局は、仮釈放の積極運用でも、刑期が短い場合には社会内処遇の期間が十分確保できないと主張するが[53]、

短い刑期しかない犯罪性の進んでいない者が対象であれば、長期（一定期間）の監視が要請されていること自体問題である。従来、全部執行猶予であった者が一部執行猶予制度で捕捉されることになれば、中間的刑量の創設ではなく、監視期間の長期化を伴う単なる重罰化にすぎない[54]。考試期間主義を検討する際に責任主義上の問題が指摘されたが[55]、刑の一部執行猶予の際にも、保護観察付執行猶予のみならず単純執行猶予であっても、刑期を超えて対象者に一定の負担を課す場合には責任主義上の疑義が生じると考えてしかるべきであろう（その意味では、刑期よりも長い執行猶予期間を設定しうる現行の執行猶予制度についても再考の余地があるといえる）[56]。

4．結論

　以上、刑の一部執行猶予制度の具体的内容について検討したが、少なくとも、現在、法律案として提示されている刑の一部執行猶予制度は導入するべきではないように思われる。同制度は、当初の「過剰収容対策」とは明らかにかけ離れたものであるのみならず[57]、責任主義を無視した監視の長期化をもたらすものに他ならない。同制度の導入は、仮釈放制度ではできないことを（一部）執行猶予の名の下に実行するもので、現行の仮釈放制度における残刑期間主義を潜脱するものといえる。やはり、刑責に対応しない長期の監視は責任主義に抵触しており、刑期を超えた監視は多分に保安処分的性格を有しているといわざるを得ない。穿った見方をすれば、同制度の創設は、電子監視等の監視強化策を導入するための布石、さらには、より一般的に保安処分を導入するための布石にすら思える[58]。

（いのうえ・たかひろ）

1　本稿は、井上宜裕「刑の一部執行猶予――法制審議会議事録を中心に――」龍谷法学43巻1号（2010年）79-103頁に加筆、再構成したものである。
2　法制審議会被収容者人員適正化方策に関する部会第1回会議議事録（http://www.moj.go.jp/content/000003749.pdf　URLは、2012年2月24日現在。以下同じ）2-3頁。
3　各国の制度比較については、以下のとおり。第6回部会会議（イギリス）（http://www.moj.go.jp/shingi1/shingi2_070427-1.html）、第7回部会会議（ドイツ）（http://www.moj.go.jp/shingi1/shingi2_070622-1.html）、第8回部会会議（フランス）（http://www.moj.go.jp/shingi1/shingi2_070720-1.html）、第9回部会会議（アメリカ）（http://www.moj.go.jp/shingi1/shingi2_070927-1.html）。

4 この間の審議経過については、井上・前掲注（1）81-85頁参照。
5 部会第17回会議議事録（http://www.moj.go.jp/content/000003850.pdf）1-2頁。
6 配付資料37「刑の一部の執行猶予制度に関する参考試案」（http://www.moj.go.jp/content/000002154.pdf）。
7 第14回部会会議で、「初入者に対する処遇」の対象者として、「道路交通法違反の罪などの比較的軽い罪を繰り返し、初めて実刑に処される者、執行猶予期間中に再び罪を犯して懲役・禁錮に処される者、現行制度において、実刑判決と執行猶予判決との境界にある者など」が考えられるとされた（部会第14回会議議事録（http://www.moj.go.jp/content/000003840.pdf）8頁）。
8 部会第19回会議議事録（http://www.moj.go.jp/content/000003855.pdf）2頁。
9 部会第19回会議議事録27頁。
10 部会第19回会議議事録4頁。
11 部会第19回会議議事録9頁。また、部会第14回会議議事録20頁参照。
12 部会第19回会議議事録13-14頁。
13 部会第19回会議議事録14頁。
14 部会第19回会議議事録15頁。
15 部会第19回会議議事録16頁。
16 部会第19回会議議事録15-16頁。
17 部会第20回会議議事録（http://www.moj.go.jp/content/000003856.pdf）2頁。
18 部会第20回会議議事録6頁。
19 部会第20回会議議事録4頁。
20 部会第20回会議議事録14-15頁。また、同議事録10-11頁参照。この点、ある委員は、「問題性の中心が薬物使用にあるということで区別するということ自体には賛成ですけれども、それが法定刑の上限で定まるのかという点についてはやはり疑問が残ります」と述べている（部会第20回会議議事録11頁）。
21 部会第20回会議議事録5頁。
22 部会第22回会議議事録（http://www.moj.go.jp/content/000003861.pdf）19頁。
23 部会第22回会議議事録20頁。
24 部会第22回会議議事録22-23頁。
25 部会第24回会議議事録（http://www.moj.go.jp/content/000003867.pdf）1頁以下。
26 配付資料44「刑の一部の執行猶予の取消事由等に関する資料」（http://www.moj.go.jp/content/000003868.pdf）参照。
27 配付資料45「要綱（骨子）案」（http://www.moj.go.jp/content/000003872.pdf）。部会第25回会議議事録（http://www.moj.go.jp/content/000003871.pdf）1-11頁参照。
28 部会会議第26回会議議事録（http://www.moj.go.jp/content/000023346.pdf）2-3頁。
29 法制審議会第162回会議議事録（http://www.moj.go.jp/content/000036301.pdf）13頁。
30 「刑法等の一部を改正する法律案要綱」（http://www.moj.go.jp/content/000080904.pdf）。
31 「薬物使用等の罪を犯した者に対する刑の一部の執行猶予に関する法律案要綱」（http://www.moj.go.jp/content/000080908.pdf）。
32 「要綱（骨子）案」と「法律案要綱」の相違点としては、考慮事項に「犯人の境遇」が明示された点、及び、刑の一部執行猶予の必要性が「再び犯罪をすることを防ぐために必要」とされ、再犯予防目的が強調された点が挙げられる。

33 「刑法等の一部を改正する法律案」(http://www.moj.go.jp/content/000080905.pdf)。本法律案によれば、刑法典に次のような刑の一部執行猶予に関する規定が新設されることになる。「(刑の一部の執行猶予)第27条の2　①次に掲げる者が3年以下の懲役又は禁錮の言渡しを受けた場合において、犯情の軽重及び犯人の境遇その他の情状を考慮して、再び犯罪をすることを防ぐために必要であり、かつ、相当であると認められるときは、1年以上5年以下の期間、その刑の一部の執行を猶予することができる。　一　前に禁錮以上の刑に処せられたことがない者　二　前に禁錮以上の刑に処せられたことがあっても、その刑の全部の執行を猶予された者　三　前に禁錮以上の刑に処せられたことがあっても、その執行を終わった日又はその執行の免除を得た日から5年以内に禁錮以上の刑に処せられたことがない者　②前項の規定によりその一部の執行を猶予された刑については、そのうち執行が猶予されなかった部分の期間を執行し、当該部分の期間の執行を終わった日又はその執行を受けることがなくなった日から、その猶予の期間を起算する。　③前項の規定にかかわらず、その刑のうち執行が猶予されなかった部分の期間の執行を終わり、又はその執行を受けることがなくなった時において他に執行すべき懲役又は禁錮があるときは、第1項の規定による猶予の期間は、その執行すべき懲役若しくは禁錮の執行を終わった日又はその執行を受けることがなくなった日から起算する。　(刑の一部の執行猶予中の保護観察)第27条の3　①前条第1項の場合においては、猶予の期間中保護観察に付することができる。　②前項の規定により付せられた保護観察は、行政官庁の処分によって仮に解除することができる。　③前項の規定により保護観察を仮に解除されたときは、第27条の5第2号の規定の適用については、その処分を取り消されるまでの間は、保護観察に付せられなかったものとみなす。　(刑の一部の執行猶予の必要的取消し)第27条の4　次に掲げる場合においては、刑の一部の執行猶予の言渡しを取り消さなければならない。ただし、第3号の場合において、猶予の言渡しを受けた者が第27条の2第1項第3号に掲げる者であるときは、この限りでない。　一　猶予の言渡し後に更に罪を犯し、禁錮以上の刑に処せられたとき。　二　猶予の言渡し前に犯した他の罪について禁錮以上の刑に処せられたとき。　三　猶予の言渡し前に他の罪について禁錮以上の刑に処せられ、その刑の全部について執行猶予の言渡しがないことが発覚したとき。　(刑の一部の執行猶予の裁量的取消し)第27条の5　次に掲げる場合においては、刑の一部の執行猶予の言渡しを取り消すことができる。　一　猶予の言渡し後に更に罪を犯し、罰金に処せられたとき。　二　第27条の3第1項の規定により保護観察に付せられた者が遵守すべき事項を遵守しなかったとき。　(刑の一部の執行猶予の取消の場合における他の刑の執行猶予の取消し)第27条の6　前2条の規定により刑の一部の執行猶予の言渡しを取り消したときは、執行猶予中の他の禁錮以上の刑についても、その猶予の言渡しを取り消さなければならない。　(刑の一部の執行猶予の猶予期間経過の効果)第27条の7　刑の一部の執行猶予の言渡しを取り消されることなくその猶予の期間を経過したときは、その懲役又は禁錮を執行が猶予されなかった部分の期間を刑期とする懲役又は禁錮に減軽する。この場合においては、当該部分の期間の執行を終わった日又はその執行を受けることがなくなった日において、刑の執行を受け終わったものとする。」

34 「薬物使用等の罪を犯した者に対する刑の一部の執行猶予に関する法律案」(http://www.moj.go.jp/content/000080909.pdf)。「薬物使用等の罪を犯した者に対する刑の

一部の執行猶予に関する法律　（趣旨）第1条　この法律は、薬物使用等の罪を犯した者が再び犯罪をすることを防ぐため、刑事施設における処遇に引き続き社会内においてその者の特性に応じた処遇を実施することにより規制薬物等に対する依存を改善することが有用であることに鑑み、薬物使用等の罪を犯した者に対する刑の一部の執行猶予に関し、その言渡しをすることができる者の範囲及び猶予の期間中の保護観察その他の事項について、刑法（明治40年法律第45号）の特則を定めるものとする。　（定義）第2条　①この法律において「規制薬物等」とは、大麻取締法（昭和23年法律第124号）に規定する大麻、毒物及び劇物取締法（昭和25年法律第303号）第3条の3に規定する興奮、幻覚又は麻酔の作用を有する毒物及び劇物（これらを含有する物を含む。）であって同条の政令で定めるもの、覚せい剤取締法（昭和26年法律第252号）に規定する覚せい剤、麻薬及び向精神薬取締法（昭和28年法律第14号）に規定する麻薬並びにあへん法（昭和29年法律第71号）に規定するあへん及びけしがらをいう。　②この法律において「薬物使用等の罪」とは、次に掲げる罪をいう。　一　刑法第139条第1項若しくは第140条（あへん煙の所持に係る部分に限る。）の罪又はこれらの罪の未遂罪　二　大麻取締法第24条の2第1項（所持に係る部分に限る。）の罪又はその未遂罪　三　毒物及び劇物取締法第24条の3の罪　四　覚せい剤取締法第41条の2第1項（所持に係る部分に限る。）若しくは第41条の4第1項第3号若しくは第5号の罪又はこれらの罪の未遂罪　五　麻薬及び向精神薬取締法第64条の2第1項（所持に係る部分に限る。）、第64条の3第1項（施用又は施用を受けたことに係る部分に限る。）、第66条第1項（所持に係る部分に限る。）若しくは第66条の2第1項（施用又は施用を受けたことに係る部分に限る。）の罪又はこれらの罪の未遂罪　六　あへん法第52条第1項（所持に係る部分に限る。）若しくは第52条の2第1項の罪又はこれらの未遂罪　（刑の一部の執行猶予の特則）第3条　薬物使用等の罪を犯した者であって、刑法第27条の2第1項各号に掲げる者以外のものに対する同項の規定の適用については、同項中「次に掲げる者が」とあるのは「薬物使用等の罪を犯した者に対する刑の一部の執行猶予に関する法律（平成23年法律＿＿号）第2条第2項に規定する薬物使用等の罪を犯した者が、その罪又はその罪及び他の罪について」と、「考慮して」とあるのは「考慮して、刑事施設における処遇に引き続き社会内において規制薬物等に対する依存の改善に資する処遇を実施することが」とする。　（刑の一部の執行猶予中の保護観察の特則）第4条　①前条に規定する者に刑の一部の執行猶予の言渡しをするときは、刑法第27条の3第1項の規定にかかわらず、猶予の期間中保護観察に付する。　②刑法第27条の3第2項及び第3項の規定は、前項の規定により付せられた保護観察の仮解除について準用する。　（刑の一部の執行猶予の必要的取消しの特則）第5条　①第3条の規定により読み替えて適用される刑法第27条の2第1項の規定による刑の一部の執行猶予の言渡しの取消しについては、同法第27条の4第3号の規定は、適用しない。　②前項に規定する刑の一部の執行猶予の言渡しの取消しについての刑法第27条の5第2号の規定の適用については、同号中「第27条の3第1項」とあるのは、「薬物使用等の罪を犯した者に対する刑の一部の執行猶予に関する法律第4条第1項」とする。」

35　今井猛嘉「刑の一部執行猶予」刑事法ジャーナル23号（2010年）13頁。
36　神洋明、青木和子「刑の一部執行猶予制度導入について——弁護士の立場から——」刑事法ジャーナル23号（2010年）38-39頁。
37　太田達也「刑の一部執行猶予と社会貢献活動」刑事法ジャーナル23号（2010年）15頁。

なお、太田は、一部執行猶予制度には過剰収容の緩和ないし被収容人員の適正化を図るという意義もあるがあくまで副次的効果にすぎないとする（太田・同論文13頁）。

38 太田・前掲注（37）20頁。
39 永田憲史「刑の一部執行猶予制度導入による量刑の細分化——刑の執行猶予の存在意義の観点からの考察——」刑事法ジャーナル23号（2010年）46-47頁。さらに、永田は、「例えば、一部執行猶予の導入により、これまで全部執行猶予の対象とされず、宣告刑の減軽の対象ともされなかった程度の部分的な被害弁償により一部執行猶予とされうるようになれば、従来以上に執行猶予が被害弁償を促進することが予想される」として、被害賠償の促進という点からも一部執行猶予制度の導入は肯定的に評価できるとする（永田・同論文49頁）。
40 部会第19回会議議事録31頁参照。
41 この点、永田・前掲注（39）47頁は、「行政官庁が受刑者の改悛の状を判断する仮釈放（刑法28条）とは異なり、一部執行猶予は、従来の全部執行猶予同様、裁判所が被告人の受刑以前にその適否を判断する」ため、「仮釈放に比べて改善・更生の効果は低いと言わざるを得ない」と指摘する。
42 参考試案第2の3の問題性については、前掲注（20）参照。
43 薬物使用者に対する刑の一部執行猶予に関して、対象者を施設内に収容する必要があるのか、実刑部分を設けることが対象者の社会復帰に資するといえるかについては疑義を差し挟む余地もあろう。
44 部会第19回会議議事録18頁。
45 フランス刑法132-23条参照。
46 部会第14回会議議事録10頁。
47 執行猶予の一部取消制度の提案に対しては、「仮に、猶予期間中に再犯を犯して、その再犯について刑の一部の執行が猶予されるのみならず、前刑の執行猶予の取消しについてまで部分的にする、あるいはそもそも取り消さないということにしてしまいますと、現行の執行猶予制度自体が大変緩やかなものになってしまうのではないか」との反論がある（部会第14回会議議事録11頁）。ちなみに、フランスでは、執行猶予の一部取消という制度も導入している（単純執行猶予についてフランス刑法132-38条、保護観察付執行猶予について同132-48条）。なお、部会委員であった今井猛嘉は、「一部猶予の一部取消は、そのことにより、対象者の社会内処遇に効果があるとの予測が可能である限りでは、考慮の余地がある」とし、同制度は理論的にはなお検討に値すると述べている（今井・前掲注（35）9頁）。
48 更生保護法51条2項4号「医学、心理学、教育学、社会学その他の専門的知識に基づく特定の犯罪的傾向を改善するための体系化された手順による処遇として法務大臣が定めるものを受けること。」
49 刑法等の一部を改正する法律案によれば、更生保護法51条の次に、第51条の2（特別遵守事項の特則）が追加される。その第1項は、「薬物使用等の罪を犯した者に対する刑の一部の執行猶予に関する法律第4条第1項の規定により保護観察に付する旨の言渡しを受けた者については、次条第4項の定めるところにより、規制薬物等（同法第2条第1項に規定する規制薬物等をいう。以下同じ。）の使用を反復する犯罪的傾向を改善するための前条第2項第4号に規定する処遇を受けることを猶予期間中の保護観察における特別遵守事項として定めなければならない。ただし、これに違反した場合に刑法第27条の5に規定する処分がされることがあることを踏まえ、

その改善更生のために特に必要とは認められないときは、この限りでない」と規定する。
50 この点、太田・前掲注（37）23-24、27頁は、「猶予期間に保護観察を付さないというのは、予防的見地からすれば、まさに釈放後の社会内処遇を確保するという一部執行猶予の意義を損なう」とし、「一部執行猶予に保護観察が附されていないと、仮釈放後の保護観察が失敗したような者に対し、猶予期間の間、保護観察を行い得ないというのは如何にも不都合である」とする。
51 部会第14回会議議事録8頁。
52 刑の一部執行猶予制度の導入は短期自由刑の弊害をもたらすとの指摘は、第14回部会会議で既に見られる（部会第14回会議議事録8頁）。なお、既に刑の一部執行猶予制度をもつフランス（自然人の単純執行猶予につき、フランス刑法132-31条3項、保護観察付執行猶予につき、同132-42条2項）でも、同制度の評価は分かれている。たとえば、SALVAGEによれば、部分的執行猶予（sursis partiel）は、実刑の威嚇効果を増大させ、有罪宣告を受けた者が執行猶予を真の無罪と同視することを防ぐことを可能にするとして、同制度に対する積極的な評価がなされているが（SALVAGE, Philippe, Sursis simple, J-Cl Procédure pénale, Art. 735 et 736, 2006, p.5(n° 22)）、BOULOCによれば、部分的執行猶予は、結果として短期自由刑の増加をもたらし、短期自由刑の危険性を増大させるとして、むしろ同制度に否定的な評価が下されている（BOULOC, Bernard, Pénologie, Exécution des sanctions adultes et mineurs, 3e éd., 2005, p.171(n° 236)）。
53 部会第19回会議議事録10頁。
54 永田・前掲注（39）47頁参照。
55 部会第12回会議議事録（http://www.moj.go.jp/content/000003834.pdf）18、20頁。
56 この点に関して、太田・前掲注（37）27-28頁は、「一部執行猶予は考試期間主義を採る場合の仮釈放と似た効果を有する」とした上で、「一部執行猶予を制度として承認することになれば、仮釈放について考試期間主義を導入することに抵抗はなくなってしかるべきである」とする。しかしながら、この指摘は、むしろ、刑の一部執行猶予制度の導入が現行仮釈放制度の採用する残刑期間主義を潜脱する危険性を孕んでいることの証左ともいえよう。
57 刑の一部執行猶予制度に関する参考試案が法制審議会総会で報告された際にも、西田典之委員から、参考試案の趣旨と部会名との整合性に関する質問がなされている（法制審議会第158回会議議事録（http://www.moj.go.jp/content/000005045.pdf）12頁）。さらに、第18回部会会議では、事務当局は、近時の収容率の低下傾向について次のように答弁している。「確かにご指摘のとおり、受刑者の収容率は、97パーセント程度ということで、辛うじて100パーセントは切っている状況ではございますが、御承知のとおり、受刑者というのはいろいろな特質に合わせて分類をして施設ごとに割り振って収容をしております。その関係では、いまだに施設のかなり多くの部分で定員よりも超えている状況というのがございまして、全体にならしてしまいますと、確かに97パーセント程度にまで下がってきているのですが、いまだにまだ過剰収容の弊害というのはあると考えておりまして、やはり問題は残っていると考えております」（部会第18回会議議事録（http://www.moj.go.jp/content/000003852.pdf）16頁）と。
58 更生保護法の立法化に際して、仮釈放等における残刑期間主義を規定していた犯罪

者予防更生法33条2項に対応する規定が更生保護法に存在しないことも無関係ではないであろう。

第7章 電子監視による保護観察?

甘利航司（国学院大学法学部准教授）

1. はじめに

　雑誌『研修』の2010年1月号には、検事総長による、次のようなことばが載っている。「これまでの裁判員裁判の判決結果を見ていると、刑の執行を猶予する判決には、原則的には全てと言ってもよいほど、保護観察が付けられているという特徴があるように思えます。……普通の国民である裁判員は、しっかりした監督者がいるなどの特別の事情がない限り、執行猶予者には全て保護観察を付すべきだと考えているのではないかと思われるのです。」「〔犯罪白書の特集を見る限り〕執行猶予者にはできるだけ保護観察を付けることを、再犯防止策の一つとして考えるべきことかもしれません」[1]。

　保護観察は、確かに、対象者に対する援助による、社会復帰を企図している。それが再犯防止につながっているとはいえる。だが、執行猶予者に保護観察をつけるべきとする議論の背後には、保護観察を監視による再犯防止のための手段としてとらえる考え方がある。そして、再犯防止や監視を強調するのは、ありうる一つの考えである。この考えをおしすすめると、電子監視（Electronic Monitoring）による保護観察というものが想定できる。

　法制審議会被収容人員適正化方策に関する部会においては、電子監視を使用した社会内処遇の可能性に言及されている[2]。そして、近時では、次のように積極的に述べる見解がある。すなわち「再犯防止を目的とする我が国の社会内処遇制度が1日でも早く世界標準となるためにも、諸外国で行われている社会内処遇の諸施策を積極的に採用すること」を考えるべきであり、電子監視（や社会奉仕命令）は「将来的に日本でもその採用可能性を検討する余地がある」[3]、と。

　しかし、電子監視は、本当に導入する必要があるのだろうか。

2. 電子監視とは

　電子監視とは、刑事施設に収容するかわりに、対象者が指定された時間に指定された場所にいるかどうかをモニタリングすることで、いわば「施設収容の代わり」とする制度である[4]。たとえば、3ヶ月の間、夜の9時から朝の5時までは自宅にいなければならないとしたうえで、それをモニタリングすることによって実施するのである。オーソドックスな方法は、在宅拘禁命令を言い渡された対象者の足首にタグと呼ばれる電波発信装置をつけさせる。そして、電波発信装置が当該居住場所にある電話回線を介して、（対象者を管理している）モニタリングセンターに対象者がいるべき場所にいる（いない）という情報を送るのである。ここでは、電子監視は、対象者を刑務所に入れるかわりに、対象者の家をいわば刑務所代わりにして[5]、（刑務所ほどではないが）自由を剥奪していることが分かる。これは、電子監視が、裁判官による刑罰として、拘禁刑の代替刑として科される際に（これをFront-Doorという。）使用される場合である。

　拘禁刑をすでに科されている者に対し、刑期終了前に拘禁を解消する際に（これをBack-Doorという。）、拘禁の代替として電子監視が使用される場合がある。つまり、早期釈放者（仮釈放者）に対して使用するのである。この二つの場合は、電子監視を伴ったかたちで保護観察も実施する。

　以上は、刑罰としての電子監視といってよいものであるが、その他の刑事司法の領域でも使用される[6]。まず、保釈の条件として電子監視を使用する場合がある[7]。そして、刑期終了後であるため理論的には非常に問題があるが、性犯罪者を主に想定している、満期釈放者に対する使用もある[8]。この場合は、対象者が特定の場所、たとえば被害者の家等に近づく危険性が問題となる。そのため、対象者が自宅にいることのみならず、自宅外にいる時にはその場所をも24時間体制で把握する必要性が出てくることから、電子監視はGPSによって行われる。

3. 電子監視のはじまりと当初の議論

　電子監視の最初期の使用は、ニューメキシコ州の判事ジャック＝ラブによる。電子的な居場所の探知やセキュリティー機器に関心のあった彼は、スパイダーマンのコミックに示唆を得て、犯罪統制は犯罪者の居場所が探知でき

ればより良いものになると考えた。というのも、犯罪者の居場所を確知できればそれで十分なのであり、わざわざ拘禁をする必要がなくなるからである。そして、1983年に電子監視を有罪を言い渡された者に対し、拘禁の回避の目的で使用している[9]。

　もっとも、電子監視のアイデア自体は、1960年代のシュビッツゲーベルに遡る[10]。

　当時、医療現場での電子的な救助的リハビリシステムが開発されつつあった。それは心臓病者の心拍数や居場所を管理するものであり、患者が危機的状況になったときに管理施設に情報を送るというものである。シュビッツゲーベルは、これは、その他の病状の人や精神病者や自殺傾向のある人などにも使用可能であるし、さらに、このようなシステムが常時的な場所的監視というかたちで変更されることによって、拘禁されている一定の常習犯人を社会にとって安全なかたちで釈放できるのではないかと考えた。彼は、仮釈放者は、その所在が管理施設にて記録されているならば、犯罪を行う可能性が減少すると考えたのである。

　そして、電子的システムには、さらに次のようなメリットがあるという。すなわち、アメリカでは、民主主義国家の中で最も拘禁年限が長い国である。適切に使われれば、電子的技術は、犯罪者が社会に早期に戻る権利を増大することができる。その意味では、刑務所は、もはや違法行為の抑止や社会の安全を守るために不可欠なものとはいえないかもしれない。つまり、非人間的で報復的な、意味のないものとして、刑務所は歴史的な遺物となる、と。

　そのうえで、シュビッツゲーベルは、次のように刑務所に対して厳しい批判をする。拘禁には、受刑者の更生という面での治療には効果がないのであり、そのことゆえに、受刑者は釈放後に被害者に危害を加えるかもしれない。つまり、拘禁の被害者となるのは、受刑者本人のみならず、更生されずに釈放された（元）受刑者による被害者となった「無辜の市民」なのである。電子的リハビリシステムは、拘禁の必要性を減少させると同時に、犯罪者の社会復帰を促すことによって、将来の犯罪から社会を守るのである。

　しかし、シュビッツゲーベルは、次のような問題も指摘している。電子的システムは、治療目的ではなく単なる監視 (surveillance) として使われうる明らかな危険性がある。そして、監視にのみ重点が置かれてしまうと、対象者の人的・社会的なつながりが等閑視されてしまう。また、電子的システムは、共産主義者や公務員といった者達への監視にも利用される可能性があり、そ

れは市民的自由の侵害となってしまうという点である。つまり、犯罪を減らそうとしたり、安全を確保しようとするあまり、我々の世界が実は刑務所になってしまう危険性があるのだ、と。

シュビッツゲーベルの議論は、すでに電子監視のメリット・デメリットが分かりやすいかたちで出ているといえる。つまり、電子監視を導入することにより、拘禁刑を回避し、社会復帰に資するというメリットがあるが、同時に、対象者に対する監視に特化してしまう危険性および社会にとって悪とみなされやすい者達をも監視してしまう危険性というデメリットがあるということである。

以下では、電子監視の以後の展開をみてみる。その次に、シュビッツゲーベルがいうような、対象者の社会復帰や拘禁(刑)の回避が果たされているかをみてみる。

4. 電子監視の展開

電子監視は、拘禁刑の回避の手段であるが、刑務所の過剰収容対策としての意味も含んで、欧米をはじめとして広がっていくこととなる。

アメリカでは、ジャック=ラブによる使用の翌年の1984年に、フロリダ州のパームビーチで一般的な使用が始まった。その2年間で30のプログラムが行われ、約1000名が対象となった。その後、1988年には32州で電子監視が何らかの形で実施されており、特に多くの対象者を扱ったのは、ミシガン、イリノイそしてフロリダの各州である。その時点では、平均で1日あたり約3000人が対象者となった。1991年にはアメリカ全体で約1万2000人、1994年より実施数が急激に増加し、1998年には6万から7万5000人が電子監視対象者となっている[11]。そして、2002年時点で、1日あたり約10万人がアメリカで電子監視に付されている[12]。イギリスでは、電子監視の使用は1989年に開始され、当時は、まず、保釈の条件として使用された[13]。1995年には、試験的に3つの地域で、電子監視を付した外出禁止命令(Curfew Order)を行っている。1997年には対象地域をさらに4か所増やし、1999年には全国的に外出禁止命令を言渡せるようになっている。また、同年には早期釈放者への使用(Home Detention Curfew)が行われている[14]。2004年の時点で、1日あたり約1万人がイギリスで電子監視に付されている[15]。

そして、カナダでは1987年にバンクーバーで試験的に(pilot)電子監視の

使用が開始されており、オーストラリアでは1988年にノーザンテリトリーで試験的に開始されている。90年代に入って、スウェーデンは1994年に、ベルギーは1998年に、スイスは1999年に、そしてフランスとスペインでは2000年に試験的に開始されている[16]。

現在、欧米では、電子監視が使用されており、むしろ使用されていない国は少数にすぎない。アジアでは、韓国、シンガポールそして台湾でも電子監視が使用されている。

そして、電子監視は拘禁刑の代替としての使用から、保釈の条件としての使用、そして満期釈放者への使用とひろがっている。

5．電子監視の「効果」

シュビッツゲーベルは、電子監視には社会復帰の効果があるとした。そのような効果は、はたしてあるだろうか。

先ほど、最初の使用者たる、ジャック＝ラブ判事についてふれた。ラブは、1983年に3人に（電子監視つきの）在宅拘禁命令を科した。1人目は、薬物使用者であるが、常勤の仕事を有し、幼い子供を抱えた者であり、小切手使用にかかわる犯罪を犯したため電子監視を科された。その者は、30日の監視を問題なく過ごしたが、終了した60日後に窃盗で逮捕された。そして、2人目は、財産犯を犯したことにより保護観察に付されていたが、その保護観察の条件に反したため、30日間の電子監視を言い渡された者である。彼は、監視には違反しなかったが、開始後5日目で高度の酩酊により拘禁刑を科されている。そして、3人目は、DUI（飲酒運転）を犯したことにより、電子監視を科された者であるが、30日の監視を問題なく終えた（ただし、その後の情報はない）。つまり、3人のうち2人は、再び犯罪を行った（recidivated）のである[17]。

先ほど欧米での電子監視の（試験的な）開始時期にふれたが、電子監視（を含む社会内刑罰）は、試験的に実施してみて、うまくいったら全国的に展開させる。当然、再犯防止効果を期待して実施し調査するのであり、実施主体としては、成功率を気にしつつ対象者を選別するということを行う[18]。ところが、2001年にイギリスの内務省（Home Office）から出された、1996年に行われた外出禁止命令（Curfew Order）についての試験調査の結果は、電子監視対象者の電子監視終了後の再犯率は2年以内で73％であるとし（ほとんどが窃盗か暴力事案である。）、電子監視には再犯率を下げる効果はないとしてい

る[19]。

カナダで出された研究は、3つの地域において、電子監視を科された者の再犯率を拘禁刑や通常の保護観察を科された者の再犯率と比較したうえで、電子監視対象者の低い再犯率にもふれつつ、次のように述べている。「もし、再犯率を下げることが重要であるならば、サンクションではなくて、対象者への処遇 (treatment) が、もっとも見込みあるアプローチである。……実際に、電子監視の効果と処遇の効果を比較した研究が示したのは、処遇の方が再犯の減少を説明しているということなのである」。「そのうえ、電子監視対象者をプロベーション対象者と比べてみると、再犯率には遠いがない。……それゆえ、私達は、対象者の監督に電子監視を付すことには、刑法上の再犯にほとんど効果がないと結論づけてもよい」[20]。

別の論者は、拘禁に比べて電子監視による方が良い効果がでるとする。しかし、その効果にとって重要なファクターは、電子監視対象者が雇用されていること (employment) だと述べる。その理由として、働いている者にとっては、犯罪と関係のない生活をすることに大きな利害関心がある、拘禁されうるようなリスクのあることをしてしまうと仕事を失ってしまう危険性がある、そして働いていること自体が遵法的な生活を可能とさせるから、とする[21]。つまり、ここでも電子監視それ自体に効果があるとされているわけではないのである。

確かに、電子監視の使用によって拘禁刑を回避できる。しかし、犯罪等の反社会的行動をとる者の多くは、教育環境の問題、家族に関する問題そして経済的な問題を抱えている。そういった者達には、生活環境を整えることや雇用を確保するといった、社会復帰のためのサポートが必要なのであって、拘禁刑の回避だけでは解決にならないのである[22]。電子監視それ自体に何ら社会復帰の効果がないのは、実は当然ともいえる。

6．拘禁（刑）の回避

シュビッツゲーベルは、電子監視の目的として拘禁（刑）の回避を挙げていた。上述のように、電子監視それ自体の果たす効果が疑わしいとしても、拘禁刑を回避できるのだから、それはやはり必要ではないかという批判がありうる。だが、拘禁刑の回避となっているかは考える必要がある。

電子監視の法的位置づけを考えてみると、（通常の）保護観察と拘禁刑との

中間にあたる。繰り返しになるが、拘禁刑を軽い方向に転換するために、電子監視はある。問題は、軽い刑罰と重たい刑罰との間においた、中間的な刑罰が、量刑を軽くする方向で機能するかである。日本における窃盗罪への罰金刑の付加を例にして考えてみる[23]。

もともと窃盗罪の法定刑には、懲役刑しか用意されていなかったが、2006年の刑法の部分改正で、罰金刑を科すこともできるようになった。つまり、起訴猶予と懲役刑の中間領域を設けたわけである。このことから生じる運用については、二つ考えられる。一つ目は、従来では懲役刑が科せられていた者が罰金刑を科されるようになるということである。二つ目は、従来では起訴猶予（等）になっていた者が、罰金刑があるがゆえに起訴され、罰金刑を科されるということである。実際の結果はどちらになっているかというと、後者になっているとされている[24]。つまり、重たくする方向で機能してしまっているのである。

ここで分かる通り、中間的な刑罰が、拘禁刑を回避するという軽くする方向で機能することは期待しにくい。電子監視も同様であろう。実際上も、電子監視の導入によって、従来は拘禁刑対象者とされていなかった者も拘禁刑対象者（＝電子監視対象者）となり、電子監視を付されている[25]。つまり、当初の目的とは異なり、ネットワイドニング（統制網の拡大）が発生しているのである。ここでは、電子監視（のような中間的な刑罰）を設けることで、刑の宣告（量刑）が、全体的に底上げされてしまっている[26]。

また、電子監視による保護観察は、対象者を監視するという電子監視の性質のため、通常の保護観察に比べて厳格である。そのため、通常の保護観察に比べて違反率が高くなってしまう[27]。そして、その違反によって、拘禁（刑）を科されてしまうこともあわせて考えると、電子監視導入によってもたらされているのは、ただの厳罰化といえる。

結局、電子監視の導入が拘禁（刑）の回避となるわけではないのである[28]。以上で、シュビッツゲーベルの当初の二つの目的が共に達成されているかは非常に疑わしいことが判明した。

7．電子監視「それ自体」の問題点

そもそも、電子監視は何故正当化できるのだろうか。欧米では、一般的に、電子監視が拘禁刑の緩和となるからとされている。だが、このような正当化

論は、非常に疑わしい。たとえば、終身刑の代替刑として、終身刑よりかは軽いが、それなりの過酷さを有する身体刑（鞭打ち刑等）を考えてみる。おそらく、終身刑に賛成する立場であっても、この代替刑は受け入れられないであろう。何故ならば、（過酷な）身体刑が残虐な刑罰と考えられるからである。ここで分かるように、重たい方は正当化できるが、軽い方は正当化できないということはありうる。つまり、「制裁（sanction）は、それ自体の実体において正当化される必要があるのであって、単に、別の――たいていはより重たい――処罰（punishment）との比較だけでは、正当化できない[29]」のである。

電子監視も「それ自体」の正当性を検討する必要がある。以下では、電子監視それ自体の問題点を見てみることとする[30]。

対象者の居場所は、常に電子監視を実施する者達によって把握されている。そうだとすると、第4修正が禁じる不合理な捜索に該当する（アメリカ）、もしくは、基本法13条が禁じる住居の不可侵性に反する（ドイツ）。

電子監視は、犯罪者の監視を刑務所で行うだけではなく、社会にまで広げて行っている。監視は対象者の家にて行われるため対象者の家族が関わらざるをえない。そして、電子監視の実施が技術的な問題を含むことから民間企業が関与する。電子監視が刑罰として位置づけられている以上、国家以外の者（家族、民間企業）が刑罰を執行していることとなる。だが、このような刑罰の私事化・民営化が許されるか。

電子監視は、対象者の家で行われている。対象者は、拘禁刑の執行をされているという位置づけであるにもかかわらず、食費等の費用は、対象者やその家族が負担することになっている。そして、対象者の外出が時間的に制限されていることから、食料等の調達は、対象者の家族が行うことになる。また、対象者が電子監視の条件に違反してしまうと、対象者は拘禁刑を科されうる。そのため、対象者が自宅にいなければならない時間を家族が常に意識しなければならない。つまり、家族がいわば「看守」のような存在となってしまうのである。場合によっては、このような家族の心理的負担ゆえに、対象者自身も心理的負担を負うこととなる。

なお、対象者は、他にもさまざまな心理的負担を負う。たとえば、常時監視されていることや、行動を規制されているためである。そのことのストレスゆえに、家族ともめることも考えられる。場合によっては、対象者が家族に対して暴力等を振るってしまうことがありうるが、それが発覚してしまうと対象者が（電子監視の条件違反として）拘禁刑を科されてしまう。対象者の拘

禁を避けるために、家族は沈黙を守らざるをえない。

　もちろん、電子監視の実施は、対象者の同意と対象者の家族の同意が前提である。しかし、同意をしなければ、拘禁になってしまうのであり、そもそも、この「同意」は言語矛盾となっている、と。

　以上のように電子監視には、さまざまな問題点がある。こういった問題点を解消できなければ正当化は困難である。

8. 処遇との抵触──「信頼」の欠如

　電子監視について批判的な議論を展開してきた。それでも、欧米では根強く支持され続けている。その理由は次のようなものだろう。

　電子監視は、まず、拘禁刑を回避できる。拘禁刑を回避するためには、一般の人達に、対象者がそれなりの制裁を科されているということを示し、納得してもらう必要があるが、電子監視はそれを行うこともできる。そして、何より、電子監視を実施することにより、対象者の居場所を把握できるため、処遇を確保できる。

　このような理由は、それぞれ説得的ではある。ここでは、電子監視の問題点の最後の検討として、保護観察における処遇の確保という観点を考えてみたい。

　まず、電子監視を導入する際には、多くの変化がもたらされる。たとえば、イギリスでは、電子監視を導入する際に、保護観察官の強い反対にあった。その反対の理由は一つには、保護観察のソーシャルワーク的な従来のやり方と完全に矛盾するからであった（拘禁刑の回避にならないからともしている）。それに対し、イギリス政府は、電子監視を導入するのだが、そこでは、電子監視を保護観察官と切り離して民間企業にゆだねることとするとともに、保護観察をソーシャルワーク的なものから、社会内における制裁の執行のためのものとしてシフトさせることとした[31]。電子監視が監視の手段であることは否定できないため、それを保護観察官が行うことが適切なのかという問題がある。イギリスの保護観察官が反対した理由も分かる。だからこそ、電子監視の実施は民間企業によって行われる場合が一般的なのである。確かに、電子監視を伴っても保護観察であることにはかわりはないから、保護観察官が関与してもよい。しかし、保護観察がソーシャルワークから離れてしまっていることから、保護観察の位置づけが変わってしまっているし、さらに民

間企業がすでに参入しているため、民間企業でも保護観察を行えるということとなる。イギリスをはじめ欧米諸国において、電子監視導入とともに保護観察の領域で民営化が進んでいるのは、このような理由なのだろう。つまり、電子監視導入とともに、適切に処遇を行うべき実施主体が失われている危険性があるのである。

　もちろん、電子監視を導入しても適切に保護観察を実施する主体を確保できる場合もあるだろう。ところが、次の問題が発生する。電子監視があくまでも「機械」であることから、処遇と抵触するのである。

　イギリスの保護観察官が、電子監視導入に反対した理由は、もう一つには、電子監視の使用が対象者に対し支配的・抑圧的であるということである。それでは、まるで対象者を「もの」として扱っているようである、と[32]。そうだとすると、保護観察を実施する者と対象者との間に亀裂を生むこととなるだろう。ホイットフィールドは、電子監視があるがゆえに生じてしまう問題を次のように述べる。

　電子監視を伴って保護観察の仕事をすることが困難である、とする多くの保護観察官がいる。電子監視には柔軟性がなく (inflexible)、また、対象者にとっては「プラスになるように使われるという信頼 (trust) の要素がない」。そして、対象者に対して、指定された場所にいるかいないかという機械的なコントロールの期間をもたらしている。こういったことが、電子監視がはずれた後の期間を「より困難で、多くの場合、よりリスクのある」状態にしてしまうということで、彼ら保護観察官は不満を述べている、と[33]。

　電子監視は、対象者の居場所を正確に把握できる。当然ではあるが、実施する者も対象者もそれはよく分かっている。実施する者のスタンスがどのようなものであれ、「信頼していない」というメッセージとして対象者は受け取るだろう。そして、電子監視により対象者がいるかいないかということが分かるため、対象者にとっては、いるべき場所にいなかった場合にネガティブに扱われてしまう危険性を感じる（まさに支配されていると感じる）。実施する保護観察官としても、対象者が電子監視を、そして何より電子監視によって保護観察を実施する者達をどのように受けとめているかを分かっている。だからこそ、両者の関係性が（かろうじて）確保できているのは、電子監視を実施している期間だけであり、実施する者には、対象者が電子監視実施後に再犯しないという「信頼」が成り立たない。

　ホイットフィールドの議論を以上のように理解するならば、電子監視に

よる処遇の確保というのは物理的な意味に過ぎないこととなる。つまり、電子監視があることによって、対象者との信頼関係を築くことができないのである。このことについて、すでに佐藤幸治は、「信頼には裏切られる可能性がある。にもかかわらず相手が『道徳』に従って行動するであろうと期待し、相手の行動を監視しようとしないところに信頼関係が生まれる。したがって、不断に相手を監視し監視されるところでは信頼関係の生まれる余地はない[34]」として電子監視を批判していた。

確かに、処遇は常に少なからず有益であるかもしれない。電子監視を伴っても処遇は有益であると考える余地もある。だが、信頼が欠如しているがゆえに、上述のように処遇の効果を減殺してしまう可能性がある。そして、むしろ対象者の強い反発を招く可能性もあるのである。J.メイヤーは、電子監視における、機械を用いることによる非人間性にふれて次のように述べる。

電子監視装置は、幾多の方法で、対象者を「機械による被後見人 (wards of machines)」におとしめる。このことから、対象者が攻撃的になり、処遇に対して従順ではなくなる場合もある。そして、機械により拘束するという性質から、対象者の中には電子監視を挑発する敵対者とみなしてしまう場合があり、そこでは、それに打ち勝とうとする動機付けが与えられてしまうため、対象者の条件違反やそのことに基づく拘禁の可能性が増大する、と[35]。

このような議論に接すると、「電子監視による処遇の確保」という前提自体が、すでに疑わしいものであると言える。

9. おわりに

本稿の冒頭では、日本においても社会内処遇 (保護観察) の領域で電子監視を導入できるか、という問いかけをした。日本の保護観察の法的位置づけをかえさえすれば、適用できなくはないだろう[36]。しかし、日本の保護観察は伝統的に、保護観察官・保護司と対象者との間の情緒的な「信頼」によって成り立ってきた[37]。このことには、やはり理由があるものと思われる。そのような保護観察を電子監視導入によって抜本的にかえる必要があるだろうか[38]。電子監視による保護観察は、信頼の欠如ゆえに危ういものなのであるが。

以上の議論に対しては、電子監視導入によっても、保護観察をごく一部だけの変更に留めることはできるという批判はありうる。だが、電子監視の提唱者である、シュビッツゲーベル自身、部分的なものにとどまらない危険

性を認識していたし[39]、シュビッツゲーベルの論考に対するコメントを書いた論者も便利な技術の使用には歯止めがないことを批判していた[40]。つまり、当初から拡大する危険性は意識されていたのである。電子監視の有する、拘禁の回避と処遇の確保という理念自体は正当であることから、ひとたび刑事司法の領域で導入すると、拡大しつづけるだろう[41]。現に、欧米諸国ではそうなっている。そうだとすると、時間的なインターバルを長くとると、電子監視導入は保護観察を（そしてそれに付随する刑事司法システムを）抜本的にかえることになる。

　電子監視導入の可否は、どの領域にどれだけの限度で導入できるかという問題設定だけでは不十分である。それが拡大していき、変質していくことを前提にしたうえで検討すべきである。そのため、保護観察の領域における電子監視導入の可否は、まさに保護観察はどうあるべきかという理念的な問題に立ちいらざるをえない[42]。伝統的な保護観察が正しいのか否かはとりあえず措くとしても、その理念的な保護観察に電子監視が整合的に使用できるかという問題設定が必要なのである。

　少なくとも、「諸外国で行われているから」というのは、電子監視導入の理由とはなりえない。

（あまり・こうじ）

1　樋渡利秋「年頭にあたって」研修739号（2010年）5-6頁。
2　法制審議会被収容人員適正化方策に関する部会第4回会議議事録（平成19年2月5日）。同議事録は法務省のホームページでみることができる。
3　藤本哲也「海外の社会内処遇の変遷について」更生保護と犯罪予防152号（2010年）26頁。
4　なお、ここでは触れないが、対象者に対しモニタリングセンターから電話（等）をかけ、対象者の声紋をコンピューターで解析することにより、本人か否かを確認することによって、対象者が当該場所にいることを確認する、音声識別（Voice Verification）も広い意味では電子監視といえる。
5　時として電子監視がHome as PrisonやVirtual Prisonと（批判的に）表現されるのは以上のような意味である。
6　以下挙げるもののほか、（日本でいうところの）特別遵守事項としての使用も考えうるが、これは、遵守事項の法的性質からは、理論的には非常に困難であろう。川崎政宏「仮釈放における遵守事項の研究・法務省研究報告書第83巻第3号」（法務総合研究所、1997年）103-104頁。
7　川出敏裕「身柄拘束制度の在り方」ジュリスト1370号（2009年）116頁、福井厚編『未決拘禁改革の課題と展望』（日本評論社、2009年）295頁以下〔緑大輔〕、335-336頁

〔白取祐司〕。

8 網野光明「自由刑終了後の犯罪者の監視」犯罪と非行153号（2007年）135頁以下、白井京「韓国における性犯罪者の再犯防止対策」外国の立法234号（2007年）200頁以下、末道康之「再犯者処遇に関するフランスの新動向」南山法学30巻2号（2007年）93頁以下。

9 Richard G Fox, Dr Schwitzgebel's Machine Revisited：Electronic Monitoring of Offenders, *Australian and New Zealand Journal of Criminology*, Vol.20 (1987), 131. ラブは、自分のアイデアをいくつかの会社に「売り込む」ことにした。いくつかの会社に断られつつも、足首につける、たばこの箱くらいの電波発信装置をつくってもらっている。

10 シュビッツゲーベルの論考は非常に多くあるが、以下の議論は、Ralf K. Schwitzgebel, Issues in the Use of an Electronic Rehabilitation System with Chronic Recidivists, *Law and Society Review*, Vol.3 (1969), 597ff. による。

11 Dick Whitfield, *The Magic Bracelet*, 2001, 10f.

12 Robert Lilly, From an American Point of View, in: Markus Mayer et al. eds., *Will Electronic Monitoring Have a Future in Europe?*, 2003, 266, 川出敏裕「電子監視」ジュリスト1358号（2008年）116-117頁は、アメリカでの電子監視対象者を約15万人とする。ロバート＝リリイは、このような電子監視の拡大に寄与しているのは、（電子監視を導入することによってもたらされる）政治的・ビジネス的な便益の追求であるとする。Lilly, *op.cit.*, 273ff.

13 George Mair, Electronic Monitoring in England and Wales, *Criminal Justice*, Vol.5 (2005), 263f.は、電子監視の導入がアメリカに倣ったものであるにもかかわらず、（アメリカと異なり）イギリスでは刑務所の深刻な過剰収容状況になかったことや（アメリカでの一般的な使用方法ではなかった）保釈の条件として導入したことを批判する。

14 Whitfield, *op.cit.*, 35ff.

15 Mike Nellis, Electronic Monitoring and the Community Supervision of Offenders, in：Anthony Bottoms et.al. eds., *Alternatives to Prison*, 2004, 240.

16 以上の記述は、すべてWhitfield, *op.cit.*による。

17 William D. Burrell et al., From B. F. Skinner to Spiderman to Martha Stewart, in: Dan Phillips ed., *Probation and Parole*, 2009, 97f.

18 George F. Cole et.al., *Criminal Justice in America*, 6th ed, 2009, 339が分かりやすい。

19 Darren Sugg et.al., *Electronic Monitoring and Offending Behaviour*, Home Office Research Findings 141 (2001).また、Burrell et.al, *op.cit.*, 101は、アメリカにおいてなされた連邦主導の調査（1997年）にふれており、そこでも電子監視に何ら再犯防止の効果がないとされている。

20 James Bonta et.al., Can Electronic Monitoring Make a Difference?, *Crime & Delinquency*, Vol.46 (2000), 72.

21 Kevin E. Courtright et.al., Rehabilitation in the New Machine?, *International Journal of Offender Therapy and Comparative Criminology*, Vol.44 (2000), 307.

22 電子監視の実施により対象者の再犯率を下げることに成功している国として、一般にスウェーデンが挙げられる。だが、成功要因として強調されているのは、徹底したサポートである。The Swedish National Council for Crime Prevention, *Extended Use*

of Electronic Tagging in Sweden, 2007, 12ff. さらに、土井政和「世界の刑事思潮から見た更生保護の将来」『更生保護の課題と展望』(日本更生保護協会、1999年)538頁も参照。欧米では、スウェーデンが電子監視実施国の模範とされているが、対象者の犯した犯罪類型(飲酒運転等の拘禁刑対象とするのが疑わしいものが多く含まれる。)、処遇にあたる担当者の数、そして何よりもかかっている予算額が他の国とは完全に異なっている点に注意が必要である。

23 さらに、死刑と無期懲役との間に「終身刑」を設けるという場合も以下と同様の議論となる。

24 小島透「統計データから見た罰金刑等運用の実態と問題点」刑法雑誌49巻1号(2009年)22頁以下。

25 Stephen Mainprize, Electronic Monitoring in Corrections, *Canadian Journal of Criminology*, Vol.34 (1992), 164ff.; Karl F. Schumann, Widening the Net of Formal Control by Inventing Electronic Monitored Home Confinement as an Additional Punishment, in: Mayer et.al. eds., *op.cit.*(Fn.12), 191ff.

26 拘禁刑対象者の中には、当然ではあるが、電子監視にはならず、(従来通り)拘禁を言い渡される者達がいる。さらなる問題は、電子監視導入によって、そういった者達に対する拘禁刑の長さも従来より増大してしまうことである。

27 Dennis J. Palumbo et al., From Net Widening to Intermediate Sanctions, in: James M. Byrne et.al. eds., *Smart Sentencing*, 1992, 237ff.

28 このような議論は、当然、早期釈放者(仮釈放者)についても妥当する議論であろう。

29 Andrew von Hirsch, Ethics of Community-Based Sanctions, *Crime & Delinquency*, Vol.36 (1990), 165.

30 以下の問題点については、Amanda George. Home as Prison, *Law Institute Journal*, Vol.75 (2001), 21; Anita Gibbs et.al., The Electronic Ball and Chain?, *Australian and New Zealand Journal of Criminology*, Vol. 36 (2003), 1ff.; *Matthias Krahl*, Der Elektronish Überwachte Hausarrest, NStZ 1997, 460f.; Sam S. Souryal, *Ethics in Criminal Justice*, 4th ed., 2007, 454ff. ; Whitfield, *op.cit.*, 82ff, 105ff.

31 George Mair, Technology and the Future of Community Penalties, in: Anthony Bottoms et.al. eds., *Community Penalties*, 2001, 170ff.; Mike Nellis, Electronic Monitoring and Social Work in England, in: Mayer et.al. eds., *op.cit.*(Fn.12), 211ff.

32 Mair, *op.cit.*(Fn.31), 170f.

33 Dick Whitfield, *Electronic Monitoring: Ethics, Politics and Practice*, 2007. 同ペーパーは、2007年5月にオランダで行われたCEP(ヨーロッパ保護観察協議会)のカンファレンスにて配布されたものである。

34 佐藤幸治『現代国家と人権』(有斐閣、2008年)272-273頁〔初出は1970年である〕。

35 Jon'a F. Meyer, Home Confinement with Electronic Monitoring, in: Gail A. Caputo, *Intermediate Sanctions in Corrections*, 2004, 119.

36 つまり、保護観察を刑罰化するということである。いわば、「社会内処遇の社会内刑罰化」(この表現は、斎藤司・龍谷法学43巻1号(2010年)75頁による。)といえる。

37 たとえば、峪口基寛「保護観察官に期待する」更生保護と犯罪予防150号(2008年)4頁は、更生保護法に再犯防止が明確に規定されたとしても、やはり大切なのは保護観察対象者との信頼関係であるとする。

38 電子監視を実施しつつ、アルコールやドラッグの反応テストを定期的に行い、そし

て就労支援や学業支援を徹底的に行い、そのために対象者の家に週数回訪問するのが正しい保護観察であり、それを行うのがプロフェッショナルな保護観察官であると考えるのは、もちろん、論者の自由ではある。
39　興味深いことに、シュビッツゲーベルは、電子監視の使用をパロールの一部に限定しようとしていた。
40　Bernard Beck, Commentary, *Law and Society Review*, Vol.3 (1969), 612f.
41　拡大を阻止する方法としては、7で述べた電子監視「それ自体」の正当化論をクリアーして、積極的に使用可能性を根拠づけることである。しかし、それは非常に困難であると思われる。
42　松本勝「保護観察って、なんですか」犯罪と非行155号（2008年）175頁も参照。

※　本稿は、龍谷法学43巻1号（2010年）129頁以下に掲載したものを加筆・訂正したうえで、タイトルをかえたものである。

第8章 被疑者・被告人に対する非拘禁的措置

斎藤　司（龍谷大学法学部准教授）

1. はじめに

　未決拘禁は、被疑者・被告人の「人身の自由」を奪う措置であるが、それは刑事手続の確保という目的によって正当化される。しかし、近年、未決拘禁が侵害しているのは彼／彼女の「人身の自由」にとどまらないことが主張されている。すなわち、不安定雇用の拡大やそれ自体の崩壊、住宅保障を含む社会保障の後退が相まって、貧困にとどまらない、家族、友人、住居、仕事、社会的役割、社会的支援、社会保障といった社会的関係性をトータルに奪われるというプロセスや結果としての「社会的排除」を受けている者が、未決拘禁によってさらに「社会的排除」されるというのである[1]。この指摘を踏まえれば、未決拘禁は、「人身の自由」という自由権の側面だけでなく、社会的包摂（ソーシャル・インクルージョン）という社会権の側面からも検討が求められている。社会的排除という害悪を最小化するという観点からも、未決拘禁は検討されなければならない。そのためには、未決拘禁の要件や手続を厳格にするための検討（未決拘禁を用いるか否かという検討）だけでなく、他の緩やかな措置（非拘禁的措置）の内容やその導入の可否などという検討（未決拘禁の目的とされてきた逃亡の防止や証拠隠滅の防止をどのように達成するかという検討）も必要となる。

　さて、この被疑者・被告人の非拘禁的措置自体については、保釈要件や手続の改正、起訴前保釈の導入といった保釈に関する議論は多く行われてきている。これに加えて、近年、保釈以外の拘禁の代替手段の導入に関する議論や具体的な改革提案が示されている。後述するように、逃亡や証拠隠滅の防止という目的のために他のより緩やかな措置を導入すべきこと自体には争いはないように思われる。争いがあるのは、具体的にどのような措置を導入

すべきか、それに伴いどのような手続や制度を構想すべきかという点にある。前者は、未決拘禁に比べ人身の自由に対する侵害は「より緩やか」であるが、他の権利については同程度あるいはそれ以上に侵害しうる措置（電子監視など）を導入すべきかどうか、後者は、現在の身体拘束に関する要件や手続、さらには現在の実務への影響（たとえば取調べ）などが問題となる。本稿の対象である「被疑者・被告人の非拘禁的措置」を論じる際には、これらの問題に関する検討が重要であるといえる。

　以上のような問題意識のもと、本稿では、上述した近年の具体的提案をそれをめぐる議論を整理しながら、人身の自由に対する侵害を可能な限り回避するだけでなく、社会的排除を可能な限り回避するという観点も踏まえつつ、保釈やそれ以外の制度を含めて、あるべき被疑者・被告人の非拘禁的措置のあり方について検討する。

2．被疑者・被告人の非拘禁的措置としての保釈の現状と改革

(1) 刑事手続における未決拘禁および保釈の現状

　まず、現行刑訴法が認めている非拘禁的措置である保釈について検討しよう。保釈については、その運用状況や制度的不備が批判的な意味で指摘されることが少なくない。この両者は密接に関連することから、まずは運用状況に関する議論を概観・検討したうえで、制度に関する議論を検討対象とすることにしたい。

　日本における保釈の運用状況については、保釈率が低調であること、その保釈率自体が年々低下していることが批判されている。このような批判は、上記の保釈の運用状況が、権利保釈の除外事由（刑訴法89条）を原則的に適用し、否認や黙秘をしている被告人を罪証隠滅を理由に保釈を認めず（同条4号）、さらには被疑者・被告人の身体を人質にとってその争う権利を奪う「人質司法」の定着を示すものであるとする。これに加えて、この見解は、保釈だけでなく、日本の実務における身体拘束のあり方をも批判の対象としている。たとえば、勾留請求の却下率が低い、すなわち勾留に関する判断が安易になされていると評価できる状況であるにもかかわらず、保釈の運用が低調であることも指摘されている。このように、安易な身体拘束が行われ、それが取調べに活用され自白が強要されていることに加え、保釈もその解決に役

立っていないことやそれを支える検察や裁判所の考え方が問題だと批判されているのである[2]。同様の観点から、裁判例においても、被告人による否認、黙秘、関係者との供述の不一致や弁解の曖昧さ、検察官請求書への不同意などを理由としてかなり緩やかに罪証隠滅の危険が認定されているとする指摘がある[3]。

　もっとも、このような「人質司法」批判に対しては反論が存在する。すなわち、否認などは保釈の判断における一資料にすぎず、あくまで罪証隠滅の危険が認められ、裁量保釈も適当でないと判断されているからこそ保釈が許可されていないという反論である[4]。さらに、この見解は、保釈率の原因として、国選弁護人選任率が上昇していることからすれば経済的余裕のない被告人が増えていると推認されること、保釈率がそもそも非常に低い要通訳外国人被告事件が増加していること、同じく保釈率が低い薬物事件などが増加していること、保釈保証金が高額化していること、犯罪の組織化や悪質巧妙化に伴う事案の複雑化を挙げる。このようにこの見解は、保釈に対する裁判所の考え以外の要因が保釈率の低下などに大きく影響しているとする。もっとも、この見解は、保釈に対する裁判所の考え（保釈基準）が有する保釈率低下への影響自体を否定しているわけではない。具体的には、否認事件における保釈率が低下していることから、あくまで罪証隠滅の危険の主観的可能性を判断する一資料にすぎない被告人の供述態度に関する判断基準が類型化、抽象化している可能性が指摘されている。さらに、いわゆる精密司法を背景として、保釈の許否を判断する裁判官が幅広い事実を罪証隠滅の対象として考慮していることも挙げられている。

　このように保釈を含めた身体拘束のあり方については、いくつかの評価が存在する。もっとも、ここでの争点は、実務が「人質司法」の考えによって支配されているかどうかであって、いずれの見解も日本における身体拘束や保釈の現状を全面的に肯定しているわけではない。それゆえ、現在の議論は、保釈を積極化すべきことを前提に、どのような根拠に基づいて、どの程度保釈を積極化するかという方向で進められているといえる。

(2)　保釈をめぐる議論——保釈の積極化傾向とその問題点

　裁判員制度の成立とそれに伴う公判前整理手続の創設によって、勾留や保釈に関する裁判官の判断が変化しつつあることが、現在指摘されている。たとえば、「勾留されにくくなった」とか「保釈がされやすくなった」との実感

があり、裁判官の考えや方針が変化したのではないかという指摘がある[5]。

このような変化の契機とされているのが、先にも引用した松本論文である。同論文は、刑事司法改革のなかで、公判中心主義の理念に基づき連日的開廷の確保が求められていることから、「被告人・弁護人側の訴訟活動の準備のためには、保釈による身体拘束からの解放が可能な限り認められるべきであり、保釈の運用の見直しは不可避」であるとする。そして、このような保釈の必要性に加えて、裁判員裁判に伴う、いわゆる精密司法から核心司法への移行によって罪証隠滅の対象となる事実が限定され罪証隠滅の余地が相対的に減少すること、公判中心主義の要請から、従来は保釈の判断で重要視されていた捜査段階における供述（供述調書）の公判における重要性が低下することも挙げる。さらに、公判前整理手続において早期に争点整理・証拠決定がなされることから、罪証隠滅の対象が限定され、罪証隠滅の客観的可能性が減少することも挙げる。以上のことから、低調な保釈の原因となってきた刑訴法89条4号の要件については、「その該当性の有無・程度、裁量保釈の可否をより具体的、実質的に判断することが重要」と主張している。この松本論文の影響は、他の裁判官の論文からも読み取れるところである[6]。

以上のように、身体拘束の可否や保釈に関する判断は現在変化しつつあるといえる[7]。この傾向自体は、「はじめに」で示した視点からみても好ましいものであるが、問題がないわけではない。まず、保釈を認めた近年の裁判例は、刑訴法89条4号要件を理由に権利保釈を否定したうえで、防御活動の必要性などを主たる理由に裁量保釈を認めたものが少なくない[8]。現に、重大事件であることを理由に罪証隠滅の相当な理由を否定できないとしつつ、証人が第三者的立場であること、前科がないこと、身上関係が安定していることなどの事情をもとに裁量保釈の判断を支持した裁判例[9]も存在する。このような傾向は、裁判員裁判のために防御活動を十分に確保すべきという政策的観点から裁量段階で保釈の許否を判断したものであって、別の政策的観点からの転換が要求されることになれば、容易に変化することになろう[10]。また、このような政策的観点は基本的に公判前整理手続に付された事件のみを対象とすることになる。しかし、上述したような未決拘禁のもたらす弊害などからすれば、このような事件による区別自体が平等性を欠くものであり許されないというべきである。さらに、近年の傾向は、裁判官の保釈の判断の「対象」が公判前整理手続などにより個別・具体化されているというものであり、保釈（特に証拠隠滅の可能性）に関する裁判官の考え方が変化したと

はいえない。近年の保釈率の上昇にも関わらず保釈取消率は上昇していないことからすれば、これまでの実務は過度に厳格に保釈の判断をしていたことになる[11]。このような裁判官の考え方自体を適正にコントロールする必要もあるのではないか。

以上のことからすれば、保釈の積極化を政策的観点の転換に委ねるという方法には限界がありそうである。保釈をより実効的に活用するためには、被疑者・被告人の権利という観点から保釈を検討する必要がある。

(3) 保釈及び非拘禁的措置に関する法的規範

保釈に関する検討視角である被疑者・被告人の権利の具体的内容を確認しておこう。未決拘禁や保釈、さらには後に検討する非拘禁的措置に関する法的規範としては以下の諸原則が挙げられる。まず、無罪推定原則（自由権規約14条2項、憲法31条、国連被拘禁者保護原則36条）、同原則および人身の自由を踏まえた「身体不拘束の原則」が挙げられる（ヨーロッパ人権条約5条3項、自由権規約9条3項、憲法31条、33条、34条など）。これらの諸原則によって、無罪を推定される被疑者・被告人の人身の自由を剝奪することは例外的なものであり極小化されなければならないということが要請されることになる[12]。

さらに、自由権規約9条3項、国際法曹委員会デリー宣言（1959年）、国際刑法学会ハンブルク決議（1979年）、国連被拘禁者保護原則（1988年）36、東京ルールズ（1990年）6.2、犯罪防止と犯罪者処遇に関する第8回国連会議による「未決拘禁に関する決議」などは、保釈やその他の手段が逮捕段階から可能な限り利用されるべきであることを要請している（身体拘束の最終手段性）[13]。

以上のように、憲法だけでなく、国際人権法によっても、身体拘束が例外化・極小化されたうえで、逃亡および証拠隠滅の防止などの目的が保釈を含む他の処分によって達成されなければならないことが要請されている。これらの法的規範の要請に加え、（すでに解決されつつあるが）過剰収容状態の解消という現状も踏まえて、保釈制度の改革や他の非拘禁的措置の導入が現在議論されている。

以下では、これらの規範を前提に、非拘禁的措置の導入の可否とそれに伴う具体的な問題について検討を進めることにする。まずは、起訴前保釈の導入と保釈要件の改正という保釈制度の改革について検討しよう。

(4) 起訴前保釈の導入

　起訴前保釈の導入については、すでに多くの肯定的な見解が示されている[14]。これらの見解は、最大20日の起訴前の勾留期間自体は決して短いものではなく、身体拘束の代替手段が存在しないことは上記の法規範の要請に抵触しうること[15]、起訴前と起訴後の勾留の目的に差はなく、起訴前勾留の期間においては捜査を行うための期間という性格をもっているが、それが当然に身体を利用した捜査ができることを保障するものではないこと[16]、公判前整理手続における綿密な打ち合わせの必要性などをその根拠として挙げている[17]。

　このように起訴前保釈の導入自体については、すでにほぼ一致があるといえる状況にある。もっとも、従来の運用との関係では、「逮捕・勾留中の被疑者には取調べのための出頭滞留義務があるという、現在の実務でとられている解釈を前提とすると、保釈されたからといってその義務が生じないことにはならないであろうから、取調べのための出頭に関する手続を定める必要が生じるものと思われる」とか「起訴前の勾留期間自体の見直しも検討の対象となってくるであろう」との指摘がある[18]。

　しかし、このような指摘は妥当なものとは思われない。第1に、取調べとの関係については、上記のような法改正を行うことには疑問がある。まず、そもそも取調べ受忍義務否定説を前提とする立場からは、取調べ受忍義務肯定説を前提とした法改正は許されるべきではないということになろう[19]。出頭義務を課すのみであるとしても、その出頭の目的は取調べ以外には考えにくいことからすれば、やはり憲法38条などとの関係で問題であろう。

　次に、上記のような提案は、保釈がなされた場合にも「勾留の効力」は観念的に継続するという通説の理解を前提としていると思われる[20]。しかし、その立場を前提としても保釈の場合に継続している「勾留の効力」によって取調べ受忍義務が生じるかがさらに検討されなければならない。受忍義務肯定説によれば、刑訴法198条1項但書にいう「逮捕又は勾留されている場合」に取調べ受忍義務が生じることになる。この点、刑訴法80条、81条、82条、87条、88条、95条のように現に身体を拘束されている被疑者・被告人を前提としている規定は、「勾留されている被告人」との文言を用いている。これに対し、現に保釈されている被疑者・被告人を前提としている規定（刑訴法96条、98条）は単に「被告人」とするのみである。このことからすれば、刑訴法198条1項但書にいう「逮捕又は勾留されている場合」とは「現に逮捕・勾留されている場合」と解すべきであり[21]、保釈において継続している「勾留

の効力」と実際に勾留されている場合における「勾留の効力」とは異なると解すべきである。そして、保釈や勾留の執行停止の取消などの場合の収容手続を定めた刑訴法98条1項が、収容の際に勾留状謄本を提示すべきとしていることからすれば、刑訴法は保釈されている者を「勾留の効力」で当然に収容できるとは考えていない。さらに、同条が、保釈の取消決定の謄本とあわせて収容すべきとしていることからすれば、保釈において維持されている勾留の効力とは、保釈条件の賦課や保釈取消事由違反による保釈取消の可能性の存在に尽きるというべきである。以上のように、現行刑訴法においては、保釈の場合に維持されている「勾留の効力」からは取調べ受忍義務は生じえない。

さらに、保釈の場合に継続している「勾留の効力」によって仮に取調べ受忍義務が生じるとしても疑問が残る。この理解を貫けば、取調べのみを目的とする「勾留の効力」が存在することになる。しかし、このことは勾留の直接の目的として取調べを認めることになり、刑訴法60条1項各号の規定と矛盾することになる。さらに、被疑者に対して保釈の維持と引き換えに取調べ受忍義務を課すことは、後述するような当事者主義の訴訟の理念やセルフ・インクリミネイション禁止の精神に反することになろう[22]。その意味では、憲法38条とも抵触することになる。

第2に、起訴前の勾留期間の見直しについても疑問がある。この指摘は、起訴前の勾留期間を長期化すべきことを示唆するものであろう。しかし、そもそも起訴前および起訴後における勾留期間は被疑者・被告人に対する捜査のための期間でないとする見解によれば、保釈されているか否かは、捜査とは無関係だということになろう。また、仮に勾留期間を捜査のための期間であるとする見解に立ったとしても、起訴前保釈を認めることと勾留期間の見直しは直接には関連しないということになろう。勾留期間の延長の提案は、保釈によって捜査に支障が生じるということを懸念したものであろう。だが、保釈という不必要な勾留からの解放によって捜査に支障が生じるのは、現在の捜査実務が不必要な身体拘束を利用して取調べや捜査を行っているからであろう。そうであれば、その捜査実務こそが、身体不拘束の原則などに鑑みて改められるべきである。

(5) 保釈要件の改正

保釈要件との関係では、特に刑訴法89条4号にいう罪証隠滅要件が問題

とされている。この点、罪証隠滅要件は削除されるべきとの見解が根強く主張されている[23]。この見解は、罪証隠滅防止を目的とする未決拘禁自体を批判している。その理由としては、当事者主義の訴訟の理念やセルフ・インクリミネイション禁止の精神に反すること、罪証隠滅の危険は他の者にも認められるのにもかかわらず被疑者・被告人のみが拘禁を甘受しなければならない理由はないこと、身体不拘束の原則に反すること、積極的実体的真実主義（必罰主義）との親和性があることが挙げられている[24]。

これらを前提に、刑訴法89条4号は削除されるべきとされている。その理由としては、防御活動と罪証隠滅とは明確に区別しがたいことから、罪証隠滅防止を目的とする保釈保証金による経済的威嚇は、公判廷出頭確保の目的に比べその実効性は劣ることが挙げられている。この見解は、このような罪証隠滅防止の性質から、罪証隠滅防止の目的は、保釈保証金による経済的威嚇ではなく、身体拘束によって達成されがちとなり、身体不拘束の原則によれば原則とされるべき権利保釈が例外化すると指摘する[25]。それゆえ、刑訴法89条4号は、身体不拘束の原則に反するということになり、削除されるべきということになる。

このような見解については、すでに詳細な検討がなされている[26]。まず、身体不拘束の原則からは、身体拘束の「極小化」という規範は導出できたとしても、罪証隠滅要件それ自体の否定を導出できるかが疑問視されている。身体拘束の極小化に沿った要件の設定は可能であると思われるからである。積極的実体的真実主義との関係についても、同様の批判が当てはまることになろう。また、被疑者・被告人のみに拘禁が許されるのも、被疑者・被告人には罪証隠滅行為の類型的な危険性が存在するという批判が示されている。セルフ・インクリミネイション禁止との関係についても、「自発的行為ではなく他の強制として身体拘束を行うことは、被疑者・被告人側に負罪証明を強いるに等しく、人格の尊厳を奪う側面」が存在することは否定できないとした上で、日本の刑事訴訟法においては証拠保全（真実発見）という価値が当事者主義に対して優先されており、当事者である被告人の個人の尊厳への侵害を正当化しているとの指摘がなされている。これらに加えて、罪証隠滅要件を削除したとしても、令状審査の実質化が実現しない限り他の要件を弛緩して解釈されるという問題が発生する可能性があることも指摘される。それゆえ、実質的な令状審査を担保する制度をいかに実効的に機能させるか、という問題からアプローチすべきとされている[27]。

司法に対する罪があることからも分かるようにやはり司法作用に対する妨害は許されないというべきである。司法に対する罪を犯す蓋然性が具体的証拠によって認定される場合には、正当な権利行使の範囲を超えていることを理由に未決拘禁も許されると解される[28]。しかし、刑訴法において証拠保全（真実発見）という価値が当事者主義に優先される部分があるといっても、憲法の要請である被疑者・被告人の主体性の保障やセルフ・インクリミネイション禁止に反することは許されないはずである。これらの要請との関係では、やはり罪証隠滅要件は矛盾を含んでおり、安易な未決拘禁につながりやすい部分を有するのは明らかである。

このように考えると、問題は罪証隠滅要件それ自体ではなく、罪証隠滅要件の緩やかさや認定方法にあるというべきである。とするならば、正当な権利行使を害さず、被疑者・被告人の主体性保障やセルフ・インクリミネイション禁止に反しない限りにおける証拠保全の要請によって罪証隠滅要件は正当化されると解すべきである。それゆえ、身体不拘束の原則が要求する身体拘束の極小化・例外化、さらには当事者主義やセルフ・インクリミネイション禁止の理念を前提として、罪証隠滅要件の解釈や設定を見直し、さらに実質的に令状審査を担保する制度を構築する必要がある。

この点、ヨーロッパ人権裁判所の解釈を踏まえつつ、具体的な罪証隠滅要件の提案や罪証隠滅要件の削除が提案されている[29]。この見解は、罪証隠滅要件は、否認や黙秘、証人への接触行為などの被疑者・被告人の防御権行使と抵触する可能性があるとしつつ、有罪証拠を隠匿・破壊する行為や罪体証人への脅迫行為は、裁判手続を阻害する行為であることから、そのような行為を阻止するために未決拘禁が正当化される余地があるとする。そして、現在の罪証隠滅の危険の緩やかな解釈・運用を明確に否定する意味でも、89条4号の要件を「司法運営を妨げる客観的な危険」と改正する必要があるとする。日弁連の提案[30]でも、89条4号を「司法権の行使を妨げる客観的な危険が具体的な証拠によって認められるとき」とか「被告人が自らの有罪証拠を隠滅すると推定するに十分な理由があることが具体的な証拠によって認められるとき」と改正すべきとされる。このような見解は多くの賛同を得ているように思われる。

このような提案については、その内容は罪証隠滅と同様であり、主眼は具体的な証拠に基づいて客観的に認定されるべきことにあるから、実務の運用で実現されるとする指摘がある[31]。しかし、上記の提案は、まさに（身体不拘

束の原則を内容とする)無罪推定原則を前提に、特定可能な具体的危険に基づき罪証隠滅要件を認定すべきであり[32]、さらに当事者主義やセルフ・インクリミネイション禁止の理念を踏まえて、否認や黙秘を含む防御権行使を理由とする未決拘禁を禁止するというものである。そして、身体不拘束の原則からは、保釈が原則であるにもかかわらず、例外的に身体拘束の継続を主張する側に証明責任を負わせる意味も存在すると思われる。上述したように、実務の運用がこれに沿わない以上、上記のような法改正がなされるべきと考える。そのためには、要件の改正だけでなく、後述するように、それを担保する手続も改正されるべきであろう。

(6) 勾留質問段階からの保釈の必要性

上述した法規範からすれば、現行の保釈の問題点は勾留されたことを前提としていることにもある。身体不拘束の原則や身体拘束の最終手段性からすれば、被疑者・被告人は可能な限り不必要な身体拘束から解放されなければならない。現行法のように「とりあえず一度勾留してから保釈する」という制度は、これに抵触する可能性を有することになる。その「とりあえずの勾留」がその後の保釈によって回避される可能性は否定できないからである。

このように考えると、身体拘束の可否を判断する段階から保釈が考慮される制度が必要となってくる。現行法に引きつけていえば、逮捕された被疑者が裁判官の面前に引致され勾留質問を受ける段階から保釈の許否の判断が認められるべきことになろう。

3. 保釈以外の非拘禁的措置の導入とその問題点

(1) 保釈以外の非拘禁的措置を導入する必要性とその問題点

ここまでは、現行法で認められている保釈をベースとして、非拘禁的措置に関する検討を行ってきた。以下では、保釈以外の非拘禁的措置について検討を加えることにする。

保釈を含めた被疑者・被告人の非拘禁的措置の根拠となる法規範は上述したとおりである。これを前提として現行法をみると、保釈の要件や手続、起訴前保釈の欠落以外にも問題点を確認できる。現行法は非拘禁的措置として保釈のみが予定されているため、「身体拘束か否か」という選択肢しか用意されていない。このような制度の現状が保釈の消極的な運用につながってい

ると評価することも可能である。身体不拘束の原則や身体拘束の最終手段性からすれば、身体拘束を極小化・例外化し、最終手段として位置づけるため、身体拘束を避けるための方策が十分に用意されなければならないだろう。

　もっとも、保釈以外の非拘禁的措置を実際に導入しようとする場合、いくつかの検討すべき問題が予想される。第1に、「身体拘束か否か」という選択肢を解消するため、中間的な措置を保釈以外に用意することが、いわゆるネット・ワイドニングを生むのではないかという問題である。とくに、今まで未決拘禁を受けなかったであろうケースにおいて非拘禁的措置を受けることが問題視されうることになろう。第2に、人身の自由に対する侵害はないが、他の重要な権利を侵害しうる非拘禁的措置を導入することは許されるのかという問題である。たとえば、電子監視などがこれに当たるだろう。以下、これらの点に留意しながら、検討を進めることにしたい。

(2) 保釈以外の非拘禁的措置の具体的内容

　保釈以外の非拘禁的措置については、すでに日弁連から具体的提案が示されている[33]。以下では、その提案を概観しながら検討を進める。

　日弁連は、「出頭等確保措置」として、①住居の制限、②罪証隠滅や証人威迫の禁止、③②のための一定の範囲への立ち入り制限、④公判への出頭、⑤裁判所などへの定期的な出頭あるいは連絡、⑥自宅などへの在宅の義務づけ、⑦一定の範囲への立ち入り制限を課すことが提案されている（④～⑦については、現在の保釈よりも厳しい措置になるとの理由で、保証金納付との併科はできないとされている）。

　この出頭等確保措置の目的は、現行法の勾留と同様に、公判への出頭確保と罪証隠滅防止を目的とする。また、現行制度を大きく変容させないことを優先し、逮捕前置主義も維持されることが前提となっている。

　さらに、この出頭等確保措置の要件は、勾留要件と同一であるとされ、そのうえで出頭等確保措置でその目的を達成できる場合には勾留できないとされている。これは、ネット・ワイドニング防止を理由としているとされる。具体的には、上述のような具体的な勾留要件への改正を前提とすれば、「これまで勾留要件がないと判断されていた事案について、新たに勾留要件＝出頭等確保措置の要件があると判断されることは、理論上はあり得ないことになる」とされている。これに加えて、このような制度の導入により、出頭等確保措置では不十分であり勾留が必要だということを裁判官が説明すること

が必要となるとされている。

そして、被疑者・被告人の経済事情により措置が受けられないという事態を回避する必要性に鑑みて、保釈より厳しい条件だが保証金納付の必要ない措置の導入（上記のうち⑤の措置）や裁判官が課した条件に違反した場合も直ちに勾留で対応するのではなく、保証金の増額、条件の追加により対応すべきことが提案されている。このような保釈以外の非拘禁的措置の導入自体については、賛成する意見が多い。上記の措置内容以外には、夜間外出禁止や保証金のない保釈の提案などが挙げられている[34]。もっとも、その具体的な実現方法としては、これらの内容を取り込む形で保釈の条件を柔軟化することによるという方法も提案されている[35]。

日弁連が提案する非拘禁的措置の導入は、身体不拘束の原則などからみて必要であると考える。これに対し、保釈条件の柔軟化による対応を提案する見解は、現在の保釈制度、すなわち被疑者・被告人を勾留することを前提した制度を想定しているといえる。しかし、その具体的内容としては、上述したように勾留することを前提としない非拘禁的措置が創設されるべきである。保釈条件の柔軟化による対応では、勾留が前提となり、例外的に非拘禁的措置が用いられる危険性が残ることになる。非拘禁的措置が多様化しただけに「とりあえずの勾留」が増加する可能性は否定できないであろう。そのような状況は、身体不拘束の原則などからみて妥当とは思われない。

次に、逮捕を、勾留について判断する裁判官の面前への引致（仮の拘束）と理解する限りにおいては、逮捕前置主義は維持されるべきと考える。これに対し、実務などで支持されているように、逮捕を、その後の施設収容（施設留置）を伴う引致として理解するのであれば、後に非拘禁的措置が認められる可能性があるにも関わらず身体拘束（逮捕勾留）が継続されることになり、身体不拘束の原則などに反するということになろう[36]。

さらに、ネット・ワイドニングとの関係についても、日弁連の提案は基本的に妥当と思われる。他の非拘禁的措置自体も権利侵害処分であること、それらの措置は未決拘禁の目的を達成する「代替手段」であることに鑑みれば、「緩やかな処分」という側面のみを重視した濫用は許されない。それゆえ、他の非拘禁的措置も必要最小限度に抑制されなければならず、その要件も勾留要件と同一にされる必要がある。さらに、逃亡や罪証隠滅の具体的な危険性が客観的な証拠により認定された場合には、まず他の非拘禁的措置によって防止することが可能かどうかが具体的に検討され、それでは防止が不可能

な場合にのみ勾留が用いられるべきである。その意味では、日弁連案がいうように、裁判官は勾留を用いる場合には説明責任を負うことになる。もっとも、その説明責任は日弁連の提案がいうような事実上のものにとどめられるべきものではない。後述するように、保釈を含む非拘禁的措置や勾留の可否の判断は、公正かつ対審的に構成され、さらにその処分の基礎とされた証拠資料がすべて弁護側に開示されるという手続に基づいてなされるべきである。その意味では、裁判官の説明責任は法的に義務づけられるべきであろう。

(3) 非拘禁的措置・保釈条件としての電子監視

　被疑者・被告人の非拘禁的措置導入に関して大きな対立が生じるであろう論点が、非拘禁的措置あるいは保釈条件として電子監視を導入すべきかという問題である。この点、現在、保釈条件として電子監視を導入することの可否が主に議論されている。

　電子監視の導入については、根強い批判がある。たとえば、罪証隠滅防止を目的とする電子監視について、「施設収容でない分、行動の自由が広がり、より制限的でないという見方もあろう。しかし、終始の監視によって対象者の行動を追跡することは、それ自体国家によるプライバシー侵害を孕むし、ひいては性格・思想の掌握にもつながり得る点で、自由に対する大きな萎縮効果を有する。また、拘禁の目的以外の目的への流用の危険も懸念される」との指摘がある。他方で、この見解は、出頭確保を目的とする電子監視について、出頭確保について実効性も予想され、「罪証隠滅防止と異なり常時の監視は不要であると考えることもできるから、施設収容より制約的でない電子監視を想定することも全く不可能でない」としながらも、「監視されることの精神的圧迫と、その結果としての自由に対する萎縮効果を軽視することはできない」として、無罪推定を前提とすれば自由を何ら制約されない状態をスタンダードとする以上、制約される自由の質・程度に着目しながら最大限の自由を確保すべき、とする。結局、出頭確保を目的とする電子監視についても、保釈金という経済的自由に対する制約が実効性をもっている以上、その制約以上の制約を課すことは許されないとする[37]。

　これに対しては、夜間外出禁止と組み合わせた形で、未決拘禁の代替手段として利用することについて、「罪証隠滅を防止することは難しいが、逃亡の防止という点では一定の効果が認められるであろう」[38]とする見解が示されている。

さらに、特別なケアが必要な被疑者については、家庭で「拘禁」するという形での対応も可能となり、電子監視は、自由推定原則からみても望ましい、とする見解も示されている。この見解は、「電子監視については、自由を推定するという原則に照らし、身体拘束対象事件を減少させる限りにおいて、「手続確保の処分」に次ぐ代替手段として導入することは許容しうるのではないか」としつつも、ネット・ワイドニングの危険に配慮して、「従前施設収容されていた類型の罪種で採用されるべきであり、また、要件判断に際しては勾留同様に具体的事実に基づいて判断がなされるべきであろう」、とする。さらに、上述の反対論について、「実際に社会生活上の様々な人間関係を断つことになる物理的な施設収容と、社会生活上の人間関係を維持しうる電子監視を比較した場合などの被疑者・被告人にとっては、電子監視のほうが自由の保障が相対的には満たされていることになるように思われる」ことから、勾留の執行を最小化する政策的手段として取りうるオプションであるとする[39]。

　確かに、他の権利侵害と比較して、電子監視が無罪推定に反するということに関する明確な理由は示されていない。また、非拘禁的措置として、保証金以上の制約が許されないと断言することもできないといえる。他方で、一定の効果があるという理由や電子監視の方が自由の保障が相対的に満たされるという理由から、直ちに電子監視は許容しうるといえるかについても疑問が残る。非拘禁的措置・保釈条件としての電子監視導入の可否については、刑事手続上の処分として許容できるかどうか、特に刑事手続に関する憲法上の諸規定という明確な基盤を設定しつつ、その権利侵害性や未決拘禁との比較を行うことが必要であろう。

　まず、未決拘禁が人身の自由を侵害する処分であるのに対し、電子監視は精神的自由やプライバシー権を侵害する強制処分であるといえる。これらの強制処分によって侵害される諸権利は、いずれも憲法上保障されたものであり、その優劣はつけられない。それゆえ、電子監視は未決拘禁の「より緩やかな代替措置」ではないが、「同程度の権利侵害性を有する代替措置」であるとの理解が可能であるように思われる。諸外国において対象者の同意が電子監視の要件とされているのは、「同程度の権利侵害性を有する」未決拘禁と電子監視を選択させるという意味を付与されているのかもしれない。

　いずれにせよ、電子監視は未決拘禁と同程度の権利侵害性を有する「強制処分」として把握されるべきである[40]。このような理解を前提とすれば、電

子監視は、少なくとも他の非拘禁的措置と同列ではなく、あくまで他の非拘禁的措置ではその目的を達成することができない場合に、電子監視または未決拘禁の使用が検討されるべきことになろう。

　問題は、このような強制処分としての電子監視が許容されるかである。上述のように、電子監視がプライバシー侵害の側面を有するのであれば、憲法35条と矛盾しないかが問題となる。たとえば、「正当な理由」との関係では、(固定方式であれGPS方式であれ) 位置情報というプライバシーに関する情報が常に当該事件と関連性を有するか、令状審査の際に特定できるかについては疑問が残る。特にGPS方式の場合、対象となっている犯罪と関連性のない日常生活に関する情報が把握されることからすれば、無差別捜索に当たりうるということになろう。このこととも関連して、電子監視は目的外の権利侵害を常に伴うことになる。さらに、逃亡や罪証隠滅の危険が存在するという一般的・類型的な理由しか存在しないという批判も可能であるように思われる。これに加えて、「物・場所の明示」との関係でも、特にGPS方式の場合、対象となる場所の明示は不可能であろう。このように強制処分としての電子監視 (特にGPS方式) は、憲法35条とは整合しない部分を有するといえる。

　他方で、憲法35条で想定されている強制処分と電子監視とでは、証拠保全を目的とするか逃亡や罪証隠滅などの防止を目的とするかで異なる。逃亡や罪証隠滅防止という目的を達成するために、プライバシー権などの侵害を行う点に電子監視の特徴があるといえる。このように考えると、位置情報の把握という権利侵害を逃亡防止のために必要な程度に限定することが可能なのかなどの問題が指摘できよう。少なくとも、逃亡・罪証隠滅防止という目的の関係では、位置情報は把握された時点で「目的外の情報」になるはずである。情報の取り扱いや管理との関係でも、憲法 (たとえば13条) との緊張関係は大きいというべきであろう。さらに、電子監視は罪証隠滅防止という目的との関係ではそれほど機能しないという見解が多いようである。他方で日本においては、保釈要件との関係では罪証隠滅要件が多用されていると言われる。そうすると、電子監視の導入の必要性自体にも疑問が生じる。

　「未決拘禁と電子監視とを選択させる」ことに加えて、以上のような多様な問題性を正当化するという意味でも、多くの立法例で、電子監視は対象者の同意を要件としているのかもしれない。しかし、強制処分を対象者に選択させることが現在の刑訴法の体系に整合するのかという問題に加えて、同意によって上記のような問題性が除去されることになるのかという問題が存在

することになろう。さらに、未決拘禁と同程度の権利侵害性を有する電子監視を保釈条件として位置づけてよいのかも問題として残ることになろう。

これに加えて、すでに電子監視について指摘されているように、拘禁の私事化・民営化という問題、家族の看守化（憲法18条）、電子監視によってもたらされる心理的負担、そもそも有効な「同意」はありうるのかといった問題を挙げることができよう[41]。

以上のことから、保釈条件や非拘禁的措置としての電子監視（特にGPS方式）の導入には慎重な態度をとるべきである。

4．非拘禁的措置を実質化させるための基盤整備

(1) 手続的保障

以上のように、保釈を含めた非拘禁的措置の内容、その要件について検討を加えてきた。最後に、これらの非拘禁的措置を実効的なものにするための基盤の整備について若干の検討を加えたい。

非拘禁的措置を実効的なものとするためには、非拘禁的措置や未決拘禁の可否を判断するための手続が十分に整備される必要がある。

まず、逮捕された者が、裁判官の面前に引致され勾留質問を受ける手続が整備されなければならない。この点、裁判官の面前の引致の機会に、逮捕の適法性と合わせて、継続的拘禁としての勾留の理由・必要性について判断する勾留質問は、自由権規約9条4項にいう審問手続であると同時に、同条4項にいう拘禁継続の適法性を審査する手続でもあるとして、後述の勾留審査の手続保障（公正かつ対審で、武器対等が保障された手続）を認めるべきとする見解がある。具体的には、勾留審査における弁護人の立ち会い権や身体拘束の根拠となった証拠資料の事前全面開示が認められるべきとされる。さらに、この見解は、自由権規約9条3項の文言やそこで保障される身体の自由の保障と無罪推定の趣旨を根拠に、保釈を受ける権利は、逮捕された被疑者が裁判官の面前に引致された際に行われる勾留質問の時点から保障されるべきとする[42]。このような手続保障がなされた勾留質問において、まず保釈を含めた非拘禁的措置の可否が検討され、それでは目的を達成しえないことが具体的に根拠づけられる場合にのみ勾留の判断がなされるべきである。

次に、勾留がなされるべきと判断された場合、勾留から解放されるための手続が整備されなければならない。この点、すでに別稿で示したように、憲

法32条と結びついた憲法34条や自由権規約9条3項の内容から、現行法は、身体拘束からの解放を目的とした勾留理由開示制度を要求していると解すべきである。具体的には、身体を拘束された者が、その身体拘束の適法性について実効的な検討を受けるための勾留理由開示制度である。そして、その手続は、公正かつ対審で、武器対等が保障されたものでなければならず、弁護人の立ち会い権や身体拘束の根拠となった証拠資料の事前全面開示が認められなければならない[43]。

このように非拘禁的措置や未決拘禁を判断し、あるいはその適法性を争う手続を保障することは、一定程度以上の権利侵害を受ける者の意見表明権の保障（手続の公正性の保障）という観点だけでなく、これらの措置を課す要件に関する裁判官の判断の実質化・具体化という観点からも重要である。非拘禁的措置を課す理由や必要性、それでは目的を達成できず未決拘禁が必要である理由に関する証拠開示を伴った裁判官の具体的説明や、これに対する被疑者・被告人側の意見表明・反論がなされることによって、抽象的な可能性による非拘禁的措置や未決拘禁の賦課は困難となる。さらに、その結果、ネット・ワイドニングの防止にも資することになろう。その意味では、これらの手続の保障は、無罪推定原則・身体不拘束の原則、拘禁の最終手段性からも要求されるというべきである。

(2) 社会的援助による拘禁短縮・回避

「はじめに」で述べたように、「社会的排除」を受けている者が、未決拘禁によってさらに「社会的排除」されるという現状に鑑みれば、「社会的排除」を生む未決拘禁を最小化するだけでなく、未決拘禁の原因ともなりうる「社会的排除」を最小化することも必要となる。この点、すでに別稿で指摘したように、未決拘禁を最小化することを目的とした「社会的援助」（住居の提供、職場の提供、一般社会の社会保障制度への仲介、薬物やアルコールなどに関する自助グループへの仲介など）が提供されるべきである。より具体的には、被疑者・被告人に関する住居、家庭環境、就労状況、コミュニティなどに関する情報について調査（ニーズの把握）を行い、これに関するアセスメントを基にこれらの社会的援助が提供されるべきである。このような社会的援助は、無罪推定などを根拠に、身体拘束によってもたらされる弊害を最小化する国家の義務として、対象となる被疑者・被告人の同意を前提に提供されることになる[44]。

未決拘禁による弊害を最小化するという目的に鑑みるならば、この社会的

援助は、非拘禁的措置や未決拘禁を行うか否かを判断する勾留質問の段階から提供されるべきである[45]。さらに、非拘禁的措置や未決拘禁後の勾留理由開示（勾留審査）の段階においても、同様に社会的援助が提供されるべきである。このような裁判所での手続においては迅速性が要求されるため、たとえば保護観察官などによる簡易な調査やアセスメントに基づく迅速な社会的援助が提供されるべきことになろう（裁判所ベースの社会的援助）。

　これに対し、勾留された場合は、刑事施設が福祉機関や民間団体・ボランティアと連携・協働しながら、上記の意味での社会的援助が提供されるべきである。そして、その成果は、勾留理由開示（勾留審査）において提供されるべきである（施設ベースの社会的援助）。

　このような社会的援助の提供の意味は、被疑者・被告人に関する詳細な情報に基づいた非拘禁的措置や未決拘禁に関する裁判官の判断を可能とすることだけにあるのではない。その情報やその評価に基づいた社会的援助の提供によって、身体拘束の最小化を目的とした福祉面での努力を基盤として未決拘禁の判断が行われることにも重要な意味がある。そして、このような社会的援助は、財力に乏しい者だけでなく、身体障がい者や知的障がい者、さらには精神障がい者に対しても、その特性を考慮した社会的援助が提供されるべきである（たとえば、仲介する機関・担当者や制度、提供される住居・施設など）。もっとも、この点に関しては、これらの障がいがあるかどうかの判断基準や主体、取調べなどの捜査のあり方との関係がさらに検討されるべきであろう[46]。

　また、このように収集された情報や社会的援助の成果は、検察官による公訴提起の判断、さらには量刑の判断に関しても活用されることも十分考慮されるべきであろう（後掲の図も参照）。充実した量刑の判断については判決前調査の活用が主張され、近年、判決前調査の可否が議論されつつある。この判決前調査は、これまで充実した量刑判断のみを目的として考慮されてきた。他方で、本稿の提案は、被疑者・被告人にどのようなニーズが存在し、どのような援助が必要なのかを調査するという、福祉的性格を帯びた調査が構想されるべきである、というものである。この提案においては、調査だけでなく、その結果の活用も重要な意味を有する。当該調査結果は、充実した量刑に活用されるだけでなく、それ以前の段階、すなわち身体拘束そのものやその継続の可否、公訴提起の判断、公判手続進行の可否などについても、この調査結果を基にした社会的援助が行われた結果も含めて活用されるべきである。以上のような「福祉的観点からのダイバージョン」は、被疑者・被告人

の身体拘束を回避するという側面からも重要な意味を有する。

5．むすび

　未決拘禁は、最小化・例外化されるべきである。このこと自体については争いはないであろう。争いがあるのは、その具体的内容や実現方法である。この点については、本稿では、対象となる被疑者・被告人の利益・権利、意見を踏まえた公正な手続によって実現されるべきあって、それによってコントロールされた身体拘束が最小化・例外化された身体拘束を意味する、ということを示した。そして、非拘禁的措置の導入についても同様の指摘を行った。これに加え、「社会的排除」を最小化するという観点からは、国家は、非拘禁的措置や未決拘禁の原因となる「社会的排除」を最小化する義務を果たしたうえで、非拘禁的措置や未決拘禁を用いるかどうかを判断すべきである。本稿では、このことを踏まえて、非拘禁的措置や未決拘禁からの解放を目的とした社会的援助が提供されるべきことを示した。

　身体不拘束の原則や拘禁の最終手段性を踏まえても、非拘禁的措置の導入は直ちに検討されるべき課題である。その導入は、法改正を経ずとも導入可能なものも存在する。たとえば、保釈の例外要件の厳格な認定、保釈保証金のない保釈として勾留執行停止を活用すること、勾留審査や勾留理由開示で最大限弁護人を関与させ、勾留の基礎となる証拠開示を行うこと、被収容者処遇法39条に基づいて未決拘禁における社会的援助を提供すること、などである。まずは、これらの実現が早急に目指されるべきである。もっとも、本稿で検討したように、法改正を経ない改革には限界がある。人身の自由だけでなく、他の諸権利の侵害を最小化し、さらに社会的排除を最小化することを前提とした、非拘禁的措置の導入や未決拘禁制度の改革が目指されるべきである。

（さいとう・つかさ）

図 身体拘束の回避・短縮を目的とする社会的援助に関するイメージ

第8章 被疑者・被告人に対する非拘禁的措置

手続	援助・支援の内容	手続上の効果や帰結
逮捕前	①一般福祉による援助・支援 ②更生保護や地域生活定着支援センター ③弁護士の関与	・任意同行による取調べへの付き添い ・逮捕の必要性なしの主張による逮捕の回避（刑訴法199条2項但書、刑訴規則143条の3）
逮捕・最大72時間	①簡易なケースマネジメント 逮捕者の状況や課題の概要の把握 →アセスメントによるニーズの把握 →ニーズ解決のためのサービスや社会資源の利用を示す支援計画作成とその実行 ②主体 ソーシャルワーカー、弁護士、帰住地の行政機関、児童相談所、知的障害者更生相談所、発達障害者支援センター、福祉機関職員、精神科医など	・微罪処分による手続からの解放 ・検察官に対する不起訴処分への働きかけ ・心神耗弱・喪失の主張 ・取調への付き添い・立ち会い
勾留質問	①勾留質問への弁護人の立会、勾留の基礎となっている証拠の事前全面開示 ②保護観察官などを通した、上記の情報・計画、その成果の提示（裁判官、検察官、被疑者・被告人側へ） ③非拘禁的措置の可否に関する検討 ④勾留に関する検討	・勾留請求却下 ・非拘禁的措置の判断 ・勾留の判断
勾留・20日	①上記の計画の成果や情報等の勾留を判断する裁判官への提供 ②勾留段階でのケースマネジメントの継続 ③主体 施設がコーディネイトしながら、ソーシャルワーカー、弁護士、帰住地の行政機関、児童相談書、知的障害者更生相談所、発達障害者支援センター、福祉機関職員、精神科医などの関与	・勾留中の社会的援助に基づく非拘禁的措置への移行、保釈、勾留の取消、勾留の執行停止 ・検察官に対する不起訴処分への働きかけ ・取調への付き添い・立ち会い

（逮捕前→逮捕：情報等の引継）
（逮捕→勾留質問：情報・計画・成果の提供）
（勾留質問→勾留：情報・計画・成果の提供）

1 葛野尋之「勾留回避・保釈のための社会的援助」立命館法学321・322号（2009年）152頁、葛野尋之「保釈決定手続の改革と保釈促進のための社会的援助」福井厚編『未決拘禁改革の課題と展望』（日本評論社、2009年）53頁以下を参照。この「社会的排除」については、福原宏幸編『社会的排除／包摂と社会政策』（法律文化社、2007年）、岩田正美『社会的排除——参加の欠如・不確かな帰属』（有斐閣、2008年）、日本犯罪社会学会編『犯罪からの社会復帰とソーシャル・インクルージョン』（現代人文社、2009年）など。
2 藪下紀一「保釈——弁護の立場から」三井誠ほか編『新刑事手続Ⅱ』（悠々社、2002年）265頁以下など。
3 長沼範良「裁判例に見る『罪証隠滅のおそれ』」季刊刑事弁護2号（1995年）100頁など。
4 松本芳希「裁判員裁判と保釈の運用について」ジュリスト1313号（2006年）128頁。
5 特集「裁判所は変わりつつあるのか——無罪・勾留却下ラッシュ？」季刊刑事弁護58号（2009年）14頁以下など。
6 長瀬敬昭「被告人の身体拘束に関する問題（1）（2）」判例タイムズ1300号（2009年）68頁、1301号（2009）105頁以下、角田正紀「公判前整理手続の運用について」『新しい時代の刑事裁判（原田國男判事退官記念論文集）』（判例タイムズ社、2010年）120頁以下など。
7 このような傾向を示していると考えられる裁判例としては、東京地決2009（平22）年6月22日判例タイムズ1331号102頁（この判断について刑訴法411条を準用すべきとまでは認められないとするものとして最決2009（平22）年7月2日判例タイムズ1331号93頁）、東京高決2009（平22）年10月4日（LEX/DB25464332）。
8 田淵浩二「変化の兆しはある」季刊刑事弁護48号（2006年）81頁。
9 前掲注7）東京地決平22・6・22においても被害者に対する威迫行為の「可能性がなお残っていると考えられる」として、抽象的な罪証隠滅行為の可能性を認定している。さらに同様の判断を示すものとして東京地決2009（平22）年4月7日判例タイムズ1322号283頁。
10 石田倫識「保釈法制の改革課題」自由と正義59巻2号（2008年）12頁以下。
11 川出敏裕「身柄拘束制度の在り方」ジュリスト1370号（2009年）114頁。
12 豊崎七絵「未決拘禁は何のためにあるか——未決拘禁制度の抜本的改革を展望するための基本的視角」刑事立法研究会編『代用監獄・拘置所改革のゆくえ』（現代人文社、2005年）7頁以下、豊崎七絵「『身体不拘束の原則』の意義」福井厚編『未決拘禁改革の課題と展望』（日本評論社、2009年）19頁以下。
13 これらの法規範に関する検討については、葛野尋之『刑事手続と刑事拘禁』（現代人文社、2007年）39頁以下、水谷規男「未決拘禁の代替手段」刑事立法研究会編『代用監獄・拘置所改革のゆくえ』（現代人文社、2005年）92頁以下、同「未決拘禁の代替処分」福井厚編『未決拘禁改革の課題と展望』（日本評論社、2009年）37頁以下、石田倫識「保釈」刑事立法研究会編『代用監獄・拘置所改革のゆくえ』（現代人文社、2005年）113頁以下。さらに日本弁護士連合会「勾留・保釈制度の改革に関する緊急提言」（2007年9月14日）(http://www.nichibenren.or.jp/ja/opinion/report/data/070914_3.pdf)など。
14 前掲注12）および13）で挙げる文献を参照。
15 石田・前掲注13）127頁以下に加え、2007年5月18日拷問等禁止条約に基づく拷問禁止委員会最終見解15f(http://www.mofa.go.jp/mofaj/gaiko/gomon/pdfs/kenkai.pdf)、

2008年10月30日自由権規約委員会による最終見解パラグラフ18(http://www.mofa.go.jp/mofaj/gaiko/kiyaku/pdfs/jiyu_kenkai.pdf)

16 川出・前掲注11) 114頁。
17 日本弁護士連合会・前掲注13) 3頁以下。
18 川出・前掲注11) 115頁。
19 この点の対立が「当面解消できないのであれば、たとえば「正当の理由のない」不出頭を保釈取消理由に含めるという妥協が必要かもしれない」とするものとして、後藤昭「未決拘禁法の基本問題」福井厚編『未決拘禁改革の課題と展望』(日本評論社、2009年) 10頁以下。
20 たとえば、田宮裕『刑事訴訟法 (新版)』(有斐閣、1996年) 257頁など。
21 松尾浩也監修『条解刑事訴訟法第4版』(弘文堂、2009年) 177頁。
22 平野龍一「刑事手続における人身の保障」同『捜査と人権』(有斐閣、1981年) 23頁(初出1960年)。
23 豊崎・前掲注12)「身体不拘束の原則」27頁以下。さらに、中川孝博「裁判員制度と刑事司法改革の課題」法律時報77巻4号 (2005年) 31頁以下、三島聡『刑事法への招待』(現代人文社、2004年) 28頁以下、鹿島秀樹「保釈制度の問題点とその改善方法」季刊刑事弁護51号 (2007年) 108頁以下など。
24 豊崎・前掲注12)「未決拘禁は何のためにあるか」12頁以下。さらにこれを踏まえて詳細な検討を行うものとして、緑大輔「逮捕・勾留の目的と意見陳述保障」福田雅章先生古稀祝賀論文集『刑事法における人権の諸相』(成文堂、2010年) 375頁以下。
25 豊崎・前掲注12)「身体不拘束の原則」27頁以下。
26 緑大輔「逮捕・勾留の目的と意見陳述保障」福田雅章先生古稀祝賀論文集『刑事法における人権の諸相』(成文堂、2010年) 375頁以下。
27 緑・前掲注26) 379頁。
28 村岡啓一「第34条」憲法の刑事手続研究会『憲法的刑事手続』(日本評論社、1997年) 297頁以下、石田・前掲注10) 19頁。
29 石田・前掲注13) 128頁。
30 日本弁護士連合会・前掲注13) 5頁以下。
31 川出・前掲注11) 115頁。
32 後藤・前掲注19) 10頁など。
33 日本弁護士連合会「出頭等確保措置導入についての提言」(2009年7月16日) (http://www.nichibenren.or.jp/ja/opinion/report/data/090716_2.pdf)、さらに水野英樹「出頭等確保措置に関する提言について」自由と正義60巻11号 (2009年) 134頁以下。
34 葛野・前掲注1)「勾留回避・保釈のための社会的援助」209頁以下は、現行法においては、刑訴法95条にいう勾留の執行停止を保釈金の支払いのない実質上の保釈として運用すべきと提案する。
35 川出・前掲注11) 116頁。
36 この点、斎藤司「刑事被収容者処遇法と逮捕留置」愛媛法学会雑誌35巻1 = 2 = 3 = 4号 (2009年) 179頁以下を参照。
37 豊崎・前掲注12)「身体不拘束の原則」31頁以下。
38 川出・前掲注11) 116頁。電子監視の詳細については、川出敏裕「電子監視」ジュリスト1358号 (2008年) 116頁以下も参照。
39 緑・前掲注26) 383頁。

40 「電気通信事業における個人情報保護に関するガイドライン」は、「電気通信事業者は、あらかじめ本人の同意を得ないで、……利用目的の達成に必要な範囲を超えて、個人情報を取り扱わないものとする」（6条1項）とし、さらに「電気通信事業者は、利用者の同意がある場合、裁判官の発付した令状に従う場合その他違法性阻却事由がある場合を除いては、位置情報（移動体端末を所持する者の位置を示す情報であって、発信者情報でないものをいう）を他人に提供しないものとする」（26条）とする。また、位置情報について、検証令状や捜索差押え令状の請求があり得ると国会答弁されている（第156回衆院個人情報保護特別委員会議録3号（平成15年4月15日）32頁以下（栗本政府参考人発言））。これらは、あくまで証拠としての位置情報の収集に関する見解であり、電子監視という手続確保を目的とする処分とは性質は異なる。しかし、個人の権利への侵害である点では同一であることからすれば、これらの見解を前提としても、電子監視は強制処分であると理解すべきであろう。
41 甘利航司「電子監視と保護観察の在り方」龍谷法学43巻1号（2010年）140頁以下。
42 葛野尋之「勾留決定・審査手続の対審化と国際人権法」国際人権法21号（2010年）8頁、さらに緑・前掲注26）385頁以下。
43 斎藤司「強制処分と証拠開示」法政研究76巻4号（2010年）897頁以下、さらに葛野・前掲注41）7頁以下、緑・前掲注26）387頁以下。
44 斎藤司「未決拘禁における社会的援助」福士厚編『未決拘禁改革の課題と展望』（日本評論社、2009年）201頁、葛野・前掲注34）152頁。
45 葛野・前掲注1）「勾留回避・保釈のための社会的援助」。
46 この点に関する重要な文献として、浜井浩一＝村井敏邦編『発達障害と司法』（現代人文社、2010年）、内田扶喜子＝谷村慎介＝原田和明＝水藤昌彦『罪を犯した知的障がいのある人の弁護と支援』（現代人文社、2011年）。さらに取調べとの関係については、京明「傷つきやすい（vulnerable）被疑者の取調べ」法律時報83巻2号（2011年）29頁以下。

※本稿は、平成22年度厚生労働科学研究（障害保健福祉総合研究事業）「触法・被疑者となった高齢・障害者への支援の研究（田島班）」の成果でもある。

第9章 少年の立ち直りと「社会参加」
処遇論の視座

佐々木光明（神戸学院大学法学部教授）

1. はじめに

　「ピラミッドの沈黙は破られた」として[1]、刑事司法制度の見直しをめぐる刑事立法がこの十数年の間に繰り返され、「犯罪と刑罰」に関する基本的な認識やそのあり方にも大きな影響を与えてきた。犯罪をした者や非行のある少年が社会復帰をしていく過程での支援・援助に関する「社会内処遇」においても同様で、「再犯の防止」が目的規定に加えられた2007年の「更生保護法（平成19年法律88号）」の制定はその大きな動きのなかの一つであった[2]。目的規定に関しては、旧法である犯罪者予防更生法の主たる目的は改善更生にあると理解されてきたが、保護観察中の者による事件が相次いだことを機に2006年に法務大臣の下に設置された「更生保護のあり方を考える有識者会議」で、社会防衛としての再犯防止の観点は無視できないと強調された点が背景にある[3]。こうした更生保護立法の大きな動きのなかで、法制審議会「被収容者人員適正化方策に関する部会」の答申（2010年2月）を受けて、政府は刑事施設の収容人員の適正化、再犯の防止等の点から、「刑の一部執行猶予制度」と「保護観察の一内容としていわゆる社会貢献活動を行う」新たな制度の法改正案を第179回国会に提起、2011年12月に参議院を通過し衆議院での継続審議扱いとなっている。社会貢献活動に関する立法形式は、「刑法等の一部を改正する法律案（閣法第一三号）」の更生保護法改正部分で、保護観察にかかわる第51条第2項中「特別遵守事項」の下に新たに、「六　善良な社会の一員としての意識の涵（かん）養及び規範意識の向上に資する地域社会の利益の増進に寄与する社会的活動を一定の時間行うこと。」を加えるものとなっている。

　なかでも、本法案における保護観察対象者の個別性に応じて付される特別遵守事項としての「社会貢献活動」は、少年（1号観察、2号観察）に適用され

ることを排除していない。むしろ、「規範意識の向上」「善良な社会の一員としての意識の涵養」といった効果期待から、少年に対する先行実施が懸念される。しかし、少年に対する保護観察は、保護処分の趣旨をふまえ、「その者の健全な育成を期して実施されなければならない」(更生保護法49条2項)とされており、少年法の健全育成の理念のもとで、少年のニーズ等を考慮した教育的福祉的観点から実施されるべきことを求めている。これまで、少年の社会参加活動は、すでに立ち直り支援すなわち対象少年との関係をつくりつつ更生をはかる処遇として、保護観察のなかで実施されてきてもいる。

特別遵守事項としての「社会貢献活動」、いわば強制力を持ったそれは、これまで実務現場で経験を積み重ねてきた社会参加活動の延長に位置づけることができるのだろうか。少年の非行からの立ち直りの過程における「社会参加」活動は、保護観察だけではなく少年の保護手続きの様々な領域でも、非強制的な環境整備を周到に行いつつ実施されてきている。法案における「社会貢献活動」は、あらたな制裁的要素を含むだけに、少年に対する立ち直りへの援助・支援の基本的なあり方や「処遇」の概念に少なからず影響をもたらすものである。

少年の立ち直り援助・支援のあり方の観点から、特別遵守事項としての「社会貢献活動」を少年へ適用することの問題を検討することとしたい。

2.「社会奉仕・社会貢献」論と「強い処遇」

(1) 「社会奉仕」制度論議の脈絡

「刑事司法の領域で今世紀最大の発明」と称されたイギリスの「社会奉仕命令」については、世界に波及し日本でも多くの研究が積み重ねられてきている[4]。社会への有益な活動を命じる社会奉仕命令について、日本における制度論としては、1990年に設けられた法制審議会「財産刑検討小委員会」において罰金未納者の労役場の代替策としての社会奉仕命令の導入等について、ひとわたり議論が行われている。導入については、ボランティア意識が未熟で受け入れ体制が不十分、社会内処遇よりも過酷なものになりうる、実施コストの高さ等の慎重意見により見送りになっている[5]。

また、2005年には「国民の期待に応える社会内処遇の実現」のためとして「更生保護のあり方を考える有識者会議」が設置され、その検討課題のなかの一つとして、「新制度の導入を視野に入れた保護観察制度の問題と課題の

抽出」があげられている[6]。しかし、検討しながらも、制度化に進まなかった背景には、「社会奉仕命令」の性格をめぐって、刑罰とのかかわりで理論的な整合性を詰め切れなかったことがある。

　そして、2006年7月26日、法制審議会は「被収容人員の適正化を図るとともに、犯罪者の再犯防止及び社会復帰を促進するという観点から、社会奉仕を義務づける制度の導入の当否、中間処遇のあり方及び保釈のあり方など刑事施設に収容しないで行う処遇のあり方等についてご意見を承りたい」との諮問（77号）を受け、同日に「被収容人員適正化方策に関する部会」を設置した。諮問事項には、「社会奉仕を義務づける制度の導入の当否」が入っている。部会名称が示すように、過剰収容対策の文脈のなかで対応可能な制度構想の一つとしてあげられたものだが、「適正化」の射程を広くし刑罰制度論に枠を拡げてもいる。時間的経過のなかで、2010年2月24日の法務大臣への答申時には、もはや過剰収容といった事情にはないなかで、社会奉仕命令制度を再犯防止に強く引きつけながら、刑罰論の理論的整合性と抵触しない範囲、社会復帰処遇の枠組みで導いた制度構想の答申、法案となっている[7]。

　なお、同時期、2008年には「犯罪に強い社会の実現のための行動計画2008——『世界一安全な国、日本』の復活を目指して」（犯罪対策閣僚会議）が示され、再犯を防止するために効果的な新たな施策の検討の項目中で「社会内処遇の一環として社会奉仕に従事させる制度」が規定されている。

　こうした治安政策、新たな制裁論の大きな枠組みの動きのなかで、社会防衛の色合いを強くし、再犯防止を強調する更生保護法が制定されている[8]。

(2)　「処遇」観の変容

　更生保護法制定と今回の社会貢献活動導入提案とのあいだに共通する変化が見て取れる。更生保護法の1条1項の法文は「……犯罪をした者非行のある少年に対し、社会内において適切な処遇を行うことにより、再び犯罪をすることを防ぎ……」と定め、その文言中に「処遇」の用語が新たに規定されている。旧・犯罪者執行猶予法のなかには特に規定がなく、「対象者の改善更生を助ける」などとされていた。処遇の用語は施設処遇、社会内処遇のように多様に用いられるが、目的に上下関係的な要素が入りかねないことを避けたとも推察される。こうした点からも、更生保護の理念の変化が読み取れる[9]。

　今回提起されている、社会貢献活動を特別遵守事項とすることについても、

保護観察官は、規範意識の涵養・向上のために「地域社会の利益の増進に寄与する」ことを義務として行わせつつ、その意義を説くことになる。ここで行われる「処遇」は、旧法下での「改善更生」を支援する処遇に比して、法の強い意志を体現するものである。「強い処遇」は、新たな更生保護法制と一体的なものといえるだろう。ケースワークとしての処遇から、「強い処遇」へのパラダイムシフトは、厳罰化の流れとともに、実務運用への不安の裏返しなのかもしれない。

　また、更生保護の目的の達成のために、国の責務（同法2条1項）とともに国民についても「その地位と能力に応じた寄与をするよう務めねばならない」（同法2条3項）と半義務的な表現とされ、新法の性格の一面を示すものだろう。

　用語法の観点からは、社会奉仕と社会貢献の選択も同様の文脈で捉えられるように思われる。

　被収容人員適正化方策に関する部会審議の当初は「社会奉仕活動」とされていたものが、参考試案（2009年2月）の段階では「社会貢献活動」にかわり、第21回の部会審議のなかでもその印象論等をはじめ、質疑の対象になっている。

　しかし十分な検討がされたわけではない。記録を見る限りでは、「社会の利益の増進に寄与するという、奉仕、貢献するという側面、あるいはその中にはもしかするとしょく罪という要素が入ってくるかもしれませんが、そういう面がこの制度には不可欠」、社会教育法や保護司法の用語法を例に、特別遵守事項にしていることもあって「ボランタリーに行う社会奉仕という用語は必ずしも適当ではない」、褒章条例を例に「日本で社会奉仕といえば、かなり道徳的なものと結びついているので、（略）自ら進んでという要件も入っています。そういう副作用を取り去った社会貢献という用語が、（略）ベターではないか」といった状況である[10]。

　「社会奉仕」か「社会貢献」かの議論からは、制裁性を下地に持っていることを十分に認識しつつ、感覚的に「地域社会の利益の増進に寄与」し、「規範意識の向上に資する」ことを要求する用語として消去法的に選択していることが伺える。義務を契機とした「社会貢献」は、それに対する「評価」と連動してしており、事前の選考管理、事後の履行管理を含めて保護観察はより管理・監督性が強くなるように思われる。この議論の対象には、少年も含まれるのである。本来求められる「処遇の実質」の点から、いかに考えるべきか

の視点が欠落していることがわかる。

(3) 特別遵守事項化で生起すること

　保護観察は、保護観察対象者の改善更生を図ることを目的として（更生保護法49条）、指導監督（57条）及び補導援護（58条）を行うものと規定している。そして遵守事項は、保護観察に付された者が再び犯罪や非行に陥ることのないよう、また更生のための生活指針・行為規範であり、保護観察が効果的に進行するための基本的な条件や枠組みでもある。他面、少年の場合には少年院への戻し収容、保護観察少年に対する施設送致申請の等の事由になる法的性格を併せ持っている。共通して守るべき一般遵守事項（更生保護法50条）とともに、特別遵守事項は個々の対象者の問題性に応じて、その改善更生のために特に必要とされる事項を具体的に定めるとしている（同法51条2項）。追加的な不利益処分の事由となることもあり、保護観察少年については家庭裁判所の意見を聞き、保護観察所長が定め、変更しうることとされ、少年院仮退院者の場合は地方更生保護委員会が保護観察所長の申出に基づいて、決定をもって定め、変更しうることとされている（同法52条）。

　更生保護法の制定後、問責可能な行為規範性の高い特別遵守事項（51条）とそれ以外の「生活行動指針」（56条）とに分化されたが、他面では、より制裁処分の目安を明確にしたともいえるし、ケースワークとしてのそれらの相互性は薄らいだとも言える。

　こうした法構造からも推察できるように、保護観察中に生起してくる対象者の遵守事項の不遵守問題は、本来であれば処遇の見直しの契機ともいえるが、それより形式的な制裁処分の契機になりやすさを持っている[11]。

　少年の「社会貢献活動」については、本来、対象者の選別、実施とその監督等周到な準備が要求される一方、不遵守に対する評価と対応がいっそう形式的になりかねない。他方でそうした少年の立ち直りの過程における不安定さは、少年の抱えた問題性の顕在化と指導の機会と捉えることもできる。しかし一般に形式的な処分に流れやすく、実質的には処遇機能の衰退にもつながりかねないものである。

　また、執行行政機関の保護観察所長が主体となり特別遵守事項を策定する場合、とりわけ少年の保護観察において家庭裁判所の関与が不可避だが、制裁性を持つだけに家庭裁判所の保護的措置とのかかわりで整合性がとりにくい構図でもある。

(4) 導入論に欠けるもの

　社会貢献活動を特別遵守事項に加える論拠として、次のような見解が示されてきた。旧・犯罪者予防更生法下で、処分性の強いものを特別遵守事項に入れられないとされてきたが[12]、実務上、2006年から性犯罪者に対する認知行動療法に基づくプログラムは特別遵守事項とされており、さらに、遵守事項とはならずとも短期保護観察が導入された1994年前後から保護観察対象少年への社会参加活動が実施されてきていることにふれ、そうした状況で、2007年更生保護法によって特別遵守事項を義務づけ（51条2項4号）、住居の指定が可能となり（同5号）、「旧法より処分性の強い内容が特別遵守事項として設定できるようになったことを考えると、体系化された処遇の一部又は独立した特別遵守事項として社会貢献活動を課すことも理論上十分可能である」[13]とする。社会奉仕命令は制裁的要素が強いという批判に対しては、「社会貢献活動をそうした要素に尽きるものとして捉えなければならない理由はない」とし、従来の枠組みははずれたのであるから、あらためて遵守事項として設定可能な内容と限界を設ければいいとする[14]。実態も法律も変わり、社会的要請を考慮すべきというものである。

　また、ドイツ刑法が「保護観察のための執行猶予」の際に、課すことのできる義務として犯罪行為が与えた不法を償うための負担と社会復帰のための条件を区別して規定し、公益活動を前者に位置づけていることを例に、「立法論として考えれば社会奉仕命令を特別遵守事項とすることも可能」だとする見解もあった[15]。

　しかし、これらの主張には、とりわけ少年の保護手続における立ち直り支援として行われる処遇の実質、少年法の理念とのかかわりが全く視野にない。社会貢献活動を特別遵守事項とすることは、少年に対するこれまでの処遇実務で積み重ねてきた思想と方法を崩しかねないように思われる。

　少年の立ち直り支援の処遇実務と思想を確認することによって、今法案の問題を確認しよう。

3. 少年保護手続における「社会参加活動」
　——援助のあり方のパラダイムシフト

(1) 少年法の理念と「社会参加活動」

第9章 少年の立ち直りと「社会参加」

　少年保護手続は、非行のある少年の発見から社会復帰へいたるその手続全体が、非行事実を通して少年の抱えた問題を把握し、適切な方法による働きかけによってその問題性を解決していく過程そのものと言っていいだろう。少年法の健全育成の理念のもとで、具体的な方法が各手続段階のなかで試みられてきた。対象少年の社会参加活動の実践の積み重ねもその一つであり、現在、家庭裁判所や少年院、保護観察所で実施されているいわゆる「社会奉仕活動」は、少年法の理念に基づく「立ち直り」の枠組みのなかで捉えることができる。そして、その意義の確認と改善検討が進められてもいる。もちろん、実務上の措置においても権利保障に留意しなければならない。

　非行少年の「社会参加」を考える場合、社会的な接点を持つことによる効果を視野に入れるいわゆる処遇官、対象少年そして当該少年とかかわることになる人・組織のいわば「人的関係性」のなかで「参加の実質」が生まれてくる。そこには、明確なそれぞれの「かかわりの意識のベクトル」の作用が働き、互いの軋轢、忌避や逆に受容とそれによる意識の変化等も生起する。事前の準備や調整が重要になる。つまり、処遇調整の担い手の事前調査力と少年の意識への働きかけが不可欠であり、現在、処遇の枠組みのなかで行われている実践が一定の効果を維持しているのは、そうしたいわば射程をある程度読みとれるなかで実施されているからとも言えよう。

　実務における「社会奉仕活動」は、立ち直り支援の実務のなかで、着実な手応えと社会参加の持つ意義への確信のなかで構想されてきたものだと言える。いわばケースワークのなかで培われてきた援助技法でもある。そこには、非行のある少年が、自分を支えてくれる人間のもとで、社会の多様な他者や地域とのかかわりの中で少しずつでも変わりうる（気づき）可能性を実感してきたからに他ならない。

　しかし、保護観察の特別遵守事項として半ば義務付けられる社会参加の「制度」は、当然、遵守とその監視、評価が一体のものとなり、関係性のなかの変化と成果はいやおうなく副次的なものとなる。また、受け入れる地域社会も、評価のありようを考慮しなければならなくなるだろう。

　ここでは、家庭裁判所の保護的措置における少年の社会参加活動、少年院における院外活動や保護観察における社会参加の実情を概観しつつ、それらが持っている意義を考えたい。そしてそのことを通して、今時法案の保護観察における特別遵守事項としての「社会貢献活動」が少年に適用されることの問題を確認することとしたい。

少年司法実務のなかで「社会参加」活動が、これまで、かつ現在どのような意義を持ち、いかなる理念のもとで組まれてきたのかを確認することは、単に保護観察の処遇方法の一態様として「社会貢献」を捉えることの問題を考える契機となるだろう。

(2) 「規範意識の涵養・向上」と処遇とのかかわり

　「規範意識の涵養」論に対して、「良き行いを実践する要求」から直截に規範意識が生まれるものではない。またそれが生まれる要因も単純ではない。少年は、自らの活動が社会的な意味を持つものとして自覚できなければ、単なる強制にしか受け止められないだろう。

　本来は、自己と他者との関係性のなかでこそ、自己の行動とその結果のもたらす意味を考える機会が生まれ、そうした関係の相互プロセスのなかで他者に対する行動規制・配慮への契機が生まれる。その契機をどう作っていくかが、問われることになる。

　しかし、現在進行している議論の延長上には、少年の社会的活動に対して制度的、政策的に意味を付与しようとする発想があり、権威的な処遇観が透けて見える。

　少年の場合、自分が安心できる「居場所」があるか否かは、その少年の立ち直りに大きく影響してくる。非行少年の多くは、自分の生活世界のなかで「居場所」を失ってきているからである。もちろん、そうした「場」は、空間であったり、人間的な関係であったり多様である。重要なのは、そうした自分の存在が、他者とのなかで認められることであり、そのことは少年が社会性を持つ出発点だからである。畢竟、社会との接点を持つまでのプロセスが重要となってくる。そしてその活動の意義を考えられる支援が重要となる。つまり、この一連の支援を担う保護観察官の役割は、まさに処遇の実質といっていい。少年の権利保障、すなわち立ち直りの機会を深化・多角化させつつ、その支援の担い手と手段を不断に検討することが求められているのである。また、司法・行政手続のなかの権利として説明と少年の納得の機会が求められる。

(3) 「制裁による威嚇」を導くもの

　実務家から、非行少年や保護者の面接を通して、社会のなかで「少年とその家族の孤立化が進んでいる」のではないかとの指摘がしばしばある。交友

の実情はメールの交換だけの友人だったり、手軽にIT機器を利用した種々の情報を入手可能な社会にあって、「一般的に非行少年は興味の幅が狭く、世の中のことについては無関心で、常識的な知識にも乏しい。新しいことにチャレンジするより慣れ親しんだことを繰り返す傾向にあり、社会的な体験を積む機会も少な」く、「内向し、閉塞した世界に住んでいる」ようだという[16]。

　少年非行問題に関しては、非行が社会に適応しない少年という「社会問題」であったときから、社会の流動化のなかで青少年の社会化が学校によって担われる状況が生まれ、社会への適応問題は「学校問題」とされた時もあった。しかし、社会化の場面は、その機能を担おうとしてきた学校システムの限界の中で地域社会や家庭といった場に機能分担化が求められ、いわば少年は適応の標準・目標の絶対的な場を失うことになり、少年問題は少年をいかに自立させるべきかという「教育問題」にかわりつつあると指摘されている[17]。

　ここからは、従前、非行問題が支配的な価値や規範を脅かす反社会的な逸脱行動とされ、それに対する方策として社会防衛の観点から対処する、「制裁による威嚇」が優先され、予防的な観点から「再犯の防止」が導かれやすいことが推察できる。地域社会や家族・友人とのかかわりを見いだすための規範葛藤や試行行動を見守る余裕よりも、制裁による「規範意識の覚醒」要求がわかりやすいものとなる。しかし、先の実務家（家裁調査官）の実務感覚と照応させるとき、少年非行の実情のなかにあっては、自立への教育問題の前に少年が自らを見つめ直す機会の保障が必要に思われる[18]。

　非行少年にどのような援助とかかわりを持つことが、少年が自ら自分の未来を見通すきっかけを作れるのかが、少年の立ち直り、少年保護手続に求められることなのではないだろうか。いうなれば、少年の「社会的生存の確認」が自分の未来を実感できる方法であり、立ち直りの契機でもあろう。これは、少年保護手続の実質でもある。

(4)　「家庭裁判所の未来像」と保護的措置

　少年法改正論議の始まった90年代半ばから、閉ざされた少年司法への批判として、家庭裁判所の説明責任や制度改革が求められた。少年非行の態様や家族形態が、地域や社会から「孤立化」する実情のもとで、家庭裁判所も新たな社会資源の開拓によって対応したり、新たな援助方法を検討し、種々の関係機関との連携を模索してきている。こうしたなかで、家庭裁判所は「地域における家庭と少年問題に関する拠点としての機能を重視する」目標

を掲げている[19]。

　地域と連携し、地域社会の一員とする家庭裁判所の未来像は、少年非行の実情に応じたものでもあり、そのためには福祉、教育機関や専門職等との連携の強化が必須と判断したものと思われる。少年への制裁的、強制的契機に依らない非行問題解決への方策として、社会奉仕活動、保護者の会、少年友の会とボランティアといった活動は、まさに家庭裁判所の保護的機能の重要な場面である。社会参加活動の一部を制裁性を持った「社会貢献活動」として保護観察の特別遵守事項に位置づけることは、家庭裁判所の立ち直りへの援助・支援を基軸とした保護機能を減衰させるだろう。その担い手が直面する、葛藤や迷いといった処遇場面は、等閑にふされ、次の処遇にいかされにくくなる。

(5) 「保護的措置」と関係論的援助へのパラダイムシフト

　家庭裁判所においては、少年法の趣旨に基づき、「保護的措置」として「ことばによる働きかけ」が調査、審判の過程で行われてきているが、試験観察にあっては、より積極的な社会参加の機会を通じた保護的措置の試みが行われている。

　「保護的措置」は、少年の再非行を防止するために、裁判官や家庭裁判所調査官が少年や保護者に対して、その少年や家族が抱えている問題に応じて行う非定型的な教育的な働きかけを一般的にさす。そのためには、当該少年や家族を的確に理解することが必要であり、それは、結果において適切な処遇選択に結びつくことであり、具体的な処遇指針を立てることが可能になることを意味する。

　資質鑑別（鑑別技官）や社会調査（家裁調査官）が非行の問題背景の見通しを担い、保護観察所や少年院が非行をおかした少年の処遇を担っているように、要保護性等の判断機関とその低減・改善に向けた処遇機関の役割が一応分化されている。もっとも、保護処分を受けない少年や試験観察を受けた少年への保護処分の判断の要素とすべく行われる働きかけ、すなわち保護的措置（援助）は、少年法の理念の具体的実践ともいえ、家庭裁判所の重要な役割のひとつでもある。

　調査官による社会調査活動を通じた対象少年への働きかけ（介入）や援助は、これまで、非行少年が持っている非行のない少年との差異やその特殊性が強調されがちであり、それゆえ援助技法としても「気づき」や「洞察」を促す少

年の精神的内界へアプローチする個人療法的な方法が主流とされていた。しかし、近年、個と個の関係性への介入によって問題解決を図ろうとする援助方法が注目されてきている[20]。対人関係への注目は、とりわけ親子、家族関係を起因とする非行への問題解決的援助として、本人以外に資源を求めるメリットもあった。

また一方、社会奉仕活動等のような家族システムを超えたより拡大した視点から、周知のように他の援助機関、地域資源との連携やネットワークが重視され始めている。

非行少年の「差異性」から、逆に「共通性」が注目されはじめ、病理や異常性の除去という治療・処遇の概念から人や社会とのかかわりのなかから自己を見つめ、問題の解決への力を育むといった思考は大きな意義を持ってきているといっていい。

こうした非行のある少年やその家族への保護的措置の援助のあり方にかかわるパラダイムシフトとも言える状況においては、対象少年と向き合う処遇の担い手としての関係づくりとともに、多様な資源としての担い手、協力者を発掘することがいっそう重要になる。

社会奉仕活動の必要性について、臨床心理の専門家は、少年非行の背景に対人関係処理能力の衰退を指摘し、他者との間に親密な関係を形成する能力、他者と折り合いを付ける能力、つまり他者との協力したり譲ったりするこれらの能力は「他者との関係性のなかで育っていくものであり、一人で獲得できるものではない」[21]とし、相手の立場に身を置く「共感」性の低い少年の増加を指摘する。自己中心的で自己評価が低い少年は、社会のなかで役立つ存在であることを実感する機会を持つことがきわめて重要である。非強制的関係の中で成り立つ「かかわり」が大きな意味を持つだろう。現在、実施されている「社会奉仕活動」には「対人援助型」社会奉仕活動と「社会参加型」社会奉仕活動の2種類が実施されている。前者は、施設での入所者とのふれあい体験等を内容とするもので、短時間ながらも密接度の高い人的関係のなかでこれまでに経験してこなかった対人関係の作り方を学ぶ意義は大きい[22]。後者の「社会参加型」社会奉仕活動は、海岸や公園等の清掃活動が主になされ、多人数での実施しやすさもあるが、対象者の選別に留意し保護者の参加によって家族の課題を再考する機会にもなるという[23]。

こうした実務のなかで、参加の働きかけに消極的な少年・保護者への対応のあり方、参加意欲が低く活動中の態度の悪さへの対応、無断不出頭の場

合、参加した少年の保護的措置、処分との均衡性確保の要否等の課題を検討しているという[24]。これらの課題は、保護的措置の目標でもある、少年自身の有用感や社会の一員としての自覚の覚醒、他者への共感性等をどのように育むかの具体的課題であるとともに、少年に対する「評価」とも連動している。中間処分の試験観察としても実施されているが、事後の処分ともかかわっている。しかし、ここで重要なことは、少年の主体性への働きかけとともに、少年自身が自らの次のステップにかかわっていることである。

　感謝されることを通じた自尊感情の回復、自分を粗末に扱ってきたことへの反省、社会とのつながりの自覚等々、これらが体験の中で自然と生起してくるためにも動機付けや事前の知識等の他に、彼らが体験を自分で振り返り感想をことばで表現できるような働きかけも同様に重要となる。少年の教育的、福祉的ニーズを的確に把握し、家庭裁判所全体で少年法の理念を具体化する場面でもある。

　保護手続における、その保護的措置の実質は、少年自身が自らを見つめる力を引き出す立ち直り援助のあり方にある。人的・社会的関係を基礎にした働きかけへのパラダイムシフトは、子どもの権利保障の基幹と相応するものでもある。

(6)　保護観察における「社会参加」活動と「強い処遇」への疑問

　保護観察の現場では、1994年に実施された短期保護観察の課題指導の一つとして導入され、1997年以降、全国の保護観察所で実施されている。実務の中でも、対象少年が社会的に有意な存在だと実感できる機会になること、生活地域のなかの多様な生き方や考え方を持った人々と出会うことで自分の生活を見直すきっかけになることなど、その有効性が報告されている[25]。その活動の実績もきわめて多様である[26]。ただ、課題として、協力を得られる施設や活動先の確保、参加対象者に対する動機付けの難しさがあげられている。趣旨に賛同し助力を得る協力先の開拓に苦心しつつも、保護司会や更生保護婦人会、BBSの協力など、実務運用が積み重ねられてきている[27]。

　社会貢献活動を通じて求めるところは、規範的意識の涵養と地域社会の利益の増進に寄与することによる規範意識の向上とされている。対象少年に「社会に役立つことをせよ」と求め、かつそれを義務として行わせるとともに、回数や期限を切りつつ行うところに、制度が求めるものをえられるのだろうか。経過を待つだけになるか、追い詰められるかが懸念される。保護観察

は、元来、人にかかわる支援であるだけに柔軟さが求められる。対象少年にかかわる担い手は、少年が生き直してみよう、やり直してみようとその「意欲」を少しでも持つ機会を作るために、その専門性と努力を傾ける。その意欲の契機をつかむのは、人からあてにされたり、自分でも役だったりできることがあると、「自分を発見する」ときなのだろう。しかし、その契機をつかむには、お互いの関係をつくっていくことから始まると思われる。そこに、「強い処遇」の指導的関係はどのように機能するのだろうか。法制審の部会で、「社会奉仕の目的は制裁ではなく対象者の改善更生に置かれるのが相当」で「保護観察の内容とした方が、専門家である個々の事例ごとに判断できるので適切」(部会議事録16回〔2008年7月4日〕15、17頁)だとし、刑罰論との関係で制度の枠組みとしては導入しやすかったと思われるが、少年「処遇の実情と実質」の意義は閑却されていた。

　こうした実情のなかで、特別遵守事項として「社会貢献」活動が規定されることが、とりわけ少年保護手続において、なぜ問題となるのか。

　第一には、義務化することによって、確実な執行遵守が求められ、効果は副次的なものになり、違反管理が優先されがちになりかねないからである。それは、処遇の実質を浸潤し、形骸化していくことでもあるように思われる。

　遵守事項の執行と違反は、保護観察における法的な評価の対象であり、遵守事項違反に対しては、警告が発せられ(更生保護法67条)、警告後の「特別観察期間」に指導監督が強化され、場合によっては施設送致決定の申請を家庭裁判所に求めることになる。また、保護観察所所長の申出により地方更生保護委員会は少年院に戻して収容する旨の決定をすることになる(同法72条)。更生保護法の制定によって、いわば、遵守事項の積極的な活用による、行動規範化の強化とその評価のしやすさが優先される状況のなかで、社会貢献活動もその脈絡の中に置かれることになる。

　法改正前にも、遵守事項違反に対する「ぐ犯通告」(同法68条)制度はあったが、処遇の失敗の後始末のようで、違反の明確な事例を除いては利用されにくかった面もある。しかし、本来は、遵守事項違反の評価をしやすくし、違反への制裁によって解決を図るのではなく、処遇困難事例のなかで、保護観察官や保護司のケース分析の協働とネットワークが十分に手だてされる必要があるだろう。社会貢献活動は、遵守事項のなかでももっとも処遇の内実が問われるものでありながら、形式的な実施と評価に流れやすくもある。遵守事項が処遇を壊していきかねない。すなわち、処遇の担い手の成長を阻む

ものでもある。

　とりわけ、少年の社会参加活動が、少年の意欲や態度、相手側との齟齬など順調にいかない場合には、これまでの探索的処遇であれば処遇の見直しと新たな問題発見の契機になるのに比して、遵守事項化される場合には、対象少年の更生不調の徴表とされかねない。

　第二に、社会貢献活動を実施するためには、いわゆる処遇に乗りやすい対象者が選別されることになるが、現在、事前のニーズが十分に把握しうる状況にない。また、ニーズは事前だけではなく、処遇アセスメントの経過のなかでも把握され、処遇官とのかかわりのなかで計画されることを考慮するとき、特別遵守事項としての社会貢献活動は、実施を遵守できるか否かだけが焦点になっていきかねない[28]。

　第三に、本来、社会貢献の目的とされる「自己有用性の意識」「社会的な規範意識の涵養」のためには、対象者とのかかわりのなかで意欲を喚起しつつ、主体性と納得のもとで現場に向き合うことになる。しかし、そのわずかな意欲と納得の契機を生み出す準備期間が確保されるのか疑問である。

　そのほか、社会貢献活動の実施先の選定では、従前の「社会参加活動」先と同じ場所は利用しにくくなると思われる。処遇として制裁性を伏在させた社会貢献活動の活動先は、制裁としての意味を持たなければならない。活動先の内容、また、その活動先の協力は、きわめて、曖昧なものとなる。

　また、保護司は、活動場所ごとに「社会貢献担当保護司」が指名される構想で、「社会貢献活動が地域社会にどう役立つかなど、活動の意義を対象者に理解させるといった地域性を活かした指導が期待」されるという[29]。貢献活動の意義を説きつつ遵守の監督・評価をすることになる。保護司は、市民性、ボランティア性とともに立ち直りを支える更生保護の先端で処遇を担う専門性も併せ持つ人材だが、対象少年との間で信頼の醸成を構築しにくくなるのではないだろうか。

4. 立ち直りにおける子どもの権利保障と立法

　国連子どもの権利条約は、問題を抱え、司法手続上にある子どもにとって欠くことのできない原則とともに、それを実現、具体化するために不可欠な「権利」を40条（少年司法）で示し、そうした子どもへの社会の多様なかかわりの必要性と基本的指針を明示している。

罪を犯した子どもはその「尊厳および価値についての意識を促進するのにふさわしい方法で取り扱われる」権利（40条1項）を持つとし[30]、司法の下で子どもと向き合う原則を示す。幼児期から人間性を尊重されず、調和のとれた健康な成長や、社会とのかかわりを確保する機会を持てなかった非行少年の実情をよくふまえている（少年非行の防止に関する国連指針／リヤドガイドライン、パラグラフ1-5）。また、少年の司法手続における「適正」かつ「公正」な手続、審理のための具体的な権利保障は（同40条2項）、ひいては他者の人権や自由を尊重しようとする主体性を形成する契機になり、再非行に陥ることなく、乗り越える力のもとになるものだろう。少年司法における子どもの権利保障は、問題を抱えた子どもが非行を見つめつつ自分を取り戻していく、すなわち非行を克服し立ち直っていくプロセスを支えることにほかならない。年齢や抱えた課題に応じた社会との建設的なかかわりを持つ機会のなかで、ゆるやかであっても、他者や社会への信頼を育むことになるだろう。少しでも生きやすく安全な社会に結びつくものである。権利条約の趣旨を実効的なものとして理解、解釈するために、少年司法にかかわる国際準則を併せて、その趣旨を実現することが求められている[31]。

そして、少年司法にかかわる立法にあたっては、少年司法運営に関する包括的政策の主導的原則である条約2条（差別禁止）、3条（最善の利益）、6条（生存と成長発達）および12条（意見表明）に掲げられた一般原則、ならびに、条約37条および40条に掲げられた少年司法の基本的原則の趣旨の具体化が求められている[32]。また、いかなる子どもまたは青少年も、品位を傷つける措置の対象としてはならず（リヤドガイドライン、パラグラフ54）、また、さらなるスティグマ（烙印）にならない法律が求められている（同パラグラフ56）。

しかし、国連子どもの権利委員会は、2010年5月の日本政府報告書審査において、日本政府の権利条約と国内立法・施策を適合させる努力について強く懸念を示し、勧告を行っている。子ども施策の基本的枠組みとして子どもの権利基本法の制定によって、実効的な条約の実施が求められた。少年法改正にかかわって、少年司法はとりわけ条約との乖離が深刻である[33]。

子どもの権利条約およびその関連準則等から導かれる国際人権法における子どもの権利の内容は、「子ども期の成長発達保障」とされている。近年、それをさらに実質化する点から、子どもの「人間的関係形成権」として積極的に位置づけられている。また、その権利保障の国内法化の包括的実践的な方法論として、ニーズ・アプローチから「権利基盤型アプローチ (the rightsbased approach ／ RBA)」への移行、具体化とその社会的理解を広める環境作りが求められている[34]。

　他者を傷つけ自分を棄損する少年が、自らの人間性を取り戻す過程を確かなものにすることが、少年司法政策の役割でもある。

　その意味で「処遇」は、身体的、心理的回復ならびに社会的再統合を促進するために必要な多くの支援・援助の一つであり、子どもの健康、自尊心および尊厳を育む環境のなかで行われなければならない（子どもの権利条約39条）。これにかかわって、子どもの意見表明を促し、それを正当に重視し、その安心な場（居場所）を確保することが求められ、長期的なウェルビーイング、健康および発達に影響を及ぼす可能性に注意を払うことが求められている。国連子どもの権利委員会は、一般的意見13号（2011年）「あらゆる形態の暴力からの自由に対する子どもの権利」において、子どもへの長期的なフォローアップサービスとともに、医学的、精神保健的、社会的および法的支援の提供が不可欠だとしている。他者に攻撃的な子どもは、自分を認めてくれる家庭環境やコミュニティ環境が奪われがちだと指摘する。また、欲求不満、憎悪および攻撃性を植え付けられる育ちの環境の被害者だともいう。子どもが社会に向き合う態度や能力、行動を育む姿勢が求められている（一般的意見13号パラ52、22）。

　少年の社会参加にかかわって、子どもの権利の実質は、他者とのかかわりのなかで自分を見いだしひいては他者や外界世界を受け入れていく成長過程の保障でもある[35]。

　少年司法運営の準則を定めた北京ルールズでは、子どもの権利条約が求めた手続への実効的な参加の保障（40条2項(b)(iv)）を受けて、「少年手続が、少年の参加と自由な自己表現を可能とするような、理解に満ちた雰囲気のなかで行なわれるべき」（14条）としている。それは、少年が自らのことにかかわる機会を通じてこそ、少年が自分を見つめ直すことが可能になるからである[36]。少年司法手続で行われてきた、社会参加活動の集積は、その実践の一つと評価することもできるが、今回の立法提起はその意義を変容させかねない。

5．むすびに

　これまで積み重ねてきた処遇実践としての社会参加活動は、少年が立ち直

りの担い手の人々と作ってきた関係のなかから、更生への糸口をつかんでいく過程そのものであり、それは少年の権利保障の実践でもある。更生保護の「処遇」は、少年法の理念のもとにおけるケースワーク機能の発現でもあり、処遇の担い手と少年との関係性のなかで、実践知が積まれてきたと言えるだろう。立ち直りへの援助支援過程における「社会参加」は、少年が自分を見つめる機会、気づきの契機である。多様な専門性からアプローチすることで、非行のある少年が、自ら立ち直りの歩みを進める支援と援助につながるものである。社会全体で取り組む課題でもある。

　子どもの権利条約をはじめとする国際準則は、その具体的要請をしている。
　義務化された「社会貢献活動」を導き出した論議の過程と法案には、そうした少年の立ち直りとそこにかかわる担い手の専門性、多くの民間団体や市民との協働がもつ意義と実態への視点がないように思われる。

　これまで各機関が実施してきた少年の社会参加活動について、その活動を支援する多様な専門家による協力・調整機関を設置するなど、社会的基盤整備が必要なのではないだろうか。少年の立ち直りにあっては、制裁性を秘めた社会貢献活動による規範覚醒要求に代わり、司法過程における少年の「社会参加」活動の意味を再確認しつつ、その立ち直りを子どもの権利条約をはじめとした国際準則に基づく権利基盤型のアプローチから支援する組織の構想の検討が待たれる[37]。

（ささき・みつあき）

1　瀬川晃「刑事政策の視点からみた刑事法の現在と課題」刑事法ジャーナル1号（2005年）19頁。同紙の特集「刑事法の現在と課題」参照。
2　土井政和「更生保護制度改革の動向と課題」刑事立法研究会編『更生保護制度改革のゆくえ』（現代人文社、2007年）3頁。
3　更生保護法は、犯罪者予防更生法（1949年）と執行猶予者保護観察法（1954年）を整理・統合したものであり、翌2008年施行されている。有識者会議の提言を入れた同法1条1項は「この法律は犯罪をした者及び非行のある少年に対し、社会内において適切な処遇を行うことにより、再び犯罪をすることを防ぎ、又はその非行をなくし、これらの者が善良な社会の一員として自立し、改善更生することを助けるとともに、（中略）もって、社会を保護し、個人及び公共の福祉を増進することを目的とする」とし、再犯防止の用語の位置づけからその優先性がはかれる。同会議の報告書は「更生保護制度改革の提言――安全・安心の国づくりを目指して――」2006年6月27日、http://www.moj.go.jp/content/000010041.pdf　最終確認2012年1月30日）。
4　三宅孝之「社会内処遇としての社会奉仕命令――イギリスにおける歩み」沖縄法学9

号(1981年)23頁以下、同「社会奉仕命令の考察——イギリスの議論をみて」同(1982年)39頁以下、鈴木康之「イギリスにおける社会奉仕命令——その現状と問題点」家庭裁判月報43巻5号(1991年)1頁、樋口昇「イギリスの少年事件における〈社会奉仕命令〉をめぐって」家庭裁判月報45巻10号(1993年)231頁以下、守山正「イギリス1991年刑事司法法と社会内処遇の性格」更生保護と犯罪予防113号(1994年)8頁以下、瀬川晃『犯罪者の社会内処遇』(成文堂、1991年)359頁以下、菊地和典「社会奉仕命令の現状と当面の課題——英・豪の実際を中心に」罪と罰29巻4号(1992年)13頁以下、等多くの論考の集積がある。

5 その議論の内容と紹介については、佐伯仁志「刑事制裁・処遇のあり方」ジュリスト1348号(2008年)90〜91頁、法制審議会被収容者人員適正化方策に関する部会議事録第2回(2006年11月2日)7〜8頁を参照されたい。

6 ①以外では、②仮釈放審理のあり方の見直し、③あるべき官民協働体制の明確化、④保護司制度の基盤整備、⑤社会復帰と就労支援施策の推進、⑥再犯防止、社会復帰ための更生保護官署と関係機関の連携、が検討課題とされている。

7 この審議経過や内容については、正木祐史「社会貢献活動——法制審の議論」龍谷法学43巻1号(2010年)104頁以下を参照されたい。他に、森本正彦「刑の一部執行猶予制度・社会貢献活動の導入に向けて」立法と調査318号(2011年)59頁以下。

8 再犯防止と保護観察との関係について、吉中信人「保護観察の犯罪予防機能」犯罪と非行158号(2008年)77頁以下。

9 松本勝編著『更生保護入門』(成文堂、2009年)2頁以下。

10 司会者から法制審議会総会での企業の社会貢献活動が連想されるなどの意見が紹介されているが、名称の問題は深まることはなかった。法制審議会被収容者人員適正化方策に関する部会議事録第21回(2009年3月24日)1、19頁以下。

　社会貢献の用語は、現在社会の様々な領域で語られる。企業をはじめに、大学等の教育機関などにおいても、「社会貢献」を積極的に位置づけている。社会との積極的な接点を持つことが、自己のアイデンテティーを強化し、社会的な評価を高めることになると考えているからである。その場合、参加する側の主体性とビジョンが問われる。決して、価値中立的なものではない。なお、守山正「非行少年処遇における『コミュニティ・サービス』の意義」犯罪と非行103号(1995)42頁以下では、コミュニティ、サービス、奉仕、それぞれの用語法の持つ意味、イギリスの実態の文脈の中での語義を分析しつつ、刑罰形式をとる賠償と社会復帰を目的とした厳格な処分と紹介している。

11 更生保護法において、社会奉仕活動を保護観察の一内容として義務付けることができるかについて、次のように保護局が説明を行っている。

　保護観察の一部として義務付けるためには、第一に、保護観察制度の趣旨に合致することが必要であり、そのためには保護観察が刑罰ではないことから、制裁を目的とせず、改善更生を図ることを目的として実施されるものでなければならないこと。第二に、保護観察の制度趣旨に照らして適正妥当な限度で行われることが必要だとした。

　なお、保護観察は、保護観察対象者の改善更生を図ることを目的として(更生保護法49条)、指導監督(57条)及び補導援護(58条)を行うものと規定し、保護観察対象者に特段の義務を課す制度として、特別遵守事項(51条)及び生活行動指針(56条)を規定している。このうち、特別遵守事項に違反した場合には仮釈放の取消し

等のいわゆる不良措置をとることがあり、改善更生のために特に必要と認められる範囲内において定める、相応に限定的なものとした。ただ、特別遵守項として設定が可能な専門的処遇プログラム（51条2項4号）のなかに、特定の社会奉仕活動を当該専門的処遇プログラムの一環として義務付けることは可能と説明している。また、生活行動指針（56条）は、その違反が直接不良措置に結び付くわけではないが、改善更生に資すると認められる一定の社会奉仕活動は、生活行動指針として定めることが可能とした。（法制審議会被収容者人員適正化方策に関する部会議事録第10回〔2007年11月9日〕）7頁。

12 仮釈放等規則5条1項によれば「本人の自由を不当に制限しないものであること」とされていた。
13 太田達也「刑の一部執行猶予と社会貢献活動」刑事法ジャーナル23号（2010年）30-31頁。
14 太田・前掲注（13）31頁脚注（71）。太田達也「保護観察の実態と改善策」刑法雑誌47巻3号（2008年）442頁以下。
15 佐伯仁志「刑事制裁・処遇のあり方」ジュリスト1348号（2008年）90-91頁。
16 石岡一郎「家庭裁判所と社会福祉——福祉的援助と福祉機関との連携」犯罪と非行167号（2011年）55頁。
17 樋田大二郎「脱学校、プライバタイゼーション、モラトリアムと逸脱の問題」犯罪と非行102号（1994年）81頁以下。
18 竹内友二ほか「少年事件における保護的措置について——再非行防止の観点から」家庭裁判月報58巻10号（2006年）115頁では、再非行防止の実質が、少年へかかわりのあり方の多様な方策にあることを紹介している。
19 竹崎博允「家庭裁判所60周年を迎えて」家庭裁判月報61巻1号（2009年）1頁。
20 村松励「家庭裁判所における「保護的措置」について——非行臨床心理学の視点からの一考察」家庭裁判月報58巻4号（2006年）1頁以下。同論文では、具体的手法としてジェノグラム・インタビューを紹介している。
21 村松・前掲注（20）41頁以下。
22 佐藤祐一「少年保護事件における保護的措置について——対人援助型の社会奉仕活動の一例を通じて」家庭裁判月報56巻10号（2004年）91頁。
23 柳沢恒夫「東京家庭裁判所における保護的措置の新しい試み」犯罪と非行115号（1998年）70頁以下。名古屋家庭裁判所「保護的措置としての社会参加型奉仕活動について」家庭裁判月報58巻3号（2006年）。なお、被害者の視点を取り入れた保護的措置として「被害を考える教室」の取り組みも行われている。保護者向けの「保護者会」も実施されている。大分家庭裁判所中津支部「少年事件における保護者に対する措置としての保護者会の試み」家庭裁判月報56巻9号（2004年）137頁。
24 名古屋家庭裁判所・前掲注（23）201頁。
25 馬場剛「ROLLING STONE 転がり続けて——社会参加活動を効果的に展開するために」犯罪と非行115号（1998年）109頁以下。
26 社会参加活動の内容について、「奉仕活動」では、清掃作業、洗濯物たたみ、食事配膳、除草作業、窓ふき等。「介助等活動」では、食事介助、車いす介助、老人や障害者の人との話し相手、入浴介助、シーツ交換等。「余暇体験活動」では祭り参加、誕生会、釣り、アスレチック、凧揚げ等。「見学講習」では、史跡見学、講話、博物館見学、技術専門学校見学等多様な活動が試みられている。活動状況も、全国で取り

組み始めた1997年以降2007年までの記録からは、年間総参加人員6千人から7千人の間で推移し（対象者は概要1500から1700人の間）、実施回数は600回から400回の間でやや減少しつつある。活動場所は300か所前後で推移している。保護局観察課「社会参加活動の現状と今後の課題」更生保護51巻4号（2000年）13頁以下、被収容者人員適正化方策に関する部会、第21回会議資料1。

27 少年院における社会奉仕活動、更生保護婦人会をはじめとした社会参加活動の受け入れ先のレポート等については、「特集　社会参加活動」更生保護51巻4号（2000年）6-49頁参照。

28 甘利航司「電子監視と社会奉仕命令」『更生保護制度改革のゆくえ』刑事立法研究会（現代人文社、2007年）279頁では、改善更生の観点が減殺され、遵守事項違反のチェックが形式的な判断になりがちで、従来の保護観察制度の上に構築は難しく、監視・監督型の新たな保護観察は社会復帰と直接に連動しないと指摘する。

29 調子康弘「社会貢献活動の先行実施について」更生保護62巻4号（2011年）40-43頁。先行実施の理由については、社会貢献活動の義務付けに法改正の必要なこと、活動先、指導のノウハウの蓄積、対象者の選別基準のみきわめをあげつつ、実施されている社会参加活動に対する評価も含めて実施されるという。

30 国連経済社会理事会決議1997/30「刑事司法制度における子どもについての行動に関する指針」（1997年）IIAパラグラフ11(a)(http://www2.ohchr.org/english/law/system.htm)。翻訳として、http://www26.atwiki.jp/childrights/pages/164.htmlを参照。

31 少年司法に係わる3つの国際準則「少年司法運営に関する国連最低基準規則（北京ルールズ）」および「自由を奪われた少年の保護に関する国連指針（ハバナ規則）」、「少年非行防止に関する国連指針（リヤドガイドライン）」の趣旨を理解し敷衍することが不可欠であることはいうまでもない。国連子どもの権利委員会一般的意見10号「少年司法における子どもの権利」CRC/C/GC/10（25 April 2007）（以下、一般的意見10号）は、少年司法における権利保障の具体化とその方向性を確保するものである。重要な点は、この一般的見解は、委員会による政府報告審査を積み重ねる中で構想されたものであり、条約をより実質的なものにする不可欠な要素を示した点である。この少年司法における一般的見解の内容と先の3つの主要な国際準則によって条約細部の解釈指針を導くことができる。

32 一般的意見10号・前掲注（31）パラグラフ5。

33 「特集・国連子どもの権利委員会総括所見と子どもの権利基本法」自由と正義61巻12号（2010年）34-59頁。

34 権利基盤型アプローチについては、平野裕二「子どもの権利条約の実施における『権利基盤型アプローチ』の意味合いの考察」子どもの権利研究5号（2004年）78頁以下。そこでは、「参加」が権利保障の実践として重視されている。一般的意見10号・前掲注（31）パラグラフ96。

35 少年の自律と自立のための参加・援助に関して、葛野尋之『少年司法における参加と修復』（日本評論社、2009年）参照。

36 なお、ヨーロッパ評議会は、「子どもにやさしい司法に関する欧州評議会閣僚委員会指針」を策定している。Appendix 6(Item 10.2c), Guidelines of the Committee of Ministers of the Council of Europe on child friendly justice (Adopted by the Committee of Ministers on 17 November 2010 at the 1098th meeting of the Ministers' Deputies). その基本原則のなかで、参加の意義について次のように言う。自分にかかわる手続

において、相談ないし意見を聴かれる権利が尊重されるべきで（ⅢAパラグラフ1）、置かれた状況のなかで少年が自分自身の意見を形成する力をつけられるようその権利行使を含めて認められるべきとする（ⅢAパラグラフ2）。その手続のなかにあっては、少年の最善の利益が第一次的に考慮される子どもの権利の保障を求めている（ⅢBパラグラフ1～3）。また、そうした手続や介入場面で多様な専門家（ソーシャルワーカーや弁護士、心理専門家など）が活用しうる共通アセスメントの枠組みの確立を求めている（ⅣAパラグラフ17）。

37 国連子どもの権利委員会／一般的意見10号・前掲注（31）パラグラフ94では、少年司法の組織は、処遇等のために「あらゆる専門的な部局、サービスおよび施設による諸活動の効果的な調整を継続的に促進することが求められる」としている。「少年非行の防止に関する国際連合指針／リヤドガイドライン」パラグラフ33、37、52、56等および「子どもにやさしい司法に関する欧州評議会閣僚委員会指針」ⅣA5．パラグラフ16も参照。

第10章 更生保護施設の役割について

相澤育郎(九州大学大学院法学府博士後期課程)

1. はじめに

　更生保護施設は、更生保護事業法2条7項において、「被保護者の改善更生に必要な保護を行う施設のうち、被保護者を宿泊させることを目的とする建物及びそのための設備を有するもの」と定義される。更生保護施設は、2011年4月1日現在、全国で104施設が設置されており、収容定員は2,329名である。このうち男子のみを保護の対象とするものが90施設、女子のみを保護の対象とするものが7施設、男女ともに保護の対象とするものが7施設となっている。また、成人のみを保護の対象とするものは20施設、少年のみを保護の対象とするものは3施設であり、残り81施設は成人・少年共に保護の対象としている[1]。

　更生保護施設において行われる処遇は、継続保護事業と呼ばれる。これは、更生保護事業法第2条2項で「宿泊場所を供与し、教養訓練、医療又は就職を助け、職業を補導し、社会生活に適応させるために必要な生活指導を行い、生活環境の改善又は調整を図る等その改善更生に必要な保護を行う事業」と広く規定される[2]。継続保護事業を営もうとするときは、法務大臣の認可を必要とし、認可を受けて継続保護事業を営む者を認可事業者という。2011年現在、認可事業者は全国に102団体、このうちの99団体は更生保護法人であるが、残り3団体は社会福祉法人または特定非営利法人等である[3]。こうした民間の法人によって運営されるものの他に、国によって運営される更生保護施設として、自立更生促進センターおよび就業支援センターがある[4]。

　更生保護施設の利用者(本稿では更生保護事業法上の被保護者という用語は用いない)は、仮釈放等で保護観察に付された者の他に、刑の執行終了者、刑の執行猶予を言渡された者や不起訴処分となった者等である[5]。その形態は、

保護観察所からの委託の場合（委託保護）と委託終了後の本人からの申出により更生保護施設が任意に保護する場合（任意保護）がある[6]。

したがって、更生保護施設は、法的地位、年齢、性別、そして保護の形態において多様な人々が生活を共にする場として、まずもって観念される。このような更生保護施設に対して、近年、注目が集まり、様々な期待が寄せられるようになっている。

本稿では、はじめに、更生保護施設と関連法令の沿革をたどり、現在の更生保護施設を取り巻く問題状況を確認する。そのうえで、近年、提言等によって求められる更生保護施設の充実強化の方向性について検討する。そして、これまでの更生保護施設処遇に関する議論を参照しながら、更生保護施設の有する機能等を分析し、提言等によって示される方向性の是非を検証する。最後に、それまでの検討を要約したうえで、今後、更生保護施設が果たす役割と残された課題について考察することにしたい[7]。

なお、処遇という言葉それ自体は多義的でありうるので、本稿は、更生保護施設（の）処遇という場合、更生保護事業法第2条2項で規定されるもっとも広義のものとして用い、提言等によって一定の方向付けがなされたものについては、かぎ括弧つきの「処遇」とする。同様に、本稿は、本研究会が提案する理想的な処遇のあり方として社会的援助[8]という用語を用い、社会福祉の領域で行われるものについては、参照もとの用例に従いサービスという用語を使用することとする。

2．更生保護施設と関連法令の沿革

更生保護施設の歴史的沿革については、おおむね次の4つの時代に区分することができる[9]。

(1) 免囚保護・釈放者保護時代

日本における組織的な免囚保護事業のさきがけとなったのは、1888（明治21）年に創設された静岡県出獄人保護会社であるとされる[10]。同社は、天竜川治水事業で知られる金原明善と静岡県監獄署の副典獄川村矯一郎によって設立されたものである[11]。当時は、出獄人のうち、身よりのない者やあっても頼ることのできない者は、改正監獄則（1881年）により、そのまま監獄に留まることができた（別房留置制度）[12]。しかし、別房留置者の数は年々増加し、

これが地方財政に多大の負担を与えたため[13]、1889（明治22）年、別房留置に関する規定は廃止されることとなる[14]。この別房留置は一種の不完全な官営保護と評されるところであるが、いくつかの例を除いて、とりたてて就労の機会等を提供するということはなかったとされている[15]。また、この時期、民間免囚保護事業の発展と時を同じくして、宗教家ら一般の篤志家による各種の慈善事業を行う団体や施設（児童保護、経済保護、失業保護、医療保護、生活保護および隣保事業等）の設置も進んでいたが、これらは免囚保護事業とは未分化であった[16]。

別房留置制度の廃止後、内務省による保護会社設立の奨励、1897（明治30）年の大規模な恩赦や皇室からのいわゆる「御内帑金」の交付等を契機に、保護団体の設立は幾分活発となり、この10年間におよそ40の保護団体が誕生した[17]。また、1900（明治33）年に監獄費が国費支弁とされ、監獄事務がそれまでの内務省から司法省に移管されることとなる。これに伴い出獄人保護に関する事務も司法省の管轄となった[18]。1907（明治40）年には、新刑法の公布とともに、政府は免囚保護事業を見直し、いっそうの伸長を促す策として「免囚保護事業奨励金」を予算に計上した。1912（大正元）年、1914（大正3）年さらに1915（大正4）年と恩赦（大赦・特赦・特別減刑等）が行われ、その対象者は実に13万3千人にも及んだ[19]。これにより免囚を保護する組織・施設の創設は急務のものとなり、1912年には108団体であった保護団体の数は、1917（大正6）年には750を数え、そのうち収容して保護を行うものは、およそ140団体にまで及んだ[20]。

1922（大正11）年に制定された旧少年法は、少年審判所による保護処分として「寺院、教会、保護団体又ハ適当ナル者」（第4条5号）への「保護監督」の委託（第52条）を規定したが、この後、少年保護団体の設立が進むこととなる[21]。この頃より、矯正院法（1922年）による矯正教育も含んだ少年保護と釈放者保護が、内務省所管の慈善救済事業と異なった刑事政策的な理念によるものであることを示すために、「司法保護」という用語が用いられるようになる[22]。また、1924（大正13）年施行された旧刑事訴訟法において採用された起訴猶予制度により、猶予者保護団体の設立もみられた。そして、1936（昭和11）年には思想犯保護観察法が施行され、思想犯保護団体が設立されるなど、保護団体の専門化が進むと同時に、釈放者保護の治安政策への組込が進んだ。1938（昭和13）年には思想犯保護団体は100団体、そのうち思想犯保護を専門とするものは33団体であった[23]。

(2) 司法保護事業法時代

　思想犯保護観察制度を打ち立てた当時の保護課長は、これを機に思想犯以外の一般猶予者および釈放者に対する保護観察体制の実現を企図したが、増大する軍事費の圧迫により予算事情はこれを許さなかった。かくして、一般猶予者および釈放者に対する保護観察は将来的な課題とされ、次善の策として、1939 (昭和14) 年に保護団体の整備強化と司法保護委員制度確立を目的とした司法保護事業法が制定されることとなる[24]。全13条からなる同法では、司法保護事業を国 (司法大臣) による認可制とし (第3条)、経営に対する国の監督指示 (第4条) や寄付金の許可制 (第6条) に関する規定を置くとともに、これらに違反した場合の罰則を定め (第11条)、国による監督強化を実現した。その反面、同法は、助成に関しては予算の範囲内での奨励金 (第8条) の支給に留まった。また、保護の対象は、起訴猶予者、刑執行猶予者、刑の執行停止中の者、刑執行免除者、仮出獄者、保護処分対象者及び刑の執行終了者と幅広く、これらに対して保護団体による収容保護が、また司法保護委員 (第10条) による観察保護が実施された。

　1945 (昭和20) 年に敗戦を迎え、翌年の新憲法の制定に合わせ各種の法改正が行われることとなり、司法保護事業法も、一般猶予者・釈放者に対する保護観察を制度化する企図で改正作業が進められた。当初の構想では、思想犯保護観察を定める思想犯保護観察法を改正し、これに一般の猶予者・釈放者等を取り込み「一般保護観察法」化を図るというものであった。しかし、1945年10月連合国軍総司令部 (GHQ) から出された、いわゆるマッカーサー指令に抵触するとして、思想犯保護観察法及びその制度は即時廃止となり、同法を基本とする法改正は実現されることはなかった[25]。当時GHQ側の要求の主な点としては、①釈放者に対する保護は社会福祉の一環として本来厚生省の所管とすべきであること、②更生保護の基本法となる改正草案の中に社会福祉施設とは別の司法保護団体もしくは収容保護に関する規定を設けることは適当でないこと、③保護観察の担当を民間のボランティアの司法保護委員に行わせることは適当でなく、有給の常勤公務員とすべきこと、④犯罪者の発生の予防に関する規定を置くこと、⑤その他、組織・機構等に関することも含まれた[26]。調整の末2年余り後に「犯罪者予防更生法案」が国会に上程されるが、同法案は国会審議の過程においても難航し、政府原案の修正の後、1949 (昭和24) 年に犯罪者予防更生法は成立した。同法は、各委員会

や少年及び成人の仮釈放者に対する保護観察等について規定したが、上記①②の疑義により、司法保護事業の実施施設に関する規定は除外された。

(3) 更生緊急保護法時代

　犯罪者予防更生法から司法保護施設に関する規定が除かれたために、司法省は、犯罪者予防更生法の施行前後からこの立法化を急いだ。1950（昭和25）年には更生緊急保護法が成立、同年施行され、司法保護事業法は廃止された。これにより従来の司法保護団体は、更生保護会と組織変更することとなる。更生緊急保護法は、更生保護における国の責任を明確にし（第3条）、委託費及び補助金に関する規定（第12条）を置くと共に、更生保護事業経営の認可及び審査に関する詳細な基準を定めた（第5条）。また、更生（緊急）保護は、親族縁故者からの援助または公共の衛生福祉からの保護を受けることができないか、それらでは十分でない場合にのみ行われうるとし（第2条）、その期限を6カ月以内とするなど、いわゆる「公共優先の原則」を明らかにした。これは、先のGHQの疑義①や犯罪前歴者を一般福祉の枠外に置くことでかえってその更生を困難とするという意見を背景にした措置であった[27]。さらに、犯予法中の保護観察対象者に対する応急の救護（犯予法第40条2項）について、保護会がその委託を受けることができるとした（第6条2項）。こうした更生保護会による保護は、いわば簡易宿泊所的な措置であり、とりあえずの「食う寝るところに住むところ」の確保という緊急の保護に限られていたとされる[28]。更生緊急保護法の成立と同時に、更生保護会の基準規則および認可規則が制定され、1950年末には収容施設を備えた直接保護会は143、連絡助成にあたる保護会は14を数えた[29]。さらに、1954（昭和29）年刑法の一部改正によって保護観察付執行猶予制度が創設されることとなり、同年成立した執行猶予者保護観察法により、保護観察付執行猶予者の援護（第6条2項）も保護会への委託対象となった[30]。

　戦後しばらくは収容施設を営む更生保護会に対する需要は大きく、施設の新設が相次いだこともあり、1959（昭和34）年には収容保護を行う団体数はおよそ170に上った[31]。しかし、高度経済成長期に入ったことで、収容保護への需要が低下したことやこれによる経営難等によって、徐々に団体数は減少することとなる。かくして、1989（平成元）年には、収容保護を行う更生保護会は100を数えるのみとなる[32]。1994（平成6）年には、更生緊急保護法の一部改正によって法律の規定に基づく補助が実現し、「更生保護施設整備

費補助金」の予算が創設される。しかし、同法案を審議した衆参法務委員会において、更生保護事業が国の責任で行われることに鑑みて、その育成、発展のため、また、社会福祉事業との均衡も考慮した法改正の必要性が認識され、その旨の附帯決議が付されることとなる。

(4) 更生保護事業法時代

　上記附帯決議を受けて法改正の作業が急ピッチで進められ、1995年5月には更生保護事業法が公布、翌年施行された[33]。主な改正点は、従来の民法法人から更生保護事業法人に組織が変更され、法的に社会福祉法人並の社会的地位が確保されたこと、税制上の優遇措置等において社会福祉事業との格差が埋められたこと、地方自治体のこの事業に対する協力規定が置かれたこと、継続保護事業の対象が拡大されたこと（刑の執行停止中の者、罰金または科料の言い渡しを受けた者等）、そして更生保護法人が公益事業を行うことが可能になったこと等が挙げられる[34]。また、同改正により更生緊急保護法中の更生（緊急）保護の規定は、犯罪者予防更生法にそのまま移し替えられ、仮釈放者等に対する応急の救護と満期釈放者等に対する緊急の保護は法律上統合されることとなる。

　2000年度から3カ年計画で、更生保護施設の処遇機能充実化を目的とした「トータル・プラン」の策定と[35]、その具体的取組みである「ステップアップ・プロジェクト」が実施された[36]。次いで2002（平成14）年の更生保護事業法の一部を改正する法律によって、更生緊急保護の委託対象者の拡大および期間の延長（最大1年間）、さらに、犯罪者予防更生法上の補導援護（第36条1項）の措置に「社会生活に適応させるために適当な生活指導」が加えられ、これを、更生保護事業を営む者等に委託することが可能となった（更生保護事業法第2条2項）。2008（平成20）年には、更生保護のあり方を考える有識者会議提言を受け、更生保護の充実強化を目的とし、犯罪者予防更生法と執行猶予者保護観察法を整理・統合した更生保護法が施行される。同法では、更生保護の目的の明確化、保護観察における遵守事項の整理・充実、被害者等が関与する制度の導入、生活環境調整の充実ならびに官民共同体制の充実が図られた[37]。さらに、同法は、特定の犯罪的傾向を改善するための体系化された手順による処遇を受けること（4号）や、法務大臣が指定する施設等改善更生のために適当と認められる特定の場所であって宿泊の用に供されるものに一定の期間宿泊して指導監督を受けること（5号）を、特別遵守事項（第15

条)として設定することができるとしている。

　また、2000年代半ば頃から、刑事施設入所者等について、高齢または障がい等により退所後直ちに自立が困難な者の存在が認識されるようになった。こうした人々の社会復帰を支援するために、2009（平成21）年より「地域生活定着支援事業」が創設され、福祉サービス等（障害者手帳の発給、社会福祉施設への入所など）につなげるための準備を、保護観察所と協働して進める「地域生活定着支援センター」が各都道府県に設置されることとなった。加えて、同年、更生保護施設における福祉職員採用のための予算措置が講じられ、全国57カ所の指定更生保護施設に社会福祉士等の配置がなされており、更生保護施設においても福祉的なニーズへの対応が期待されている。

3．更生保護施設の現状と充実強化の方向性

　次に、更生保護施設の現状を整理し、今日提言等によって求められる更生保護施設の充実強化の方向性について検討したい。

(1) 更生保護施設の現状

　更生保護施設は、2011年4月1日現在、全国で104施設が更生保護法人等によって運営されている。収容定員の総計は2,329名であり、104施設中、男子のみを保護の対象とする施設が90施設、女子のみ保護の対象とする施設が7施設、どちらも保護の対象とする施設は7施設である。また、成人・少年を問わず保護の対象とする施設がもっとも多く81施設、成人のみ保護の対象とする施設が20施設、少年のみ保護の対象とする施設は3施設である[38]。更生保護施設は各都道府県に最低1か所設置されているが、就労先の確保等の事情により、大都市圏に集中する傾向がある。

　更生保護施設に対して、国は、委託によって生じる補導援護、宿泊、食事付宿泊等の費用及び人件費を含む事務費を委託の実績に応じて支弁しているほか、更生保護施設の整備に要する費用の補助、税制上の優遇措置その他の育成策を講じている。また1994年に設立された更生保護法人更生保護事業振興財団によって、施設整備や補導職員の研修等に要する費用に対して助成が行われている。しかし、補導にあたる職員の人件費や処遇に要する費用は、委託費および助成金だけでは賄えず、また、かつてのように篤志家からの寄付金等も望めなくなっており、経営状況の苦しい事業者も少なくないとされ

る。さらに、委託費の全てが収容実績に応じて支弁される仕組みとなっており、収容実績に大きな変動が生じた場合には、安定した収入が得られず、経営は不安定とならざるをえない。

　更生保護施設には、補導にあたる専門職員として、施設長、補導主任、補導員が置かれている。収容定員20名以下の施設に職員4名（施設長、補導主任および補導員2名）、収容定員21名以上の施設に職員5名（以降定員が10名を超えるごとに1名追加）を置くこととしている。こうした補導職員以外に、事務員や調理員を配置している施設も多い。実際の職員の配置状況をみると、全施設平均して常勤職員は1施設あたり4.8名、うち4.0名が補導職員となっている。常勤職員の平均年齢は60.4歳、更生保護施設職員としての勤続年数は7年1月、平均給与額は217,271円（福利厚生費を含む）である。犯罪行為者の処遇という職務内容に加え、宿直業務もあるため職員の負担は重い。また、こうした業務の特殊性と前述の経営上の制約から、更生保護施設職員にかんしては、その多くが年金等の受給者である更生保護官署や矯正施設の退職者等で占められているのが実情となっている[39]。

　刑事施設からの釈放者の状況についてみると、2009年の総数30,178名のうち、仮釈放者14,854名（49%）、満期釈放者15,324名（51%）となっている（仮釈放率49.2%）[40]。戦後、釈放者全体の総数の変動にかかわらず一貫して仮釈放者数が満期釈放者数を超える状態が続いていたが、今日これが逆転することとなった。また、近年、刑事司法手続の各段階における高齢者の増加[41]や何らかの障がいを有する犯罪行為者の存在が指摘されており、そのような人々への支援の必要性も叫ばれている[42]。こうした状況は、後述する利用者の特性に既に現れてきているところであるが、満期釈放者、高齢者、そして何らかの障がい及び生活上の困難を有した人々の引受先は、今後よりいっそう重要な課題となることが予想される。

　2009年、更生保護施設に新たに委託された補導援護・応急の救護及び更生緊急保護の実施人員は、総計7,667名[43]である。補導援護・応急の救護対象者が4,313名（56%）、更生緊急保護の対象者は3,354名（44%）となり、両者の比率は拮抗している。また、そのうち3号観察対象者がもっとも多く3,608名（47%）、次いで刑の執行終了者1,964名（25%）となっている[44]。更生保護施設には、刑事施設出所者のほぼ8人に1人、仮釈放者の5人に1人が保護を受けており、犯罪行為者の社会復帰を果たす上でその重要性は大きい。

以上から、更生保護施設の現状としては、近年やや持ち直し傾向にあるが未だその数は少なく大都市圏に集中しがちな施設状況、施設整備や職員の確保、財政状況、高齢者及び障がい者等何らかの困難を有した人の引受、そして、満期釈放者等の更生緊急保護対象者の更生保護施設利用者に占める割合の増加が挙げられる。

(2) 更生保護施設利用者の特徴

　次に、2007年に保護局によって実施された特別調査[45]によれば、利用者の特徴についておおむね以下の点が指摘されている。

　平均年齢は46.1歳で、1997年の44.3歳から上昇傾向にある。年代については40代（111名：26%）と50代（111名：25%）でほぼ過半数が占められており、次いで30代（98名：22%）が多い。しかし、60代（60名：14%）と70代（12名：3%）の割合も合わせて2割近くに達しており、これは20代（32名：7%）及び10代（13名：3%）とほぼ同じ割合となっている。

　主たる罪名は、男性の場合は窃盗（260名：62.8%）がもっとも多く、次いで詐欺（38名：9.2%）、覚醒剤取締法違反（25名：6%）となっている。女性の場合は覚醒剤取締法違反（11名：47.8%）がもっとも多く、次いで窃盗（6名：26.1%）、詐欺（2名：8.7%）、傷害（2名：8.7%）となっている。男性利用者において殺人（9名：1.9%）がわずかであるが保護を受けているが、周辺住民等との関係を考慮して更生保護施設が受入をためらいがちとされる放火（1名：0.2%）や強制わいせつ・同致死傷（1名：0.2%）等の性犯罪は少ない。また、受刑歴については、初入（160名：38%）がもっとも多く、次いで、なし（98名：22%）、2入（72名：16%）である。

　問題し癖については、ギャンブル（男性8.7%・女性4.3%）、問題飲酒（12.1%・0%）、薬物（8.0%・39.1%）、その他（1.9%・0.0%）となっている。

　知能指数に関しては、不詳の者（118名：26%）がもっとも多い。また知的障がいのいわゆる境界域とされる70～79の者（78名：18%）も多く、60～69（51名：12%）、50～59（18名：4%）および49以下（21名：5%）の者を合わせると、全体の4割近くを占めることになる。もとより、知能指数のみによって人の能力全てを判断できるとすべきではないが、社会生活を送るうえで何らかの支援が必要となることは予想される。

　精神疾患を含む何らかの疾患を有する利用者は全体の中で2割を占め（89名）、また施設退所までに障害認定を受けた利用者（4名）も僅かながらいる。

更生保護施設入所時の所持金に関しては、援護等（249名）の対象者のうち5,000円以下（9.6%）、1万円以下（17.3%）および3万円以下（26.5%）の者で過半数（55.4%）が占められるが、更生緊急保護の対象者（184名）では、5,000円以下の者（69.0%）がもっとも多かった。

　年金・保険の加入状況は、年金加入者が1割にも満たず（37名：8%）、健康保険の加入状況も3割程度（31%）である。また生活保護の受給状況も、「受給なし」が9割以上を占める（422名：96.6%）。

　就労の状況については、全体のおよそ8割（344名：79%）が何らかの仕事に就いている。不就労（93名：21%）の理由としては、「やる気なし」（49名：53%）と「努力の跡有」（42名：45%）とされる者の割合がほぼ半々となっている。就職の端緒は、協力雇用主（42%）がもっとも多いが、1997年の割合（72%）と比較して大幅な減少がみられ、代わりにハローワークを就職の端緒とする者が増えている（6%→12%）。雇用形態は、全体として日雇（42%）がもっとも多く、次いで臨時雇（29%）、常雇（26%）となっている。退所時の就労見込みに関しては、7割以上が「見込み有」（237名：71%）となっているが、50代以上になると「見込み無」が増加する傾向にある。

　最後に、退所先のうち主要なものとしては、社宅・寮（125名：38%）、親戚・知人宅（86名：27%）および民間賃貸住宅（82名：24%）であるが、社会福祉施設（3名：1%）は少数に留まっている。

　以上からみえてくる近年の更生保護施設利用者の特性としては、中高年齢層の割合が高く、全体として高齢化していること、罪名としては窃盗・詐欺など比較的軽微なものが多く、刑務所入所度数も1入以下がおよそ6割を占めること、問題し癖を有する者もいること、知的能力に困難を有する可能性がある者が相当程度いること、疾病等の問題を有する者も一定数いること、経済的基盤に乏しいこと、年金や健康保険といった社会保障とのつながりが希薄であること、就労状況は比較的良好であっても雇用形態が不安定な場合が多く、そして、協力雇用主による雇用がかつてよりも望めなくなっていること等がうかがわれる。これをひとまず、現状における更生保護施設利用者の処遇ニーズとして置き換えることも可能であろう。

　もっとも、こうした現状における更生保護施設利用者の特徴は、施設入居時における一定程度の選別を経た結果であることに留意する必要がある。すなわち、施設によっては特定の罪種の受入をそもそも認めていないところもあり、また稼働能力の点で、高齢者、障がいを有した者もしくは疾病のある

者等の受入を不可とする場合もある。前述したような近年の釈放者全体の問題傾向が、更生保護施設の利用者にも現れているところではあるが、必ずしも希望者全員が保護を利用できるわけではなく、潜在的なニーズは相当程度予想される。

(3) **充実強化の方向性**

　ここでは、2つの提言と1つの報告書から、以上のような現状にある更生保護施設に対して求められる充実強化の具体的な内容について検討したい[46]。

　2000年の矯正保護審議会提言は、更生保護施設利用者のおよそ7割が仮釈放者等の保護観察対象者である当時の状況を踏まえ、更生保護施設は、かつてのような身寄りのない出所者に衣食住を提供する役割から、効果的な「保護観察処遇実施の場」として機能することが強く求められているとしている（第6節）。具体的には、個別処遇の充実として、利用者の問題性に応じた計画的処遇と職業安定所、医療・福祉機関、協力雇用主等の関係機関・団体との連携強化による適時適切な援助のみならず、集団処遇その他SST等の処遇プログラムの導入を促進する必要があるとする。そして、処遇における指導監督面の強化として、社会参加活動への参加や保護観察所が実施する集団処遇や講習への参加を義務づけること、覚せい剤事犯対象者に対しては尿の提出を義務づけることのほか、特定の者に対して一定期間更生保護施設への居住を義務づけることを可能にする法整備等を検討する必要があるとした（第8節4）。

　また、2006年の更生保護のあり方を考える有識者会議の提言においても、更生保護施設は、「その再犯を防止する処遇施設としての機能」をさらに高める必要があるとされる。そして、処遇施設にふさわしい能力と専門性を備えた職員の確保が求められ、再犯予防に着目したより積極的な処遇施設化の方向性が提言されている（24頁）。また、更生保護施設に、生活技能訓練や酒害・薬害教育等の特別の処遇を委託したり、宿泊保護対象者だけでなく通所する保護観察対象者についても委託できるよう予算措置を講じるべきとしている。

　さらに、2009年の更生保護施設検討会報告書（以下、報告書）では、今後更生保護施設が果たすべき役割として、包括的に以下の機能が挙げられている。すなわち、①更生保護施設に入所した者の特性に応じた社会内での個別処遇計画を策定しその後の進路選定等を行う「個別処遇のための診断・評価機能」、

②更生保護施設に入所している者の問題性の改善のために強化した指導監督を行う「指導監督強化機能」、③犯罪的傾向を除去あるいはその背景にあるし癖・依存からの回復を図り生活習慣を改善する処遇プログラム等を実施する「専門的処遇機能」、④職業訓練を始めとする総合的な就労支援を実施する「積極的就労支援機能」、⑤身寄りがない住む家がない孤独であるなどの出所者等に対しては住居を確保し居場所を作り地域との関わりを持たせるなどする「地域生活定着支援機能」、⑥再非行に至る危険性の高い少年に対し社会化と自立を促進する集中的な教育訓練プログラムを実施する「少年に対する教育訓練機能」である。これを国との役割分担も考慮しながら、その発展のための方策を実施するとしている。ここでは、上記２提言よりも広範囲にわたり更生保護施設の機能強化が求められているが、従来、更生保護施設が果たしてきた生活基盤の確保や就労支援といった補導援護的な処遇（④⑤）に加え、診断・評価、指導監督の強化、犯罪性の除去、専門的処遇および教育訓練の実施（①②③⑥）といった指導監督的な「処遇」が期待されるようになっている。さらに、当該報告書は、社会内で保護観察を受けている者であっても、就労意欲が低いなど、種々の不適応を呈している者について、短期集中的に更生保護施設に宿泊させ、専門的処遇を実施するとともに行動観察によって行状を見極め、必要に応じて処遇の転換を図るいわゆるハーフウェイ・インの施設としての役割も今後重要なものとなるとしている。かくして、更生保護施設には、「上記のような諸機能を発揮することにより、矯正施設内で十分解消されていない問題性を解決し、また、社会適応を促すための指導や支援を、実社会の中で、しかし、通常の生活に比べれば一定の制約のある状況下で実施し、実効性ある再犯防止と社会復帰を図ることが期待される」とする[47]。

　もっとも、上記提言等は、いずれも委託費の見直し、施設整備及び人員の確保といった運営基盤の強化についても触れており、全体的な更生保護施設処遇の能力強化も求めている。しかし、そこで求められる処遇機能の充実強化における「処遇」には、遵守事項による一定のプログラムおよび居住の義務づけのような強制的契機や直接的な目的としての再犯予防の強調ならびに保護観察処遇（特に指導監督面）との結びつきの強化がみられる。

　このように方向づけられた「処遇」機能の充実強化は、更生保護施設の処遇にどのような変化をもたらすこととなるのか。これが、次に検討されるべき課題となる。

4. 更生保護施設処遇の検討

　ここでは、まず、更生保護施設処遇の各側面について、従来の更生保護施設にかかわる議論と実践の他に、歴史的に近接関係にあった社会福祉施設におけるサービス提供のあり方に関する議論も参照しながら分析を行うこととする。そのうえで、上記の提言等によって示される充実強化の方向性を批判的に検討し、より良い発展の方向性を示したい。

(1) 更生保護施設の3つの処遇機能

　従来、更生保護施設の処遇は、次の3つの機能を備えたものとして理解されてきた[48]。

　1つ目は、「生活援助的機能」と呼ばれるものである。これは、法令による身柄の拘束を解かれても帰る家がなく頼る者もいないといった生活困窮者に対して、宿泊場所や食事を提供するといった、基本的な生活を保障する機能である。この機能は、従来、緊急避難所または簡易宿泊所ともされてきた更生保護施設の基本的な機能といえる。2つ目は、「環境調整的機能」と呼ばれるものである。これは、生活に困窮していない場合であっても、親族・縁故者による引受を拒否された等により更生保護施設を帰住地とした者が、そこで生活する中で、そうした周囲の人々との融和を図るといった機能である。ここには、たとえば、退所後の就労先の斡旋や、高齢者または障がい者等の福祉への橋渡しに向けた調整も含まれる。3つ目は、「生活訓練機能」と呼ばれるものである。これは、生活態度の乱れや不遇な環境で育ち社会性が乏しい者に対して、更生保護施設での規則正しい生活を通して勤労意欲の涵養や自律心を養うといった機能である。この機能は、上記2つのそれとは異なり、利用者本人に対する直接的な働きかけを目的としている。

　以上のような更生保護施設処遇の諸機能は、社会福祉施設に備わる各機能と類似するものであることが従前より指摘されてきた[49]。つまり、更生保護施設処遇における「生活援助的機能」は、社会福祉施設においては、利用者の暮らしを維持し居住性を高める「生活サービス機能」と呼ばれている。また、同様に、「環境調整的機能」は、利用者やその生活をめぐるもろもろの環境を調整する「援助サービス機能」と呼ばれる。さらに、社会福祉施設における「技術サービス機能」と呼ばれる機能は、「技術そのものが処遇上の効用と

なるような専門サービス」とされ、典型的には、重症心身障がい児の施設における療育や身体障がい者施設におけるトレーニングのようなサービスであるとされている[50]。この機能は、利用者に対する働きかけという点で、更生保護施設における「生活訓練機能」に類似するものであるといえる。しかし、こうした技術的専門性は、従来、更生保護施設では「生活訓練」とされていたことからも分かるように、必ずしも意識されてこなかった。

　この観点からすると、上記提言等は、これら3つの機能のうちの第3の機能を、犯罪者処遇の技術的専門性へと置換し、この機能を向上させることを要求していると考えられる。ところが、留意されなければならないのは、社会福祉施設における「技術サービス機能」の向上は、単に専門性を有した職員の配置やプログラムの充実によって解決されるものではないと理解されている点である。むしろ、多様なハンディキャップを抱えた1人の人間を援助するには、地域において、施設処遇に動員できる多種多様な人的及び物的資源を幅広く活用できる体制を整備することが不可欠だとされている。こうした開かれた処遇施設の方向性は、上記提言等では十分に提示されていない。

　また、社会福祉施設においては、上記3つの機能が、光や色の三原色のように混ざり合いながら、それぞれが調和のとれた施設サービスの不可分の要素として理解される[51]。しかし、提言等では、これら諸機能の相互関係はほとんど言及されていない。こうした諸機能の相互関係を理解するためには、更生保護施設における処遇実践を参照する必要がある。

(2) 更生保護施設処遇の実践

　ここでは、次の2つの実践例を参照したい。

　ある更生保護施設の職員は、更生保護施設の処遇を「円環する」処遇と呼び、次のように述べている[52]。すなわち、「SSTの導入のとき、リーダーがコミュニケーションの勉強をしようと働きかけたのに対して参加者のひとりが『へいぜいは声をかけても生返事をして！なにがコミュニケーションの勉強だ』と反発したといいます。『さあ！SSTをしよう！』という何でもない呼びかけが、日常的、潜在的な不満と連鎖し、共鳴し合う目的として共有できないため参加者の反発を呼び起こしたのでしょう（中略）更生保護施設の処遇、なかんずく集団処遇は、職員と施設利用者との間に日常的、葛藤があったり、権威的関係として付置されていると基本的には成り立ちません。それでも処遇的にコミットしようとするとき、施設利用者は逃避し、拒絶し、処

遇を排除することになります。仮に成り立っても目的は達成できないでしょう」としている。そして、「しゃべり場」や「たばこ場」で施設職員と煙草を吸い、テレビを見ながら、私的な雑談ともいえるとりとめない時間を過ごす、そうした交話的関係が更生保護施設の処遇にとって不可欠であり、「週に一回は面接するようにしている」といった、形式をなぞるような処遇に対して警鐘を鳴らしている。

　また、別の実務家は、次のようなことを経験している[53]。SSTを中心とした集団処遇の実施において、利用者と職員との関係が「同じ境遇、立場という仲間意識もあり、『気楽な雰囲気』の中で普段の対象者からは想像できない考え方や経験が語られることも少なくない。普段は粗野な言動が目立つ者が感情移入し、思いやり、いたわり、励ましといった言葉を口にするなど意外な一面を見せることもあるが、その逆に就労も安定し、規則違反もなく、いつも真面目に見える者が自分本位であったり、社会性に疑問を感じるような発言を繰り返す場合もあり驚く。このような意外な発見によって対象者の性格や実態の一面を把握することができ、その後の処遇に大いに役立てている」としている。また、「（集団処遇の——引用者注）回数を重ね様々な失敗をするうちに、《毎回参加者も違う。雰囲気も全く違う。その場の流れに従えばいい》＝《状況に合わせた柔軟な姿勢》及び《今日は参加者からどんな意見が聞けるだろう》＝《期待と楽しみ》といった発想の転換」がもたらされるようになったという。そして、SSTの基本理念は維持しつつも、経験を積み重ねる中で、必ずしも形式にこだわらず、むしろ型を多少逸脱した『施設に適合する独自の姿勢及び形態』で行うことにより、これを続けることができたとしている。

　こうした2つの実践は、更生保護施設処遇の特性をよく表しているように思われる。1つ目の例では、「円環する」処遇とも称されるように、更生保護施設においてはSSTのような専門技術的なプログラムであっても、日常生活において葛藤や権威的関係が存在する状態では成立しないことが示されている。社会福祉施設における3つの機能のように、更生保護施設における処遇も、生活援助、環境の調整そして専門技術といった処遇機能が、相互作用しながら一定のバランスのうえに成り立っていることが分かる。また、2つ目の例では、職員と利用者との間に対等な人間関係が築かれ、こうした処遇が人間性発見の場となっていることが示されている。そして、集団処遇を通じた利用者の人間性の発見とその経験が、更生保護施設の職員に発想の転換

や自信をもたらし、ひいては、更生保護施設の処遇の変容を生み出していく様子をみてとることができる。こうした更生保護施設における処遇の発展的な過程は、社会福祉における集団援助の展開過程に類似する[54]。これらを更生保護施設処遇の特性として、ひとまず捉えることができると思われる。

このような観点から、上で検討した提言等によって求められる「処遇」について、さらにいくつかの問題点を指摘することができる。すなわち、遵守事項によるプログラムの受講や居住の義務づけは、更生保護施設の処遇に強制の契機を持ちこむことを意味する。これにより、施設利用者と職員との間に権威的関係が生じ、軋轢や葛藤が生じることになれば、上でみたような更生保護施設の処遇に困難をもたらすことが予想される。また、更生保護施設の職員が保護司を兼任している場合、遵守事項によって義務づけられている者に対する処遇（指導監督）が、そうした義務づけのない者にまで及んでしまうおそれがあり、処遇の混乱のみならず、不当な権利制約も危惧される[55]。利用者の側にとってみれば、同じ施設にいながら扱いが違えば、これに不満を抱くことも予想される。そうして処遇が立ち行かなくなれば、結果的に、職員の負担は増し、これがより強力な強制的契機への希求へとつながりうる。かくして、更生保護施設の処遇は変質し、刑事施設化することとなる。したがって、更生保護施設におけるプログラム受講や居住の義務づけは行われるべきではなく、更生保護施設の処遇は、とりわけ、指導監督（遵守事項）からは切り離されている必要がある。

(3) 更生保護施設のアマチュアリズムとプロフェッショナリズム

更生保護施設の処遇についてさらに検討を進めるために、次に、ソーシャル・サービスにおけるアマチュアリズムとプロフェッショナリズムの対立についての議論を参照したい。

それは、以下のようなものである。ソーシャル・サービスにおける「心情」学派と呼ばれる人たちは、いわゆる「フクシのこころ」といったように、ソーシャル・サービスの本質を「こころ」による救済か、せいぜいのところ衣食の援助という側面のみで捉えがちであるとされる。こうした立場からは、確かに、人間の困苦や悩みに慈悲の眼を注ぐと言う態度や、あるいは人間の失意や悲しみを「こころ」の鏡に受け止めるという態度は生まれてくるが、人間の苦悩や悲哀そのものを技術の眼で理解し、その解消を技術の課題として追求することは、十分に達成されてこなかったと指摘される[56]。

これに対して「技術」学派と呼ばれる人たちは、ソーシャル・サービスにおいて職業的な専門性こそが重要であると主張し、専門技術による問題の解決を志向する。この立場の人々は、ソーシャル・サービスの技術的発展に大いに寄与するものであるが、しかし、人間についての理解という点では、必ずしも一般市民のそれと変わるものではないとされる。人間に直接関わりを持つソーシャル・サービスの技術においては、単に専門知識や技法の習得のみならず、「人間についての正しい見方」が必要であり、それは、「病から逃れようとする人間、成長しようとする人間、生きようとする人間に、職業上の地位での関わりを持つことを許される者にふさわしいだけの、人間についての深い洞察力と広い見識をみにつけたもの」でなければならないとされるのである[57]。

　これを筆者なりに理解すれば、ソーシャル・サービスによる対人援助においては、アマチュアリズムに基づいた対象者に対する理解（こころ）と、プロフェッショナリズムに基づく課題の解決（技術）の双方が重要であるとするものと考えられる。この議論を敷衍して、更生保護施設におけるアマチュアリズムとプロフェッショナリズムについて、次のように分析することができる。

　まず、更生保護施設におけるアマチュアリズムは、日々の処遇実践の中で培われてきた利用者に対する見方の中に表れている。たとえば、2000年に実施された全国の更生保護施設に対する調査では、更生保護施設の処遇理念として次のようなものが挙げられている。すなわち、「人間として尊重し、社会人としての自覚を涵養するように処遇すること」、「人格を否定されてきた者の人間回復の場であるから、相手の価値を認め、対等な人間関係を持てること」、「公平な処遇」、「信頼関係を構築すること」、「臨機に対応し、『まず話を聴く』姿勢を保つこと」、「自主自律性を涵養すること」等が、「ほぼ共通して」指摘されるとしている[58]。ここには、更生保護施設（職員）が長きに渡り犯罪行為や非行に及んだ人々と関わる中で獲得した基本的な人間観をみてとることができる。すなわち、そうした人々を単に「犯罪者」や「非行少年」としてではなく対等な関係性を気付くべき1人の人間として把握するという人間観である。こうした人間についての見方は、一般の社会福祉施設が、福祉的なニーズを有するにも関わらず「刑余者」という理由でそのような人々の受入に消極的であるという事実を前に、更生保護施設のアマチュアリズムの「強み」として際立つ。しかし、提言等は、処遇の直接的な目的として再犯予防を置き、利用者の犯罪性や再犯リスクを強調している。これは、更生

保護施設処遇の前提としての人間観と対立し問題を残す。

　そして、更生保護施設におけるプロフェッショナリズムについては、従来、体系的および専門的な処遇技法の発展は十分ではなかったと言わざるをえない。確かに、提言等による「再犯を防止する処遇施設」は1つの方向性ではあるが、更生保護施設の処遇に困難を持ちこみ、また、その人間観とも対立し妥当ではないことを、既に指摘した。これに加えて、更生保護施設利用者の特性という観点からも、そうした方向性には疑問が残る。既に示したように、現状、更生保護施設処遇において必要とされているのは、直接的な犯罪性の除去よりも、高齢化、依存症等の問題し癖、知的な困難、疾病、経済的困窮、医療や年金等の社会保障からの排除および就職難といった、福祉的ニーズへの対応である。したがって、更生保護施設における技術的な充実強化は、それぞれのニーズに合った支援の充実であり、個別的・集団的な社会的援助体制の確立である[59]。

　ところが、ここにはなお、更生保護施設に特有の困難も予想されうる。すなわち、更生保護施設利用者の共通項は、刑事司法に関わった経験を有するという事情である。したがって、更生保護施設は、一般の社会福祉施設のように、生活困窮、高齢および障がいといったそれぞれの福祉的ニーズに基づいた専門分化が困難とならざるをえない。また、更生保護施設の施設数や分布、そして社会福祉法人等の他法人からの更生保護事業への参入の状況も鑑みると、今のところ、必ずしも更生保護施設が特定の福祉的分野のみに特化することが望ましいとは思われない。したがって、更生保護施設における処遇の充実は、社会福祉施設について指摘されていた以上に社会に開かれている必要がある。具体的には、地域における利用可能な人的物的資源の開拓、そして地域生活定着支援センターや一般社会福祉施設等との協力体制の構築等によって、果たされなければならない。そして、こうした援助体制の確立のために、国や地方自治体は、更生保護施設に対し財政面等で十分な支援を行う義務を負っている（更生保護法第2条）。かくして、更生保護施設処遇のアマチュアズム（こころ）の「強み」と、開かれた社会的援助としてのプロフェッショナリズム（技術）の充実強化が合わさることで、社会的援助施設としての更生保護施設の役割は、今後、よりいっそう重要なものとなる。

(4) 自立更生促進センター

　以上のように、民間更生保護施設に見合った形で、その「強み」を活かし、

開かれた支援を充実させる方向性とは別に、まさに提言等が求める意味での充実強化の方向性、すなわち「再犯を防止する処遇施設」としての更生保護施設が今後ありうるのかについては、なお検討を要する課題であるように思われる。こうした方向性の具体化の1つが、まさに自立更生促進センター構想であるように思われるので、ここで若干の検討を行いたい。自立更生促進センター構想には、国営の更生保護施設として、自立更生促進センターと就業支援センターの2つの形態がある。

　自立更生促進センターは、刑務所出所者等のうち、親族や民間の更生保護施設での引受が困難な者について一定の期間宿泊場所を提供し、特定の問題性に応じた重点的・専門的な社会内処遇を実施する国の施設であり、2009年に福岡県北九州市、2010年に福島県福島市に、それぞれ保護観察所およびその支部に付設される形で開設、運営が開始されている。当初の構想段階では、自立更生促進センターは、これらのほかに、京都府京都市および福岡県福岡市に開設される予定であったが、地域住民等の反対運動により、事実上、計画は凍結されている。施設の目的としては、保護観察官による「24時間365日体制」の濃密かつ専門的な指導監督や充実した就労支援を行うことで、仮釈放者等の再犯を防止し、安全・安心な国づくり、地域づくりを推進するとしている[60]。

　確かに、従来の民間更生保護施設とは別に、国営の施設を設置することによって、上で挙げたような民間更生保護施設における種々の問題は回避することができるように思われるが、ここには、なおいくつかの疑義が呈されうる。まず、自立更生促進センターでは、外出の際の職員の同行、監視カメラ等による行動の監視、センター規則の遵守や保護観察官による「24時間・365日体制」による濃密な指導監督が行われることとなっている。また、利用者には、当該センターに宿泊し指導監督を受けることが、特別遵守事項（更生保護法第51条）によって義務づけられている。これは、極めて刑事施設的な色彩が強いものであるが、こうした施設を何ら法的根拠なしに設置することや保護観察対象者に対する自由制限にかかわる法的妥当性の問題が提起されうる[61]。

　また、現実問題として、自立更生促進センターは、地域住民からの反対運動等により、当初予定された4施設のうち2施設が未だ開設のめどが立っていない。開設に至った2施設は、地域住民の反発を考慮して、利用者に厳しい制限を設けている[62]。これは、民間の更生保護施設についても同様であ

るが、犯罪行為者の「再犯を防止する処遇施設」と強調すればするほど、地域からの拒絶反応は強くなる。こうした事情からすれば、自立更生促進センターが、どの程度、親族や民間施設からの受入を拒否された者や従来引受の対象とならなかった者を受け入れることができるのか疑問が残る。仮に、民間の更生保護施設とそれほど利用者の特性が変わらないのであれば、結局、全体的な収容定員の増加というメリットしかないことになる[63]。しかし、単純に収容定員の増加を目指すのであれば、現存する更生保護施設の処遇体制および協力支援体制の強化、他法人による更生保護事業への参入の促進、また、2011年度より予算措置が講じられる「自立準備ホーム」のようなアパートやグループホーム等の空室を利用したサテライト型の更生保護施設の導入によっても可能である。

　こうした点に加えて、自由制限を伴う自立更生促進センターにおける処遇は、一般社会で通常の生活を行いながら改善更生を図るという社会内処遇の意義という観点からも、疑問視されざるをえない。刑事収容施設及び被収容者の処遇に関する法律において、被収容者は、作業に代えて矯正指導（第84条）を受けることができ、また、外部通勤（第96条）や一定期間の外出及び外泊（第106条）も可能である。むしろ、こうした開放的処遇の実施要件を緩和し、積極的に活用する等、刑事施設を開かれたものにすることが先決である。これにより、自立更生促進センターと変わらない処遇を刑事施設で行うことが可能である。確かに、現存する刑事施設よりもいくらか地理的に社会に近いという点で、自立更生促進センターの有意はなお認められるとすることはできる。しかし、そうであれば、これを明確に開放的刑事施設として位置づけるべきであり[64]、保護観察の枠組みでこれを行うべきではない。また、別の方向性としてありうるとするならば、たとえば、一般市民をも対象とした福祉相談所に、更生保護を必要とする人々に対して積極的に宿泊扶助を提供する施設を付設するといった形態が考えられるが、それは、厚生労働省の福祉行政の枠組みにおいて行われるべきであろう。

　加えて、就業支援センターについても、基本的には上で挙げた疑問が当てはまるように思われる。就業支援センターは、2011年4月1日現在、全国で2カ所設置されている。茨城県ひたちなか市の茨城収容支援センターが成人、そして、北海道沼田町の沼田町就業支援センターが少年の専門施設となっている。その背景となった事情は、身寄りのない刑務所出所者等の受け皿の確保、農業従事者の減少・高齢化、そして、農業による処遇効果とされ

る[65]。確かに、自立更生促進センターとは異なり、就業支援センターは、地域社会とは比較的良好な関係にあるとされ、身寄りのない者の受入や処遇の開放性という点で一定の意味はありそうである[66]。また、利用者の将来的な就農への意欲を前提としており、その利用意思は明確であるように思われる。しかし、収容定員の増加はなお僅かに留まっており（各12名）、受け皿の拡大という役割は限られている。また、これが、従来の構外作業や職業訓練、また一部の少年院で行われている農業実習と何が異なるのかという素朴な疑問に加え、保護観察の枠組みで行われることに、上で挙げたような施設や対象者の自由制限にかかわる法的問題はなお残るように思われる。さらに、更生保護とは直接関係のない農業従事者の育成という目的を掲げている点にも違和感を拭えない。これを目的とするのであれば、一般的な就農者育成施設を国が設置し、国の支援のもと更生保護利用者もここに受け入れるとする方が適切である。さらに、農作業による処遇効果は、確かに、土に触れることによる癒しといったものを認めることができるかもしれないが、実証的には必ずしも明らではない。刑務所等釈放者の就労支援は積極的に行われてしかるべきであるが、就業支援センターについては、なお検討されるべき課題が多く残されているように思われる。

5．結びにかえて——更生保護施設の役割と課題

　これまでの検討を要約し、これからの更生保護施設の役割と残された課題を提示したい。

　近年、提言等で示されている更生保護施設の「処遇」機能充実強化（本稿3(3)、以下数字は同じ）は、更生保護施設処遇の諸機能や特性、また、その「強み」といった観点から、その方向性に疑問が呈された（4(1)(2)(3)）。また、自立更生促進センターは、施設と利用者にかかわる法的問題、受け入れる利用者の特性及び処遇の意義の点から問題が多く、さらに、就業支援センターにも、政策的な疑問がなお残ることが示された（4(4)）。更生保護施設の充実強化として目指されるべきは、利用者のニーズに合った開かれた社会的援助施設としての方向性である。最後に、この点にかかわる今後の課題について、若干の検討を行いたい。

　更生保護事業は、歴史上3度、一般の社会福祉事業との近接関係に（もっとも、常にそうであったとも考えられるが、そのことが強く意識されたことが）あっ

た。1度目は、その萌芽期においてであり、そもそも、免囚保護は一般慈善事業とその勃興を同じくしたという歴史的事情があった（2(1)）。2度目は、第二次世界大戦後の占領軍によってであり、これは、戦前の治安関係機関と密接な関係にあった司法保護事業に対する警戒から来た外在的な事情と言える（2(2)）。そして、3度目は、まさに現在であり、これは犯罪者や非行少年とされた人々の中に、相当程度、高齢、障がい、または何らかの生活場困難を抱えた人がいるという「発見」に基づいた内在的事情である（2(4)）。こうした状況を背景に、更生保護事業を、今後も一般の社会福祉事業とは別のものとして置くことが妥当なのかどうか検討される必要がある。確かに、今日、更生保護事業法により一般の社会福祉法人並みの地位が更生保護法人に与えられてはいるが、しかし、常にその発展が後手に回ってきたことは、歴史からも明らかである。むしろ、現在の問題状況（3(1)(2)）からすれば、これを社会福祉法上の社会福祉事業に加え（同法第2条2項）、一般社会福祉事業として位置づける（同法第2条4項1号の削除）方向性について検討すべき時期に来ているように思われる[67]。

　しかしながら、当然のことではあるが、社会内処遇（更生保護）の段階のみで解決することができる問題は、必ずしも多くない。今日、極めて広範囲に及ぶ更生保護施設に対する期待は、刑事施設やそれ以前の段階における支援や処遇の不在を反映しており、時にそれは、責任の転嫁となりうる。本来的には、刑事司法の各段階において「一貫した社会的援助」が行われるべきであり、更生保護施設はその最後の段階に位置づけられるはずのものである。また、仮に、刑事司法の各段階において、十分な支援が行われ、福祉的ニーズへの対応や専門的な機関へのつなぎが十分に行われたとしても、犯罪や非行にかかわったことを1つの社会復帰上の障害とみなし、そうした人々に対して支援を行う社会的援助施設としての更生保護施設の役割は、今後もなお重要なものであり続けると思われる。

（あいざわ・いくお）

1　ここでの数字は、法務省保護局「更生保護の現状——平成21年度、22年度の統計を中心として——」法曹時報63巻6号（2011年）による。
2　これ以外にも、一時保護事業及び連絡助成事業がある。
3　前掲注（1）。
4　本稿では、更生保護施設とは民間の更生保護法人等によって運営されるものを指し、

「自立更生促進センター構想」に基づく国営更生保護施設である自立更生促進センターおよび就業支援センターと区別する。

5 更生保護事業法第2条2項各号において、①保護観察に付されている者、②懲役、禁錮又は拘留につき、刑の執行を終わり、その執行の免除を得、又はその執行を停止されている者、③懲役又は禁錮につき刑の執行猶予の言渡しを受け、刑事上の手続による身体の拘束を解かれた者（①に該当する者を除く。次号において同じ。）④罰金又は科料の言渡しを受け、刑事上の手続による身体の拘束を解かれた者、⑤労役場から出場し、又は仮出場を許された者、⑥訴追を必要としないため公訴を提起しない処分を受け、刑事上の手続による身体の拘束を解かれた者、⑦少年院から退院し、又は仮退院を許された者（①に該当する者を除く。次号において同じ。）、⑧婦人補導院から退院し、又は仮退院を許された者、⑨国際受刑者移送法第16条第1項第1号又は第2号の共助刑の執行を終わり、若しくは同法第25条第2項の規定によりその執行を受けることがなくなり、又は同法第21条の規定により適用される刑事訴訟法第480条若しくは第482条の規定によりその執行を停止されている者とされる。

6 この他にも、家庭裁判所から試験観察による少年の補導委託を受けるものもある。

7 同様のテーマを扱い、諸外国との比較法的検討も含んだ論稿として、金澤真理「更生保護施設の機能に関する一考察」山形大学法政論叢37・38合併号（2007年）1-26頁。

8 社会的援助とは、刑事手続に伴う弊害除去のための施策、刑事施設被収容者や更生保護事業利用者の個人的問題の解決や生活再建のための援助プログラム等の総称である。これは、憲法13条の幸福追求権及び同25条による社会権の保障によって根拠づけられ、刑事手続の弊害除去における社会的援助の不可欠性と国の弊害除去義務、社会的援助の権利性および非強制性、処遇内容としての社会復帰援助、そして刑事手続全体にわたる援助の一貫性によって特徴づけられる。土井政和「社会的援助としての行刑（序説）」法政研究51巻1号（1984年）35-96頁。津田博之「更生保護における社会的援助――3号観察を中心に――」刑事立法研究会編『更生保護制度改革のゆくえ』（現代人文社、2007年）42-54頁。刑事立法研究会編『改訂・刑事拘禁法要綱案』『21世紀の刑事施設　グローバル・スタンダードと市民参加』日本評論社（2003年）260-356頁。同研究会社会内処遇班編「更生保護基本法要綱試案」龍谷大学矯正・保護研究センター研究年報5号（2008年）112-174頁。

9 山田憲児「『更生保護施設』の生成と当面する課題」犯罪と非行118号（1998年）55-77頁。

10 これ以前にも、兵庫及び大阪において出獄人保護場もしくは感化保護院が設立されていたが、数年後には経営難等に陥り、事業を中止するに至っている。安形静男「明治保護思潮の形成―感化保護事業への息吹を探る」犯罪と非行99号（1994年）137-164頁。

11 安形静男「川村矯一郎」『更生保護史の人びと』（日本更生保護協会、1999年）15-21頁。

12 第30条「刑期満限ノ後頼ルヘキ者ナキ者ハ其情状ニ由リ監獄中ノ別房ニ留メ生業ヲ営マシムルコトヲ得」とする規定。

13 当時、監獄費は地方税でまかなわれていた。

14 山下存行「更生保護会について」『更生保護30年史』（日本更生保護協会、1982年）352頁。

15 小川太郎『更生保護法』（一粒社、1957年）14-15頁。

16 その多くは「児童保護」施設及び「生活保護」施設等であり、代表的なものに1897（明治30）年片山潜による「キングスレー館」、1899（明治32）年留岡幸助による「家庭学校」、1900（明治33）年野口幽香による「二葉幼稚園」等がある。総数は1868（明治元）

年12であったものが、1917（大正6）年には916となっている。一番ヶ瀬 康子＝高島進編『講座社会福祉2――社会福祉の発展』（有斐閣、1981年）37頁。
17 前掲注（14）353頁。
18 前掲注（10）155頁。
19 前掲注（14）354頁。
20 前掲注（14）354頁。
21 安形静男「少年保護団体の生成と消滅――占領行政の衝撃――」犯罪と非行145号（2005年）158-184頁。
22 大坪與一『更生保護の生成』（日本更生保護協会、1996年）50頁。
23 前掲注（14）355頁。
24 西中間貢「更生保護の組織機構の変遷と課題」『更生保護の課題と展望』（日本更生保護協会、1999年）168-169頁。
25 前掲注（21）172頁。
26 前掲注（21）173頁。
27 保護局参事官室「更生緊急保護30年のあゆみ」更生保護31巻11号（1980年）6-13頁。
28 前掲注（9）60頁。
29 岩井敬介『社会内処遇論考』日本更生保護協会（1992年）341頁。なお、更生保護50年史編集委員会編『更生保護50年史：地域社会と共に歩む更生保護（第1編）』（全国保護司連盟＝全国更生保護法人連盟＝日本更生保護協会、2000年）430頁では、継続保護（収容保護）事業を行う更生保護会143、連絡助成事業を行う更生保護会17となっている。
30 ところで、1961（昭和36）年に保護観察官100名が増員されているが、これは前年の7月に浅沼稲次郎社会党委員長が日比谷公会堂での立会演説会場において17歳の保護観察中の少年によって刺殺されたことを受けたものであった。しかし、この事件の報道にあたって保護観察制度そのものは、批判の対象とはならなかったといわれている。鮎川潤「日本の更生保護と社会の半世紀」『更生保護の課題と展望』（日本更生保護協会、1999年）35-63頁。
31 前掲注（14）341頁。
32 更生保護50年史編集委員会編『更生保護50年史：地域社会と共に歩む更生保護（第1編）』（全国保護司連盟＝全国更生保護法人連盟＝日本更生保護協会、2000年）430頁。
33 更生保護事業法の施行に伴い、犯罪者予防更生法40条に以下の規定が追加された。「3 前項の救護は、更生保護事業法（平成7年法律第86号）の規定により更生保護事業を営む者その他の適当な者に委託して行うことができる」
34 鈴木昭一郎「更生保護施設の変遷とその刑事政策的意義」『更生保護の課題と展望』（日本更生保護協会、1999年）97-111頁。しかし、そうした肯定的な評価の一方で、この改正が、更生保護事業に対する国の監督強化につながることが懸念される。岡田行雄「更生保護施設の処遇施設化について」刑事立法研究会編『更生保護制度改革のゆくえ：犯罪をした人の社会復帰のために』（現代人文社、2007年）137-159頁。
35 トータルプランの概要については、柿澤正夫「21世紀の新しい更生保護施設を目指すトータル・プラン」罪と罰37巻44号（2000年）74-76頁、滝田裕士「更生保護施設の処遇機能充実化のための基本計画――21世紀の新しい更生保護施設を目指すトータルプラン」犯罪と非行128号（2001年）205-212頁、保護局更生保護振興課「トータル・プラン更生保護施設の処遇機能充実化のための基本計画――21世紀の新しい更生保

36 ステップアップ・プロジェクトの取組みについては、田中大輔「トータル・プラン 更生保護施設におけるSSTの普及について」更生保護と犯罪予防34巻3号（2001年）77-82頁、杉原紗千子＝西村朋子「トータル・プラン 更生保護施設における処遇——ステップアップ・プロジェクトの取組をめぐって／担当官の立場から」更生保護と犯罪予防34巻3号（2001年）83-95頁、中辻繁次＝宮路博昭「トータル・プラン 処遇の知恵と更生保護の責任／所管課長の立場から」更生保護と犯罪予防34巻3号（2001年）96-103頁、百瀬覚由＝飯田武「トータル・プラン 保護者参加型処遇の導入／担当官の立場から」更生保護と犯罪予防34巻3号（2001年）104-116頁、高橋昭市＝阿部映子「トータル・プラン 個別処遇の充実に取り組む——更生保護施設函館助成会の場合／所管課長の立場から」更生保護と犯罪予防34巻3号（2001年）117-126頁、等を参照。

37 吉田雅之「更生保護の機能を充実強化する更生保護法」時の法令1804号（2008年）19-31頁。しかし、こうした改正の契機となったのは、2004年、2005年に相次いだ保護観察対象者による重大再犯事件であり、その当時の保護観察制度、とりわけ再犯予防機能に対して大きな批判が向けられていた。これを受けた同法案では、犯罪者予防更生法には存在していなかった再犯予防が目的規定として置かれることとなり、これが従来のケースワークを中心とした保護観察処遇を監視機能強化へとシフトさせることが懸念される。土井政和「更生保護制度改革の動向と課題——有識者会議提言と更生保護法案を中心に」刑事立法研究会編『更生保護制度改革のゆくえ——犯罪をした人の社会復帰のために』（現代人文社、2007年）2-19頁。

38 前掲注（1）。

39 ここでの数値等は、更生保護施設検討会「更生保護施設検討会報告書」（2010年）による。

40 法務省法務総合研究所編『平成22年版犯罪白書〜高齢犯罪者の実態と処遇〜』70頁。

41 法務省法務総合研究所編『平成20年版犯罪白書〜高齢犯罪者の実態と処遇〜』第7編参照。

42 厚生労働科学研究『罪を犯した障がい者の地域生活定着支援に関する研究』。

43 種別移動（仮釈放者が仮釈放期間の満了後も引き続き刑の執行終了者として更生保護施設に収容される場合等）1,287名を含む。

44 保護統計年報による。

45 更生保護施設検討会第4回配布資料4「更生保護施設被保護者の特徴」（本資料は公表されていないので情報公開請求により入手した）による。調査対象は2007年9月中に更生保護施設を退所した者437名（不帰住の事案を除く）。

46 ここで挙げるものの他にも、2008年当時、政権与党であった自民党による『「地域の絆を再生し、世界一安全な国へ」〜世界一安全な国をつくる8つの宣言〜』は、「再犯防止のための方策として、高齢や障害を抱えた出所者等の社会復帰を支援するため、更生保護施設の体制整備を推進し、満期釈放者等について実効ある更生緊急保護を実施する」（6頁）とし、また同年「経済財政改革の基本方針2008」では、「再犯防止の観点から、地域社会・民間企業の協力や社会福祉との連携等を図りつつ、矯正施設及び社会内における処遇の充実や出所者等の社会復帰支援を効率的に実施する」（27頁）としている。

47 前掲注（40）8頁。

48 以下の3つの機能については、保護局調査連絡係施設係「更生保護会のはたらき」更

49 市川清志『更生保護会の運営に関する実証的研究』法務研究報告書71集5号（1982年）16-17頁。
50 これら諸機能については、やまのうちとよのり『明日の社会福祉施設を考えるための20章』〔第2版〕（中央法規出版、1982年）99-107頁。
51 前掲注（48）。
52 ここでの引用文は、山田勘一「処遇施設ということの意味」犯罪と非行第147号（2006年）70-82頁。
53 ここでの引用文は、石井精司「更生保護施設に集団処遇を根付かせる——報徳更生寮での取り組み（SSTを中心として）——」犯罪と非行147号（2006年）57-69頁。
54 集団援助の展開過程は「初めはバラバラに集められたメンバー（点）であるが、メンバー同士が知り合うことによって少しずつ相互作用（線）が発生し、役割分担なども生まれて集団としてのまとまり（円）ができてくる。さらには、そこまでめざすかどうかは状況に応じてであるが、集団から自らの意向によって、（球が転がるように）動き出すようになれば、その集団は、援助者の手を離れて行くことになり、集団援助の役目は終了する」とされる。稲沢公一＝岩崎晋也『社会福祉をつかむ』（有斐閣、2008年）90頁。
55 2002年の更生保護事業法等の改正により、更生保護施設は、「社会生活に適応させるために必要な生活指導」を行うことを可能としているが、用語の紛らわしさもあり、生活指導の名の下で、指導監督が行われるおそれについては、以前から指摘されている。前掲注（34）岡田論文138頁。
56 日本の「フクシ」におけるアマチュアリズムとプロフェッショナリズムについては、山内豊徳『福祉の国のアリス』（八重岳書房、1992年）76-148頁。
57 前掲注（56）110頁。
58 今福章二『更生保護施設における処遇に関する研究』法務研究報告書第89集第3号（2002年）100頁。
59 更生保護施設における社会的援助とは、具体例には、住居等のあっせん、宿泊、教育、職業訓練、医療、就職等に関する援助または生活に関する助言などを通して利用者を援助する事業である。これ以外にも、既に一部の更生保護施設で行われているような、SST、コラージュ療法や酒害教育なども含まれるが、更生保護の目的（本書第1章土井論文参照）および社会的援助の基本原則に則ったものでなければならない。前掲注（8）及び同「更生保護基本法要綱試案」第14も参照。
60 渡辺貞信「北九州自立更生促進センターの紹介」犯罪と非行164号（2010年）154-161頁。尾崎康之「自立更生促進センター構想の推進について」罪と罰48巻1号（2010年）66-69頁。
61 加藤暢夫「未来の更生保護——犯罪・非行をした人々の社会内処遇基本法『更生保護法』をめぐって」名古屋芸術大学研究紀要29巻（2008年）103-119頁。
62 北九州自立更生促進センターでは、①原則として保護観察期間が3カ月以上確保できる見込みのあること、②執行すべき刑期が8年未満であること、③収容中の生活環境の調整において、更生保護施設を帰住予定地として調整を行ったものの、当該更生保護施設による受入に支障があることを理由に帰住不可とされたこと、これら全てに該当し、かつ、心身に著しい障がいがないこと、集団生活への適応が見込まれること、十分な就労意欲があり稼働能力が備わっていること等の諸事情を考慮しつつ、福岡保

護観察所支部管内において生活歴を有し、または同管内に居住することが見込まれる者を選定した上で入所させるとしている。前掲注（59）渡辺論文参照。また、福島自立更生促進センターは、上記の他に、性犯罪者、暴力団関係者、依存性の進んだ覚せい剤事犯者及び13歳未満の子どもに対する犯罪行為を行った者については、入所させないことが、地域住民との話し合いで決められている。「福島自立更生促進センターに関する地域懇談会について」第5回開催状況および議事録参照（http://www.moj.go.jp/hogo1/soumu/hogo_k_fukushima_fukushima.html）。

63 しかし、北九州自立更生促進センターの定員は14名、福島自立更生促進センターの定員は20名（運営開始後1年間は9名）となっており、大幅な増員とまでは言いがたい。

64 しかし、そうすると今度は、地域社会との関係という現実的な問題が生じることになる。

65 就業支援センターの概要と現状については、勝田聡「茨城就業支援センターについて」犯罪と非行164号（2010年）143-153頁、西浦久子「沼田町就業支援センターを訪ねて」罪と罰48巻3号（2011年）41-43頁、小林淳雄「沼田町就業支援センターの運営状況について」犯罪と非行159号（2009年）126-140頁、法務省保護観察課自立更生促進センター班「沼田町就業支援センターの現状について――改善更生を支える地域の力――」研修730号（2009年）45-50頁など。

66 とはいえ、いずれの就業支援センターであっても、利用者は、自立更生促進センターとはまた違った意味で、厳しい基準を満たさなければならない。茨城センターの場合、利用者は、①成人男子の保護観察対象者または更生緊急保護対象者であること、②農業実習等を内容とする職業訓練および将来の就農に対する意欲が認められること、③職業訓練を受講することにより一定の成果を期待できる資質を有すること、これら全てをみたした上で、年齢、知的能力、傷病等の身体状況、精神障害等の状況、犯罪の内容、農業への親和性、目的意識といった基礎的な項目のほか、指導者との関係性、自己統制、交友関係、犯罪性、物質乱用、家族の状況、就労就学、余暇活動などの項目について具体的に考慮し、問題の有無について判定し、受入の可否が判断される。前掲注（65）勝田論文参照。沼田町の場合、利用者は、少年院からの仮退院等により保護観察に付されている者であり、センターへの入所を希望していることが条件であり、かつ、将来の就農もしくは農業実習への意欲、集団生活への適応見込み、強い粗暴傾向や性非行、放火癖等が認められないこと、薬物依存の状態にないこと、原則保護観察期間が1年以上確保できること、といった事項を考慮し、選定される。前掲注（65）小林論文参照。

67 しかしながら、司法と福祉という異質なものを無批判に関係づけ、結合しようとするならば、「規律的福祉制裁」(disciplinary welfare sanction) と呼びうるような、犯罪・犯罪者の監視・管理・統制を中心とする処遇形態を招来するとの指摘もあり、今後検討を要する課題である。竹村典良「刑罰と福祉のエピステモロジー（科学認識論）」犯罪社会学研究22号（1997年）6-27頁。

第11章
非拘禁的措置の担い手と関連機関ネットワーク
地域生活定着支援センターを中心に

丸山泰弘（立正大学法学部専任講師（特任））

1．はじめに――問題の所在

　近年、厚生労働省をはじめとした調査によって、知的に障がいがある、もしくはそれら障がいの疑われる人が、刑務所やその他刑事司法過程の中で少なからずいることが指摘なされるようになった[1]。それは、次第に刑事司法の中にいる福祉的なサービスが提供されるべき人の問題へと展開し、さらに高齢者の問題が注目されるようになった。上述の知的障がい者の問題も含め、本来なら別の福祉的サービスが先に提供されていなければならなかったのではないかと考えられる人の存在が指摘されるようになっている。

　そういった問題背景の中、刑事施設などに収容しない非拘禁的措置での司法的および福祉的な支援として、大きく分けると①「出口の段階での支援」と②「入口の段階での支援」があり、すでに以下のような実践が行われている。すなわち、①矯正施設等出所者のための支援として、長崎の南高愛隣会の活動などで、たとえば、刑事処分を受けた後の知的障がいがある人が円滑に社会復帰していけるようにする活動である。さらに、薬物事犯者の出所者への支援として、ダルクやアパリなどのインタベンション・プログラムは、薬物依存症回復プログラムを提供し、出所後に身元引受先となるなどの支援を行っている[2]。

　また、②矯正施設等収容回避のための支援として、厚生労働省は、犯罪を繰り返す知的・精神障がい者らに自立訓練施設で更生を目指す地域社会内での訓練事業を進める取組を行い、この事案にあたる初の事例も出された[3]。さらに、個別的な活動としてではあるが、障がい者の生活支援事業所の社会

福祉法人一羊会「相談支援センターであい」(兵庫県西宮市)は、刑法犯罪をし、検挙・起訴される障害者に対する支援を行い、刑事裁判の段階から弁護に協力する活動を行っていた[4]。先に、例として挙げた、アパリにおいても、施設収容回避を目的とした支援プログラムとして未決段階から薬物依存回復プログラムを実施し、保釈や執行猶予判決後の受入先として宿泊施設を提供し、拘禁措置回避のための活動を行っている[5]。とくに、薬物犯罪への施策としては、第三次薬物乱用防止五か年戦略加速化プランの策定を受けて、各都道府県の薬務課レベルでも逮捕・拘禁段階から釈放後の薬物依存回復プログラムへの参加を促す活動をしている[6]。このように被疑者・被告人の段階で施設収容の回避のための取組が福祉サービスやセルフヘルプグループによっても行われている。以上のように「非拘禁的措置」としては、施設に収容されている人を早期に社会内処遇へと移行する出口の段階での支援と、そもそも被疑者・被告人の段階から非拘禁措置として入口の段階での支援を行うものとがある[7]。

　このように官民ともに、それぞれの段階で支援が行われるようになってきたが、従来では、福祉的な支援を必要としている矯正施設出所者に対し、保護観察等の司法側から地域社会につなぐ取組が行われてきた。しかし、福祉的な支援としては十分といえるものではなく、その資源も限られていた。そのために、矯正施設を出所後に福祉的な支援を受けることができずに、生活への困窮等を原因とした再犯をしてしまう高齢者や障がい者が存在していることが指摘された[8]。このような問題に対して解決を図る一つの方法として、地域生活定着支援事業が計画され、全国において「地域生活定着支援センター」(以下、「センター」ともいう)が設立・運用されている。刑事政策の分野での社会福祉の役割が大きくなっており、センターの役割が注目されるようになってきたが、民間の支援団体が福祉的サポートを行っている現状からもわかるように、現場のレベルでは、現実的な問題としてすでに支援が行われていた。

　上記のような問題の中で、社会的援助の担い手としてのセンターおよびそのスタッフとは、どのようにあるべきなのであろうか。あくまでも刑事司法の一部であると考えれば、対象となる人とは、一般的な福祉と異なり特別な権力関係が生じている可能性がありうる。しかし、保護観察所との違いがありうるとしたら、どのようなかかわり方なのであろうか。一方で、それは、いわゆる一般的な社会福祉とは異なるものなのであろうか。ここに、セン

ターが設立された意義があるように思われる。つまり、新たに刑事政策と司法福祉の関係性が注目されているこの分野において、その制度の中心を担うのは、刑事司法の中にケースワーク的支援の補導援護だけでなく指導監督の役割をも担う保護観察官ではなく、一般的な福祉側からのアプローチでありながら、その中間に位置しており刑事司法とも連携がつなげる存在であるべきではなかろうか。この一つの支援のあり方が、センターであり、このセンターが社会的援助の担い手としてハブとなる必要があるのではないか。言及するまでもないが、支援の中心となるのは対象となる本人である。それを前提とした上で、上述のような問題関心から社会的援助のハブの必要性を検討することが重要であると思われる。

　そこで、本稿では、社会的援助を念頭に置いた更生保護のハブとなるべきセンターの設立背景とその事業の中身を概略的に確認し、その活動が多機関の連携によって成り立ち、つなぐだけでなく継続的な支援活動が重要であることを確認する。そして、活動が始まったばかりのセンターにおける諸問題、いわゆる「各定着支援センター間の格差問題」と、それを引き起こす要因としての「司法と福祉の目的対立問題」を検討することで、更生保護分野における「福祉」の問題を明らかにする。こういった検討を踏まえ、保護観察対象期間などの特別な権力関係が存在する状態であっても、その権力関係は最低限度にとどめ、「一貫した社会復帰支援」として、その社会的援助の中心を担うセンターのあり方を検討することを本稿の目的とする。

2. 地域生活定着支援事業について

(1) 支援事業の背景

　2006年に法務省や厚生労働省の特別調査において、高齢または障がいの問題を抱え自立が困難であるにもかかわらず、親族等の受入先が確保されない満期釈放者が増加していることが指摘された。さらに、本来なら福祉的な支援が必要とされているにもかかわらず、それら必要な福祉的サービスを受けていない人が少なくないことが指摘された[9]。

　そこで、厚生労働省側からの取組みとして矯正施設における処遇と地域社会における福祉をつなぐ役割を担う「地域生活定着支援センター」を都道府県に1か所ずつ設置し、矯正施設出所後、高齢、障がいによって自立した生活を営むことが困難と認められる人に対し、保護観察所と協働して矯正施

入所中の段階から福祉的サービスの支援を行うことによって、円滑に地域福祉へ移行することを図る「地域生活定着支援事業」が2009年度から開始された。

(2) センターの設置と事業内容

上記のように、地域生活定着支援事業において、その実施主体として設置されたのが、「地域生活定着支援センター」である。適切な運営が確保できると認められた民間団体などに事業の全部または一部を委託し、事業に必要な設備を整え、社会福祉士、精神保健福祉士などの職員を含め配置されることとなった。

センターの事業としては、①「コーディネート業務」、②「フォローアップ業務」および③「相談支援業務」が想定されている。

①コーディネート業務は、保護観察所からの依頼に基づき、矯正施設入所者を対象とし、受入先となる社会福祉施設などへのあっせんや福祉サービスの申請支援などを行う。通常、生活環境の調整については、受刑者の帰住予定地を管轄する保護観察所が実施するのが原則である[10]。しかし、釈放後に住居がなく、高齢であるため、または障がいを有しているために、出所後の調整が困難であることが指摘され、福祉サービスを実施する機関と時間をかけて調整していく必要性が指摘された。このような対象者が「特別調整対象者」[11]とされ、これらの人を主な対象として、センターはコーディネート業務を行う。

具体的には、まず、保護観察所の協力依頼を受けて、本人の福祉的ニーズを把握し、福祉的支援を受けるうえでの問題点を把握するために、本人との面接および通信の実施が行われる。次に、本人に対する支援作業計画を立てるために調整計画の作成が行われる。これら作成した計画に基づき、保護観察所と協働して、本人に必要と認められる福祉サービスの申請支援を行う。さらに、本人が希望する住居地が他の都道府県にある場合には、他のセンターに必要な協力を依頼し、依頼を受けたセンターは、矯正施設所在地のセンターに代わり、受入先の調整を行う[12]。

次に、②フォローアップ業務では、上記の対象者を受け入れた施設などに対する処遇上の助言を行う。これは、コーディネート業務の調整によって特別調整対象者を受け入れることとなった施設等に、本人の処遇、福祉サービスなどについて、その地域に所在するセンターが助言を行うものである。

最後に、③相談支援業務では、本人や家族、更生保護施設、地方公共団体、福祉事務所その他の関係者からの相談に応じて、助言や支援が行われる。

⑶　多機関連携のハブとして
　センターは、本人の希望を踏まえつつ、サービスの提供主体となる地方公共団体、関係機関等との必要な協議を重ねながら、受入先の確保や福祉サービスの利用につなげる役割を担う。その際に、重要となるのは、「刑事施設から社会内処遇へ」、「社会内処遇から地域生活移行へ」、そして、「地域生活移行から地域生活定着へ」といった一連の社会復帰への支援とつながりである[13]。たとえば、施設収容がなされている段階で、ソーシャル・スキルに関するアセスメントが行われ、これを踏まえて特別調整が必要かどうかが検討される。この結果を踏まえ、矯正施設が特別調整の候補者を決定し、保護観察所およびセンターと情報を共有し、センターはそれぞれの地域の医療機関、福祉事務所、福祉施設等に受入先の調整を行うのである。必要な際には、他都道府県のセンターと連絡・調整を行い、その他都道府県のセンターは、各地での福祉等実施機関と連携を図り、その本人の希望に添えるように調整を行う[14]。
　従来では、矯正施設の職員が実践として関係機関との調整を図っていた。こういった社会福祉としてのソーシャル・ワークの社会資源の活用は、ほとんどが、担当者の経験によるものであり、そのほとんどが初対面によるもので、調整不良が少なからずあったことが推測されると指摘がなされている[15]。とくに、矯正施設職員が行う釈放前の調整としての限界は、対象となる人は「受刑者」であり、あくまで刑事司法の対象とされる人であることが指摘され、個人の主体性が基盤となる社会福祉の実践とは異なることに問題がある。つまり、出所後の生活のために刑務官等は、様々な支援を行うが、刑務所での受刑生活はあくまで特別な権力関係下で行われ、これは、刑罰が背景にあるまま実践されるというも問題がどうしても残る。これは、保護観察でも、ぬぐい切れない部分である。そのために、刑事司法の外部組織として「一貫した社会復帰の支援」が行えるセンターの存在が注目されている。
　また、多機関の連携に関する別の問題として、分類担当などの矯正領域の専門職と、ソーシャル・ワーカーなどの社会福祉の専門職との連携の場面で、対象となる人の情報共有についての指摘もなされている[16]。たとえば、刑務所をはじめとする矯正施設から提供される情報は、犯歴などに関する情報

のみで、本人の社会復帰に必要な情報が不足、または、ズレが生じている[17]。その理由として、古川によると「刑事施設における受刑者の基本情報は気密度が高く、受刑者の情報を全面的に提供することができない点」、「矯正施設の職員が第一義的に目指しているのは、釈放後の身元引受であるのに対し、ソーシャルワークの観点では、その後の生活の見通しも踏まえて考察をするための情報を欲している点」、および、「釈放後は基本的に対象となる人の主体性が重視されるために、組織的に引き継がれ、継続的な専門職間の連携の構築が必要となる」ことが指摘されている。また別の問題としては、矯正施設で最初に行うIQテスト（CAPASなど）は施設の中での分類や円滑な施設収容などに利用されるためのテストであって、本人の社会復帰に直接に役立つものではない。社会復帰を目的とした福祉が必要な情報とはどうしても性格が異なる。多機関間の連携がなされるためには、お互いが必要な情報とその共有が必要不可欠である。ここでは、個人情報保護の壁が存在するとされるが、社会復帰に必要な情報であるとの観点から、第三者が決定権をもつのではなく、対象となる本人が自己の情報への決定権をもつようにし、センターや福祉事務所で情報を共有してもいいかどうかの確認がとられ、本人が同意することで共有するという運用も可能ではなかろうか。

　このようなセンターの事業を円滑にかつ効果的に実施するために、関係機関との十分なネットワークづくりが必要とされ、センターは、関係機関と必要な情報の交換を図るとともに、連携に努めるとされる。とくに、センターは保護観察所のように刑事司法からの援助ではなく、いわゆる一般的な福祉施設からの援助だけでもない役割が求められている。これらを担ってきたのは保護観察であったが、保護観察官も刑事司法からの支援とはいえ、補導援護としてのかかわり方があるにはあるが、やはり指導監督としての役割をもっている。

　そのために、従来では縦割りであったような矯正局や保護局の壁、法務省と厚生労働省の壁、そして、一般福祉と更生保護に必要な福祉の壁があるとしたら、対象となる人のためには、それを飛び越えて活動ができる存在が必要であり、そこでの多機関連携の中心となるセンターのあり方が求められているように思われる。

　こういった壁があることと、それによって生じる上記のような問題は、そもそも刑事政策側の認識と司法福祉側の認識とに違いがあることにもあるように思われる。そこで、以下では、地域生活定着支援事業を取巻く司法側

(刑事政策学から)の要請と福祉側(司法福祉学から)の要請を概観しながら、その問題点を確認したい。

3. 司法側と福祉側からのアプローチ
(1) 司法制度からの要請
　2008年に内閣官房の主催により「刑務所出所等の社会復帰支援に関する関係省庁連絡会議」が設置された。これによって、まず、法務省保護局ならびに矯正局および厚生労働省の連携による地域生活定着支援として必要な施策を行うことが指摘された。法務省内での矯正局および保護局の連携、さらには、厚生労働省との連携の必要性は、すでに述べたとおりである。
　つぎに、矯正施設出所後に直ちに福祉サービスにつながるように刑務所に社会福祉士等を活用した相談支援体制を整えることが指摘されている。これにより、全国の矯正施設に社会福祉士や精神保健福祉士などが配置されるようになった[18]。しかし、いまだ少数での運用が強いられており、受刑者数からみても十分な支援が行えないのが現状のようである。さらに、それらの職員も非常勤としての採用がほとんどであり、一層の充実が図られることが望まれる。
　また、保護観察所において、特別な生活環境の調整を担当する保護観察官を配置することが示された。そもそも保護観察制度を取巻く環境は大きく変化している。たとえば、2006年の「更生保護のあり方を考える有識者会議」の提言において、「実効性の高い積極的な処遇」の必要性が提起され、2008年からは、専門的社会内処遇として、性犯罪処遇プログラム、覚せい剤事犯者処遇プログラム、暴力防止プログラムを実施されることとなっている[19]。このように、保護観察制度がより専門性の高い保護観察官が求められるようになったばかりか、保護観察所では、センターと連携し、地方公共団体や社会福祉法人が実施する福祉サービスにつなげるための調整を矯正施設入所中から行うことが求められるようになっている。そういった専門性が高まる背景として、保護観察官は、処遇困難な保護観察対象者への対応が求められて来ている。発達障がいの事例や精神疾患をもっているという事例が指摘されるようになり、保護観察での処遇を行う者と処遇を受ける者とでコミュニケーションが十分に取れないといった事案が増加していると指摘される[20]。従来から、保護観察官と保護司の協働によって保護観察制度が維持されてきた

経緯があるが、保護観察官の数に対して、保護観察対象者の数が圧倒的に多く、それら対象者への面接等を地域の保護司が対応することで、保護観察制度は運用されていた。しかし、こういったいわゆる処遇困難な保護観察対象者に対して地域の保護司の対応には限界があるという事案が多くなるにつれて、保護司に過度な負担を強いることにつながることが指摘された。そのために、保護観察官が直接処遇として、それら対象となる人に専門的に関わる事案が多くなってきている。

　このように、保護観察制度自体が、変革期にあり、より専門性が高まった直接処遇などの問題を抱えている状態で、次に求められたのが地域生活定着支援事業であった。先に説明した特別調整の対象となった人は、矯正施設において社会福祉士等による調査が行われ、その矯正施設のある都道府県の保護観察所に情報の提供や連絡が行われ、調整が行われる。そして、更生保護施設などを利用した一時的な受入に向けた調整が行われる一方で、その地域のセンターに協力依頼がなされるのである[21]。

(2) 刑事政策学からの要請

　これらの司法制度側の問題があり、刑事政策学からの要請として、様々な指摘がなされている。刑事司法手続による施設収容であれ、社会内処遇であれ自由を拘束されている人は、それら手続に身を置かれることの権利制約や刑罰の執行を受ける権利と同様に、一般市民としての権利をも併せ持つ[22]。憲法13条（幸福追求権）および同25条（社会権）から社会復帰をする権利を有していることからも、一過性でしかない刑罰だけが与えられるべきではなく、彼らが帰るべき地域社会を念頭に置いた社会復帰の支援が得られるべきである。こういった帰るべき地域社会を念頭に置くことから、一貫した社会復帰への支援が要請され、刑事司法の対象となる人が円滑に社会復帰できるように支援がなされることが求められる[23]。

　正木は、自由刑純化論の立場から、被収容者処遇の社会化が求められ、それらを行刑の原則として、社会復帰への支援を受けることは、被収容者の権利であり、必要であること、そのために「処遇を被収容者が社会復帰を果たすための援助」であると指摘する[24]。それらを土台とした犯罪者処遇および更生保護であるために、再犯防止を重視した個人より社会を重視した運用で、対象者を監視し排斥することは、むしろ社会復帰の妨げとなると指摘する[25]。このように再犯防止に重点が置かれる限り、この司法の分野ではトライアン

ドエラーは許されず、やり直しの機会は備えられないことにつながる[26]。

また、染田は、効果的な社会資源のネットワーク化を主張する[27]。刑事司法観点からの目標達成のためには、有益な社会資源を密接な関連のある状態に置くことで、生活上で生じる問題解決に利用できる施設や制度が連携されていることが重要であるとする。さらに、藤井は、刑事施設に数多くの高齢者や障がい者がいることや、保護観察対象者にとって社会復帰が困難な状況を前提に、更生保護における福祉的視点とそれらを支えるネットワークの必要性を指摘する[28]。

福祉的視点を取り入れた社会的援助のあり方として、更生保護は刑事司法制度の一環であることを前提に再犯の防止が目指されている側面がある。これらの連携が、監視機能を強化した再犯防止機能ではなく、生活再建に向けた社会的援助を行うことで、その結果として再犯を防止することとなると捉える必要があるのではなかろうか。

監視機能強化による再犯防止機能を前提とした更生保護制度は、刑罰的要素を付加するものとして運用される可能性が高い[29]。なぜなら、立ち直りのための支援を提供しようとする更生保護の本来のあり方が、強制的な社会防衛の手段となりうるためである[30]。保護観察は、その目的を指導監督とするとともに、補導援護が加えられ、その後も、補導援護に重点をおいた保護観察を行い、遵守事項を緩和するとの規定を置くことで発展をしてきた。そもそも更生保護における処遇の理念は、憲法に保障された基本的人権の一般的保障としての「人格的発展の保障」、セーフティネットから排除された人の「生存権の保障」および、刑事手続に関わることで生じる生活上の不利益を排除するための「刑事手続の弊害除去」などに求められる[31]。そのために、更生保護においても他の刑事手続と同様に個人の尊厳と基本的人権の保障が前提とされなければならず、そこでの処遇は本人の主体性と、処遇者および本人の信頼関係に基づく援助として行われなければならない[32]。そこで、この分野において福祉の支援が必要不可欠であるとされた。

こういった刑事政策学からの要請に対して、古川は、刑事政策の範疇のみで完結された犯罪者の矯正・更生および社会復帰は本来成り立たないと指摘する[33]。さらに、「刑事政策が要請する福祉的支援は、刑事政策の補完的な位置づけにとどまっているのではないか。むしろ、刑事政策は各段階における『社会化』の必要性に迫られたものという認識から刑事政策と関連政策・制度・実践などとの連携を前提とした見直しを考えられるべき」と主張する[34]。た

しかに、本来あるべき福祉とは、犯罪歴のある生活困窮者だから支援をするというのではなく、一般福祉と同様に、福祉を必要としている人への福祉的サービスとしてのかかわりが重要なのであり、社会的弱者に対する社会的援助として捉える必要がある[35]。一方で、福祉の問題であるとして、司法から福祉に対して問題を丸投げにしていいということではない。そうではなく、共通の問題として取り組む必要性があろう。その際には、不要な国家からの干渉であってはならず、ネットワイドニングに留意しなければならない。ここに、保護観察所ではなくセンターが継続的に多機関間をつなぐ意味があるように思われる。では、福祉側からは、この問題についてどのような要請があるのだろうか。以下では、福祉側からの要請を確認したい。

(3) 福祉側からの要請

　地域生活定着支援事業で注目される以前から、社会福祉関係者が犯罪歴のある人とかかわってこなかったわけではない。その多くは、犯罪歴がある人であるから福祉的支援をしていたのではなく、高齢者や知的な障がい、野宿者支援など、生活困窮である人の支援や医療が要する人の支援を中心に取り組まれてきていた。そういった中、厚生労働省科学研究『罪を犯した障がい者の地域生活支援に関する研究（平成18～20年度）』によって、示された問題点は、周知の通りである[36]。

　そこで、従来は、福祉的な支援を必要とする人に、何らかの福祉に関する機関との接点がないことが明らかになったことを受け、刑事処分を受けた後に、これらの支援を有する人たちが円滑に社会復帰していけるように地域生活定着支援事業のモデル事業を開始している。センターは、この事業において帰住先や社会サービスの利用手続を調整する。ここで対象とされたのは特別調整の対象となった人で、刑事施設で特別調整対象の候補者をもとに、保護観察所が対象者を決定しセンターへ調整依頼が行われて実施される。しかし、当初想定していた障がい者よりも高齢者が多いことや、支援に関わる生活保護や高齢者福祉の事業者・施設の受入・反応が予想以上に厳しいことが指摘されている[37]。さらに、特別調整の決定がなされた対象者しか調整をしないのでは、依然として多くの援助を必要としている人への支援が届かないことになりかねない。

　さらに、出所後の支援だけでなく、「入口」の段階での支援の必要性も問われるようになっている。先の調査によって注目されたのは、矯正施設出所

者に対する釈放前調整支援であったが、本来、犯罪をした人であろうと、何かしらの障がいをもっていようと、社会的弱者として支援を有している人には変わりがなく、刑事司法制度の過程に含まれている時点で、何かしらの支援が必要な人であるという面ももっていると思われる。そういった観点から、むしろ、「入口」から「出口」まで一貫して支援できる体制が望まれる。現在では、センターはこの役目を担ってはいないが、将来的には、こういった支援が行えるものになっていく必要があるのではなかろうか。

　また、上記は南高愛隣会をはじめとする知的障がい者や高齢犯罪者への取り組みを中心に実践として紹介していたが、薬物犯罪の受け皿としてのダルクの活動も注目される。未決拘禁段階における薬物乱用防止の取組を行っている例もある。ある都道府県の保健福祉部薬務課では、2009年度から初犯者を対象とした再乱用防止対策を実施している[38]。具体的には、リハビリ施設が実施する薬物依存回復プログラムを警察官が説明し、対象となる人が受講の意思を示した場合に、都道府県の薬務課に連絡をする。そこで、担当の者が当該の未決拘禁者に面会をし、申込書に記入がなされたら執行猶予付き判決を受けた後に、最寄りの会場に通所し回復プログラムを受けることとなっている。さらに、アパリやダルクを通じて民間の団体が未決拘禁者に対して回復プログラムを提供している例も多数存在する[39]。このように、未決拘禁者への法的地位を踏まえつつ、再乱用防止のための支援を行うことが提案されている。そのために民間の支援団体や関係機関の連携に努めることが示されている。これからの薬物裁判は、ただ反省の態度を示すことで定例化され、迅速化されることから、より早い段階で医療・福祉につながる支援が求められている。

(4) 司法福祉学からの要請

　従来社会福祉の分野では、犯罪者の社会復帰や更生保護について「司法福祉」という領域として位置づけられている。その内容は、少年非行・青年期の犯罪更生に対する更生保護や家庭裁判所におけるソーシャル・ワークの実践であった。当初、司法福祉学は、今日の社会問題の現象と本質を正確に認識し、客観的事態として、その解決・緩和のために「司法」に求められているのは何かを探求し、それを明らかにすることにあった[40]。刑事事件を起こした者の実質的解決による社会復帰を進めるという主張のもと行われていた[41]。その理由としては、社会福祉の場面での教育担当者が家裁調査官や保

護観察官出身が多かったことなどが挙げられる。しかし、この司法福祉学であっても、当初は少年院等からの社会復帰が前提とされているのみで、成人の犯罪者処遇・保護観察・釈放後の更生保護を前提に考えられてきたとは言い難いと指摘されている[42]。いずれにしても、現場レベルで対応におわれることはあれど、社会福祉分野での関心は低かったのである。

　その理由としては、社会福祉法は更生保護を社会福祉業務と位置づけてこなかったことや、2000年の介護保険制度施行に伴った措置制度から権利性に基づく普遍的な福祉サービスへの転換がはかられたことなどによって、犯罪歴などの問題性を含んだ者の受入拒否のケースが存在している。この問題の背景には、犯罪歴を有するというラベリングの問題のほかにも、生活保護法に基づいた救護施設や、老人福祉法に基づく養護老人ホームが受け皿として残されてはいるが、緊急性が高い場合に限られるのが実情となっていることから生じることもある。しかし、このような土壌の上であっても、各種の社会制度とそれを必要とする人々の関係をつなぐことが社会福祉実践としてのソーシャル・ワークの役割であることには間違いがないと指摘される[43]。

　このような社会福祉としてのあり方を論じるうえで、とくに更生保護の現場レベルで問題となるものの一つが、その監督責任であろう。刑事司法が社会の安全をその目的に含めたうえで、特殊な権力関係の中で行われるのとは、対照的に、社会福祉ではパターナリズムを批判し、対象となる人の自主性・個別性を尊重するソーシャル・ワークと矛盾することが生じうるからである。

　たしかに、更生保護におけるアカウンタビリティは、社会一般に対するものと、対象となる本人に対するものとの相補的な機能が必要であろう。しかし、社会福祉の場面においては、本人の福祉的ニーズに沿った、またはそれに応えられるような支援を基盤とした、個人の利益に基づいて福祉をする必要がある。これが、刑事司法の範囲内に福祉が関わることで、本来は、施設と本人との契約のもとで行われることが基本とされる福祉的な関係が、刑事司法という特殊な権力関係のもとで、福祉施設は対象者の情報を保護観察所や捜査機関に対象者の処遇や状態を報告する義務を負ったりすることになりかねない。

　しかし、誰のための利益を優先しているかという点で、福祉は本人の利益のために存在すべきであり、刑事司法は社会の利益を第一命題としていることで、社会福祉が協力できる部分と、けして相容れないものがあることを認識する必要がある。

以上のような、刑事政策と社会福祉との目的や要請の違いがある中で、センターに求められている役割は大変重要なものになっていくと思われる。とくに、専門的知識と技術をもって、更生保護の基本原則に基づいた社会的援助を行う必要がある。そのために、本人の相談に応じ、助言、指導、福祉サービスを提供する者または医師その他の保健医療サービスを提供する者、その他関係者との連絡、調整および援助を行うことを業とするものになっていかなければならない[44]。この分野におけるソーシャル・ワーカー（言うなれば、リーガル・ソーシャル・ワーカー）の発展が望まれる。

4. 地域生活定着支援センターにおける諸問題

　以上のように、司法分野でのソーシャル・ワーカー（以下、リーガル・ソーシャル・ワーカーという）像とそれを担っていくものの一つがセンターであるべきだと考えてきたが、以下では、各センターにおいて生じている諸問題を概観しながら、さらに、具体的にリーガル・ソーシャル・ワーカーとしてのセンターのイメージを模索したい。

(1) 各地域生活定着支援センターで格差

　そもそもセンターの設立の段階で、従前から犯罪歴を有する人たちなどの福祉的な支援を現場レベルで行っていた施設が、そのまま地域生活定着支援事業に名乗りをあげて、完全に民間の団体が行うところもあれば、都道府県の要請によって外郭団体が引き受けているところもある。そのため、センターのスタッフも司法分野出身の人で構成されるところもあれば、福祉分野の人で構成されているところがある。そうなることで、全国で共通となるサービスの基盤がない。

　たしかに、従前から独自の施設を有し、多くの問題に携わってきた施設が行うセンターと、そうではないセンターが存在することで、各センターの行えることに差が出てくるのは当然のことである。そういった中で、より重要となってくるのは多機関連携をつなぐ役割を果たすハブとしてのセンターのあり方であろう。とくに、更生保護分野の支援をあまり行ってこなかった福祉施設としては、不安になることも多大であることは想像に難くない。そこで、重要なのは、司法問題に詳しい、リーガル・ソーシャル・ワーカーが配置されることで、ケースカンファレンスの場に、そういう問題に詳しくな

い団体への依頼も可能となることである。ここに、リーガル・ソーシャル・ワーカーの意義が生じる。

(2) 司法と福祉との目的のズレ

　矯正・保安の観点からのかかわりと本人の復帰の観点からのかかわりとで齟齬が生じる。すでに、上述した問題でもあるが、一般的な社会福祉と更生保護との違いは、国家と個人との間に権力による強制的な介入が生じる場合に現れる。そこから、矯正目的や保安目的による介入が生じることが起こりうる。一般的にソーシャル・ワークは、対象者との信頼関係にもとづく援助関係を築き、個人の主体性の尊重、本人の社会性、変化の可能性という人間観を基礎とする[45]。これが、矯正施設や保護観察などの法的制約と強制力の中で位置づけられる職務とは、社会福祉の理念と価値に衝突することになる。

　しかし、これらの問題があることで、刑事政策と福祉の交錯を否定するのではなく、そういった問題がある中で、更生保護における社会福祉の実践の活用などの多方面で接点をもつことを認識して、相互の専門性に基づく実践の可能性が期待される。

　そういった中で、さらに、福祉的観点からの介入が必要であるのを前提にしても、福祉であれば対象となる人の任意性が優先されるかどうかは依然として問題が残ることになろう。たとえば、刑事司法の過程にいまだある中で、「どうしてもホームレスになる」という意思がある人を、福祉であれば後追いをせずに野放しにできるのかといった問題である。福祉では本人の主体性を重んじた選択をしたとして、司法に組み込まれることで、はたして同じ選択ができるのであろうか。こういった、究極の状態でのセンターとしてのあり方は、リーガル・ソーシャル・ワークの目的と対象となる人の任意の両方が成り立って進めることができる[46]。

　たとえば、公判段階で一旦福祉を受けることを条件として執行猶予判決を受けたが、その後に、福祉的支援を拒否したような場合に、それまでの支援準備がすべて無になってしまうことや、本人が再犯に至る可能性が高まってしまうのではないか、というような懸念が福祉側にはあるかもしれない。たしかに、保護観察が付くと、その後の再犯に対しては実刑になるという担保があることになるので、いわゆる「逃げられない福祉」として機能するかもしれない。保護観察を支援の「枠」として使うことは、権力的要素を持っているところがどうしても強くなってしまう。しかし、重要なのは「逃げられ

ない福祉」ではなく、そういった担保が無くても本人に寄り添っていく「逃げない福祉」であろう。

　このような問題は依然として残るが、それによって動き出した福祉化による利点は多くある。たとえば、一旦は支援の場から逃げ出したものの、自分には帰れる場所があるということを示すことはとても重要に思われる。結局のところ、社会復帰までの過程において、司法が一定のトライアンドエラーを認めるか否かの問題ではなかろうか。むしろエラーの前後を同一の支援者が見ることで、その成長を評価することも可能になる。そういった意味で、リーガル・ソーシャル・ワーカーが入口から支援を行うことに意義がうまれる。

　司法側が、社会福祉のあり方そのものを揺るがすようなことを要請するのではなく、たとえば、社会的援助や福祉的援助が求められるような事案であって、それらを受けられる土台がそろうのであれば、不起訴法定主義を一定認めるようなことが必要なのかもしれない。これは、現状の刑事施設の福祉施設化という問題が生じた背景には、高齢者の軽微な窃盗の累犯に形式的に対応してきた結果であって、それに対する刑事司法の反省が必要なはずである。

(3)　特別な権力関係下にあるか否か

　リーガル・ソーシャル・ワーカーは、対象となる人が「満期釈放」や「単純執行猶予」である場合のかかわり方と「仮釈放」や「保護観察付執行猶予」である場合のかかわり方とで、刑事司法過程の中か外かという性質的な違いが生じるが、それをどう考えるべきなのであろうか。これらを、①特別な権力関係が生じている段階（仮釈放中、保護観察付執行猶予中）、②より緩やかな権力関係が生じている段階（単純執行猶予中）、③権力関係にない段階（満期釈放後）に分けられるとすれば、従前では、まず③の段階に一般的な社会福祉が何よりも優先されるべきだという考えもあったかもしれない。

　しかし、前述したように、刑事司法手続によって施設収容であれ、社会内処遇であれ自由を拘束されている人は、それら手続に身を置かれる権利制約や刑罰の執行を受ける権利と同様に、一般市民としての権利をも併せ持っている。憲法からは、誰であっても社会復帰をする権利を有していることからも、一過性でしかない刑罰だけが与えられるべきではなく、彼らが帰るべき地域社会を念頭に置いた社会復帰の支援が得られるべきである。こういった

帰るべき地域社会を念頭に置くことから、一貫した社会復帰への支援が要請され、刑事司法の対象となる人が円滑に社会復帰できるように支援がなされることが求められるとすれば、①〜③のすべての段階において、福祉的サービスを受けることができる。そういったことから、やはり矯正施設職員ではなく、保護観察官でもない、リーガル・ソーシャル・ワーカーが一貫して社会的援助ができることが望ましく、その中心的役割を担うのがセンターではないかと考える。

5. むすびにかえて――福祉に「沿う人」と「沿わない人」

　センターを訪問して、よく耳にしたのが、支援をするかどうかの判断の一つとして、その人が福祉に「沿う人」か「沿わない人」を判別するというお話であった。エンパワメントを重視する福祉の概念からは、それは当然のことであり、強制的な介入による「お節介」はあり得ないことになる。特別調整において、センターで調整を受ける前提として、本人の希望によることになっており、支援を受けて独り立ちしたいという感情があり、施設でのルールに従って努力ができる人、これらはいわゆる「福祉に沿う人」であろう。しかし、希望はすれどもルールには従えない、さらには、そもそも希望をしない人たちは「福祉に沿わない人」ということになる。前者を「消極的沿わない人」、後者を「積極的沿わない人」と分けられるとすれば、前者への支援は福祉としてありえても、後者への支援は大変困難な問題が残る。

　一方で、本人の希望があるからという理由で、福祉に「沿う人」と「消極的に沿わない人」に対して、良い意味でも、悪い意味でも、いわゆる「逃げない福祉」としてのかかわりがもたらされることへの問題も危惧されるかもしれない。継続的なフォローを重視すればするほど、この問題が表面化する。つまり、特殊な国家権力関係にない福祉であれば、継続的に介入し続けてもいいのだろうかという問題である。

　たしかに、対象となる人が地域社会に受け入れられ、または治療共同体や自助グループなど様々な落ち着ける場所に帰っていくことが念頭に置かれるために、将来的には、この分野でもトライアンドエラーが前提とされる更生保護のあり方が進めば、継続的なフォローは必要のないものになろう。しかし、現状では、福祉による長期的な介入を恐れて、継続的なフォローをしないとなると、本来福祉の支援が必要とされる人たちに対する各連携に隙間が

できる。これをいかになくすかが、センターの役割として重大なものであると考える。

　さらに、その「沿う人」と「沿わない人」両方を含めて、結局のところ、センターの実践の現状からは、非拘禁的措置としての社会的援助の出口支援と同時に入口支援をいかに充実していくか、そこにセンターがいかに関わるかが問われているように思われる。もちろん、それを行うことで、福祉に「沿う人」と「沿わない人」を選別することにつながるかもしれない。しかし、本稿で確認したように、刑事司法における社会的援助は、身柄の拘束と同時に始まることが原則となることからすれば、被疑者として刑事司法に関わったときから、釈放後まで、一貫した社会的援助を提供することを構想すべきではなかろうか。そこでの直接的な支援をセンターが行うべきであると述べているのではない。そうではなく、少なくとも対象となる人のニーズを把握し、それに見合った支援と施設をつなぐことが必要であるということは言えるのではなかろうか。従来とは異なる司法手続を構想するということも含めて、検討の余地があるだろう。

　今後は、「福祉に沿う人」への支援を重視する一方で、「福祉に沿わない人」であるが福祉を必要とする人にどのように援助を行うのかが次の課題となる。

（まるやま・やすひろ）

1　たとえば、厚生労働省科学研究（生涯保険福祉総合研究事業）『罪を犯した障がい者の地域生活支援に関する研究（平成18〜20年度）』など。
2　ダルクとは、(Drug Addiction Rehabilitation Center: DARC) の略で、1985年に近藤恒夫氏が始めた民間の薬物依存症リハビリテーション施設である。日々、薬物依存症からの回復を願う仲間が集まり、グループミーティングなどを通じて「今日一日を使わない」ことを目指して活動している。
3　YOMIURI ONLINE（2010年10月19日）「精神障害の被告、施設で更生前提に刑猶予」　http://kyushu.yomiuri.co.jp/news/national/20101019-OYS1T00174.htm
4　一羊会の代表者であった原田和明氏を中心に行われていたが、現在（2011年12月現在）、原田氏は一羊会を退職され、南海福祉専門学校に籍を移され、この分野の問題に継続的・積極的に取り組まれている。ここに挙げている例以外にも、各地で様々な取組が行われている。それは、原田氏のように知的障がい支援の延長線上に更生保護の問題があったように、高齢者支援・野宿者支援などから派生する問題として、現場の支援者たちは、以前から更生保護の分野への支援を行っていたという背景もある。
5　アパリの活動として、詳しくは、アパリのホームページhttp://www.apari.jp/を参照。
6　加速化プランによって、もたらされる薬物政策の問題としては、石塚伸一＝丸山泰

弘「ドラッグ・コートの思想と実践〜薬物依存への新たな挑戦〜」『季刊刑事弁護』第64号65〜68頁を参照。
7　とくに、被疑者・被告人に対する非拘禁的措置と社会的援助の検討は、本書、斎藤論文にゆだねる。
8　厚生労働省社会・援護局総務課「地域生活定着支援事業について」『更生保護』(2009年10月号) 6頁。
9　厚生労働省社会・援護局総務課・上掲注 (8) 6頁。
10　法務省保護局観察課「高齢・障害等のある刑務所出所者等の社会復帰支援について」更生保護 (2009年) 10月号14頁。
11　「特別支援対象者」とは、矯正施設に入所中であり、以下のすべての要件を満たす人である。すなわち、「①高齢 (おおむね65歳以上) であり、又は障害を有すると認められること。②矯正施設出所後の適当な住居がないこと。③矯正施設出所後に福祉サービス等を受けることが必要と認められること。④円滑な社会復帰のために、特別な手続による保護観察所の生活環境調整の対象とすることが相当と認められること。⑤上記調整の対象となることを希望していること。⑥上記調整の実施のために必要な範囲内で、個人情報を公共の保健福祉に関する機関等に提供することに同意していること。」である。
12　厚生労働省社会・援護局総務課・前掲注 (8)、10頁。
13　古川隆司「地域生活定着支援事業における専門職間連携〜要保護性を中心に〜」犯罪と非行第165号 (2010年) 152〜153頁。
14　従来では、刑務所職員が刑務所の所在する市町村福祉事務所や受刑者の受診で協力関係にある医療機関が関係を保ち、生活保護の受理や入院の受入として調整が図られるケースが多いと指摘される。しかし、ほとんどは担当者の経験や、受入調整の打診は初対面で行われていることが多く、調整不良のケースは多いと指摘されている。詳しくは、古川隆司「高齢犯罪者の釈放前調整におけるソーシャルワークとの連携〜司法ケアマネジメントの可能性〜」『犯罪と非行』第160号 (2009年) 217〜218頁を参照。
15　古川・上掲注 (14) 217頁。
16　古川・上掲注 (14) 218〜220頁。
17　古川隆司「高齢犯罪者・触法障害者への社会福祉の実践と刑事政策との連携」『龍谷大学矯正・保護研究センター研究年報』第7号 (2010年) 161〜162頁。
18　たとえば、矯正施設内で、「頼る身寄りがない」、「働く場所がない」、「療育手帳がない」などの人は、出所後に速やかに福祉的サービスを受けやすいように調整する必要があり、釈放後からの支援では対応が遅れていくために、収容中からの支援の必要性が指摘される。詳しくは、厚生労働省科学研究・前掲注 (1) を参照。
19　たとえば、辻裕子「社会内処遇における専門的処遇プログラムの現状と課題」『犯罪と非行』第165号 (2010年) 70〜95頁に詳しい。
20　小野篤郎「保護観察官による直接処遇の課題」『犯罪と非行』第165号 (2010年) 97〜98頁。
21　以前から、保護観察対象者の数に対して、保護観察官の数が足りず、充分なかかわり方ができるのか様々なところで指摘がなされてきている。保護観察では、より専門性が求められ、保護司との協働についても困難な事案が増える中で、さらに一部執行猶予制度などを盛り込むことで、さらに保護観察官の負担が増加することとな

る。そこで、懸念されるのは、ただ単なる監視機能の強化になるのではないかということである。つまり、より処遇が困難な対象者に集中的に処遇を行うことで、それ以外の多数者には、補導援護よりも再犯をさせないという指導監督に重点が置かれた保護観察制度になりかねないということである。たとえば、一部執行猶予の法律案にも含まれる薬物事犯者に対して行われる薬物検査では、処遇や治療プログラムという側面よりも、管理・統制機能的側面の方が重視されないように注意が必要である。拙稿「社会内処遇の新たな方向性～薬物事犯者を中心に～」『龍谷法学』第43巻1号(2010年)176～208頁、および拙稿「薬物乱用防止五か年戦略の成果と課題～医療化・福祉化の先にあるもの～」『現代思想』第38巻14号(2010年)209～217頁を参照。

22 葛野尋之『刑事手続と刑事拘禁』(現代人文社、2007年)143～146頁。
23 土井政和「社会復帰のための処遇」菊田幸一=海渡雄一編著『刑務所システム再構築への指針』(日本評論社、2007年)81頁。
24 正木祐史「社会的援助の理論と課題」刑事立法研究会編『21世紀の刑事施設』(日本評論社、2001年)114～124頁。
25 正木祐史「保護観察の法的再構成・序論～保護観察対象者の法的地位から～」刑事立法研究会編『更生保護制度改革のゆくえ』(現代人文社、2007年)66頁。
26 たとえば、薬物検査などは、治療プログラムなど回復につながる運用がなされるとすれば意義があるかも知れない。しかし、薬物依存症の回復過程に再使用があることは当然で、むしろ、それを活かした認知行動療法を繰り返すことに意味があるとする医療側のスタンスと、一度の再使用も許されるものではないとする司法側のスタンスとに乖離があることに問題が生ずる。これへの対策としては、数回の再使用は、回復過程に当然あることとして、米国ドラッグ・コート制度のような運用にするか、再使用があった場合には、治療施設は、個人が特定できないかたちで、再使用を報告するという方法もありえる。このトライアンドエラーが許されない制度上で、更生保護の一端を民間施設にゆだね、通報義務を課そうとすることには、大きな問題が生ずる。
27 染田惠『犯罪者の社会内処遇の探求』(成文堂、2006年)99頁。
28 藤井剛「更生保護の担い手と関連機関のネットワーク」刑事立法研究会編『更生保護制度改革のゆくえ』(現代人文社、2007年)160～189頁。
29 土井政和「更生保護制度改革の動向と課題～有識者会議提言と更生保護法案を中心に～」刑事立法研究会編『更生保護制度改革のゆくえ～犯罪をした人の社会復帰のために～』(現代人文社、2007年)9頁。
30 土井・上掲注(29)9頁。
31 刑事立法研究会社会内処遇班「更生保護基本法要綱試案」『龍谷大学矯正・保護研究センター研究年報』第5号(2008年)113頁。
32 刑事立法研究会社会内処遇班・上掲注(31)113頁。
33 古川隆司「高齢犯罪者の増加と社会福祉の関係、課題」『龍谷大学矯正・保護研究センター研究年報』第5号(2008年)183～184頁。
34 古川・上掲注(33)184頁。
35 この点は、先の土井をはじめとする刑事立法研究会では、更生保護基本法要綱試案で、いわゆる「刑余者」と言われる人も、一般的な福祉と同様に社会的弱者という面では同じで、一般的な福祉と同様の福祉的サービスを受けられるとする立場を採っ

ている。詳しくは、「更生保護基本法要綱試案」『龍谷大学矯正・保護研究センター研究年報』第5号（2008年）112～174頁。
36 たとえば、2006年の南高愛隣会田島班の調査結果によると、サンプル調査をした受刑者数27024名中410名が知的に障がいをかかえている、もしくはそれが疑われる処遇困難者であり、そのうち療育手帳を所持していたのは、わずか6％にすぎなかった。厚生労働省科学研究・前掲注（1）を参照。
37 古川・上掲注（17）、163頁。
38 「薬物の乱用防止対策に関する行政評価・監視――需要根絶対策を中心として――」[資料3] 2頁。http://www.soumu.go.jp/main_content/000059421.pdf（2011年12月12日）
39 アパリの刑事司法手続における薬物自己使用者への支援については、尾田真言「資料：アパリの刑事司法サポート事業の実践～アパリの活動から見た薬物裁判の現状と課題」『龍谷大学矯正・保護研究センター研究年報』第5号（2008年）106～109頁。
40 山口幸雄『司法福祉論〔補訂版〕』ミネルヴァ書房（2005年）19頁。
41 山口・上掲注（40）19～21頁。
42 古川・上掲注（33）183～185頁。
43 古川・上掲注（33）183～185頁。
44 刑事立法研究会社会内処遇班・前掲注（31）133頁。
45 古川・上掲注（33）185頁。
46 筆者が訪れたいくつかのセンターでは、支援をしていく中で、対象者には、いわゆる「仮釈放中」といった刑事司法による強制下にあってほしいという声がいくつか聞かれた。その趣旨としては、責任の問題やかかわり方の問題のほかに、積み上げてきた福祉としての支援の途中で逃走にあったりすると福祉の支援を中断せざるをえないことになるからであるとされるセンターもあった。また、司法も関わっているということを、司法サイドの人にも認識してもらい、福祉への丸投げにならないようにしたいからであるという声もあった。いずれにしても、現在の制度として特別調整される対象となる人は、本人の希望によって開始されるために、どうしても福祉の支援を受けたくない人は、この対象となっていない。しかし、この特別調整にのってこない人への支援をどうすればいいのかといった問題に取り組もうと考えておられるセンターもあるようである。

第3部 比較法

第12章
イギリス2003年刑事司法法の運用状況
社会内処遇刑および執行猶予を中心として

高平奇恵（九州大学大学院法学研究院助教、弁護士）

1．はじめに

　イギリスでは、過剰拘禁問題等を背景に、当初は拘禁の代替刑として、社会内処遇命令が発展してきたが、2003年の刑事司法法により、様々に異なる背景を持つ社会内処遇の制度が、大きく変化した。変化の背景には、同時多発テロによって生じた社会防衛の意識の高まりにともなう、量刑についての基本原理の転換がある。

　2003年刑事司法法の量刑に関する規定は、2001年に、内務省の上級公務員であったハリディー（John Halidy）が内務大臣に提出した報告書（以下「ハリディー報告」という。）を原案とする[1]。

　ハリディー報告は、従来の量刑を、応報にのみ重点が置かれていると批判し、他の目的、すなわち、犯罪の減少や修復も量刑の際の考慮要素とすべきと提案した。

　そして、上記目的、特に犯罪の減少および修復という目的にのっとり、ハリディー報告では、以下のような原理が提唱された[2]。①刑の重さは、犯罪の重大性および、犯罪者の犯罪歴を反映しなければならない、②犯罪の重大性は、引き起こされた、脅かされた、あるいは、危険にさらされた害悪と、罪を犯したことの犯罪者への非難の程度を反映しなければならない、③刑の重さは、十分に（時期的に）近接しており、かつ関連性のある前科の結果として重くなる、④拘禁刑は、他の刑罰では処罰の必要性に十分に対応しない場合にのみ科される、⑤非拘禁刑は（経済的処罰を含む）、それらが十分に応報となると評価できる場合には、再犯の危険（防止）と公衆の保護を企図した方法によって科せられる。そして、ハリディーの提案の多くを受け入れた、'Justice for all'と題した2002年の白書 (以下「白書」という。) が、2003年刑事司法法の基礎となった。

　白書は、その到達点を、「強く、安全な社会」であるとし、具体的には、①反社会的行為、薬物、粗暴犯に対する断固たる対応、②被害者のために刑事司法のバランスを再調整すること、③警察および検察に、より多くの犯罪者を司法の場に送る手段を与えることとされた[3]。そして、白書が掲げる量刑の目的および原理は次のようなものである[4]。量刑は、①最初に、そして真っ先に公衆を守らなければならず、これが最重要課題であり、②処罰として機能し、かつ処罰が犯罪に適合していなければならず、③犯罪を減らさなければならず、量刑はより少ない犯罪を導く効果的な道具であるべきである、④抑止しなければならない（これは一般予防効果および特別予防効果を含む）、⑤社会から完全にあるいは部分的に隔離することによって犯罪者が物理的に罪を犯すことを防止する場合には、（自由）を制限しなくてはならない、⑥更生そして社会復帰させなければならない、それにより犯罪者は再犯を犯しにくくなる新しい技術や態度を学ぶことができる、⑦修復をすすめなければならない、私たちは、犯罪者が犯した罪の償いをすることを積極的に促進しなければならない。このように、同時多発テロ等によって引き起こされた社会不安が、白書の掲げる量刑の目的および原理に強い影響を及ぼしていることがみてとれる。

　2003年刑事司法法は、量刑の目的をはじめて明文化した法律である。同法は、量刑の目的を、①犯罪者の処罰、②犯罪の減少（抑止による減少も含む）、③犯罪者の更生および社会復帰、④公衆の保護、⑤犯罪によって影響を受けた者に対する修復と定めた（142条（1））[5]。

　国民に対して、2003年刑事司法法の目的は、公衆が信頼し、公衆を保護する量刑の枠組みを作り上げることと説明された。具体的には、最も危険な犯罪者のみが拘禁刑となり、一方、危険性の低い犯罪者は短期拘禁刑を科すのではなく、更生を可能にする社会内刑罰を科するとするものであり、量刑に、包括的な構造と明確さを与えるものであるという説明である[6]。

　このように、イギリスの刑事司法は、犯罪の減少（抑止を含む）、および、修復的司法の方向へと大きく軸足を移した。2003年刑事司法法による社会内処遇制度の改変には、その原理の転換の影響が色濃くあらわれている。

　しかし、この原理の転換、特に、前科や、再犯の予防が、量刑で過度に斟酌されおそれがある点については、以下のように、批判も多い。

法が規定した複数の目的は、特定の事案においてそれぞれの目的の効果が衝突する場合には、いずれの目的が優先するのか、量刑主体にとって明らかでない[7]。また、量刑により犯罪を抑止する効果については、犯罪者が、罪を犯せばただちに逮捕され、有罪となると考える場合でなければ発生しないのではないかとの疑問も呈されている[8]。

　また、ハリディーは、量刑の重さは、犯罪行為の重大性に相応するものであるとし、応報の観点を保持する一方（ハリディー報告、2.7）、前科によって量刑が重くなることを許容する。このアプローチに対しては、前科に不当な重要性を与えるものとの批判がなされた[9]。さらに、ハリディーが指摘した量刑格差（特に治安判事裁判所での）問題は（ハリディー報告1.42 - 1.44）、ハリディーの提案した量刑枠組みにも同様に存在すると指摘された。ハリディーの再犯を防止するというアプローチは、すべての事案において、予測的な要素が強まる、すなわち、将来の犯罪のリスク評価がなされるというところに帰着する可能性がある。その結果として、類似の犯罪を類似の前科前歴がある者が犯した場合であっても、全く異なる量刑がなされる可能性がある。これは、まさにハリディーが指摘した、従前の量刑の問題点と同じものである[10]。

　議会の司法委員会は、過剰拘禁の問題は依然として継続し、2003年刑事司法法によって、むしろ増進され、2008年5月31日現在の被収容者人口は、82,822人に達したと指摘した。また、同法が導入した新しい制度についても、制度導入の目的は達成されていないと厳しく批判した[11]。

　2003年刑事司法法が導入した新制度については、実施後の調査をもとに、2008年刑事司法および入管法によりいくつかの改正がなされている。

　いずれにせよ、2003年刑事司法法制定により、イギリスの刑事司法は大きな転換期を迎えたのであり、社会内処遇を含む新しい制度が、法の規定する目的を達成しうるのか、注目されるところである。

　本稿では、2003年法が採用した新制度のうち、量刑の目的に犯罪の減少（抑止を含む）が導入されたことが、制度設計にいかなる影響を与えたかについて検討したうえで、新制度の実施状況等を紹介することとする。

2．社会内処遇刑（community sentences）

　社会内処遇刑とは、成人あるいは若年に対する社会内処遇命令によって構成される、あるいはこれらを含む刑罰である（2003年刑事司法法177条）。

現在の社会内処遇刑の始まりは、1907年に導入されたプロベーション命令である。後述のように、様々な内容の命令が、当初は拘禁の代替処分として、それぞれに別個の社会内処遇命令として発展してきた。代替処分にあったこれらの社会内処遇命令は、1991年刑事司法法によって、社会内処遇刑という独立の刑罰として位置づけられた。当時の社会内処遇命令は、①プロベーション命令（2000年刑事司法および裁判所法でCROに改称）、②社会奉仕命令（CPOに改称）、③結合命令（CPROに改称）、④外出禁止命令、⑤監督命令、⑥アテンダンスセンター出頭命令であった[12]。社会内処遇刑として位置づけられたといっても、それぞれ独立した処分であったことは、結合命令が独立して規定されていることからも明らかである。CROとCPROには、治療や監督などの様々な遵守事項を付することが可能であった。

　2003年刑事司法法は、それぞれ異なる背景で発展してきた社会内処遇命令を、12の要求事項（requirements）の範囲内で内容を選択する、包括的な（generic）社会内処遇命令とした。特定の犯罪、および犯罪者にもっとも適した要求事項を、単独で、あるいは組み合わせて社会内処遇命令とする制度である。

　ハリディー報告は、既存の社会内処遇命令は新しい、包括的な社会内処遇命令（new generic community punishment order）とすべきとし、現在の犯罪に加え前科も考慮したものに対して、応報という点で均衡がとれているものとなるであろうとした[13]。

　また、白書は、電子監視や音声認証等の技術の発展により、自由が制限され、再犯を防止する革新的な方法をもたらされるので、社会内処遇刑がソフトな選択肢ではないことを保証すると説明した[14]。

　前科を考慮するというハリディー報告のアプローチが再犯防止の視点にたつものであることは明らかであり、その基本的な考え方は白書でも踏襲されている。

　予防に重きを置く基本的考え方は、社会内処遇刑が不当に広く科されるというネット・ワイドニングの危険性をはらむものである。

(1) 社会内処遇の発展

　そもそも、イギリスにおいて、社会内処遇がどのように発展してきたかについて概観する[15]。

①プロベーション命令（Probation Order）

　イギリス社会内処遇は、1907年に導入されたプロベーション命令に始まる

(Probation of Offenders Act 1907)。当初の命令の期間は6ヶ月から3年とされた。2001年に社会内更生命令CRO (Community Rehabilitation Order) と改称され、治療や監督を目的とする遵守事項を付することができた。2003年法により、2005年4月からは、監督 (本章(2)の(K)にいう) の要求事項のひとつとなった。
② 社会奉仕命令 (Community Service Order)

1972年に導入された。時間は40時間から240時間と定められた。2001年に社会内処罰命令 (Community Punishment Order) と改称された。2005年、無償労働の要求事項となった。
③ 結合命令 (The Combination Order)

1991年刑事司法法によって導入された。プロベーションを12ヶ月から3年、コミュニティサービスを40時間から100時間の間で設定するという内容である。2001年に、社会内処罰および更生命令 (CPRO) に改称された。監督や治療目的の遵守事項を付することができた。

2003年法によって、これらはそれぞれ監督と無償労働という個別の要求事項のひとつに解消され、この二つを組み合わせることによって、同じ内容の社会内処遇刑を科すことが可能になった。
④ 薬物治療および試験命令 (The Drug Treatment and Testing Order)

2000年に全国的に導入された。期間は6ヶ月から3年とされていた。2003年法により、薬物治療の要求事項となった。

(2) 2003年刑事司法法上の要求事項 (requirements)

2003年法は、18歳以上を対象とする以下の12種類を規定する (177条)。
(a) 無償労働 (an unpaid work requirement, 199条)

40時間から300時間の無償労働を内容とする要求事項である。「社会への負債を返す」ための要求事項であるとされる。新しい労働のための技術を身につけることも目的とされる。
(b) 特定活動 (an activity requirement, 201条)

特定の人と面会させたり、特定の活動に参加させたりすることを内容とする。期間は60日以内である。教育、訓練をはじめ、さまざまな活動が予定されている。被害者に対する修復も目的とされる。たとえば犯罪被害者と接触することなどが想定されている。通常、監督の要求事項と組み合わされる。
(c) プログラム参加 (a programme requirement, 202条)

認証機関によって公認されたプログラムに参加することを内容とする。5

つのカテゴリーのプログラムが準備されている。①一般犯罪、②暴力、③性的犯罪、④薬物濫用、⑤DVである。

(d) 特定活動禁止 (a prohibited activity requirement, 203条)

犯罪行為に至る危険のある特定の活動に参加することを禁ずるものである。

(e) 外出禁止 (a curfew requirement, 204条)

一定の時間に一定の場所から外出することを禁ずることを内容とする。時間は、1日のうち2時間から12時間の間で、期間は最長6ヶ月である。犯罪行為に至る機会を減らし、また、地域社会を保護する目的もある。

(f) 立入禁止 (an exclusion requirement, 205条)

特定の地域に立ち入ることを禁ずるものである。期間は最長2年間である。この要求事項を付する際には、原則として、電子監視も付さなければならない。

たとえば、サッカー場で暴行をした者に対し、サッカー場に立ち入ることを禁止することが考えられる。

(g) 定住 (a residence requirement, 206条)

裁判所が居住場所を定めるものである。この要求事項を付するためには、裁判所は家庭環境について検討しなければならない。また、保護観察官の推奨がない場合は、ホステルや類似の施設を居住場所として指定してはならない。

(h) 精神衛生治療 (a mental health treatment requirement, 207条)

精神状態の治療を行うことを内容とする。対象者が治療に意欲を示していることが要件となる。公式登録された医師の証明により、精神状態が治療を要し、かつ、治療ができる状態であって、1983年精神保険法上の入院命令や保護命令が発せられる程度ではないと認める場合に要求事項としうる。治療に従事するのは、公式登録された医師および公認された精神科医である。人材不足のため、要求事項自体の設定率が低いとの指摘がある。

(i) 薬物からの更生 (a drug rehabilitation requirement, 209条)

薬物依存に対する治療を一定期間行うとともに、その期間中、尿、あるいは血液のサンプルを提出し、薬物を使用しているかどうかのテストを行うことを内容とする。対象者が治療に意欲を示していることが要件となる。治療および再犯の防止を目的とする。

(j) アルコール治療 (an alcohol treatment requirement, 212条)

アルコール依存の治療を内容とする。対象者が治療に意欲を示しているこ

とが要件となる。

(k) 監督（a supervision requirement, 213条）

担当官あるいは、担当官の指名する者と面会させることを内容とする。

(l) アテンダンスセンター出頭（25歳以下の場合。an attendance centre requirement, 214条）

総計12時間から36時間以下の時間で、アテンダンスセンターに出頭させることを内容とする。

(3) 電子監視

電子監視は、2003年刑事司法法には、requirementと記載されるが、社会内処遇命令の内容としての要求事項を定める177条には列挙されず、他の要求事項と組み合わせて付することが予定されている（215条）。あくまで、社会内処遇命令の要求事項の実効性を高める手段として位置づけられていると解される。

1992年、ヨーロッパ評議会は、閣僚委員会（Committee of Ministers）において、非拘禁的措置に関するヨーロッパルール（the European rules on community sanctions and measures）を採択している（以下「ヨーロッパルール」という。内容については、本書大貝論文参照）。

ヨーロッパルールは、電子監視が使用される際しては、対象者の社会復帰を達成し犯罪からの離脱を支援するための介入と組み合わせて使用されることが要請されるとしており、イギリスの制度は、この趣旨に沿うものである。

もっとも、ヨーロッパルールが、必要とされる監視レベルを超えないことを要請しているのに対し、イギリスの場合、要求事項が外出禁止および立入禁止の場合には、電子監視は必要的であるとされるのみであり、監視レベルについて法は規定を設けていない。

(4) 要求事項に違反した場合

ヨーロッパルールでは、措置に付随する条件や義務が遵守されない場合、逮捕や拘禁という方法に訴えるということは、法律によって規定されることが要請されているほか、いかなる条文によっても、条件や義務の不履行を理由とした自動的な拘禁の措置への変更は行われないよう要請されている。

そのため2003年法においては、合理的な理由なく要求事項に違反した場合

の措置について、以下のように規定する。

まず、違反に対しては、前の12ヶ月の間に警告を受けていたか、あるいは執行官が裁判所に差し戻す場合を除き、警告が与えられる（附則第8章、第2編5（1））。警告後に再度違反し、かつ、次の12ヶ月の間に、受刑者が合理的な理由なく要求事項に従えなかったと執行官が評価した場合には、裁判所に差し戻さなければならない（同6（1））。治安判事裁判所は、要求事項違反を認めた場合、召喚や逮捕状の発布をなしうる（同7）。ただし、社会内処遇刑が有効な期間内に限る（同7（2））。

治安判事裁判所が、受刑者が合理的な理由なく要求事項に違反したことが立証されたと認めた場合には、①それまでよりも負担の大きい要求事項を科すために社会内処遇命令の期間を改定するか、または、②社会内処遇刑を取り消し、社会内処遇刑を受けた犯罪について、法定刑の範囲内で再度刑を言い渡すか、または、③受刑者が故意に、かつ継続的に要求事項に違反するなど、一定の要件を充足すれば、もともと社会内処遇刑を科された犯罪の法定刑に拘禁刑がない場合であっても、6ヶ月を超えない拘禁刑を言い渡すことができる。

上記の判断をするに当たっては、社会内処遇刑の達成の程度を考慮しなければならないとされるが（同9（2））、このような違反への対処により二重処罰の危険が生じるおそれは否定できないであろう。

(5) 要求事項の活用状況

上述のように、12の要求事項を自由に組み合わせ、それぞれの受刑者にいわばオーダーメードの刑を科し、法に掲げた刑罰の目的を達成することが、2003年法の意図するところである。しかし、制度趣旨どおりに要求事項が活用されているかについては、疑問が呈されている。

まず、社会内処遇刑においては、単一の要求事項が付される場合が、2006年は、約48%、2007年は約49%、2008年上半期は約51%であり、約半数が単一の要求事項が設定されたものであった。次いで多いのが、2つの要求事項の組合せが設定されたものであり、2006年が約36%、2007年が35%、2008年上半期が35%であった[16]。

要求事項の種類をみると、無償労働が単一で科される場合が最も多く、2005年から2008年上半期の間、全体の32%が、無償労働を単一で科した場合であった。2007年および2008年上半期は、次いで監督を単一で科する場

合が多く、全体の13%であった。

　また、要求事項の利用に偏りがみられる。監督、無償労働、プログラム参加、薬物治療、外出禁止の5つの要求事項が、全体のおよそ9割を占め、その他の要求事項は、ほとんど使われていない。その原因には様々な要素があると考えられる。たとえば、裁判官や保護観察官の知識不足や、保護観察官が、従来の仕事の仕方の範疇で仕事をしようとし、新しい制度の利用に積極的でないこと、保護観察官の業務負担が重いため、量刑判断に先立って、被告人に関するアセスメントを十分することができないこと、立入禁止や、特定活動の禁止など、要求事項が重複しうる場合があり、混乱が生じていること、立入禁止や特定活動の禁止といった要求事項の実施をどのように監視するかについて、明確な定めはないこと、資源の不足といった要素が指摘されている[17]。

　2007年には、1つ、あるいは2つの要求事項の組合せが全体の84%、単一の要求事項のみ付されているものが、約49%であった。要求事項を2つ組み合わせたものが35%を占めていた。これに対して、5つ以上の要求事項があったものは351件と、少数にとどまった[18]。

　最も頻繁に利用されているのは、単一の無償労働（32%）、次に利用されているのが、単一の監督（13%）であった[19]。

　現在の要求事項の活用状況をみると、結局のところ旧法に存在していた組合せが好まれる傾向にあるという指摘がある。アルコール治療、精神治療、特定活動禁止、定住等はほとんど利用されていない[20]。

　また、制度設計当初は予測されていなかった問題として、刑期の終了前に、要求事項を完遂できない可能性が指摘されている[21]。また、要求事項の開始時期が遅れているとの指摘もある[22]。社会内処遇刑は、期間も定められており、要求事項開始時期が遅れた場合に、いかなる対応をとりうるかは、法律上は明らかでない。

　ヨーロッパルールは、措置を実施するスタッフについての規定を置いており、人的資源が量的および質的に確保されること、活動に際して必要とされるトレーニングと情報がスタッフに提供されることを要請しており、これら規定に照らしても、問題は大きい。

(6)　ネット・ワイドニング

　また、従前は罰金や、不起訴相当とされた者に対して社会内処遇刑罰が科

されていることが問題となっている。そして、社会内刑罰が科されていた者に対して、執行猶予(社会内処遇刑と結合された執行猶予)が言い渡されているとの批判もある[23]。

実際、直ちに拘禁刑が科された者の率は1998年から2008年までほぼ横ばいである。これに対し、罰金刑のしめる割合は、1998年には72％であり、2008年には65％に下がった[24]。結局、より重い処罰を受ける者の範囲を増やす結果となっており、拘禁刑を科すのではなく、社会内処遇刑を活用しようという制度設計の趣旨と反する結果となっていると指摘されている[25]。

2008年刑事司法および入管法は、上記社会内処遇刑が、あまりに広い範囲で適用されることを防止するために、社会内処遇が、拘禁刑に処せられるべき場合、あるいは、以前罰金に処されたことがある常習犯に対して科されるという規定を追加した(11条(1))。

統計資料を検討すると、2007年12月31日時点において、101,858人が社会内処遇命令を科され、うち91％が社会内処遇刑であった(改正前の法の適用を受けた者がいるため)。

なお、2009年は195,800人に社会内処遇刑が科されており、2008年比で3％増加した[26]。

2009年の、社会内処遇刑の平均期間は13ヶ月であった。2005年の導入時には、22ヶ月であり、2008年には14.9ヶ月と短くなる傾向にある。

より実効性のある要求事項の組合せがされる等の理由による可能性があるともされる[27]。

もっとも、以前はより長期の社会内処遇刑だった者が、執行猶予(SSO)となっている可能性もある(Ministry of Justiceの指摘、後述)[28]。

社会内処遇刑が科される犯罪類型としては、窃盗および万引きが21％を占める。

そして、社会内処遇刑が適用された事件としては、正式起訴された事件が5％増えており、略式起訴の事件が1％を下回る増加にとどまった[29]。この数字のみをみると、2008年刑事司法および入管法11条という、社会内処遇刑のネット・ワイドニングを防止する規定が一定の効果をあげているとの評価も可能と考えられる。しかし、社会内処遇刑とまったく同じ遵守事項を付しうる執行猶予が存在するため、執行猶予の実施状況を検討することなく、評価することは適切ではないと思われる。

3. 仮釈放

2003年刑事司法法は、刑期が満了するまで、刑の目的を達成するための何らかの方策が継続してとられるべきであるとの観点から、仮釈放後、原則として刑期の満了までを、社会内での監察期間としての、ライセンス出所期間とする（249条（1））。未成年者に対しては、従来からなされていた形態であるとの指摘がある[30]。

ライセンス出所期間中の標準的な遵守事項は、2005年刑事司法（量刑）（ライセンス遵守事項）命令に規定されている。

(1) 不定期刑

ア　種類

不定期刑には、主要なものとして、終身刑（life sentence）と、公衆の保護のための不定期刑（indeterminate sentences for public protection）がある。

2003年法は、複数の謀殺行為ないし児童殺害行為などに対して仮釈放を認めない完全終身刑を導入したが、その他の終身刑は、実質的には不定期刑である。

謀殺行為等に対する必要的終身刑と、裁量的終身刑があるが、いずれの場合も、最低限の服役期間（tariff）が定められる。もっとも、この期間を経過しても、自動的に釈放されるわけではなく、期間満了日に仮釈放委員会の審査を受けることになる。仮釈放が認められない場合でも、最低服役期間経過後は、年に1回、仮釈放委員会が仮釈放の許否について審査をする。仮釈放が認められた場合、終身刑の受刑者は、死亡するまでの期間がライセンス出所期間となる。公衆の保護のための不定期刑の場合には、仮釈放されてから10年間で、ライセンスの効力を停止しうる（附則18章第2によって挿入された1997年犯罪（量刑）法31A条）。

イ　現状および問題点

2009年には、不定期刑により、刑務所に収容されている被収容者が、11,782人に達した[31]。被収容者人口の増加に占める不定期刑受刑者の割合が高い[32]。

公衆の保護のための不定期刑の目的は、実際の犯罪行為に対する応報というより、むしろ、将来の害悪や犯罪を拘禁によって防止することである。議会の司法委員会は、この種の予防拘禁はあくまで、例外的措置であるべきと

し、その対象者には絞りをかけるべきとする[33]。しかし、現在では、より広い範囲の対象者に、公衆の保護のための不定期刑が科せられている。また、仮釈放委員会の予算は増えたものの、負担の増加に対応する人的資源の不足も指摘されている[34]。

また、特に公衆の保護のための不定期刑については、判決前の十分なアセスメントが必要であるが、情報提供が不十分であるという指摘がある。議会の司法委員会は、公衆保護のための不定期刑を科す場合、徹底的なリスクアセスメントを含む判決前報告（pre-sentence report）が裁判所に提供されるべきであると提言した[35]。

(2) 刑期の定めのある拘禁刑

刑期の定められた拘禁刑の場合、刑期の半分が経過すれば、自動的に仮釈放される。

ハリディー報告は、刑期が12ヶ月未満の短期自由刑について、（改善更生、再犯防止に）なんら意義、効果が認められないと厳しく批判した（ハリディー報告、1.16 - 1.19、3.13）。これを受けて、2003年刑事司法法は、刑期が12ヶ月未満の拘禁刑に対する仮釈放について、以下のような制度を設けた。

ア　拘禁プラス

仮釈放の原則形態である。短期の拘禁期間および、これに比較すると長いライセンス出所期間を定め、そのライセンス出所期間中の遵守事項（conditions）を付するものである（2003年刑事司法法181条）。

期間は週単位で定め、刑期は最短で28週以上、ひとつの犯罪について51週以下とされる（181条（2））。拘禁期間は、2週間以上13週間以内であるが（181条（5））ライセンス期間は、少なくとも26週以上でなければならない（181条（6））。

遵守事項は、①無償労働、②特定活動、③プログラム参加、④特定活動の禁止、⑤外出禁止、⑥立入禁止、⑦監督、⑧アテンダンスセンター出頭（ただし、対象は25歳未満）である。

外出禁止および立入禁止を遵守事項とする場合には、電子監視を付さなければならず（182条（3））、その他の場合には、電子監視を付すことができる（182条（4））。

イ　断続的拘禁（2003年刑事司法法183条）

刑期のうち、拘禁されるべき日を定めて科す拘禁刑である。受刑者と社会

とのつながりを継続させる趣旨で設けられた制度であり、たとえば、会社の休日を拘禁されるべき日と定めることができる。刑期は28週以上51週以下であり、拘禁期間は14日以上90日以下である。拘禁期間以外の刑期が、ライセンス出所期間となる。断続的拘禁を科するには、犯罪者 (Offender) の同意を要する (183条 (6))。

ライセンス出所期間の遵守事項は、①無償労働、②活動、③プログラム参加、④特定活動の禁止である (185条 (1))。

電子監視については、拘禁プラスと同様である。

ウ　執行猶予

2003年刑事司法法は、社会内刑罰と執行猶予とを組み合わせた、新しい執行猶予の制度を定めた (189条)。これは、ハリディー報告で提案された制度である。従来の執行猶予の効果は、再犯の場合に収容されるという威嚇効果のみであり、より強い取決めがあれば、再犯防止の効果があがると主張された[36]。

新しい執行猶予の場合、6ヶ月以上2年以下の、執行猶予期間 (the operational period) および、社会内刑罰が科される観察期間 (the supervision period) を定める。ただし、観察期間は猶予期間を超えることは許されない (189条 (4))。観察期間中の要求事項は、社会内刑罰と全く同じ、12の要求事項である。

①　遵守事項の不遵守

裁判所が、言い渡された拘禁刑を執行することが不適切であると判断しない限り、拘禁刑が執行されることとなる。その判断の際の考慮要素は、①受刑者が執行猶予の遵守事項にどの程度従っていたか、②受刑者が再犯を犯した場合には、その犯罪事実である (附則12.8 (4))。

②　実施状況

執行猶予が付される件数は、新しい制度の施行後、急激に増加した。2005年には、9,666人に執行猶予が付されたが、2008年には41,151人、2009年には455,134人に達した。2008年から10％増、2006年から35％増加している[37]。この原因のひとつが、社会内処遇刑が科されるべき場合に、執行猶予付の拘禁刑が科されるようになったことであるとの指摘がある[38]。また、拘禁刑に執行猶予が付される場合の方が社会内処遇刑を科される場合よりも、収容される蓋然性が高い。なぜならば、執行猶予の遵守事項は、社会内処遇刑の要求事項よりも多く付される傾向があり[39]、その違反率は、少なくとも2003年刑事司法法が施行される前のCROやCPOより高い[40]からである。このことは、結果として、収容人口を増加させる結果につながりかねない。

2009年には、治安判事裁判所および刑事法院で1,405,900人が判決を受けたが、うち、約45,100人、約3％が執行猶予（Suspended Sentence Orders、SSO）であった[41]。

　2009年の平均期間は17.1ヶ月で、執行猶予期間は、4年間ほぼ安定している。

　執行猶予が、従来予定されていた範囲を超えて付されているのではないかという懸念から、略式起訴のみ可能な犯罪への適用を制限しようとする2007年の改正案は、結局不採用となった[42]。

　2005年には41％、2009年には約30％が略式起訴の犯罪に適用されている[43]。

　2007年末に執行猶予を付された者のうち、12％は、以前に有罪判決や警告を受けたことがない者であった。

③　要求事項の活用状況（2007年）

　1つまたは2つの要求事項が付される場合が、全体の79％（2007年）を占め、37％が単一の要求事項であった。

　もっとも利用されたのは、単一の無償労働（約17％）であり、監視および特定プログラムの組合せが約17％で2番目に多い。3番目は単一の監視（15％）である。

　社会内処遇刑と比較して、監視がより利用され、無償労働が少ないことがわかる。この点については、社会内処遇刑と比較すると執行猶予の方が懲罰的であることを反映しているという見解がある[44]。

4．判決前報告

　2003年刑事司法法は、156条で、判決前報告を規定する。拘禁刑や社会内処遇刑を科する場合には、原則として判決前報告が裁判所に提出される。

(1) OASys

　イギリスでは、OASys（Offender Assessment System）という標準化された手続に従い、保護観察所およびプリズンサービスによってアセスメントがなされる。その目的は、再犯の可能性を評価すること、犯罪に関連するニーズが何かを明らかにすること、自傷他害の危険性を評価すること、害悪発生リスクの管理の援助（として何が必要か）、アセスメントを量刑計画に関連づけること、さらなる専門家のアセスメントを要するかの判断、観察あるいは刑の執

行期間中に犯罪者がどのように変化したかを評価することである[45]。判断要素は、大きく３つに分けられる。①前科および現在の犯罪、②社会的および経済的要素：居住状態、教育、経験、雇用される可能性、経済的管理能力および収入、生活スタイルおよび友人、人間関係、薬物あるいはアルコールの濫用、③個人的要素：思想および行動：犯罪行為および監督に対する態度、不安や落ち込みなどの精神的な要素である[46]。

(2) 判決前報告

判決前報告は、書面でなされる場合と口頭でなされる場合がある。2008年刑事司法および入管法は、裁判所が、公開の法廷で、口頭の判決前報告を受けることを許容する（同法12条）。

18歳以上の被告人の場合、判決前報告は、保護観察官が作成する。

書面は、FDR（fast delivery reports）と、SDR（standard delivery reports）の２種類である。FDRは、裁判所からの要請があってから、通常24時間以内に出されるもので、SDRと異なり、OASysのすべてのアセスメントが記載されているわけではない。犯罪の重さが中程度、あるいは低いとされる事案で[47]、社会内処遇刑が検討される場合に適しているとされる。SDRは、OASysのすべてのアセスメントが記載されているもので、拘禁刑を科す場合や、社会内処遇刑が検討され、犯罪の重さが高い事案の場合などに適しているとされる。通常15日（休日を除く）以内に提出される[48]。

判決前報告は、①被告人の基礎情報および、報告の基礎となった情報源、②犯罪の分析、③被告人のアセスメント、④公衆に対する危険および再犯の危険性のアセスメント、⑤量刑の提案が内容として含まれなければならない。もっとも、裁判所は、判決前報告による量刑の提案には拘束されない。

(3) 判決前報告の開示

被告人からの聞取りのみが情報源となっている場合、あるいは聞取りを情報源として記載する要素があるため、判決前報告には、誤りがある可能性がある。そのため、被告人および弁護人に開示される（2003年刑事司法法159条）。

5．結語

2003年法の新制度が、重罰化の方向で利用された結果として、被収容者人

口は、むしろ増加したとも言われている。従来から指摘されていたネット・ワイドニングの危険が現実となったといえよう。また、ひとりひとりに適合した量刑を実現するには、人的、社会的、物的資源が必要であるが、これらが不足しているという問題にも直面している。

　実質的に実施できない社会内処遇の要求事項を付することは、受刑者にとっても、公衆にとっても利益とならない。社会とのつながりを保たせる社会内処遇が実質的に機能するためには、イギリスは未だ多くの課題を抱えている。

（たかひら・きえ）

1　John Halidy et al., Report of the Review of the Sentencing Framework for England and Wales: Making Punishments Work, 2001.
2　Peter Hungerford-Welch et al., Criminal procedure and Sentencing (7th edition) 2009.
3　Justice for All, CM5563, 2002, 26.
4　Id., 87-88.
5　成人（18歳以上）の場合である。未成年の場合は、犯罪者自身の福祉も目的となる。
6　Home Office, Making Sentencing Clearer, 2006
7　Peter Hungerford-Welch et al., op. cit. note(2).
8　Id., Chapter 16.
9　E Baker C Clarkson, Making punishment work? An evaluation of Halliday Report on sentencing in England and Wales, Crim. L.R. 2002, Feb, 81-97.
10　Id.
11　House of Commons Justice Committee, Towards Effective Sentencing Fifth Report of Session 2007-08, 2008.
12　土井真知「海外現地調査に基づく制度の運用状況に関する報告　イギリス」『配偶者からの暴力の加害者更生に関する調査研究』内閣府男女共同参画局、2003年。
13　John Halidy et al., op. cit. note(1), ch.6.
14　Id., note(3) 17.
15　Gorge Mair et al., The use and Impact of the Community Order and the Suspended Sentence Order, (Center for Crime and Justice Studies, 2007), 9.
16　Gorge Mair, Helen Mills, The Community Order and the Suspended Sentence Order three years on : The Views and experiences of probation officers and offenders, Centre for Crime and Justice Studies, 2009, 10.
17　Id., 11-12.
18　Enber Solomon, Arianna Silvestri, Community Sentences Digest, 2nd ed., (Center for Crime and Justice Studies, 2008), 19.
19　Id., 19-20.
20　Gorge Mair et al., op.cit.note(15), 21.

21 National Audit Office, The Supervision of Community Orders in England and Wales, 2008.
22 Napo News April 2008 Issue 198, 2008, 2.
23 House of Commons Justice Committee, Towards Effective Sentencing, 2008, 125.
24 Ministry of Justice, Sentencing Statistics: England and Wales 2008, 2010, 35.
25 House of Commons Justice Committee, Towards Effective Sentencing, 2008.
26 Ministry of Justice, Sentencing Statistics: England and Wales 2009, 2010, 35.
27 Ministry of Justice, Offender Management Caseload Statistics 2009, 2010, 5.
28 Id., 5.
29 op. cit. note(26), 37.
30 Peter Hungerford-Welch et al., op. cit. note(2), 817
31 op. cit. note(27), 81.
32 2002年から2009年にかけて、刑務所の被収容者は、59,608人から71,577人に増加したが、不定期刑の被収容者は、同期間に5,147人から12,521人まで増加しており、増加した被収容者11,969人のうち、7,374人が不定期刑によって収容された者である。Id., 81参照。
33 House of Commons Justice Committee, Towards Effective Sentencing Fifth Report of Session 2007-8, HC184-I, 2008, 20.
34 Id., 29.
35 Id., 27-28.
36 op. cit. note(2), 820.
37 Ministry of Justice, Sentencing Statistics: England and Wales 2009, 2010, 44.
38 House of Commons Justice Committee, op cit. note(27), 42.
39 op. cit. note(16),10.
40 Id., 13.
41 Ministry of Justice, Sentencing Statistics: England and Wales 2009, 2010, 43.
42 Criminal Justice and Immigration Bill 2007 , s10.
43 Ministry of Justice, Penal Policy – a background paper, 2007, 9.
44 Enber Solomon, Arianna Silvestri, Community Sentences Digest, 2nd ed., 2008, 21-22.
45 National Probation Service London, Pre-sentence Report Format-Update, Information for sentencers, London Probation-Winter 2005/2006-Part 1, 2006.
46 National Probation Service for England and Wales 'OAsys: The New Offender Assessment System, Issue 3, 2003.
47 2003年刑事司法法により設置された量刑ガイドライン委員会が作成した、「犯罪の重さに関するガイドライン」参照。量刑ガイドラインに関しては、井戸俊一「イギリスの量刑ガイドラインについて」判例タイムズNo.1238、67ないし92頁、および、吉戒純一「イギリスにおける量刑改革——2003年刑事裁判法——」判例タイムズNo.1235, 85頁ないし90頁参照。
48 Peter Hungerford-Welch et al., op. cit. note(2), 751.

第13章 アメリカにおける非拘禁的措置としての電子監視と社会奉仕命令

野尻仁将（一橋大学大学院法学研究科博士後期課程）

1. はじめに

　矯正・保護の領域における最近の国際的な傾向は、非拘禁的措置（non-custodial measures）の利用の積極化と内容の多様化により特徴づけられる[1]。この傾向が進むに従い、非拘禁的措置の機能もより多義的になっている。

　非拘禁的措置の中でもプロベーション（probation）やパロール（parole）が、社会内における指導や援助を通じて対象者の社会復帰と改善更生を目指す措置として、伝統的に社会内処遇（community-based treatment）と位置づけられてきたのに対し、近年になり広く用いられるようになった在宅拘禁（house arrest）、電子監視（electronic monitoring）、社会奉仕命令（community service order）などの新たな非拘禁的措置[2]は、指導的・援助的要素に加えて監視的・制裁的・統制的要素を併せ持っている点で、プロベーション等の「伝統的な社会内処遇」とは一線を画している。新たな非拘禁的措置を、「伝統的な社会内処遇」に監視的・制裁的・統制的要素が加味された措置と評価することにより、「新たな社会内処遇」と定義づけることができる一方で、新たな非拘禁的措置においては、監視的・制裁的・統制的要素のみが強調され、指導的・援助的要素は副次的に考慮されるに過ぎないのであれば、新たな非拘禁的措置は、社会内処遇というよりも社会内制裁（community sanction）ないしは社会内刑罰（community punishment）と評するのが適当であるといえる。

　アメリカにおいても、新たな非拘禁的措置が中間的制裁（intermediate sanction）という名で広く用いられているが、その導入と積極的利用の背景には、刑務所等の過剰拘禁（over-crowding）問題がある。過剰拘禁問題は、

1980年代のアメリカの刑事司法が直面する最も危機的問題と認識され、その解決が強く求められていた。過剰拘禁問題が深刻化するにつれて、刑務所等の能力不足を補う役割を果たすこととなったプロベーションの対象者 (probationer) の数も、連邦と州を合わせて、1983年の158万人から1987年には224万人へと急増した[3]が、プロベーションは拘禁代替 (alternative to imprisonment) 手段としては寛容な措置と解されていた[4]ため、その積極的利用により過剰拘禁問題の解決が図られることはなかった。また、政府財政が危機的状況にある中では、刑務所等の増設戦略を採り、その収容能力を高めることで、刑務所等の過密な拘禁状態を緩和することも困難であった。そのため、過剰拘禁問題の解決策は、制裁の程度が拘禁とプロベーションの中間に位置づけられる安価な拘禁代替手段たることが求められたのであり、新たな非拘禁的措置 (中間的制裁) は、その要求に合致するとの期待から、積極的に利用されるようになったのである。

アメリカで用いられている新たな非拘禁的措置 (中間的制裁) には、在宅拘禁や電子監視、社会奉仕命令の他に、集中監督プログラム (intensive supervision program) やブート・キャンプ (boot camp) などがあり、その種類は多数に上る。本稿では、新たな非拘禁的措置 (中間的制裁) のうち、電子監視と社会奉仕命令を取り上げ、その現状や利点・問題点を概観するとともに、処遇性と制裁性の有無・程度の検討を通じて、それぞれの措置が「新たな社会内処遇」と社会内制裁・社会内刑罰のいずれの機能を発揮しているかを明らかにしていくこととする。

2. 電子監視

(1) 沿革と類型

刑事司法の領域で電子監視の利用が試みられ、初めてそれが実行に移されたのはアメリカにおいてである。アメリカでの電子監視導入の試みは、1960年代のシュヴィッツゲーベル (Ralph K. Schwitzgebel) 博士による電子監視の考案と実験に始まる。博士の研究は、必ずしも刑事司法の領域に電子監視を導入することだけを意図して行われたわけではなかったが、博士自身も、「特別な安全装置があれば、ある種の常習犯に対する長期拘禁の代替として電子社会復帰システム (electronic rehabilitation system) を利用できるであろう」と述べるなど、当初より刑事司法と電子監視の結合の可能性を指摘していた[5]。その

可能性が現実化し、電子監視が一般的に利用されるようになったのは、1980年代に入ってからのことである[6]。電子監視は、1983年にニュー・メキシコ州アルバカーキ（Albuquerque）のラヴ（Jack Love）判事がプロベーション対象者に電子監視付在宅拘禁を命じたことで初めて試行され[7]、これ以降、アメリカでの電子監視導入の動きが俄かに加速していくこととなった。電子監視対象者の数も増加の一途を辿り、アルバカーキにおいて数人を対象に始められた電子監視は、それから四半世紀を経た2009年には、アメリカの各地で約20万人を対象に実施されるまでになっている[8]。

電子監視は、その導入より今日に至るまで、一般に在宅拘禁[9]と共に用いられてきた。連邦においては、電子監視は在宅拘禁に関連して用いられるべきであり、電子監視以外の監視手段を在宅拘禁で用いる場合には、その手段が電子監視と同程度に効果的であることを要するとされている[10]。他方、電子監視は、刑事司法の様々な場面・段階での適用を可とする極めて柔軟な特性を備えてもいる。そのため、現在では、その用いられ方は多岐にわたる。

電子監視は、使用場所の相違により、大きく施設内での電子監視[11]と施設外での電子監視とに分けられる。さらに、後者は、その機能に応じて、①保釈の条件としての電子監視、②刑罰としての電子監視、③更生プログラム（プロベーションやパロールなど）の条件としての電子監視などに分類することができる。アメリカで利用されているのは、主に①や③の電子監視である。また、近年では、④満期釈放者（拘禁期間満了者）に対する電子監視も用いられている。この新たな類型の電子監視は、主として性犯罪者を対象に長期的に行われる点で、従来の電子監視とは異なる特徴を有している。④の電子監視の期間は、場合によっては一生涯にわたることもある。

アメリカにおいて、④の電子監視は、2005年にフロリダ州で「ジェシカ・ランスフォード法（Jessica Lunsford Act）[12]」が制定されたのを機に積極的に利用されるようになった。性犯罪の厳罰化と終身電子監視（lifetime electronic monitoring）の実施により特徴づけられる同法は、12歳未満の者を被害者とする性犯罪の法定刑を最高で終身刑、最低でも拘禁期間25年以上の分割刑（split sentence）とし、さらに、一定の性犯罪者に対しては一生涯にわたり電子監視を行うとする[13]。「ジェシカ・ランスフォード法」に基づく生涯電子監視は、分割刑において拘禁に続き行われるプロベーションの期間を一生涯とするとともに、プロベーションの条件として、その期間中の電子監視を義務づけることで行われており、形式的には③の電子監視に当たる。しかし、「ジェシカ・

ランスフォード法」の目的は、一定の性犯罪者を長期的に監視下に置くことにあり、電子監視をプロベーションの条件として実施する点に同法の主眼が置かれているわけではないと解される。さらに、対象者や監視期間などの点でも④の電子監視との間に類似性が見出されることからすると、同法の電子監視は、実質的には④の電子監視として機能しているというべきである。性犯罪者に対する終身電子監視は、フロリダ州の他にも、カリフォルニア州、ジョージア州、カンザス州、ルイジアナ州、ミシガン州、ミズーリ州、ノース・カロライナ州、オレゴン州、ロード・アイランド州、ウィスコンシン州でも実施されている[14]。

(2) 対象者と監督者

電子監視対象者の選別基準は、実施される電子監視プログラム毎に異なるが、一般には、罪名や刑期の長さ、前科の有無・内容、居住場所の有無などが考慮要素とされている。罪名別に見ると、かつては性犯罪者は電子監視の対象とされないのが一般的であり、現在でも性犯罪者をその対象から除外しているプログラムもあるが、最近では性犯罪者を対象とする電子監視も広く行われている。2009年にプロベーションとパロールにおいて電子監視によりその行動を監視されていた者は、連邦と州を合わせて、それぞれ8,079人、16,595人を数えるが、そのうちで性犯罪者は、前者で3,383人、後者で10,494人に上る[15]。近年、「ジェシカ・ランスフォード法」や「2006年のアダム・ウォルシュ子供の保護及び安全法 (Adam Walsh Child Protection and Safety Act of 2006)[16]」などのように、性犯罪者に対する電子監視に関する法が、連邦・州において相次いで制定されていることからすると、性犯罪者への電子監視の利用は、今後も増大していくことが予想される。

裁判官が選別基準を充たす対象者に電子監視を命じるか否かを決める際には、主にプロベーション・オフィサー (probation officer) により作成・提出される判決前調査報告書 (pre-sentence report) が判断資料とされる。一般に判決前調査報告書には量刑に関する意見 (recommendation) が付されており、裁判官は、プロベーション・オフィサーの量刑意見を参考に、対象者への電子監視の適否を決定している[17]。電子監視に付すのが適当と判断された対象者に実際に電子監視を命じるに当たっては、対象者の同意を得る必要がある。さらに、アメリカでは、原則として対象者は電子監視の費用の負担を求められ、その費用は、電子監視と共に行われるプロベーションやパロールなどの費用

とは別に課されている。

　電子監視が多くの場面・段階での適用の余地を認める柔軟性を備え、その対象者の範囲や性質も様々であるように、電子監視の運営を担う主体もまた同様に多様性を覗かせる。電子監視は、プログラム毎に、プロベーション・オフィサーやパロール・オフィサー (parole officer)、ジェイル・オフィサー (jail officer)、シェリフ (sheriff) などを監督者として行われている。監督者の責務は、対象者の条件遵守の確認、問題発生時の対応、電子監視装置の点検などのように、広範囲に及んでいるが、監督者が対象者に接する機会はそれほど多くはない。そもそも電子監視は、在宅拘禁やプロベーションなどにおいて監督者が自ら直接に行っていた行為を電子監視装置に代替させるという発想を出発点に形づくられた制度である。そのため、監視装置による代替が可能な行為を監督者が行うことは想定されておらず、対象者宅への予告無しの訪問や薬物・アルコールのチェックなどを除き、監督者が対象者に直に接触することはないのである。電子監視の導入は、対象者の監視を人的監視から機械的監視へと転換させるのみならず、対象者と監督者との人間的接触の機会を奪う契機にもなっているということができる。

　さらに、電子監視においては、民間企業が電子監視の運営に直接ないし間接に携わる例が見られる。電子監視は、対象者の監視や電子監視システムの開発・保守・点検などの点で技術性と専門性が必要とされるため、電子監視装置製造会社等の民間企業の関与が求められることも少なくないのである。民営刑務所 (private prison) ないし「刑務所の民営化 (prison privatization)」が、矯正領域への民間の参入 (矯正領域の私事化・民営化) を示すとすれば、電子監視の導入は、保護領域への民間の進出 (保護領域の私事化・民営化) を示唆しているともいえる。また、電子監視は、刑罰としても用いられることがあり、その場合における民間企業の関与は、私人による刑罰の執行を意味することにもなる (刑罰の私事化・民営化)。そのため、電子監視において民間企業の関与が必要とされる場合には、国家刑罰権との関係で、その関与がいかなる内容・程度であるべきかが問われることになる。

(3) 利点と問題点

　電子監視は、国家・市民に対する利点と対象者に対する利点を有すると解されている。国家・市民に対する利点には、過剰拘禁問題の改善、刑務所等の運営費用の削減、対象者に対する監視の強化、社会の安全の確保、再犯

の防止などがある。また、拘禁による身体的・精神的負担の除去・緩和、スティグマ (stigma) の回避、対象者の社会生活の維持、対象者と社会との再統合の促進などは、対象者に対する利点である。これらの利点は、電子監視の導入とその積極的利用の誘因となりうる。しかし、他方で、電子監視には技術的制約（電子監視装置の故障の危険や監視困難地帯の存在）や規律不能性[18]が指摘され、さらに、電子監視の導入後も刑務所人口は増加傾向にあることからすると、電子監視が社会の安全の確保や過剰拘禁問題の解決などに資すると解するには疑問の余地があるといわざるを得ない。電子監視の利点を提示する際には、想定される利点を、国家・市民、あるいは、対象者が実際に享受しているかを再考する必要があるといえる。

これに対し、電子監視は、刑罰の私事化・民営化や監視責務の家庭への転換（家族の看守化）、電子監視による精神的負担、ネット・ワイドニング (net-widening) の危険[19]などの問題点を抱えている。さらに、電子監視は、プライバシー権 (right to privacy)、自己負罪拒否特権 (right against self-incrimination)、残虐で異常な刑罰 (cruel and unusual punishment)、平等権保障 (equal protection)、不合理な捜索 (unreasonable search) などの点で、憲法問題が生じる可能性も指摘されている[20]。電子監視やそれに伴う人権侵害の正当化根拠は、電子監視が拘禁よりも「軽い」措置であること、そして、電子監視が対象者の同意を得た上で実施されていることなどに求められている。

対象者の人権は、対象者が拘禁に処せられる場合にも制約されることが予想されるのであり、電子監視に付されることにより対象者の人権が新たに制約されるわけではないばかりか、電子監視の方が拘禁よりも人権制約の程度は「軽い」ともいえる。しかし、他との比較において「軽い」とされることだけを理由に、「軽い」措置を正当化し、その利用を根拠づけられるかには疑問なしとしない[21]。「軽い」措置であることは、あくまで電子監視の手段面の相当性を基礎づける一要因に過ぎず、それだけでは、他にも「軽い」とされる措置がある中で、敢えて電子監視が用いられるべき積極的理由とはなり得ないというべきである。したがって、電子監視の正当化には、「軽い」とされる電子監視それ自体が正当化根拠を有する必要があると解される[22]。

また、仮に「軽い」ことを理由に電子監視を正当化できるとしても、この正当化根拠は、電子監視は拘禁代替手段であり、その対象となるのは本来であれば刑務所等に収容されるべき者であるという前提に依拠している点に留意する必要がある。もし、ネット・ワイドニングの危険が現実化し、拘禁代

替手段と位置づけられる電子監視が、実際には拘禁対象者ではなくプロベーション対象者等に付加的に命じられているに過ぎない[23]のであれば、人権制約の軽重を拘禁と比較して電子監視を正当化することは、前提を欠き許されないというべきである。

　さらに、同意を理由に電子監視を正当化することにも、同様に疑義が生じる。一般に電子監視は拘禁よりも「軽い」措置と解されているため、対象者から同意を得るのはそれほど困難ではないといえる。しかし、拘禁代替手段としての電子監視においては、対象者は同意しなければ拘禁される状況にあり、そのような状況下で対象者が自由な意思に基づき電子監視に同意しうるかには疑問が残るといわざるを得ない。実質的には強制となっている可能性も否定できないことからすると、対象者の同意が形式的に存在することだけを理由に、電子監視を正当化することはできないと解される。

(4) 処遇性と制裁性

　そもそも電子監視は、プロベーションや在宅拘禁などの実効性を高めるために用いられる手段であり、それ自体が目的ではない[24]。電子監視は対象者の動静を把握する機能を備えるに過ぎないのであるから、電子監視それ自体の処遇性や社会復帰効果を観念することは本質的に困難である。したがって、電子監視対象者に対する援助は、対象者が電子監視に付されていることを理由に与えられるわけではなく、電子監視と共に行われるプロベーション等に附随して与えられると解するのが相当である。すなわち、電子監視対象者が社会復帰のための援助を得られるか否かは、プロベーション等の処遇性の有無に依存しているということができる。

　それ自体の処遇性を欠く電子監視が「新たな社会内処遇」と社会内制裁・社会内刑罰のいずれの機能を果たしているかを判断する際には、電子監視が、処遇機会確保のために用いられているか、それとも、対象者の監視のためだけに用いられているかが問われるべきである。電子監視が前者の意図で用いられているならば、対象者の社会復帰を間接的に援助する点において、電子監視を社会内処遇の一手段と位置づけることができる。しかし、アメリカで行われている電子監視は、監視に重点が置かれ、処遇機会確保のためには活用されていない。このことは、近年、電子監視の監視的機能がより強化される傾向にあることからも窺い知れる。

　電子監視の監視的機能の強化は、電子監視の方式の移行に示されている。

電子監視の方式は、大きく固定型のRF (Radio Frequency：無線電波) 方式と移動型のGPS (Global Positioning System：全地球測位システム) 方式とに分けられる。両者の差異は行動監視を行えるか否かにあり、RF方式の電子監視は所在確認を行いうるが、GPS方式の電子監視とは異なり、行動監視を行うことはできない。アメリカで電子監視が利用されるようになってからしばらくの間は、RF方式の電子監視のみが用いられていたが、GPS技術の進歩やGPS情報の精密化[25]に伴い、次第にGPS方式の電子監視が利用されるようになった。2009年末に行われていた電子監視は、RF方式の電子監視が108,912件、GPS方式の電子監視が91,329件であったが、これは前年比でそれぞれ6.0%増、47.0%増の実施件数となっている[26]。両者の増加率の差からも窺われるように、近年、アメリカでは、RF方式からGPS方式へと電子監視の方式が急速に移行している。このことは、所在確認から行動監視へとアメリカの電子監視の力点が移りつつあることを示しているが、その背後には、電子監視対象者の多様化に即した監視の強化という文脈が垣間見られる。すなわち、それまでの電子監視対象者よりも危険性の高い性犯罪者等に電子監視を使用するに当たり、より強固な監視体制を敷く必要性が生じたことが、GPS方式の電子監視の普及を促した要因の1つと考えられるのである[27]。

さらに、電子監視の監視的機能の強化は、満期釈放者 (拘禁期間満了者) に対する電子監視の積極的利用からも示唆される。満期釈放者 (拘禁期間満了者) に対する電子監視は、主に常習性や危険性に対する危惧が認められる性犯罪者を対象に長期的に行われる傾向にある。これは、監視的・統制的機能に着目した電子監視の利用方法であり、従前の電子監視以上に制裁的色彩が強い。特に監視期間が一生涯にわたる終身電子監視は、制裁性が著しく強度であるだけでなく、実効性や有効性にも疑問が呈されており[28]、その正当化には困難が生じると解される。

以上のように、アメリカで行われている電子監視は、処遇性の欠如と制裁性の強化により特徴づけられる。裁判所も、電子監視を、監視・社会防衛手段、拘禁代替手段、あるいは、制裁手段として用いているものの、処遇手段や処遇機会確保手段としては認識していない[29]。これらのことを踏まえると、アメリカにおける電子監視は、「新たな社会内処遇」としてではなく、監視や統制に力点が置かれた社会内制裁ないし社会内刑罰として機能していると解するのが相当である。

3. 社会奉仕命令

(1) 沿革と類型

　社会奉仕命令が初めて立法化されたのは、イギリス（イングランドおよびウェールズ）の「1972年刑事司法法 (Criminal Justice Act 1972)」においてである。そのため、一般に社会奉仕命令の母国はイギリスとされているが、社会奉仕活用の試みは、イギリスでの法制化以前にも各国で見られる。

　アメリカで初めて社会奉仕命令が用いられたのは、1966年のことである[30]。同年、カリフォルニア州アラメダ (Alameda)・カウンティにおいて、罰金の支払いが困難な経済的に貧しい交通違反者の女性たちを助ける目的で、彼女たちに拘禁の代替として社会内での無報酬労働を命じたのが、アメリカにおける社会奉仕命令の起源とされる。

　アラメダでの試みは人々の注目を集め、社会奉仕命令は他のホワイト・カラー犯罪 (white-collar crime) にも適用されるようになった。拘禁の必要がないと考えられたホワイト・カラー犯罪への社会奉仕命令の適用は、裁判官や検察官、弁護士に支持されたのである[31]。また、1976年に法執行支援局 (Law Enforcement Assistance Administration) が成人向けの社会奉仕プログラムを開始したのに続き、1978年には少年司法・非行防止局 (Office of Juvenile Justice and Delinquency Prevention) が少年向けの社会奉仕プログラムを始めるなど、社会奉仕は少年にも命じられるようになった。さらに、「1984年の包括的犯罪統制法 (Comprehensive Crime Control Act of 1984)[32]」の制定により、社会奉仕命令は連邦の量刑制度の中に正式に位置づけられることとなった。同法は、一方において、重罪 (felony) に対してプロベーションを言い渡す際には、その必要的条件 (mandatory condition)・明示的条件 (explicit condition) として、罰金 (fine)、被害弁償 (restitution) または社会奉仕の少なくとも1つを命じなければならないと規定する[33]とともに、他方において、裁判所はプロベーションの任意的条件 (discretionary condition)・付加的条件 (further condition) として社会奉仕を命じることができるとの包括的な規定を設けることで、社会奉仕命令の適用を広範囲に認めている[34]。

　アメリカにおいて、社会奉仕命令は、統一性を欠きつつ地域毎に導入されてきた[35]。しかし、社会奉仕命令が実効的かつ経済的な拘禁代替手段たりうると解されたこと、さらには、社会奉仕命令に対する期待が「1984年の包括的犯罪統制法」の制定により強められたことなどを理由に導入が促進され

た結果、現在では、社会奉仕命令は連邦と州とを問わず用いられ、その利用が司法および矯正の領域で図られる傾向が顕著になっている[36]。各地で用いられている社会奉仕命令は、それぞれが独自性を有し、その全てに共通する明確な特徴を見出すことは困難とされる。しかし、一般に社会奉仕命令は、ホワイト・カラー犯罪や軽罪（misdemeanor）に対し、あるいは、少年裁判所において利用される傾向が見られる[37]。また、軽罪には主として社会奉仕のみが命じられる（sole sanction：社会奉仕命令の「単独利用」）のに対し、重罪には他のプログラムと共に社会奉仕が命じられる（combined sanction：社会奉仕命令の「結合利用」）傾向にあるとも指摘されている[38]。

社会奉仕命令も、刑事司法の各段階で利用しうる柔軟性を備えている。その機能に応じて分類すると、社会奉仕命令は、①起訴猶予の条件としての社会奉仕命令、②保釈の条件としての社会奉仕命令、③刑罰としての社会奉仕命令、④刑罰（罰金や被害弁償など）の代替としての社会奉仕命令、そして、⑤更生プログラム（プロベーションやパロールなど）の条件としての社会奉仕命令などに分けることができる。アメリカでは様々な類型の社会奉仕命令が用いられているが、その中でも主に利用されているのは、プロベーションの条件としての社会奉仕命令である[39]。連邦における社会奉仕命令は、プロベーションと監督付釈放（supervised release）の条件とされている[40]。

(2) 対象者と監督者

社会奉仕命令は、少年と成人、貧困層と富裕層、あるいは、初犯と常習犯の別なく適用されている。また、社会奉仕は、ホワイト・カラー犯罪や企業犯罪を行った自然人だけでなく、企業自体にも命じられている。企業に対する社会奉仕命令は、連邦においてはプロベーションの条件とされている[41]。一般に社会奉仕命令の対象は広範囲に及んでいるが、全ての者がその対象とされるわけではない。薬物依存やアルコール依存の者、性犯罪の前科がある者、身体や精神に重大な問題を抱えている者などは、社会奉仕を命じるには相応しくないと解されている。

社会奉仕命令の過程は、大きく決定過程と実施過程に分けられる。決定過程では、対象者の適格性の判断や社会奉仕命令の時間数の決定が行われる。適格性判断は、「単独利用」の場合には主に裁判官により行われ、「結合利用」の場合にはプロベーション・オフィサー等のプログラムの監督者により行われる[42]。起訴猶予条件としての社会奉仕命令においては、検察官がその任に

当たる。対象者の選別に当たっては、対象者個人と地域社会の双方に対する配慮が必要となる[43]。対象者の適格性の有無は、その者の態度・技能・特質や犯罪の重大性などを考慮した上で判断されなければならない。また、特定の犯罪・対象者に対する社会の態度や地域社会に及ぼす社会奉仕命令の影響についての検討も必要とされる。適格性を有すると判断された対象者に社会奉仕を命じるには、対象者の同意が必要となる。

　社会奉仕命令は、プログラム毎に、プロベーション・オフィサーやパロール・オフィサー、ジェイル・オフィサーなどを監督者として実施されている。決定過程・実施過程に先立ち受入団体を探すことも、監督者の仕事の1つである。社会奉仕の実施には、いかなる規模の社会奉仕においても、受入団体の協力を必要とする。受入団体の選定は、非営利・非政治の団体であること、団体が対象者を人種、信条・宗教、年齢または性別により差別しないこと、団体が対象者を適切に指導する能力を備えていること、団体により行われる社会奉仕活動の内容が他の賃金労働に代わるものでないことなどの基準に従い行われる[44]。監督者は、ボランティア団体等を訪れ、社会奉仕を行う場所の確保に努めなければならないが、その際には、団体の職員に社会奉仕命令の内容を説明し、その趣旨を理解させることも重要となる。社会奉仕を成功裏に終えられるか否かは、社会奉仕命令の趣旨と義務を理解し、社会奉仕を適切に行うことを期待される対象者の資質に負う部分が大であるが、同時に、社会奉仕を行う際に対象者と行動を共にする受入団体の職員の適切な対応に負っている部分も小さくないのである。

　決定過程・実施過程の前からの接触が見られる監督者と運営団体の関係とは異なり、対象者と監督者とのかかわり合いの多くは、実施過程に集中している。監督者が対象者に対して行うのは、主に面談、配置、監視、監督である[45]。まず、監督者は、社会奉仕を実施するに当たり対象者と面談し、対象者の能力や環境、社会奉仕命令の趣旨や義務の確認を行う。裁判所が社会奉仕を命じた目的、対象者の特徴、受入団体の要望を考慮して、対象者をどの社会奉仕活動に配置するかも、監督者により決められている。そして、監督者は、定期的に社会奉仕活動の現場を訪れ、対象者の様子を監視し、対象者が適切に社会奉仕を行えるよう対象者を監督する。社会奉仕の実施状況や対象者の違反の有無などは、監督者を通じて裁判所に報告されることとなる。

　社会奉仕命令においては、対象者と監督者が接する機会が多く設けられているのみならず、対象者は受入団体の職員等と共に行動することも求められ

ている。制度設計上、社会奉仕の実施には人間的接触が不可欠であり、その点で社会奉仕命令は、人間的接触を監視装置に代替させる電子監視とその根本を異にしている。

(3) 利点と問題点

　社会奉仕命令は、対象者、社会、被害者、そして、裁判所のそれぞれに対する利点を備えている[46]。対象者にとって社会奉仕命令は、家族関係の継続や社会生活の維持、職業上の知識・経験の獲得、社会復帰のための機会の付与、自己尊厳の向上などの点において有益である。社会奉仕命令の社会に対する利点としては、無償労働の獲得、刑務所等の運営費用の削減、過剰拘禁の緩和、犯罪者に対する否定的心象の改善などが挙げられる。また、社会奉仕命令は、必ずしも被害者の存在を前提としているわけではなく、いわゆる「被害者なき犯罪 (victimless crime)」においても適用することができるが、被害者が存在する場合においては、社会奉仕命令が目に見える形で対象者に加えられる制裁であり、自らが犯した罪に対する責任から対象者が逃れられるわけではないことを確認できる点は、被害者が社会奉仕命令を肯定的に評価する要素になっているということができる。そして、社会奉仕命令が導入されることにより、判決を言い渡す際の新たな選択肢が提供される点は、裁判所の利益となる。

　これに対し、社会奉仕命令は、いくつかの問題点を抱えてもいる。社会奉仕の実施状況に地域間で差が生じていることは、社会奉仕命令の運用面に関する問題点である。また、社会奉仕活動を体験した対象者が、感想として受入団体の職員との間に軋轢が生じたことや危険な状況に置かれたことなどを挙げている[47]ように、対象者と受入団体の職員との間に問題が生じやすい点も、社会奉仕命令の運用面に関する問題点であるといえる。

　運用面の問題点に加えて、社会奉仕命令には数に関する問題点が存在する。社会奉仕命令の時間数に関しては、それ未満では社会奉仕に携わる団体の活動が不十分かつ非効率的になってしまい、また、それを超えれば対象者が命令に従うことを期待できなくなる一定の時間数が存在すると考えられている[48]。そのため、社会奉仕を命じうる時間数は、予めガイドラインや条文などで定められているのが一般的である。連邦では、社会奉仕は400時間を超えて命じられるべきではないとされている[49]。さらに、数に関する問題として、等価の問題が指摘される[50]。等価の問題は、社会奉仕命令を拘禁代替手段と位置

づける場合に生じてくる。これは、1日の拘禁を何時間の社会奉仕活動に相当させるべきかという問題であり、その比率については、公正と衡平の観点から確定しておく必要があると考えられている。また、等価の問題は、罰金代替 (alternative to fine) 手段としての社会奉仕命令においても生じてくる。この場合に問われるのは、1時間の社会奉仕活動が何ドルに相当するかである。そして、その判断の前提として、金額の基準とすべきは最低賃金か、平均賃金か、それとも対象者の通常の時間給かも問題となってくる。

　さらに、社会奉仕命令には、ネット・ワイドニングの危険[51]が存在すること、刑務所等の過剰拘禁の緩和に寄与しているか疑問であること、プライバシー権等の人権侵害の危険があることなど、電子監視と共通する問題が指摘されている[52]。社会奉仕命令の正当化に関しても、電子監視での議論が当てはまる[53]。社会奉仕命令は、拘禁より軽く、プロベーションより重い措置と解されているが、拘禁に比べて「軽い」措置であることだけを理由に、社会奉仕命令それ自体を正当化することはできないというべきである。また、対象者の同意が存在することを社会奉仕命令の正当化根拠とすることにも、同様に疑義がある。したがって、社会奉仕命令の正当化には、社会奉仕命令それ自体が正当化根拠を有する必要があると解される[54]。

(4) 処遇性と制裁性

　社会奉仕命令は、他の措置と同様に、その目標・対象・方向性が刑事司法制度の全般的な理念に合致しなければならない[55]。アメリカにおいて社会奉仕命令は、主にプロベーションの条件として用いられているが、プロベーションを言い渡す際には、応報 (retribution)、抑止 (deterrence)、隔離・無害化 (incapacitation)、社会復帰 (rehabilitation) が考慮要素とされており[56]、また、プロベーションの条件は、社会防衛ないしは社会復帰、明確性、合理性、そして、合憲性の各要素を充足する必要があるとされている[57]。一般に社会奉仕命令は、応報や抑止、補償 (reparation)、社会復帰などの要素を備え、刑事司法の理念に適合的な措置と解されている[58]。

　社会奉仕命令は、対象者に対し、社会的責任の自覚、自己尊厳の向上、職業倫理の体得、あるいは、職業上の知識・経験の取得のための機会を提供しうることから、処遇性を備えているということができる。社会奉仕命令における処遇性や社会復帰効果については、社会奉仕を命じられ、実際に社会奉仕活動に参加した対象者自身にも自覚されているところである。対象者は、

社会奉仕活動を通じて経験できたこととして、自己発展の機会を得られたこと、他人を助けることができたこと、知人を増やす機会に恵まれたこと、さらには、受入団体から援助を得られたことなどを挙げている[59]。

他方で、社会奉仕命令は、制裁性を備えてもいる。社会奉仕命令は、対象者に一定期間内に一定時間の無償労働を行わせることにより、対象者の自由を制限し、その余暇時間を剥奪する機能を有している。拘禁が移動の自由や結社の自由に対する制裁であり、罰金が財産に対する制裁であるとすれば、社会奉仕命令は時間と活動に対する制裁と評価することができる。また、社会奉仕命令は、その対象者たることが社会に対し明白である点においても、制裁的機能を発揮している。社会奉仕命令は、目に見える形で対象者に加えられる制裁として見せしめ効果を備えていると解されるのである。

社会奉仕命令の備える処遇性と制裁性は、裁判所にも認識されている。裁判所は、社会奉仕命令を、制裁手段としてだけでなく処遇手段としても用いており[60]、プロベーション・オフィサー等が対象者を配置する際には、裁判所が社会奉仕を命じた目的が制裁と処遇のいずれにあるかを考慮した上で、その目的に沿った適切な受入団体・社会奉仕活動に配置することが求められている。処遇性と制裁性とは、必ずしも両立し得ないわけではない。しかし、現在のアメリカにおいて社会奉仕命令は、制裁性に重きを置いて用いられており、処遇性は副次的に考慮されるに留まっている。そもそも社会奉仕命令においては、制裁性は不可欠な要素であるのに対し、処遇性は必ずしも附随的な要素とはなっていない。すなわち、社会奉仕命令の全てが対象者の社会復帰に直結するわけではない一方で、社会奉仕命令は、余暇時間の剥奪、無報酬労働の強制、あるいは、対象者の監視・監督の点で、監視的・制裁的・統制的性格を常に持ち合わせているのである。社会奉仕命令の本質は処遇性よりも制裁性にあるといわざるを得ないことからすると、社会奉仕命令において処遇性が考慮されるのは、裁判所が対象者の社会復帰のために社会奉仕を命じる場合に限られているというべきである。

以上の点からすると、アメリカにおける社会奉仕命令もまた、監視的・制裁的・統制的側面に力点が置かれて用いられているということができる。したがって、社会奉仕命令は、刑罰として用いられている場合のみならず、プロベーションやパロールの条件として用いられる場合においても、主に社会内制裁・社会内刑罰として機能していると解するのが相当である。

4. おわりに

　アメリカにおける新たな非拘禁的措置（中間的制裁）としての電子監視と社会奉仕命令は、過剰拘禁問題に対する解決策たる期待を受けて導入され、その後、急激な発展と拡大の傾向を示してきた。両者は、それ自体の社会復帰効果の有無や対象者と監督者との人間的接触の頻度などの点において差異を有するものの、共に社会内制裁・社会内刑罰の一手段として、現在のアメリカの刑事司法において用いられている。

　数十年に及ぶ電子監視や社会奉仕命令の歴史を持つアメリカとは異なり、わが国では電子監視や社会奉仕命令が未だ実施されていない。しかし、近年、わが国においても新たな非拘禁的措置を巡る議論が俄かに活発化し、電子監視や社会奉仕命令の導入が今まさに図られようとしている。現在、わが国の新たな非拘禁的措置を巡る状況は過渡期にあるといえ、その検討が急務となっている。新たな非拘禁的措置の導入の可否・当否等を論じるに当たっては、アメリカにおける社会内制裁・社会内刑罰としての電子監視や社会奉仕命令を前提とすることで、問題点のいくつかが浮き彫りとなる。

　わが国における新たな非拘禁的措置に関しては、現在、「社会貢献活動を特別遵守事項とする制度」を導入しようとする動きが見られる[61]。この新たな制度の導入には、社会貢献活動（社会奉仕命令）の機能と社会内処遇の性質との整合性が問題となる。わが国で導入が予定されているのは、社会内処遇たる保護観察の特別遵守事項としての社会貢献活動（社会奉仕命令）である。アメリカにおける社会奉仕命令が、制裁や統制に重きを置いた社会内制裁・社会内刑罰として機能しているのに対し、わが国の社会内処遇は、処遇者と処遇対象者との人間的な接触を通じて個人的な信頼関係を構築し、それに基づき改善効果を生み出していくという発想が根強い。そのため、監視的・制裁的・統制的性格の色濃い社会貢献活動（社会奉仕命令）を保護観察の枠内に位置づけた場合、処遇としての保護観察制度の趣旨と制裁としての新たな非拘禁的措置の機能との間で齟齬を来たすことが予想されるのである。社会内処遇の中に社会内制裁・社会内刑罰を据えることは本質的に困難であり、両者の調整を行うことなく社会貢献活動（社会奉仕命令）の導入を図ろうとするわが国の動きには、疑問が残るといわざるを得ない[62]。

　新たな非拘禁的措置としては、電子監視に関しても、「性犯罪前歴者等に対する電子監視条例案」が提言され、その動向に注目が集まっている。条例

案は、2011年1月に宮城県が性犯罪前歴者やドメスティック・バイオレンス（DV）加害者にGPS装置の携帯を義務づける条例の検討を行うとの方針を表明したことで、議論の俎上に載せられることとなった[63]。宮城県の条例案に基づく電子監視は、性犯罪前歴者をその対象としている点で、満期釈放者（拘禁期間満了者）に対する電子監視と類似性を有する。満期釈放者（拘禁期間満了者）に対する電子監視は、近年、アメリカにおいて、特に性犯罪者を対象に広く用いられている。しかし、満期釈放者（拘禁期間満了者）に対する電子監視は多くの問題を孕んでおり、その制度化・正当化は困難であると解される。一般に、満期釈放者（拘禁期間満了者）に対する電子監視は、拘禁代替性の欠如や権利制約の重大性、実効性・有効性の有無などが問題とされているが、宮城県の条例案に対しては、さらに、重大な人権制約を伴う満期釈放者（拘禁期間満了者）に対する電子監視を法律ではなく条例で制度化することが許されるのかという問題を指摘することもできる。また、電子監視が社会内制裁・社会内刑罰として機能する以上、刑の執行を終えた性犯罪前歴者や裁判所からDV保護命令を受けたDV加害者に対して電子監視を命じることは、対象者に対して実質的に新たな刑罰を科すに等しいともいえ、責任主義や二重処罰の禁止の観点からも問題である。これらの点からすると、宮城県の条例案は否定的に解さざるを得ない[64]。

　さらに、電子監視においては、「施設外受刑者に対する電子監視」の制度化が既に果たされている。「施設外受刑者に対する電子監視」は、2011年5月23日の「刑事施設及び被収容者の処遇に関する規則の一部を改正する省令（平成23年5月23日法務省令第18号）」の制定により導入された。同省令は6月1日から施行されているが、「施設外受刑者に対する電子監視」は、2012年中の実施開始が目指されている[65]。「施設外受刑者に対する電子監視」の導入は、受刑者の外部通勤作業および外出・外泊[66]における電子監視を制度化し、受刑者の逃走の危険を軽減することにより、外部通勤作業や外出・外泊の運用の拡大を意図してなされた[67]。外部通勤作業や外出・外泊は、受刑者の社会復帰に資すると解されていることから、その運用拡大は受刑者にとっても有益である。しかし、「施設外受刑者に対する電子監視」の導入には、ネット・ワイドニングの危険を指摘することができ、その運用には慎重であるべきである。外部通勤作業や外出・外泊は、実施件数は僅かではあっても、これまで受刑者が特別な制約を課されることなく行われてきた。改正法務省令においても、位置把握装置（GPS機器等）の装着・携帯は、外部通勤作業や外出・外泊を行

う際の条件とすることができるとされているに過ぎず[68]、電子監視の導入後も、無制約での外部通勤作業や外出・外泊を行いうる。しかし、「施設外受刑者に対する電子監視」の導入により、外部通勤作業や外出・外泊において電子監視が実質的に義務化され、これまでならば無制約で外部通勤作業や外出・外泊を行えた者が、電子監視を強いられるおそれがあるといわざるを得ない。制度改革を行い、あるいは、新たな制度を導入する際には、社会統制網が拡大・強化される危険があると指摘されており[69]、このことは、「施設外受刑者に対する電子監視」の導入においても同様であるといえる。したがって、「施設外受刑者に対する電子監視」を実施するに当たっては、ネット・ワイドニングの危険が現実化しないよう対策を講じる必要があり、そのような対策を欠く状況で電子監視を実施することは厳に慎むべきである。

(のじり・きみまさ)

1 1990年の「犯罪防止及び犯罪者の処遇に関する第8回国際連合会議(Eighth United Nations Congress on the Prevention of Crime and the Treatment of Offenders)」において採択された「非拘禁措置に関する国連最低基準規則(United Nations Standard Minimum Rules for Non-custodial Measures)」(いわゆる「東京ルールズ(Tokyo Rules)」)も、非拘禁的措置の拡大・充実を要請している。非拘禁措置に関する国際準則としては、他に、1992年に欧州評議会(Council of Europe)の閣僚委員会(Committee of Ministers)で採択された「社会内制裁及び措置に関するヨーロッパ・ルール(European Rules on Community Sanctions and Measures)」等がある。同ルールにつき、本書大貝論文参照。
2 矯正・保護の領域においては、プロベーションやパロールが古くから利用されてきたが、1970年代以降は、在宅拘禁、電子監視、社会奉仕命令などの新たな非拘禁的措置が、積極的・体系的に用いられるようになった。
3 Bureau of Justice Statistics, *NCJ 113948, Probation and Parole 1987* Table 3 (1988). 1983年から1987年にかけてのプロベーション対象者数の増加率(41.6%)は、刑務所等の被収容者数の増加率(32.7%)を上回っている。
4 Doris Layton MacKenzie, *What Works in Corrections: Reducing the Criminal Activities of Offenders and Delinquents* 304 (2006). 他方で、拘禁も、多くの者にとって過度に制裁的であると解されていた。
5 Ralph Schwitzgebel, *Electronic Innovation in the Behavioral Sciences: A Call to Responsibility*, 22(5) American Psychologist 364, 365 (1967).
6 1960年代から1980年代にかけてのアメリカの電子監視の歴史は、電子監視が提唱された時期(1960年代初期~1970年代中頃)、電子監視に対してあまり関心が払われなかった時期(1970年代中頃~1980年代)、そして、電子監視に対する関心が拡大した時期(1983年以降)に分けられる。J. Robert Lilly & Richard A. Ball, *A Brief*

History of House Arrest and Electronic Monitoring, 13 N. Ky. L. Rev. 343, 362 (1987).

7　この試みは、ラヴ判事が、コミック『スパイダーマン (Spider-Man)』の中で主人公スパイダーマンが悪役に追跡用の送信機を付けられるというエピソードに着想を得て、監視装置の設計と製造をコンピューター会社に勤務していた元警察官のゴス (Michael Goss) に依頼したことに端を発して始められた。Francis M. Timko, *Electronic Monitoring-How It All Began: Conversations with Love and Goss*, 17 Journal of Probation and Parole 15, 15-16 (1986).

8　Matthew DeMichele & Brian Payne, *Offender Supervision with Electronic Technology: Community Corrections Resource* 16-17 (2nd ed. 2009), http://www.appa-net.org/eweb/docs/appa/pubs/OSET_2.pdf (last visited Feb. 29, 2012).

9　在宅拘禁の歴史は古く、その起源は、聖パウロ (St. Paul) の時代にまで遡れる。キリストの死後に使徒として活躍した聖パウロは、西暦50年頃にローマで軟禁状態に置かれ、その際には、自費で家を借りていたとされる。アメリカで在宅拘禁が用いられたのは、それから約1900年後の1971年のミズーリ州セント・ルイス (St. Louis) においてである。在宅拘禁は、当初、少年に対するプログラムとして発展を遂げたが、後に成人に対しても用いられるようになった。J. Robert Lilly & Richard A. Ball, *supra* note 6, at 359-361.

10　2011 Federal Sentencing Guidelines Manual § 5F1.2 (Home Detention) (2011).

11　アメリカでの施設内電子監視につき、赤田実穂「アメリカにおける刑務所内電子監視——ICタグを用いた受刑者管理の実情——」犯罪と非行146号（2005年）147頁以下参照。刑務所内電子監視は、主に、①逃走防止、②職員・被収容者の安全の増加、③事務の合理化 (訴訟資料作成の容易化、職員配置の削減、被収容者データ管理の一元化) のために用いられている。

12　Jessica Lunsford Act, Chapter 2005-28, Laws of Florida.

13　Fla. Stat. §§ 775.082(3)(a)4, 800.04(5)(b), and 948.012(4). また、同法は、性犯罪者のみならず、性犯罪者情報の不告知者や虚偽の性犯罪者情報の告知者、性犯罪者を蔵匿した者などのように、性犯罪者に協力的な者に対する処罰規定を設けてもいる。Fla. Stat. §§ 775.21(10)(g), 943.0435(13), and 944.607(12).

14　*See* Cal. Pen. Code § 3004, Ga. Code Ann. § 42-1-14, Kan. Stat. Ann. § 22-3717, La. Rev. Stat. Ann. § 15:560.3, Mich. Pen. Code § 750.520n, Mo. Rev. Stat. § 559.106, N.C. Gen. Stat. § 14-208.40A, Or. Rev. Stat. § 144.103, R.I. Gen. Laws § 13-8-30, and Wis. Stat. § 301.48.

15　Luren E. Glaze et al., Bureau of Justice Statistics, *NCJ 231674, Probation and Parole in the United States, 2009* Appendix Tables 11 and 22 (2010).

16　Adam Walsh Child Protection and Safety Act of 2006, Pub. L. No. 109-248, 120 Stat. 587. 同法は、性犯罪者に対する電子監視を実施する州等への補助金として、2007会計年度から2009会計年度まで毎年度500万ドルの連邦予算を割り当てていた。42 U.S.C. 16981 (120 Stat. 633-634).

17　量刑意見に拘束力はないが、新たな非拘禁的措置 (中間的制裁) 一般につき、プロベーション・オフィサーの量刑意見と裁判官の実際の量刑判断との間には高い一致率が見られる。Robert J. Homant & Mark A. DeMercurio, *Intermediate Sanctions in Probation Officers' Sentencing Recommendations: Consistency, Net Widening, and Net Repairing*, The Prison Journal 89(4) 426, 429 (2009).

18 電子監視は、対象者の所在や位置を確認することはできるが、対象者がその場で何をしているかを把握し、その行動を規律することはできない。また、所在・位置の確認も、電子監視装置が正常に機能し、かつ、対象者が電子監視に協力的な姿勢を貫く限りにおいて行えるに過ぎない。Lisa Bishop, *The Challenges of GPS and Sex Offender Management*, 74(2) Federal Probation 33, 33 (2010).
19 ネット・ワイドニングとは、一般に、新たな制度の導入や司法改革の結果として、意図せず社会統制網が拡大する現象を示す。社会統制網の拡大や強化を示す概念には、ネット・ワイドニング、すなわち、社会統制網の範囲が拡大するワイダー・ネット（wider net）の他に、社会統制網が強化されるストロンガー・ネット（stronger net）や社会統制網を及ぼす主体が他の機関・制度に移行するニュー・ネット（new net）がある。James Austin & Barry Krisberg, *Wider, Stronger, and Different Nets: The Dialectics of Criminal Justice Reform*, 18(1) Journal of Research in Crime and Delinquency 165, 169 (1981). 電子監視においては、拘禁代替手段とされる電子監視が実際には拘禁対象者には適用されていないと指摘される点でワイダー・ネットの危険が、そして、民間企業が対象者の監視に携わることがある点でニュー・ネットの危険が存在するといえる。
20 Rolando V. del Carmen & Joseph B. Vaughn, *Legal Issues in the Use of Electronic Surveillance in Probation*, 50(2) Federal probation 60, 61-67 (1986); Matthew DeMichele & Brian Payne, *supra* note 8, at 98-103.
21 甘利航司「電子監視と社会奉仕命令」刑事立法研究会編『更生保護制度改革のゆくえ――犯罪をした人の社会復帰のために』(現代人文社、2007年) 274頁。
22 社会内制裁一般につき、他との比較において「軽い」とされる措置それ自体に正当化根拠が必要であると指摘されている。Andrew von Hirsch, *The Ethics of Community-Based Sanctions*, 36(1) Crime & Delinquency 162, 165 (1990).
23 この点に関して、脱拘禁化（decarceration）プログラムは、新たな拘禁代替手段ではなく、むしろそれまで用いられてきた拘禁代替手段のさらなる代替となっていることが少なからずあり、そして、このことは、脱拘禁化プログラムの対象者として最も適当なのは、拘禁代替性を備えるプロベーションの対象者であることを示唆しているとの指摘がある。James Austin & Barry Krisberg, *supra* note 19, at 174.
24 在宅拘禁を意味する"house arrest"や"home confinement"という用語と電子監視を意味する"electronic monitoring"という用語は、しばしば相互互換的に用いられている。しかし、前者がプログラムを示す用語であるのに対し、後者は対象者の条件遵守を監視するための道具に過ぎない点において、両者はその本質を異にしている。Doris Layton MacKenzie, *supra* note 4, at 319.
25 そもそもGPSは、軍事用のシステムとしてアメリカで開発された。そのため、民間向けのGPS情報には、軍事上の理由から意図的に操作が加えられ、位置情報の精度が100m程度に落とされていた。この操作が解除され、GPS情報が精密化されたのは、2000年のことである。
26 Matthew DeMichele & Brian Payne, *supra* note 8, at 16-17.
27 「2006年のアダム・ウォルシュ子供の保護及び安全法」も、GPS方式の電子監視の利用を促している。同法は、性犯罪者を対象に電子監視を実施する州等への補助金の交付についての規定を置いているが、その場合の電子監視は、GPS機能を備え、能動的（active）・即時的（real-time）・連続的（continuous）な監視が可能な装置により行われなければならないとされている。42 U.S.C. 16981(a)(1)(C) (120 Stat.

633-634).
28 Lisa Bishop, *supra* note 18, at 34.
29 U. S. Courts, *Supervision*, http://www.uscourts.gov/FederalCourts/ProbationPretrialServices/Supervision.aspx (last visited Feb. 29, 2012).
30 Douglas Corry McDonald, *Punishment without Walls: Community Service Sentences in New York City* 7 (1986).
31 Norval Morris & Michael Tonry, *Between Prison and Probation: Intermediate Punishment in a Rational Sentencing System* 153 (1990).
32 Comprehensive Crime Control Act of 1984, Pub. L. No. 98-473, 98 Stat. 1976.
33 18 U.S.C. § 3563(a)(2) (98 Stat. 1993).
34 18 U.S.C. § 3563(b)(13) (98 Stat. 1993).
35 Robert J. Harris & T. Wing Lo, *Community Services: Its Use in Criminal Justice*, 46(4) International Journal of Offender Therapy and Comparative Criminology 427, 428 (2002).
36 Robert M. Carter et al., *Community Service: A Review of the Basic Issues*, 51(1) Federal Probation 4, 4 (1987).
37 Norval Morris & Michael Tonry, *supra* note 31, at 154.
38 Joe Hudson & Burt Galaway, *Community Service: Toward Program Definition*, 54(2) Federal Probation 3, 3 (1990).
39 Robert J. Harris & T. Wing Lo, *supra* note 35, at 435.
40 18 U.S.C. §§ 3563(a)(2), (b)(12), and 3583(d).
41 2011 Federal Sentencing Guidelines Manual § 8B1.3 (Community Service - Organizations) (2011). 社会奉仕を命じられた企業は、自らが保有する資源や労働力などを用いて社会奉仕を行うこととなる。そのため、企業に対する社会奉仕命令は、企業に間接的な財産的制裁を命じているともいえる。一般的には社会奉仕よりも企業に直接的な財産的制裁を命じるほうが望ましいと解されているが、企業が犯罪被害の回復に資する知識、設備または技術を有する場合には、企業に社会奉仕を命じて被害回復を行わせることは、被害救済の観点から効果的であると考えられている。
42 Joe Hudson & Burt Galaway, *supra* note 38, at 6.
43 Robert M. Carter et al., *supra* note 36, at 5.
44 Probation Division, Administrative Office of the United States Courts, *Implementing Community Service: The Referral Process*, 53(1) Federal Probation 3, 3 (1989).
45 *Id.* at 5-8; Joe Hudson & Burt Galaway, *supra* note 38, at 5-8.
46 Norval Morris & Michael Tonry, *supra* note 31, at 155-166.
47 G. Frederick Allen & Harvey Treger, *Community Service Orders in Federal Probation: Perceptions of Probationers and Host Agencies*, 54(3) Federal Probation 8, 12 (1990).
48 Robert M. Carter et al., *supra* note 36, at 7.
49 2011 Federal Sentencing Guidelines Manual § 5F1.3 (Community Service) (2011). その理由として、より長期に及ぶ社会奉仕の実施は、対象者の適切な配置や実施状況の監視において運営上の重い負担になることが挙げられている。
50 Robert M. Carter et al., *supra* note 36, at 6-7.
51 社会統制に関して、社会奉仕命令にはワイダー・ネットの危険が指摘されるとともに、社会奉仕はその実施に際し受入団体の存在を不可欠としている点でニュー・

ネットの危険を指摘することができる。ネット・ワイドニング等につき、前掲註19参照。
52 ただし、社会奉仕命令と電子監視とでは、侵害される人権やその内容に相違が見られる場合がある。たとえば、電子監視におけるプライバシー権侵害が、電子監視実施中の対象者の位置情報（現在情報）に関するプライバシー権の侵害の有無・程度が問題とされているのに対し、社会奉仕命令におけるプライバシー権侵害は、対象者の行った犯罪や前科・前歴などの情報（過去情報）を、対象者を受け入れるか否かを判断するための資料として受入団体にどの程度まで開示することが許されるかが問われている。Probation Division, Administrative Office of the United States Courts, *supra* note 44, at 7.
53 甘利・前掲註21・276頁。
54 Andrew von Hirsch, *supra* note 22, at 165.
55 Robert M. Carter et al., *supra* note 36, at 4-5.
56 18 U.S.C. §§ 3562(a) and 3553(a).
57 Rolando V. del Carmen & Joseph B. Vaughn, *supra* note 20, at 64.
58 Norval Morris & Michael Tonry, *supra* note 31, at 166-169.
59 G. Frederick Allen & Harvey Treger, *supra* note 47, at 12.
60 U. S. Courts, *supra* note 29.
61 法制審議会被収容人員適正化方策に関する部会は、2009年12月の第26回会議において、「刑の一部の執行猶予制度」と「社会貢献活動を特別遵守事項とする制度」を法整備するのが相当であるとの報告を法制審議会総会に行うことを全会一致で決定した。その具体的内容につき、要綱（骨子）案（http://www.moj.go.jp/shingi1/091222-1-2.html（2012年2月29日閲覧））参照。要綱（骨子）案は、2010年2月に開催された法制審議会第162回会議において全会一致で原案通り採択され、直ちに法務大臣に答申することとされた。法制審議会被収容人員適正化方策に関する部会における「刑の一部の執行猶予制度」および「社会貢献活動を特別遵守事項とする制度」の議論状況や制度の具体的内容などにつき、それぞれ、本書井上（各論）論文、正木祐史「社会貢献活動──法制審の議論」龍谷法学43巻1号（2010年）104頁以下参照。
62 社会内処遇と社会内制裁・社会内刑罰との本質的な差異を前提とする限り、「社会貢献活動を特別遵守事項とする制度」の導入には、社会内処遇としての保護観察制度と社会内制裁・社会内刑罰としての社会貢献活動（社会奉仕命令）との調整が不可欠というべきである。すなわち、社会貢献活動（社会奉仕命令）の制裁性・刑罰性を除去・緩和するための方策を講じることで、現行の保護観察制度の趣旨が損なわれないようにするか、あるいは、より強い内容の処遇を行いうる新たな保護観察制度を構築することで、社会貢献活動（社会奉仕命令）との妥協点を探ることが必要になると解される。この点に関し、従来型の保護観察を前提とする電子監視・社会奉仕命令の導入の可否と従来型の保護観察とは異なる監視・監督型の保護観察を想定した上での電子監視・社会奉仕命令の導入の可否について論ずるものとして、甘利・前掲註21・278頁以下参照。
63 『河北新報』2011年1月23日朝刊1面、「宮城県知事記者会見（平成23年1月24日）」（http://www.pref.miyagi.jp/kohou/kaiken/h22/k230124.htm（2012年2月29日閲覧））参照。宮城県の条例案では、専門家の審査委員会により対象者の再犯リスクが高い

と判断された場合に、知事は、性犯罪前歴者やDV加害者に行政処分でGPSの携帯やDNA資料の提出を命じ、対象者がそれに従わない場合には罰金を科すことができるとする。同様の条例案の検討は、大阪府でも始められている。『朝日新聞（大阪版）』2011年3月3日朝刊35面参照。

64 宮城県は、当初、2011年3月末までに電子監視条例の導入の是非を決める方針であったが、2011年3月11日の東日本大震災（東北地方太平洋沖地震）の発生とその後の震災復興を理由に、導入の是非についての結論は先送りされることとなった。『河北新報』2011年3月29日朝刊2面、「政府現地対策本部及び知事記者会見（平成23年3月28日）」(http://www.pref.miyagi.jp/kohou/kaiken/h22/k230328.htm（2012年2月29日閲覧））参照。

65 『産経新聞』2011年6月1日朝刊23面参照。

66 受刑者の外部通勤作業および外出・外泊は、「刑事収容施設及び被収容者等の処遇に関する法律（平成17年5月25日法律第50号）」（制定時の名称は「刑事施設及び受刑者の処遇等に関する法律」であり、同制定時法は、「刑事施設及び受刑者の処遇等に関する法律の一部を改正する法律（平成18年6月8日法律第58号）」により、法律の名称、内容、条文番号などが変更された）で新たに設けられた制度である。刑事施設の長は、仮釈放を許すことができる期間を経過した受刑者が法務省令で定める事由に該当する場合において、その円滑な社会復帰を図るため必要がある時には、職員の同行なしに、受刑者に外部通勤作業を行わせ、あるいは、受刑者の外出・外泊を許すことができる（現行法96条1項および106条1項（制定時法75条1項および85条1項））。

67 2011年2月末時点で外部通勤作業を実施中の者は11名であり、また、2011年2月末までに実施された外出と外泊はそれぞれ17件、2件に留まっている。外部通勤作業等が活発に実施されていないのは、対象者の逃走等を懸念して、その実施が躊躇されていることによる。法務省＝警察庁『刑事収容施設及び被収容者等の処遇に関する法律の施行状況について』(http://www.moj.go.jp/content/000074503.pdf（2012年2月29日閲覧））15頁以下および18頁参照。

68 「刑事施設及び被収容者の処遇に関する規則の一部を改正する省令」による改正後の「刑事施設及び被収容者の処遇に関する規則（平成18年5月23日法務省令第57号）」57条の2および65条の2参照。

69 一般的には社会統制を弱める機能を果たすと解されるダイヴァージョン（diversion）や非犯罪化（decriminalization）、脱拘禁化の導入・利用を推進したにもかかわらず、逆にワイダー・ネットやストロンガー・ネット、ニュー・ネットという社会統制網の拡大・強化現象が生じているとの指摘がある。James Austin & Barry Krisberg, *supra* note 19, at 166-183.

第14章 オーストラリアにおける非拘禁的措置の現状と日本への示唆

森久智江（立命館大学法学部准教授）

1. はじめに

　オーストラリア・ビクトリア州の刑事司法制度においては、社会内処遇命令（community-based order：以下、CBO）を中心に、相当数の非拘禁的判決（non-custodial sentence）が活用されている。その現状について、これまでのわれわれの調査・研究においては、同州が、判決前調査書（pre-sentence report）をはじめとした科学的知見を活用することや、当事者たる行為者自身の手続における納得を追求していること、また、近年はRestorative Justiceの理念に基づく新たな司法的取組によって社会の納得をも追求しながら、単に拘禁を回避するのではなく、様々な社会的援助を組み合わせた社会内処遇を行っていることが明らかとなった[1]。

　そこで本稿では、オーストラリア・ビクトリア州において、(1)非拘禁的措置（主に社会内処遇命令（community-based order：CBO））が何を目的として活用されるようになったのか、また、(2)その現状・効果についてどのような評価がなされているのかを検討し、日本における非拘禁的措置の今後を考えていくうえで一定の示唆を得たい。

2. オーストラリアにおける非拘禁的措置の目的

(1) 社会内処遇命令導入に至る経緯

　まず、オーストラリア・ビクトリア州において、非拘禁的措置としての社会内処遇命令（CBO）がどのような背景のもとに、どのような経緯で導入さ

れたのかを確認しておきたい。

　ビクトリア州では、1970年代後半から80年代前半にかけて、刑事裁判における確定有罪人員が従来の約２倍に達していた[2]。その背景として、オーストラリアでは70年代以降の国内不況により、失業者が増大したこと、実質賃金が低下したこと、福祉予算が大幅に削減されたことが挙げられ、さらに、1972年に白豪主義が撤廃されたことで、1980年代には国内のマルチカルチュアル化の傾向が顕著になっていたことも挙げられる[3]。

　有罪人員の増加は、刑務所における被収容者人員の増加にもつながっていた。ビクトリア州における全刑務所の１日平均収容者数は、1978年には1,595人であったが、1984年には1,922人と年々増加しており、新受刑者数についても1978年には8,433人であったが、1983年には8,927人となっていた。しかし、新受刑者の特徴をみると、ほとんどの新受刑者の刑期は６カ月未満と短期であり、全受刑者の３分の２は30歳以下と比較的若年層が多く、５分の１はビクトリア州以外で出生した者（多くは移民）であった。また、特に増加している犯罪類型として、侵入盗、詐欺、横領、麻薬事犯、交通犯罪が挙げられている[4]。

　このような傾向はビクトリア州のみで見られたものではなく、当時、ニューサウスウェールズ州を筆頭に、オーストラリア全体で刑事施設の過剰収容問題が顕在化しつつあった。その対応策として、刑事施設の規模の拡大と改築が進行していたという[5]。すなわち、増加し続ける刑務所被収容者人員に対して、施設の収容能力を高めることで対応しようとする方策を採用していたこととなる。

　しかし、連邦刑務所をもたないオーストラリアにおいて、連邦法違反者が各州の刑務所に多数収容されるようになったことで、各州間での被収容者の取扱いの差異が問題とされるようになった。そこで、オーストラリア各州間の法制度における格差を埋めるための提言を行う機関、Law Reform Commissionが、過剰収容対策として、刑罰に代えて「社会内における処分（community-based sanction）による対応を基本（default）としていく」旨を提言[6]したことにより、各州の刑事司法制度の中でも非拘禁的処分（non-custodial sanction）を制度的に活用していく方策が検討されることとなった。

(2) 社会内処遇命令の導入

　ビクトリア州においては、非拘禁的処分（non-custodial sanction）として、1985

年刑罰および判決法 (Penalties and Sentences Act 1985) の制定により、1986年に社会内処遇命令 (Community-based order：以下CBO) が導入された。しかし、それ以前から既に行われていた社会奉仕活動命令 (community service order) と異なり、CBOの運用状況は「(拘禁刑を代替するものとしては) 十分ではなかった」とされる。その理由として、CBOを実施するうえでの社会的資源がそもそも十分に確保されていなかったという問題や、CBOとその他の刑罰とを合わせた体系 (hierarchy) が不明確であり、どのような犯罪類型に対して、どのようなときにCBOを科すべきなのか、また科すことができるのか、という基準が確立されていなかったため、裁判官にとっては使いづらいものであったこと等が指摘されていた[7]。

その後、CBO運用上の問題点を踏まえ、1991年判決法 (Sentencing Act 1991) が制定された。同法では、①様々な法律に分散して規定されていた刑罰について、一つの法律の中に制裁の体系 (sanction hierarchy) が規定[8]され、刑罰と犯罪行為者の同意に基づく非拘禁的処分と間の二元的な対応関係が明確となり、②CBOを科すにあたっての判決前調査書 (pre-sentence report) の活用が義務化され、より適切な処分選択に資することを求められることとなった[9]。しかし同時に、1991年判決法は、無償労働 (unpaid work) のみを条件として付すCBOについては、判決前調査書なしに科すことができる、という限定的な形態を規定した[10]。この無償労働に限定されたCBOは、罰金刑の代替としても科すことができたこと、判決前調査書の検討を要しないことから、1991年判決法制定以後、無償労働に限定されたCBOを中心に、CBOはその適用数を大きく増やす結果となった[11]。

ビクトリア州において、そもそもCBOの活用を促進しようとした目的は、刑事施設の「過剰収容対策」であって、この段階においても、その点に変わりはなかったように思われる。FreibergとRossによれば、この時期、単なる無償労働としての社会奉仕活動のみをその内容としたことで、1991年には5,230件であったCBO適用数は、1997年までに7,600件へと飛躍的に増加した。しかし、その増加分のほとんど (約55%以上) は無償労働のみを条件とするCBOであり、いわゆる通常 (full) のCBO適用数はむしろ減少する傾向にあったとされる。FreibergとRossは、このような傾向が生じたのは、資力のない被告人に対してもCBOを科すことで罰金刑と同様の効果をもたらすことができるため、CBOから各犯罪行為者個人に最も適合的な処分を科すという矯正的 (correctional) な要素を排し、裁判官に対して、事件処理を迅速に

行うことに特化した司法運営を可能にさせた結果であると指摘する[12]。つまり、社会内処遇としてどのようなCBOを科すべきであるかという質的な観点は問題とされず、単に行為者に対して効率的に罰金刑類似の効果を及ぼすことのみが期待されたのである。前述の通り、非拘禁的措置としてのCBOに求められる効果は、飽くまでも社会内処遇に移行することで施設収容人員を減少させることであったはずだが、結果的にCBOへと移行したのは、拘禁刑が予定された事案ではなく、罰金刑が予定された事案、もしくはそもそも罰金刑すら科されていなかった事案ということになる。1991年判決法以降の刑事施設被収容者人員が、減少するどころか一貫して増加していた点[13]からも、CBOが拘禁刑の代替とはなっていなかったことは明らかであろう。

(3) 矯正に関する方針の転換？――非拘禁的措置の積極的活用

1990年代、オーストラリアでは暴行、性犯罪、強盗、窃盗等の犯罪類型を中心に、再び犯罪状況が悪化したとされる。ニューサウスウェールズ州においては、「三振法 (Three Strikes)」の導入や、殺人をともなう初犯の重大事犯者への無期懲役が選挙時に候補者の公約とされる等、いわゆる「正義モデル (justice model)」に基づく犯罪対策が採られ[14]、比較法的にみれば「オーストラリアは厳罰・必罰的傾向が強い」という評価が下される様相を呈していた[15]。

一方で、厳罰化・必罰化傾向が強まるにつれ、そのような方策によってのみでは拘禁率は低下せず、拘禁率の低下のためには、新たな施策が必要であることも認識されていたことが窺える。ビクトリア州では、2002年にビクトリア矯正局 (Corrections Victoria) が「Reducing re-offending framework: Setting the scene」[16]という文書を公表し、それまで増え続けていた刑務所人口を減らすこと、中でも被収容者において高い割合を占める再犯者の減少を目的とし、以下の2つを推進すべきとした。これは、「矯正政策の転換」であったとされる。すなわち、①刑事裁判における非拘禁的判決 (non-custodial sentence) の積極的活用と、②犯罪原因への学際的 (multi-disciplinary) かつ多機関連携的 (multi-agency) な体系立てられたアプローチによる対応の推進である。

この文書が公表された背景として、2001年10月のExpenditure Review Committee：ERCにおいて、「過去20年の経験から、刑罰のみでは再犯率低下は困難であることが明らかになった」として、従来の矯正政策を転換し、新たな施策を実施すべく、矯正局長期管理戦略 (Corrections Long Term

Managements Strategy：CLTMS)に相当額の投資がなされたことが挙げられる。前述の通り、1991年以降のCBOの限定的活用は、拘禁者数の減少には寄与していなかったこと、特に、刑事施設における被収容者の中に多くの再犯者が含まれていたことから、予算投資の方向性を変えることが意図されたのである。

　文書は再犯の減少のために必要なアプローチについて、以下のように指摘した。すなわち、「再犯を減らすには、法の治療的効果 (therapeutic effects) を最大化し、法の反治療的結果 (anti-therapeutic consequences) を最小化するような体系立てられたアプローチが必要」として、矯正スタッフや法律家は「犯罪行為者にプログラム参加を強制するアメとムチ (stick-and-carrot) ではなく、行為者が参加するモチベーションを最大限に高めることができるよう、法のもとに行為者に敬意を払うべき」であるとする。その結果、「判決の段階から、行為者が、自らが行動変容のために参加できるプログラムについて、十分な説明を受けたうえでの決定をし、自ら本人の生活変容に挑もうとする可能性が高まる」という。

　このような行為者のプログラム参加における自律性をアプローチの中心に据えるという考え方を支えているのは、「行為者自身の処遇を受けるうえでのレディネス（の重要性）というコンセプト[17]」であるとされる。行為者の同意のもとに、犯罪原因的 (criminogenic) ニーズ（犯罪行為と直接関わるニーズ）と非犯罪原因的 (non-criminogenic) ニーズ（犯罪行為とは直接関連性はないが、家族への支援、居住、雇用、教育等に関するニーズ）双方への対応を同時並行的に実施していくことが、結果的に再犯の減少につながるというのである。これは、従来の刑罰的アプローチが、犯罪行為と直接関わる犯罪原因的ニーズにのみ着目し、その対応を厳しくしていくことに集中していたのとはまさしく対照的な視点であろう。

　また、文書は前述のようなアプローチのために、具体的に「処遇にあたってのアセスメントのあり方」として、以下の4段階のアセスメントを経ることを提案している。まず、①矯正局スタッフによる「出口計画 (the Exit Plan)」を含む初期アセスメント、②処遇専門家（臨床心理士、医師等）による介入前アセスメント、③処遇専門家による介入後アセスメント、④（拘禁刑を受けた者については）仮釈放委員会による完了報告書審査と釈放のための「出口計画」の更新という4段階である。特に、①の初期アセスメントにおいては、「犯罪行為に至るリスクが低い場合であっても、『非犯罪原因的ニーズ』

が高い行為者については、対象に含めるべき」との指摘もなされている。つまり、犯罪行為の類型や行為そのものの重大性のみならず、犯罪行為とは直接関連性はないが、家族への支援、居住、雇用、教育等に関するニーズを考慮しながら、社会内処遇の対象としていくべきことが明確に提言されていることとなろう。

(4) 非拘禁的措置の目的とその効果測定における指標

　ここまでの経緯から、非拘禁的措置の目的および運用の変遷と、その効果をどのような点で測りうるのかについて、簡単にまとめておきたい。

　ビクトリア州において、そもそも非拘禁的措置としてのCBOが導入された契機は、刑事施設の「過剰収容」にあった。そのため、犯罪行為の類型や重大性を基準に、一定の犯罪行為を行った行為者を拘禁しないことにより、過剰収容状況を緩和することこそが、CBO導入の目的であったといえる。しかし、社会奉仕活動を条件として付したCBOを限定的に活用するのみでは、拘禁刑の代替とはならず、「過剰収容」を緩和するという目的を果たす結果には至らなかった。

　その後も、厳罰化・必罰化傾向が強まる中で、被収容者数は減少せず、非拘禁的措置としてのCBOの目的は、単に被収容者数を減少させることから、犯罪原因への対応による再犯の減少、その結果としての「過剰収容」の緩和へと移行していったことが看取できる。その意味において「犯罪行為に至るリスクが低い場合であっても、『非犯罪原因的ニーズ』が高い行為者については、対象に含める」として、犯罪行為の重大性のみを基準とせず社会内処遇の対象者を拡大していくこと、すなわち、ある種のネット・ワイドニングは、当初から想定の範囲内であったとも言えるであろう。

　このようなCBOの目的における重点の移行も考慮すれば、ビクトリア州における非拘禁的措置の効果を測るうえでは、①刑事施設の被収容者数の削減と同時に、②犯罪原因への対応がいかになされているのか、ということが基軸になるものと考えられる。①については、2002年以降、CBO活用の積極化がなされた後に、拘禁刑を科される人員が減少したのかどうか、また、従来であれば非拘禁的処分をも科されなかったであろう人々が非拘禁的処分を科されていないかというネット・ワイドニングの有無についても検討する必要があろう。また、②については、CBOが科された人について、再犯率や再収容率が低下したのか、また、犯罪原因ニーズや非犯罪原因ニーズへの

対応の結果として、行為者自身の社会復帰の状況がどのようなものとなっているのかが問題になるものと思われる。

以上の点を踏まえながら、以下では、ビクトリア州における非拘禁的措置の現状とその効果を若干検討し、そこで認識されている現状の問題点についての議論をやや整理してみたい。

3. オーストラリアにおける非拘禁的措置の現状とその効果

(1) 非拘禁的判決の種類

まず、ビクトリア州の刑事裁判における判決の種類と、その中で非拘禁的判決 (non-custodial sentence) とされているものについてみておきたい。1991年判決法は、刑事裁判における判決を「拘禁的判決 (custodial sentence)」と「非拘禁的判決 (non-custodial sentence)」に分けて規定し、優先されるべき「制裁の体系 (sanction hierarchy)」を以下の順で規定している。具体的には、「非拘禁的判決 (non-custodial sentence)」として、①罰金刑 (Fine)、②社会内処遇命令 (Community-Based Orders：CBO)、また「拘禁的判決 (custodial sentence)」として、③禁錮刑執行猶予判決 (Suspended sentence of imprisonment)、④集中矯正命令 (Intensive Correction Order)、⑤在宅拘禁命令 (Home Detention Order)、⑥薬物治療命令 (Drug Treatment Order)、⑦拘禁処遇結合命令 (Combined Custody and Treatment Order)、⑧禁錮刑 (Imprisonment) がある。この中で、①、③、⑧については被告人自身の同意を要しない刑罰であるが、それ以外の命令については、選択時に被告人自身の同意を要する処分である。

1958年犯罪法 (Crimes Act 1958) は、科されるべき制裁について一部下限が規定されているものもあるが、基本的にはその上限のみを規定しているため、1991年判決法上に、ある犯罪類型がどの刑罰レベル (penalty level) に値するかということが規定されている。たとえば、殺人罪にはレベル1 (終身) の禁錮刑もしくは裁判所が決定したその他の期間の禁錮刑が科され、正式起訴犯罪 (indictable offence) として有罪判決を受けた窃盗罪にはレベル5 (最大10年) の禁錮刑が科される、という形式の規定になっている。

前述の判決のうち、禁錮刑執行猶予判決は、禁錮刑の一部を猶予することも、全部を猶予することも可能である[18]。実際の運用上は高裁 (Higher Court) でも3年の禁錮刑程度までが猶予される対象になっている[19]。また、猶予期

間は治安判事裁判所（Magistrate's Court）で2年間、高裁（County Court）・最高裁（Court）で3年間とされている[20]。日本で言うところの保護観察付執行猶予判決は存在しない。なお、執行猶予中の再犯のみが違反（breach）とされ、執行猶予の取消がありうる[21]。

(2) ビクトリア州における犯罪統計の近年の動向

　統計から、社会内処遇の活用が促進された2000年以降の動向をみてみたい。まず、一般刑法犯の認知件数は、ビクトリア州警察統計「Crime Statistics 2009/2010」[22]によると、2003‐04年を境に19％程度減少し、その後も現在までその数値をほぼ維持し続けている。しかし、刑務所の被収容者人員は、2000年以降、2004年に一時やや減少するも、基本的には一貫して増加し続けている[23]。具体的な傾向としては、2000‐04年には、特に（自己使用ではなく）薬物売買による女性被収容者の増加が目立ち、2005‐09年には、特に性犯罪による男性被収容者の増加が見られ、年齢別では高齢被収容者の増加が目立つ[24]。また、2000‐09年まで一貫して原住民（indigenous people）の被収容者数は増加し続けている傾向にある。

　だが、一方で、刑務所出所者の出所後2年以内の再入所率については、2004‐05年の38.4％から、2008‐09年には33.9％と5％程度下がり、多くは1～2％程度の低下傾向を示している他の州と比較しても明らかに低下している[25]。また、CBOを受けた者の2年以内の再処分率は14.1％（06-07年）とされ、拘禁刑における再入所率と比してもかなり低い数値を示していると言えよう[26]。

　さらに、ネット・ワイドニングに関する検討のため、そもそも刑事司法手続に関与した人員と、非拘禁的判決の適用人員がどのような関係にあるのかをみてみたい。Australian Bureau of Statisticsの統計により、治安判事裁判所における起訴人員の動向をみると、2001‐02年（113,479件）から、2003‐04年（90,572件）にかけて一旦低下し、その後、2006‐07年（96,772件）、2008‐09年（104,695件）とまた漸増している。また、非拘禁的判決の適用を受けた者については、2001‐02年は有罪人員105,893人のうち102,431件と高い割合を示しているものの、2002‐03年に79,196人となって以降、ほぼ7万人台後半で推移し、2009年まで大きな変化はない。一方で、2001‐02年に拘禁判決を受けた人員は3,462人と減少したものの、2002‐03年（8,175人）、2003‐04年（10,698人）、2004‐05年（10,783人）とその後も1万人前

後でほとんど変化していない[27]。このような傾向からは、やはり非拘禁的判決の適用が必ずしも拘禁的判決の適用を減少させてはいないこと、一方で、非拘禁的判決の適用範囲が明らかに拡大しているとまでは必ずしも評価できない状況にあることがわかる。われわれの現地調査の際にも、CBOの運用状況については、いまだ評価が充分に進んでいないことが指摘されており[28]、詳細な統計が全て明らかにされている現状にはないが、少なくとも現時点で非拘禁的判決が、本来刑事司法によって対応すべきでないものを取り込んでいるという意味でのネット・ワイドニングは、明確な形で統計に表れていると積極的に評価することは困難であろう。

むしろ、近時のビクトリア州における非拘禁的措置に関する議論状況においては、本来、CBOを科すべきものに対して禁錮刑執行猶予判決が科されているという意味でのネット・ワイドニングの方を強調する指摘がなされている。つまり、非拘禁的命令を科すべきものに対して、拘禁的命令が科されているという指摘である。

かつて、1990年代までの議論においては、CBOと執行猶予判決の関係というのは不明確なもので、CBOの性質を「独立の処分 (independent sanction)」ととらえるのか、それとも「拘禁刑と連続性を有する (related to imprisonment)」ととらえるのかによって、裁判官のCBOの適用範囲が変化する、という指摘がなされていた[29]。CBOを後者のようにとらえる裁判官は、まさしく「拘禁刑に代わるもの」としてCBOを積極的に適用しようとするが、その意図は、CBOでは遵守事項を付すことが出来る分、執行猶予よりも社会内で行為者に対する直接的な監視 (supervision) を行うことが出来るという点にメリットを見出しているというのである。すなわち、その実質は「拘禁刑の代替」ではなく、その執行を社会内において行う刑罰、つまり「代用」に過ぎないといえよう。このような拘禁刑との連続性において見出される「利点」は、直接的な監視下において何らかの条件違反があったときに、すぐに拘禁刑に移行できるという点からも明らかであろう。

このような従前の指摘を踏まえたうえで、近時の議論は何を意味しているのだろうか。非拘禁的措置を拘禁刑の「代用 (substitution)」ではなく、「代替 (alternative)」として活用していこうとするときに、どのような問題が顕在化してくるのか、禁錮刑執行猶予判決に関する議論から検討してみたい。

(3) 禁錮刑執行猶予判決 (Suspended sentence of Imprisonment) に関する議論

そもそもビクトリア州において、この禁錮刑執行猶予判決に関する近時の議論が持ち上がった経緯を確認しておきたい。2004年から、ビクトリア州のSentencing Advisory Council (SAC) は禁錮刑執行猶予判決の運用状況に関する検討を継続的に行ってきた[30]。この検討は、当時のビクトリア州司法長官Rob Hullsによる執行猶予判決の運用状況調査と改善に向けた提案についての諮問に基づいたもので、禁錮刑執行猶予判決の運用に対する批判として、「CBOにすべきものが拘禁刑（執行猶予）にされている」という質的に不適切な処分選択が行われているという観点からの、主に実務家による批判や、「執行猶予には行為者にとって『逃げ得』感がある」という量的に不適切な処分選択が行われているという観点からの市民の「不正義感」が挙げられたことに端を発している。特に、後者の市民の「不正義感」が問題となるのは、判決における「有罪」の言い渡しは市民から犯罪行為者に対する「非難 (denunciation)」の意味を持つのであって、刑罰の（犯罪行為者と市民間の）「コミュニケーション (communication)」機能と（市民からの「非難」を示す）「象徴的 (symbolic)」機能が、市民が執行猶予判決に「不正義」を感じることで損なわれてしまうからであるとする[31]。

そこで、SACは「刑罰改革における市民への『戦略』としては、市民の感情的側面は考慮に入れざるをえない」[32]として、そのような観点から何らかの解決策が必要であるとした。具体的な解決策として、(a)執行猶予をより懲罰的かつ矯正的なものにする、もしくは、(b)執行猶予の適用は最小限にしつつ、重大犯罪であっても例外的事情を十分に考慮し、適用できる裁量は残すという2つの選択肢を挙げる。まず、(a)案について、カナダでは執行猶予に厳しい遵守事項を付けることで公衆の信頼を得たという実例を挙げながら、しかし、執行猶予に厳しい条件を付すと、その分条件違反率が高まるという危険性、さらに本来CBOを科されるべき対象者が（遵守事項を付すことで、執行猶予判決でも社会内処遇における条件を付すことが可能になるため）執行猶予判決の対象に取り込まれてしまい、その結果、違反があれば長期の拘禁刑を科されるおそれが生じてしまうということを指摘する。また、既にイギリスではその危険性を実証済みであることにも言及し、(a)案は妥当な解決策ではないと結論づけている。一方、(b)案については、「市民が最も関心を寄せているのは性犯罪に対する執行猶予の適用」であることを前提に、あまりに重大な犯罪（行為）については、個別的に見て執行猶予判決の必要性が著しく高

いもの、つまり「例外的な場合 (in exceptional case)」にのみ執行猶予判決を科せるように法律で規定し、また、執行猶予判決に関するガイドラインを導入し、執行猶予判決が不適切とされる要素 (行為の重大性、被害者への影響、再犯危険性等) を明確に規定しておくことで、一定の適用裁量を残すという(b)案の採用を提言している。「カナダと異なり、ビクトリアでは①深刻な犯罪に対しても非拘禁的措置を科す余地は常にあって然るべきであり、②深刻な犯罪に対しても執行猶予を科す裁量は残さ」ねばならず、そのことが貫徹されれば、ビクトリア州で法規定上も明文化されている「『拘禁刑の最終手段性 (last resort)』は確保」され、「行為者個人にとっての不正義を防ぐことになる」というのである。

SACが示すこのような解決策は、執行猶予判決の適用範囲を限定することで市民の「不正義感」に対応しつつも、(市民からの非難の度合いが強いという意味での) 行為の重大性という基準に縛られず、社会内処遇の優先性・必要性という個別事情を基準とした処分選択の余地を残そうとする点で、2002年にビクトリア矯正局が示した「犯罪原因への対応」という姿勢を堅持しようとしたものであると評価できるであろう。FreibergとMooreは、市民の「不正義感」への対応が不可欠であるとし、「刑事司法は、刑務所に代わる『良い製品 (good product)』をコミュニティに対して売らなければならない」のであって、そうすることが「抑えの利かないペナル・ポピュリズム (penal populism) を水際で防ぐ力」となるのである[33]と述べる。しかし、ここで言う「good product」とは、果たして誰にとって「良き」ものであるべきなのだろうか。「拘禁の最終手段性の確保」と、「行為者個人にとっての不正義の防止」は、市民の「不正義感」とどのような関係に立つのであろうか。この解決策において、その点は必ずしも明らかではないように思われるのである。

4. むすびにかえて──日本への示唆

(1) 「代用」としての非拘禁的措置から「代替」としての独立処分へ

Lovegroveによれば、非拘禁的措置を従来の刑罰の「代替策 (alternative)」としてより望ましい形に発展させていくには、非拘禁的措置が独立した処分として確立されることが必要であるという。禁錮刑執行猶予判決は、拘禁刑のひとつとして分類されていることからも明らかな通り、飽くまでも元の拘禁刑の執行形態が異なる代用判決 (substitutional sentence) に過ぎず、本来の拘

禁刑の言い渡しと執行形態の変更を行うものであって、代替判決 (alternative sentence) とは異なるものであるとされる。一方、CBOは代替判決であり、執行猶予判決は、いつでも本来の拘禁刑を執行できるが、代替判決は、代替刑の必要性に基づいて代替刑を選択した以上、独立した刑罰として考えるべきであるというのである[34]。すなわち、「本来、拘禁刑がふさわしいもの」を非拘禁的措置によって執行するのではなく、「そもそも社会内での処遇がふさわしいもの」へと昇華すべきであるということになる。

　この点につき、前述のLaw Reform Commissionによる1988年のレポート「Sentencing」では、注目すべき指摘がなされている。すなわち同レポートは、(条件違反に対しての) 拘禁による威嚇で非拘禁的判決における処分を強制するのではなく、個別事案にふさわしい処分として非拘禁的判決を成立させるためには、非拘禁的判決に拘禁刑との連続性を持たせないように独立させることこそが必要であると提言しているのである[35]。この提言は、90年代におけるCBOと執行猶予の関係性の不明確さの中で、裁判官がCBOに期待した拘禁刑との連続性とは全くその主旨を異にするものであり、本来、オーストラリアにおける非拘禁的措置は、その導入を提言された時点から、刑罰を「代替」する「独立した処分」として予定されていたものといえよう。

(2) 非拘禁的措置の適用基準―――ネット・ワイドニングは許されるか？

　一方、前述のように独立処分としての非拘禁的措置を模索すべきとの主張に対しては、「そもそも社会内での処遇がふさわしいもの」の限界はどこにあるのか、またその選択基準は何かという疑問が生じる。この疑問は、社会内処遇の対象を無制約に拡大すること、いわゆるネット・ワイドニングが許されるのか否か、という問題にも繋がる。刑事司法手続の対象とされるということは、それ自体、応訴強制という形での権利侵害に始まり、どのような処分であろうとも、行為者に対する一定の権利制限を伴うものであることは疑いないのであって、社会内処遇の必要性のみを根拠としたパターナリスティックな運用がなされることにはやはり問題があるからである。

　Lovegroveは、CBOが広く用いられている現在、制裁の体系 (sanction hierarchy) において「もはや『均衡性 (proportionality)』は拘禁刑のみにおける問題ではない」[36]とする。つまり、刑罰のみならず「独立した処分」として観念される社会内処遇についても、その均衡性が考慮されなければならないということである。Hirshによれば、制裁の厳格さ (sanction severity) は以下の3

つの観点から比較されるとされ、①応報的 (punitive)、②矯正的 (correctional)、③機能的 (functional) に見て、その制裁が行為と均衡であると言えるかという点が基準とされる。それぞれの観点について、①については、量的に苦痛をはかるものであるが、結局のところ、相対的・妥協的選択 (trade-off) になりやすいものであり、②については、質的に個人の潜在能力をどれだけ変容させうるかが問題とされるが、行為者にとっての害は最小化すべきで、矯正的機能は重視されるべきであるが、「矯正」としてどのような価値を優先させるかが課題となる。③については、たとえば「非難の象徴」等の特定の機能を果たしうるかが問題とされるが、「非難」を目的とすると、一定の犯罪には等価交換可能性がなく、拘禁刑でしか「非難」を充分に表し得ないものが存在するというのである。ここに挙げられた3つの点は、行為責任に応じた制裁という、制裁を量的に限界づける基準（①）のみならず、犯罪行為者の社会復帰にとって必要な処遇という、質的にどの制裁がふさわしいのかという基準（②）、また、選択された制裁が、制裁の有する社会的機能を果たしうるか（③）という、制裁の3つの選択原理である。

　このようにひとつの処分選択に際して、別の性質を有する原理がはたらくことは、たとえば日本においては、少年司法手続における保護処分の選択にあたってもみられる。少年に対する保護処分は、非行事実の認定と少年の要保護性の勘案という2つの観点から処分選択がなされるが、この場合にも、飽くまで保護処分の目的は少年の健全育成であり、その目的に照らして必要な保護を行うという点で、少年の要保護性が処分選択基準の主軸となる。しかし、行為責任に応じた刑罰ではなく、要保護性に基づく「保護」であっても、保護処分には少年に対する権利制約性も内在していることから、少年に対する保護処分は必要最小限であるべきであり、非行事実の認定と保護処分選択にあたっては、少年司法手続における適正手続保障が要請される。ビクトリア州におけるCBOの適用基準に関していえば、2002年以降の運用においては、「犯罪原因への対応」がCBOという処分を適用する主目的であり、前述の制裁の3つの選択原理でいえば、②の矯正的 (correctional) 観点が重視されることとなる。しかし、対象者の同意を要する点で刑罰 (penalty) とは区別されるCBOであっても、一定の権利制約性を有していることは確かであり、その処分が「犯罪原因への対応」という目的に照らし、必要最小限度において許容されることは、本来明確にされるべきであろう。

　さらにLovegroveは、このような3つの観点からのみ制裁の「均衡性」を

測ることには限界があり、適正な処分選択にあたり今後考慮されるべきものについて言及している。すなわち、MorrisとTonryが処分の「個別化(individualization)」の必要性を指摘[37]したことに言及しながら、制裁の均衡性のみならず、処分選択にあたっては、行為者自身のニーズを考慮することが不可欠であって、行為者自身のニーズへの対応がいかになされたかを事後的に評価することが必要であるとするのである。「そもそも社会内での処遇がふさわしいもの」の限界を超えるような非拘禁的措置の適用、つまり無制約にネット・ワイドニングが生じる危険性は、このような「行為者本人の納得(＝処分選択及び実施への同意と協力)」という観点を真摯に勘案することによっても回避できる可能性がありうるのではないだろうか。非拘禁的措置が何らかの効果を挙げているか否かを判断する指標としての客観的・主観的な犯罪行為者の社会復帰状況は、「拘禁の最終手段性」と「行為者個人にとっての不正義の防止」を確実なものとするためにも、不可欠な視点であろう。そのための具体的な手続のあり方については、別途検討を要するところである。

(3) 市民の「不正義感」と非拘禁的措置

③の制裁の機能的観点の関連では、以下のような根本的疑問が生じる。すなわち、執行猶予判決の運用に対する批判としての市民の「不正義感」に対し、そもそも執行猶予の消極的運用や、遵守事項の付加等の刑罰性の強化によって応えるべきなのであろうか。独立処分としてのCBOの対象となる場合であっても、本来は、ダイバージョンによって刑事司法手続には関連づけられない形で(同意に基づく)福祉的援助を行うことにより、その結果(成果)として、犯罪行為者が再犯を行うことなく社会復帰が果たされるのであれば、あえて刑事司法手続の対象を拡大することによって、つまりCBOの対象として対応するのでなくとも、実質的な再犯の減少は果たされるのではないだろうか。刑罰ではなく処分であっても、その目的が刑事司法外で達成されるのであれば、処分が有する権利制約性に照らして、処分選択に際してもその謙抑性が要請されるべきであろう。

「不正義感」への対応の問題は、ひいては刑事司法制度が対応すべきものとは何かを問われる問題である。これは、一見迂遠にも思われる対応策によって長期的に対処すべき問題であって、刑罰か援助かというわかりやすい基準を設けて対応すべき問題ではないのではないか。何故なら、犯罪行為をきっかけとして顕れた、犯罪原因の一因ともなっている問題状況について、

その問題状況の解決を考慮すれば、刑罰を優先して対応すべき事案と、社会的援助を優先して対応すべき事案は、その限界事例においては、本来はっきり区分できるものではないからである。刑罰の機能に社会による行為者への「非難」を表す機能があるとして、「一定の犯罪には等価交換可能性がなく、拘禁刑でしか『非難』を充分に表し得ないものが存在する」か否かは、やはり社会における相対的な価値判断であって、たとえば、オーストラリアにおいては刑罰としての死刑は存在していないが、それはオーストラリアの刑事司法制度において「死刑でしか『非難』を充分に表し得ないものが存在する」という政治的価値判断をしなかった、ということのように思われる。ヨーロッパ諸国における死刑廃止が何故可能となったのかを検討し、死刑制度廃止に向けた議論のあり方について提言しているHammelは、全ての国民に対して死刑制度廃止の正当性を正面から主張するのではなく、まず市民に「犯罪を行った者に対して、人間として自然な応報や復讐への欲求が根深く存在している」という前提を認めることが重要であるとする[38]。その市民の「欲求」そのものを変えようとするのではなく、あるべき刑事司法制度を社会がいかに理性的・合理的に構想するのか、その議論・判断過程において、理論・実践双方の専門家がどのような知見を適切に提供すべきであるのかという問題として考えるべきなのではないかと思われるのである。

　ビクトリア州におけるCBOの運用の実際に関する限りでいえば、障害のある犯罪行為者については、アセスメントやモニタリング、支援の担い手を、刑事司法機関たる司法省（Department of Justice）ではなく福祉機関たるヒューマンサービス省（Department of Human Services）が行っている等[39]、実質的にはダイバージョンに近似した制度運用がなされていることも確かである。しかし、一般的に非拘禁的措置の今後のあり方を考えるにあたり、その適用の基準が、非拘禁的措置を用いる目的ではなく、「市民の不正義感」によって影響を受けうるものであるとすれば、それは、従来の刑罰的対応への「代替策（alternative）」にはなり得ないのではないだろうか。

（もりひさ・ちえ）

　1　これまでのオーストラリアに関する研究成果については、拙稿「オーストラリアの社会内処遇」龍谷法学43巻1号（2010）253-279頁を参照。

2 立山龍彦「オーストラリアに於ける刑務所の動向——ヴィクトリア州を中心に——」東海大学文明研究所紀要5号（1985）27頁。
3 橋本雄太郎「オーストラリア刑事司法の現状と課題」杏林社会科学研究7巻特別号（1990）59頁。
4 立山・前掲注　27-28頁。
5 Freiberg, A. and Ross, S., Sentencing Reform and Penal Change: The Victorian Experience, Sydney, Federation Press, 20 (1999).
6 Australian Law Reform Commission, Report No 44: Sentencing, Canberra: AGPS, (1988). これは最終報告書であり、議論経過もここにまとめられているが、この報告書に至るまでに1980年以降、委員会によるDiscussion Paperが多数回発行されているため、各州の立法はその段階で動いている。
7 Freiberg and Ross, supra, 145-146.
8 Sentencing Act 1991, s. 109.
9 Sentencing Act 1991, s. 96 (2).
10 Sentencing Act 1991, s. 39 (7).
11 Freiberg and Ross, supra, 147.
12 Freiberg and Ross, supra, 148.
13 Freiberg and Ross, supra, 36.
14 McCallum, D. and Laurence, J., Has Welfarist Criminology Failed? Juvenile Justice and the Human Sciences in Victoria, 60 (4) Australian Social Work 410-411 (2007).
15 石堂功卓「オーストラリア刑法序説」中京大学社会科学研究所『日・豪の社会と文化Ⅱ』（成文堂、1999）19‐20頁。
16 CORRECTIONS VICTORIA, Reducing re-offending framework: Setting the scene (2002), available at http://www.justice.vic.gov.au/wps/ (last visited Dec 19, 2011).
17 このコンセプトは、T. Wardが提唱する更生理論「よき人生モデル（Good Lives Model）」に基づくものであることが文書内において言及されている。「よき人生モデル」については、Ward, T. and Maruna, S., Rehabilitation: Beyond the risk paradigm, London, Routledge (2007) を参照。
18 Sentencing Act 1991, s. 27 (1).
19 Sentencing Advisory Council, Suspended Sentences: Discussion Paper, 69 (2005).
20 Sentencing Act 1991, s. 27 (2).
21 Fox, R. G., Victorian criminal procedure: state and federal law (12th ed.), Melbourne, Monash University, 351 (2005).
22 Victoria Police, Crime Statistics 2009/2010 (2010), available at http://www.police.vic.gov.au/ (last visited Dec 19, 2011).
23 Department of Justice, Statistical Profile of the Victorian Prison System 2004-05 to 2008-09 (2009), available at http://www.justice.vic.gov.au/ (last visited Dec 19, 2011).
24 高齢受刑者の増加がオーストラリアでも問題化していることを指摘するものとして、古川隆司「オーストラリアにおける犯罪者の社会内処遇と日本への示唆」オーストラリア研究紀要34号（2008）81頁。
25 The Steering Committee for the Review of Government Service Provision, Report on Government Services 2010 (2010), available at http://www.pc.gov.au/gsp/reports/rogs/2010 (last visited Dec 19, 2011).

26 The Steering Committee for the Review of Government Service Provision, Report on Government Services 2010 (2010), available at http://www.pc.gov.au/gsp/reports/rogs/2010 (last visited Dec 19, 2011).
27 Australian Bureau of Statistics (http://www.abs.gov.au/)による刑事裁判所統計(CRIMINAL COURTS, AUSTRALIA) の2000年から2009年の各数値を参照。
28 拙稿「オーストラリアの社会内処遇」龍谷法学43巻1号（2010）261頁。
29 Freiberg and Ross, supra, at 145.
30 Sentencing Advisory Council, Suspended Sentences: Discussion Paper, (2005)他、同委員会HPの禁錮刑執行猶予の調査研究に関する一連の報告書を参照。
31 Arie Freiberg and Victoria Moore, Disbelieving Suspense: Suspended Sentences of Imprisonment and Public Confidence in the Criminal Justice System, 42(1) The Australian and New Zealand journal of Criminology 101, 106 (2009).
32 Id. 111.
33 Id. 116.
34 Id. 107.
35 Australian Law Reform Commission, Report No 44: Sentencing, Canberra, AGPS 64 (1988).
36 Lovegrove, A., Sanctions and Severity: To the Demise of Von Hirsch and Wasik's Sanction Hierarchy, 40 (2) Howard Journal, 127 (2001).
37 Morris, N. and Tonry, M., Between Prison and Probation: Intermediate Punishments in a Rational Sentencing System, New York: Oxford University Press (1990).
38 Hammel, A., Ending Death Penalty: The European Experience in Global Perspective, UK: Palgrave, 29-30 (2010).
39 この点の詳細については、拙稿「障害のある犯罪行為者(Justice Client)に対する刑事司法手続についての一考察」立命館法学327・328号（2010）928 - 955頁を参照。

第15章 ヘッセン州電子監視プロジェクトの概要

金澤真理（大阪市立大学法学研究科教授）

1. はじめに

　社会内処遇をめぐる論点のうち、近年、特に注目を浴びているのが、最新の技術を用いた非拘禁的措置である。特に、対象者の身体―多くの場合は足―に電波等を発する足枷（Fußfessel）様の機器をとりつけ、その位置情報を把握する電子監視と言われる手法が諸外国において相次いで採用されている。しかし、各国で採用されている制度の目的、その法的根拠、運用方法等は多岐にわたる。本稿では、ドイツのヘッセン州で11年にわたり採用されている電子監視のモデルプロジェクトをとりあげ、その特色、意義について概観する。

2. 最初のモデルプロジェクト

　アメリカ合衆国で、衛星を用いた位置確認システムであるGPSによる電子監視がいち早く導入され、既に実務でも多用されているのに比べると、ドイツでは、電子監視の導入を積極的に推進する勢力は多数を占めるに至らず、むしろ学説においては早くから消極的な意見が表明されていた。まず、拘禁を伴わない刑罰の改革をテーマとして、1992年に開催されたドイツ法律家会議の第59回会議においては、全面的監視に対する懸念や私生活に対する介入のおそれと共に、従来なら自己決定や信頼関係を理由として、拘禁されることなく保護観察に付されていたであろう事例にも電子監視が用いられる、いわゆるネット・ワイドニングに対する懸念が表明された。また、現行法

の枠内で電子監視が導入できるか疑義が示される等、批判的見解が述べられ、決議では、主刑もしくは付加刑として電子監視を導入することを支持しないとする見解に圧倒的多数が票を投じた。

しかし、これに対する立法の動きは際立っていた。1997年6月12日、第68回司法大臣会議において、「まずは4年間の試行段階の枠内で電子監視による在宅拘禁をもって自由刑に代替することを認める行刑法の改正について、連邦参議院が発議を行う」とするベルリン司法省参事官の意見が認められ[1]、短期自由刑に代替する行刑の一態様として、時限的な電子監視のモデルプロジェクトの導入が決定されたのである[2]。その主たる目的は、拘禁の弊害ないし継続的な過剰拘禁傾向に鑑みて、電子監視が刑事施設内における処遇に代替する有益な制度か否かを検証するというものであった。

ところが、実施に向けての作業は難航し、1997年11月には、連邦参議院の法律委員会の審議が中断した。このため、州を超える広域の作業グループが組織され[3]、実施地域等をめぐる議論が交わされた。作業グループの報告を受けて、連邦参議院法律委員会は、モデルプロジェクト実施のための見解を提出し、1999年7月9日、連邦参議院は、連邦議会に当初の法案に変更を加えた規定を提出した。モデルプロジェクトの実施は、連邦の行刑法の変更を前提としていたが、当時、連立与党を形成していた同盟90／緑の党の反対により行刑法の改正案は廃案となった。そのため、ハンブルクやバーデン・ヴュルテンベルクのように、導入には法的根拠が必要であると解する州においては実施が見送られた[4]。

これに対して、ヘッセン州は、連邦行刑法の改正によらずとも、現行法上の社会内処遇諸制度の枠内で実施が可能と解し、電子監視のモデルプロジェクトの開始を決定した。このプロジェクトが、2011年までの間、ドイツにおける唯一の実施例である。ヘッセン州の電子監視は、自由刑の代替としてではなく、処遇の一態様と位置づけられている。電子監視の導入に伴い、州の行刑法が一部改正された[5]。電子監視は、2000年5月2日に、まずヘッセン州の9管区のうちフランクフルト管区に導入され、2007年までに漸次的にすべての管区に適用領域が拡大された。

3. 電子監視の法的性格と実施手続

ヘッセン州の電子監視は、既存の社会内処遇諸制度の実施態様のひとつと

して、すなわち、①保護観察に付するための刑の執行猶予における遵守事項として（ドイツ刑法56条c）、②保護観察に付するための残刑の執行猶予における遵守事項として（同57条、56条c、およびこれら諸規定に対応して、遵守事項および指示に関して定めるヘッセン州の執行猶予規則19条に則って[6]）、③行状監督における遵守事項として（ドイツ刑法68条b）、あるいはまた④勾留の執行停止の際の措置として（ドイツ刑事訴訟法116条）[7]いずれも対象者等の同意を得て用いられる。また、その後、⑤2008年1月1日に施行された少年刑事手続における釈放準備の措置の一環としての電子監視も付け加えられ、対象となる事例が拡大された。

　上記のうち①は、日本における保護観察付執行猶予、②は仮釈放に類似した制度、さらに④は保釈に類似した制度を前提としているのに対し、③については日本に同様の制度は存在しない[8]。ヘッセン州のモデルプロジェクトは、上述した電子監視導入を含む立法提案と同様に、刑事施設への拘禁の回避を主たる目的として掲げるものの、社会内処遇の一態様として実施されることから、理論上は刑罰の代替としての意義をもたず、社会教育学的（sozialpädagogisch）な位置づけとされている[9]。

　プロジェクト導入の第一義の目的は、拘禁の回避（執行猶予取消によるものも含む）であり、特に短期自由刑の回避が念頭に置かれている。そのため、ヘッセン州の電子監視プロジェクトの適用対象者は、大きく以下の2つの場合に区分される。第一に、有罪判決を受け、自由刑の執行が具体的に差し迫っている者に、「最後のチャンス」として 保護観察の際の遵守事項として集中的監視がなされるものであり、第二に、勾留状の執行停止の際の代替措置の一環として行われるものである。電子監視実施例のうち、前者が約7割、後者が約3割を占めるとされ、また、後者に関しては、未決勾留を回避するためのものが9割を超えるとされる[10]。他方、自由刑の執行が差し迫っている場合の、プロジェクトの適用対象者の具体的な像は、たとえば、1人では裁判所の科した遵守事項を守るべく、十分に自律的、自己答責的に振舞えないため、個別的な処遇計画を実施するために外的な圧力、すなわち電子的な監視を必要とする者とされている。

　監視の要否についての決定手続は、以下のようになる。まず、裁判所および検察庁がプロジェクト執行機関に、対象者の人的要素、行為責任、前科等についての社会調査を委託する。プロジェクト従事者（個別の対象者につき担当の保護観察官が決められる）が7日間のうちにこれらの事項を調査し、電子

監視に対する適性を含めた社会調査を作成し、委託者たる裁判所および検察庁に送る。委託者は、報告に基づき、プロジェクトを行うことが有意義かどうかを吟味し、実施の可否を決定する。裁判所はまた、プロジェクト従事者から提示された週間計画を精査し、これを許可し、あるいは場合によっては修正したうえでプロジェクトに再度送付する。監視期間中の経過および措置についてもプロジェクトから裁判所に報告がなされ、週間計画の変更が提案された場合には、裁判所はこれについて決定する。執行猶予等が取り消されることなく推移した場合には、電子監視を終了するかどうかが再吟味される。監視期間が6ヶ月を超えることは例外的であるとされている。監視自体が終了しても保護観察期間中は、担当監察官による監督が継続される。

電子監視で用いられる装具は、男性用腕時計くらいの大きさで、これを足首に装着し、器具を用いて固定する。所定の器具を用いないでこれを外そうとすると、緊急の信号が発信されるようになっている。足首につけられた装具は、対象者の住居内に設置されたデータボックスに信号を送り、このデータボックスに集積された信号はヘッセン中央情報処理部のコンピュータに電話回線を通じて送られる。コンピュータは、あらかじめ裁判所の定めた遵守事項にしたがって作成された対象者の週間計画に照らして、対象者が当該時間に住居にいるべきか否かについての情報を処理し、SMS (携帯電話を用いてメッセージを送受信する通信手段) を通じてプロジェクトに従事する保護観察官に連絡する。このように実施されるヘッセン州の電子監視は、装具は身につけなければならないものの、中央情報処理部への送信装置が住居等に据え置かれる固定方式を採用する点で、アメリカ等で行われており、GPSにより位置確認が常時可能な移動方式 (能動型) [11]とはまったく異なっており、したがって、仮に対象者が計画に反して住居から外出したとしても、どこにいるのかを確認することはできない。むしろ、このプロジェクトの特色は、対象者に科せられた遵守事項を守るため、個別的な計画、特に詳細な週間計画の遵守を習慣づけることにあることが強調されている。それゆえ、計画に無理がある等の場合には、保護観察官と協議のうえ、随時計画が修正される。

プロジェクトの使用は拡大傾向にあり、年次ごとの使用日数は、以下の表のとおり連続して増加している[12]。電子監視にかかる費用は、2009年には1日あたり33.32ユーロで、前年の36.34ユーロをわずかに下回った。拘禁していた場合にかかったであろう費用約96ユーロに比べると遙かに経費を削減していると報告されている。

年	2000	2001	2002	2003	2004	2005	2006	2007	2008	2009
日数	997	4865	4182	5865	8398	9313	14550	17296	20088	24660

　以上のように、ヘッセン州の電子監視プロジェクトの特色は、法改正を伴わず、現行法規定の枠内で刑の執行猶予に附随する遵守事項等の一環として実施されている。その趣旨は、対象者の自律的生活習慣の確立を援助することに求められ、対象者のみならず、同一世帯に居住する者の同意を得て初めて実施される。GPSによって終始行われる位置把握とは異なるものの、なお人権侵害として憲法上の疑義を生じるのではないか、あるいは、ネット・ワイドニングにつながるのではないか、というプロジェクトに対する懸念が学説のみならず実務からも寄せられており[13]、検討を要する。そこで、以下では、ヘッセン州の電子監視の概観を踏まえて、電子監視の導入の是非について検討しておこう。

4．検討

　ドイツにおいて、電子監視の導入は、単独で論じられてきたわけではない。円滑な社会復帰の観点からは、公益奉仕活動等の新たな非拘禁的代替措置や被害者との和解等と共に刑罰の意義そのものを問う行刑改革の一環として、また、受刑者の待遇や行刑にかかるコストの観点からは、過剰収容に対応する一施策としてとりあげられてきた。ただし、既に、1992年のドイツ法律家会議で決議されたように、電子監視を自由刑そのものの代替措置と解することはできない[14]。刑罰内容としての自由の制限と監視とは質的に異なるものであるからだ。

　刑事施設においても行われる監視は、それ自体が刑罰の内容ではなく、刑罰執行を十全ならしめる手段のひとつに過ぎない。それゆえ、拘禁を伴わない刑罰執行を構想する場合には、逃走等の防止策として、電子監視が注目されてきたのである。もっとも、拘禁を伴わないことの代償として、器具を装着させて電子的に監視することがそもそも許されるのか、また、許されるとして、電子監視を伴う在宅拘禁が拘禁に比較すると、まだましな選択かどうかには、議論の余地がある。確かに拘禁の弊害は、電子監視のそれに比べると目に見えて大きく、いずれかを選択しなければならないとすると、多数の

者が電子監視を伴っても在宅拘禁を選択するであろうことは想像に難くない[15]。しかし、電子監視では、被監視者の通常の生活領域へと監視が及び、住居の不可侵性を害するのではないかという疑義がある。しかも、その影響が被監視者と生活を共にする者にも直接的ないし間接的に及びうる点で、従来の刑罰とは異なる面をもつ点に注意を致さなければならない。

そのため、ヘッセン州のモデルプロジェクトは、電子監視を自由刑の代替としてではなく、遵守事項の一環として、さらにまた、対象者およびその同居者の同意を前提として、私的生活領域への介入が比較的わずかな固定式を採用することで、現行法との調和を試みた[16]。もっとも、現行法上何の問題も生じないかについては、疑問の余地がないわけではない。遵守事項の実効性確保のために監視が不可欠か、また、監視という手法自体が人権侵害を惹き起こさないかはなお論じ尽くされていないからである[17]。

たしかに、ヘッセン州のプロジェクトにおいては、自律的、自己答責的に振舞えない者に対して、監視を付すことで社会復帰を促すとして、権力的観点ではなく、援助的観点が強調されるが[18]、監視という手法に内包される生活領域への強制的な介入の側面を否定することはできないであろう。さらに注意を要するのは、かかる強制的側面が、更生保護の本旨と矛盾する面をもつことである[19]。本来の更生保護は、対象者の必要性に応じて社会復帰のための援助を施す、双方向的であるべきものなのに対し、監視は、対象者のニーズを汲み取る契機のない、一方的な措置である。

ところが、電子監視導入積極論は、以上の点について深く検討することなく、電子監視を用いれば、過剰拘禁に直面して、拘禁を回避し、対象者においては、従来の社会生活との断絶を避けることができることから、社会復帰の困難性を緩和できる点、拘禁の経済面でのコストを節減できるのみならず対象者の負担をも軽減できる点を論拠として挙げている。しかし、前提となる過剰拘禁の現状は、日独において大きな隔たりがあり、拘禁の回避のために、新たに電子監視を用いなければならない積極的理由はなお明らかではないと言えよう。経費の節減については、ヘッセン州におけるプロジェクトの報告においても顕著な効果があると評価されたが、初期投資にかかる費用をも計上して比較する必要があるうえ、間断なく電子監視に携わる保護観察官の業務内容は、決して軽減されないことを無視することはできない。そもそも、更生保護の意義をコストの問題に矮小化すべきでないことをも忘れてはならない。

もっとも、経済面のみならず、対象者に負担がかからないという点については、傾聴すべき点もある。この点につき、拘禁と比較すれば、電子監視の権利侵害性が低いこと、保護観察官の訪問に比較しても電子監視の方が対象者の負担が大きいかは自明ではないこと等を根拠に、プライバシーの制約や心理的負担は、電子監視を否定するものではないとする見解がある[20]。しかし、この議論は、本来異質な施設への拘禁と監視とを比較して、自由制限の程度が低い監視の優位性を主張するものであり、対象者の社会復帰のための援助の視点を忘れた議論であろう。

最後に、ネット・ワイドニングの危険性について、ヘッセン州のモデルプロジェクトに関しては、未決拘禁に関する13例のうち12例においては、裁判官がたとえ電子監視を付して在宅拘禁とする可能性がなかったとしても、未決拘禁の決定をしていたであろうとされた。少なくともこのプロジェクトにおけるネット・ワイドニングの危険は、未だ実証されていない[21]ものの、諸外国の実例を素材として、さらに検証する必要があろう[22]。

本稿の執筆にあたり、ヘッセン州法務省およびギーセン大学法学部グロップ教授の講座による多大な協力を得た。記して感謝したい。

（かなざわ・まり）

1　68. Konferenz der Justizministerinnen und -minister vom 11. bis 12. Juni 1997 in Saarbrücken Beschluß TOP II. 15.
2　1997年9月、ベルリンは、最長4年間の期限つきの法規命令により、電子監視による在宅拘禁を可能にする規定を加えた行刑法改正案を連邦参議院に提出した（BR-Drucksache 698/97）。1999年7月9日の連邦参議院の議決を経て（BT-Drucksache 401/99）、同年8月25日に連邦議会で決定された行刑法改正案は、第1条の法の適用領域の項目に、従来規定されていた刑事施設内の処遇、自由を剥奪する改善保安処分に加えて新たに電子監視による在宅拘禁を加えると共に、第10条aとして、以下のような規定を加えた（BT-Drucksache 14/1519）。
　　10条a　電子監視による在宅拘禁
　　（1）　州政府は、法規命令により、受刑者がもはや6ヶ月の自由刑ないし残余の刑に服する必要がないと見込まれ、特別に電子監視による在宅拘禁を付することで十分であり、特に在宅拘禁の執行から逃れたり在宅拘禁を犯行に悪用するおそれがない限りで、受刑者を電子監視による在宅拘禁に服させることができる権限を授与される。
　　（2）　電子監視による在宅拘禁は、受刑者並びに同一世帯に生活する全ての成人の書面による同意を条件とする。
　　（3）　在宅拘禁により刑の執行は中断されない。執行の緩和および帰休は、13

条の場合を除き、法規定に従って保障される。
（４）　受刑者は、39条１項および２項に従い、自由な雇用関係を継続しまたは享受すべきである。
（５）　電子監視にかかる費用は、司法行政機関がこれを負担する。その他の、特に生活の保持および健康維持にかかる費用は、受刑者が負担する。給付金（47条３号）および補助金（51条）の支給対象とはしない。
（６）　第１項による法規命令の適用領域は、個別の州裁判所管区に限定される。

3　バーデン・ヴュルテンベルク、ベルリン、ブランデンブルク、ハンブルク、ヘッセン、ノルトライン・ヴェストファレン、ザクセン・アンハルトおよびシュレースヴィッヒ・ホルスタインの７州が参加した。

4　バーデン・ヴュルテンベルク州では、マンハイムにおいて自由刑の代替的措置としてモデルプロジェクトの実施を計画していた（LT-Drucksache 12/4233 von Baden-Württemberg）が、行刑法改正が実現しなかったため、作業がいったん中断した。その後、2008年11月18日、司法大臣の提出した法案により、電子監視を用いた在宅拘禁を自由刑の代替とすることを決定し、2011年より電子監視を実施することを表明した。詳細については別稿に譲る。

5　改正後のヘッセン州行刑法16条は、釈放準備に関して、第３項に次のような規定を追加している。
（３）　受刑者は、合計で３ヶ月まで、12条１項の場合（社会治療施設への収容）には６ヶ月まで、釈放準備のための刑事施設からの解放を保障されうる。この場合には、13条２、４、５および７号を準用する。13条３項４号による刑事施設からの解放は、これに算入する。受刑者は、14条による適切な指示がなされる。この解放の保障は、同意をもって監視に付された受刑者が電子監視システム（「電子足枷」）のもとに置かれていることに左右されない。

6　Hessische Gnadenordnung.　19条は、以下のように定めている。
（１）　有罪判決を受けた者は、保護観察期間中、遵守事項もしくは指示を課される。遵守事項もしくは指示は、有罪判決を受けた者の生活態度への期待不可能な要請をしてはならない。特にこれに対応する刑法56条b、56条c、56条d １項ないし、同様に対応する少年裁判所法10条、15条１項、23条、24条の遵守事項および指示が考慮される。保護観察期間中もしくはその期間中の一時期に保護観察官の指揮、監督に付すべしという指示は、自由刑の執行を猶予する場合にのみ課される。
（２）　遵守事項においては、まず、行為により惹起された損害回復の命令が考慮される。金銭による損害回復という遵守事項は、有罪判決を受けた者が、自ら処分できる手段で履行することが期待される場合に限り課されるべきである。
（３）　有罪判決を受けた者は、保護観察期間中、保護観察所にその住所、もしくは連絡先が変わるたびに報告しなければならない。
　執行猶予により得られる目的を達するために、遵守事項もしくは指示は、事後的にまた他のものに代替されうる。
（５）　執行猶予が不可能になった、もしくは取り消されたとき、刑法56条f3項に従って手続を進める。

7　勾留の執行停止は勾留理由に応じて停止要件が定められ、執行停止の裁判においては、停止の条件として、勾留の代替措置が課される。田淵浩二「ドイツ法における

保釈」季刊刑事弁護24号（2000年）77頁以下参照。
8 仮釈放がなされないまま、満期まで刑事施設に収容されていた元受刑者、精神病院・禁絶施設収容処分の猶予者に対する監督、支援のための制度である。ドイツの行状監督制度について、近時の改正動向を紹介したものとして、町野朔・山中友理「ドイツにおける行状監督制度の改革」刑事法ジャーナル10号（2003年）37頁以下、吉田敏雄「『行状監督』概観（1）〜（3・完）」北海学園大学学園論集135号75頁以下、136号1頁以下、138号17頁以下（2008年）。
9 Torsten Kunze, Die elektronische Fussfessel in Hessen, Forum Strafvollzug 2008, 33.
10 Helmut Fünfsinn, Die elektronische Fußfessel in Hessen, Festschrift für Ulrich Eisenberg, 2009, 696.
11 これに対して、受動型では、対象者が送信装置の置かれた住居等を離れ、再度帰宅するまでの位置情報を、帰宅後まとめて解析、保存することによって初めて、事後的な追跡が可能となる。
12 また、2010年8月31日までの時点で、積算で770名の対象者がこのプロジェクトに参加した。そのうち、542名が保護観察の際の遵守事項として、1名が行状監督として、227名が勾留状の執行猶予の際の措置として対象となった。このうち、執行猶予等の取消に至るのは、10％に満たない。2010年9月10日時点でこのプロジェクトの対象とされていた者は、76名であり、そのうち56名が刑の執行猶予ないし仮釈放にかかる者であり、残りの20名が、勾留の執行停止にかかる者であった。
13 たとえば、Matthias Krahl, Der elektronische überwachte Hausarrest, NStZ 1997, 461は、ネット・ワイドニングの危険性を指摘すると共に、電子監視を伴う在宅拘禁は、再社会化に向けられたものではないと批判する。Ostendorf, Die „elektronische Fessel"—Wunderwaffe im „Kampf" gegen die Krinimalität, SRP 1997, 476もまた、電子足枷をつけたところで、犯罪を犯すに至った対象者の個人的社会的な問題性が除去されることはないと指摘する。Vgl. Franz Streng, Modernes Sanktionenrecht?, ZStW 111(1999). 850. また、Swen Bergmann, Die elektrwonische Fußfessel, Forum Strafvollzug 2007, 262.
14 Schöch, a.a.O., C101; Streng, a.a.O., 848 ff. これに対して、その有用性を強調しつつ、拘禁を緩和する新たな刑罰と評価するのがClaus Roxin, Hat das Strafrecht eine Zukunft? Gedächtnisschrift für Heinz Zipf, 1999, 146.
15 現代刑事法研究会〔第5回〕座談会「制裁の多様化」ジュリスト1403号（2010年）143頁の井田良教授の発言参照。
16 フランクフルト地方裁判所は、2000年12月6日の決定において、電子監視を保護観察の遵守事項とすることを適法と判断した。Vgl. Rita Haverkamp, Das Projekt „Elektronische Fußfessel" in Frankfurt am Main, BewHi, 2003, 169. 比較的早くから法改正によらなくとも、保護観察等に付随する遵守事項として電子監視を導入することが可能であると述べていたのは、Katja Wittstamm, Elektronishcer Hausarrest? 1999, 162.Vgl. Dieter Dölling Die Weiterentwicklung der Sanktionen ohne Freiheitsentzug im deutschen Strafrecht, ZStW 104(1992), 286 f.
17 Michael Walter, Elektronisch überwachter Hausarrest als neue Vollzugsform, Zf StrVo 1999, 291. なお、電子監視の導入は、基本法上の人権と根本的には対立しないとしながらも、ネット・ワイドニングの弊害、およびそれを前提とした本来的適用範囲の狭さに鑑みて、自由刑の代替として導入することを疑問視するのは、Stefan Laun, Alternative Sanktionen zum Freiheitsentzug und die Reform des Sanktionensystems,

2002, 155ff.
18　Hessische StvollzG, Stand September 2010, 42.
19　本書土井論文参照。
20　川出敏裕「電子監視」ジュリスト1358号（2008年）124頁。
21　Markus Mayer, Modellprojekt elektnonische Fußfessel: Wissenschaftliche Befunde zur Modellphase des hessischen Projekt, 2004.
22　寺村堅志「諸外国における位置情報確認制度に関する研究について：7か国の概況」研修761号（2011年）55頁参照。

第16章 フランスにおける社会内処遇

井上宜裕（九州大学大学院法学研究院准教授）

1. はじめに

　社会内処遇に関して、近時注目されているテーマに、社会奉仕命令と電子監視がある。本稿では、フランスにおける公益奉仕労働（travail d'intérêt général）および電子監視（placement sous surveillance électronique）について制度を概観し、議論状況を整理する。

2. フランスにおける公益奉仕労働

　1983年6月10日の法律（Loi nº 83-466）によって、日数罰金制とともに導入されたのが、公益奉仕労働[1]である。公益奉仕労働について、フランスでは、公益奉仕労働を刑罰として科す場合と公益奉仕労働を伴う執行猶予の形で賦課する場合の二つがある。

(1) 刑罰としての公益奉仕労働

1 公益奉仕労働刑

　フランス刑法では、131-3条で軽罪刑が規定され、その4号で「公益奉仕労働」が挙げられている。

　公益奉仕労働とは、20時間から210時間までの範囲で、公法上の法人（personne morale de droit public）、公共サービスの任務を負った私法上の法人（personne morale de droit privé chargée d'une mission de service public）、または、公益奉仕労働を実施する資格を有する団体（association habilitée à mettre en œuvre des travaux d'intérêt général）[2]のために行う、無報酬の労働である（刑法131-8条1項）[3]。

　公益奉仕労働の具体的な作業内容[4]としては、公共団体のために行われる保守、修理、清掃、雑草雑木の刈り取り、荷扱い作業、記録文書の整理、郵

便配達等が挙げられる。

　公益奉仕労働が行われるべき期間は、18ヶ月を限度として、公益奉仕労働刑を宣告する裁判所が決定し、この期間は、公益奉仕労働が完全に履行された時点で終了する（刑法131-22条1項）[5]。公益奉仕労働刑の宣告を受けた者は、この期間中、132-55条【公益奉仕労働を伴う執行猶予－統制処分】で規定される統制処分（2(2)「公益奉仕労働を伴う執行猶予」参照）に服さなければならない（同条4項）。

　公益奉仕労働を履行する義務の執行態様等は、刑罰適用判事によって決定され（刑法131-22条2項）、公益奉仕労働の執行については、刑罰適用判事が、自ら、または、保護観察官を介してこれを確保する（刑法R.131-29条）。

　公益奉仕労働から生じる義務に違反した場合には、2年の拘禁刑および30,000ユーロの罰金刑で罰せられる（刑法434-42条）。

　また、刑法131-22条3項は、交通事犯に関する特例を規定している。同項によれば、「道路法典によって規定された軽罪または刑法221-6-1条【自動車運転過失致死】、222-19-1条【3ヶ月を超える労働不能をもたらす自動車運転過失致傷】、222-20-1条【3ヶ月以下の労働不能をもたらす自動車運転過失致傷】および434-10条【事故後の逃走】に基づく軽罪について有罪判決を受けた者は、特に交通事故負傷者のための施設の一つで公益奉仕労働刑を実行する」ことになる。

2　公益奉仕労働刑の態様

　公益奉仕労働刑は、拘禁代替刑として科されうる（刑法131-8条1項）他、補充刑または主刑として科されることもある。

　まず、拘禁刑の代替として公益奉仕労働刑が科される場合、被告人の同意が必要とされる。刑法131-8条2項で、「公益奉仕労働刑は、これを拒絶し、または、公判に出席していない被告人には宣告できない。裁判所の長は、判決を宣告する前に、被告人に対して、公益奉仕労働の履行を拒絶する権利について告知し、被告人の回答を得ることとする」と定められている。

　次に、公益奉仕労働が補充刑として科される場合には、たとえば、道路法上の酒気帯び運転（道路法L234-1条1項）および酩酊運転（同条2項）がある（同L234-2条1項3号）。なお、補充刑としての公益奉仕労働刑は、軽罪のみならず、第5級違警罪にも規定されうる[6]。

　さらに、公益奉仕労働が主刑として科される場合がある。「事前の許可な

く、建物の壁、車両、公道または街頭公共備品に、文字、記号、または模様を描く行為」、すなわち、いわゆる落書きには、罰金刑と公益奉仕労働刑が併科される（刑法322-1条2項、同322-2条1項後段、同322-3条1項後段）[7]。

軽罪について、公益奉仕労働刑が成人に対して宣告された件数[8]は、8,350件（2002年）、9,059件（2003年）、10,396件（2004年）、12,757件（2005年）、14,519件（2006年）である。軽罪に対する全有罪宣告件数は、376,115件（2002年）、434,089件（2003年）、485,259件（2004年）、549,151件（2005年）、582,761件（2006年）であり、この推移から見ても、公益奉仕労働刑の宣告件数の伸び率が高いのが分かる。罪名別に見ると、盗罪（4,685件）が最も多く、以下、損壊の罪（1,645件）、故意の傷害および暴行罪（1,413件）、行政および司法上の命令違反の罪（1,197件）、酒気帯び運転の罪（1,040件）が続いている（いずれも、2006年）[9]。

(2) 公益奉仕労働を伴う執行猶予

フランス刑法は、132-54条以下で、公益奉仕労働を伴う執行猶予[10]について定めている。

公益奉仕労働を伴う執行猶予は、20時間から210時間までの範囲で、保護観察付執行猶予と同様の要件の下、裁判所によって命じられうる（刑法132-54条1項）。また、公益奉仕労働を伴う執行猶予は、一部執行猶予に関する規定（刑法132-42条2項および132-52条2項）を除いて[11]、保護観察付執行猶予と同一の規則に従う（刑法132-56条、刑訴法747-1条）。

公益奉仕労働の内容、義務の適用方法等は、公益奉仕労働刑の場合と同様である（刑法132-54条1項、同4項）。

公益奉仕労働を伴う執行猶予の言渡は、被告人がこれに同意し、かつ、公判に出席している場合でなければ行えない（刑法132-54条3項、刑訴法747-2条3項）。

公益奉仕労働を伴う執行猶予の言渡を受けた者は、公益奉仕労働を履行する期間中、命じられた労働を履行する義務の他、以下の統制措置に従わなければならない（刑法132-55条1項）。①刑罰適用判事または指定されたソーシャルワーカー（travailleur social）[12]の召還に応じること、②対象者が、他の労働者にとって危険な疾病に罹患していないかを調査し、彼に割り当てられる予定の労働に医学的に適しているかを確認するために、刑罰の執行前に行われる医療検査を受けること、③定められた態様に従って公益奉仕労働を執

行する妨げとなる、職業または居所の変更についてその理由を説明すること、④定められた態様に従って公益奉仕労働を執行する妨げとなる、移動について刑罰適用判事の事前の許可をえること、⑤ソーシャルワーカーの訪問を受け入れ、刑罰の執行に関するあらゆる資料または情報を提供すること。

　さらに、公益奉仕労働を伴う執行猶予の言渡を受けた者は、裁判者がその者に特に命じた特別義務の措置に従わなければならない（刑法132-55条2項）。裁判所は、特別義務について、18ヶ月を超えない期間、公益奉仕労働の履行を超えて存続すると決定することができる（刑法132-54条2項）。

　公益奉仕労働の完全な履行の時点で、特別義務が課せられた場合を除いて、有罪宣告は失効したものとみなされる（刑法132-54条4項）。

　また、公益奉仕労働を伴う執行猶予は、6ヶ月以下の拘禁刑を含む一般法上の軽罪について有罪判決が下される場合で、かつ、この有罪判決がもはや有罪判決を受けた者による上訴の対象となりえない場合に、刑罰適用判事によって命じられうる（刑法132-57条1項）[13]。その他、保護観察付一部執行猶予または単純一部執行猶予の対象となる拘禁刑で、実刑部分が6ヶ月以下である場合や、保護観察付執行猶予または単純執行猶予の取消によって6ヶ月以下の拘禁刑が執行される場合にも、刑罰適用判事は、公益奉仕労働を伴う執行猶予を命じうる（刑法132-57条2項、同3項）。

　軽罪について、公益奉仕労働を伴う執行猶予が成人に対して宣告された件数は、8,917件（2002年）、8,822件（2003年）、9,999件（2004年）、9,838件（2005年）、9,693件（2006年）である[14]。軽罪に対する全執行猶予宣告件数は、155,528件（2002年）、190,269件（2003年）、198,217件（2004年）、198,465件（2005年）、196,617件（2006年）であり、全執行猶予件数に対して公益奉仕労働を伴う執行猶予が占める割合は、ほぼ5％前後である[15]。

3．フランスにおける電子監視 [16]

(1) 電子監視（固定型）

　電子監視（固定型）は、2004年3月9日の法律（Loi n° 2004-204）によって導入されたものである。電子監視（固定型）[17]は、拘禁の代替ではなく、自由剥奪刑の一執行態様と解される[18]。

　このシステムは、踝または手首に装着するマッチ箱大の発信器（ブレスレット）、有罪宣告を受けた者の電話回線に接続された受信機、および、行刑機

関によって管理される中央コンピュータからなる。有罪宣告を受けた者が受信機から離れすぎると、信号が作動するという仕組みである[19]。具体的には、対象者に発信器を含む装置の装着を命じ、刑罰適用判事によって指定された場所に対象者が存在するか否かを一定の時間間隔をもって遠隔で検出するという手法が採られる（刑訴法723-8条1項）。

電子監視（固定型）が適用されうるのは[20]、判決裁判所が2年以下の拘禁刑（累犯の場合は1年以下）を言い渡す場合（刑法132-26-1条1項）[21]、または、単純一部執行猶予または保護観察付一部執行猶予で刑罰の実刑部分が2年以下（累犯の場合は1年以下）の場合である（刑法132-26-1条2項）。

また、1つもしくは複数の自由剥奪刑の全期間が2年以下（累犯の場合は1年以下）の有罪判決の場合、または、有罪宣告を受けた者が受けるべき1つもしくは複数の自由剥奪刑の全残刑期間が2年以下（累犯の場合は1年以下）の場合（刑訴法723-7条1項）[22]、刑罰適用判事によって、電子監視（固定型）が適用されうる。さらに、刑罰適用判事は、有罪判決を受けた者の仮釈放を、1年を超えない期間、保護観察として電子監視措置の執行に服さしめることができる（刑訴法723-7条2項）[23]。

電子監視（固定型）が適用されるためには、以下のことが証明されなければならない（刑法132-26-1条1項）。①臨時のものも含む職業的活動の実行、研修のフォローアップ、教育課程、職業訓練、または、就職活動の勤勉さ、②家族の生活に必要不可欠の協力、③医学的治療を受ける必要性、④累犯の危険を予防しうる社会への編入または再編入のための他のあらゆるプロジェクトに継続的に参加することから生じる、社会再適応のための真摯な努力の存在。

電子監視の決定は、被告人が、弁護人依頼権の告知を受けたうえで、この措置に同意する必要があり、親権から解放されていない未成年者の場合[24]、この決定は、親権を行使する資格を有する者の同意がある場合にのみ下すことができる（刑法132-26-1条3項）[25]。

電子監視（固定型）に付されると、刑罰適用判事によって定められた期間を超えて、対象者の住居または刑罰適用判事によって指定されたその他の場所から離れることが禁止される（刑法132-26-2条）[26]。その他、対象者には、刑罰適用判事によって指定されたあらゆる公権力の召喚に応じる義務（刑法132-26-2条）、統制処分、特別義務、援助措置に服さなければならない（刑法132-26-3条、刑訴法723-10条）。

電子監視（固定型）の執行態様は、上訴しえない命令によって、刑罰適用判事が定める（刑訴法723-7-1条）。対象者は、居住指定された管轄における刑罰適用判事の統制下に置かれ（刑訴法723-9条1項）、電子監視の遠隔統制は、記名データの自動処理を行う権限を有した、行刑機関の官吏によって確保される（同条2項）。

電子監視決定の取消は、禁止、義務もしくは措置の不遵守、公知の不行跡、新たな有罪判決、執行条件の必要な修正の拒否、または、対象者の要求により、刑罰適用判事によって行われうる（刑訴法723-13条1項）。電子監視の決定が取り消された場合、対象者は、電子監視の時点で彼に執行すべきものとして残る刑期の全てまたは一部を受けることになるが、対象者が電子監視下に置かれた期間は、刑の執行とみなされる（刑訴法723-13条2項）。

電子監視（固定型）の実施状況は、359件（2002年）、948件（2003年）、2,915件（2004年）、4,128件（2005年）、6,192件（2006年）であり[27]、着実に増加しているのが分かる。

(2) 電子監視（移動型）[28]

電子監視（移動型）は、2005年12月12日の法律（Loi n° 2005-1549）によって、社会内司法監督の一態様として導入された。

電子監視（移動型）は、国内領土全域で位置を常に遠隔で確定しうる送信機を対象者に装着させることによって行われる（刑法131-36-12条1項、刑訴法763-12条1項）[29]。この措置は、保護観察局（Service pénitentiaire d'insertion et de probation）の支援のもと、刑罰適用判事によって実施される[30]。

社会内司法監督とは、法律に定めのある場合に[31]、判決裁判所によって命じられうるもので（刑法131-36-1条1項）、対象者は、判決裁判所によって定められた期間[32]、刑罰適用判事の監督のもと、再犯防止のための監視措置および援助措置に服する義務を負う（刑法131-36-1条2項）[33]。社会内司法監督は、自由剥奪刑が終了した時点から適用される（刑法131-36-5条1項）[34]。

電子監視（移動型）は、一定の場合、司法監視上の義務としても課されうる。すなわち、社会内司法監督の対象となる重罪または軽罪について7年以上の自由剥奪刑で有罪が宣告された場合、行刑裁判所は、共和国検事の請求に基づいて、保安処分として、釈放後、対象者が恩恵を受け、かつ、取消決定の対象とならなかった、刑の軽減の自動的付与（crédit de réduction de peine）[35]および刑の補充的軽減[36]に対応する期間を超えない範囲で、対象者が司法監視に

付される旨命じることができる(刑訴法723-29条)。司法監視上の義務は、社会内司法監督上の義務と同様で、その中には、電子監視(移動型)も含まれる(刑訴法723-30条1項)[37]。

さらに、仮釈放者が社会内司法監督の対象となる重罪または軽罪につき有罪判決を受けた者である場合にも、電子監視(移動型)を含む、社会内司法監督上の義務が課されうる(刑訴法731-1条)。

社会内司法監督上の電子監視(移動型)は、保安処分として行われ(刑法131-36-9条)、この措置が自由剥奪の終了時から再犯を予防するのに不可欠と思われる場合で、7年以上の自由剥奪刑で有罪判決を受けた成人に対して、その医学鑑定が危険性を証明した場合にのみ命じられうる(刑法131-36-10条)。同様に、電子監視(移動型)は、一定の人的関係にある者[38]に対して行われた暴行または脅迫について5年以上の自由剥奪刑で有罪判決を受け、医学鑑定が危険性を証明した成人に命じられうる(刑法131-36-12-1条1項)。

移動型電子監視が軽罪裁判所によって命じられる場合、特別に理由を付した判決でなければならず(刑法131-36-11条1項)、これが重罪法院によって命じられる場合、刑の上限を宣告するために刑訴法362条によって定められた多数の条件において決定されなければならない(同条2項)[39]。

電子監視(移動型)の期間は2年で、軽罪においては1回、重罪においては2回更新されうる(刑法131-36-12条1項、刑訴法763-10条3項)。

電子監視(移動型)は、対象者の同意なくしては実施されえないが、同意がない場合、有罪宣告時に確定される拘禁刑が執行される(刑法131-36-12条2項、刑訴法763-10条4項)。

具体的手続としては、まず、電子監視(移動型)の対象者は、釈放予定日の1年前までに、刑罰適用判事によって実施される、対象者の危険性を評価し新たな犯罪を遂行する危険を測定するための試験を受ける(刑訴法763-10条1項)。刑罰適用判事は、保安処分学際的委員会[40]の意見を求めることができる(刑訴法763-10条2項)。上記試験の結果を見たうえで、刑罰適用判事は、対象者の電子監視(移動型)に付される期間を決定する(刑訴法763-10条3項)。更新については、定められた期間が満了する6ヶ月前に、刑罰適用判事が、同じ態様に従って、電子監視(移動型)の延長について裁定し(刑訴法763-10条5項)、延長がない場合、電子監視は終了する(同条6項)。

2008年2月25日の法律(Loi n° 2008-174)によって、保安監置と並んで、保安監視が導入された[41]。保安監視は、保安監置後だけでなく、一定の場合、

司法監視下の者や社会内司法監督下の者にも命じられうる。司法監視または社会内司法監督が刑訴法706-53-13条に列挙された犯罪[42]の1つにつき15年以上の懲役刑で有罪判決を受けた者に対して宣告された場合、保安監置地方裁判所は、対象者を2年間の保安監視に置くことで、司法監視または社会内司法監督の制限を超えて、対象者の義務の全部または一部を延長する決定をすることができる(刑訴法723-37条および同763-8条)。

電子監視(移動型)は、2006年から2007年にかけて、仮釈放者を対象に実験的に実施されている[43]。

4. 結びに代えて

上述の各制度に関する議論状況を整理すると以下のようになる。

まず、公益奉仕労働の法的位置づけに関して[44]、公益奉仕労働の実行を宣告することは刑罰の賦課に他ならず、国家統治権の最も明瞭な特徴である刑罰の賦課が対象者の在廷および同意を要件としているのはグロテスクであるとの指摘がある[45]。この論者は、さらに、公益奉仕労働は強制的性質を有するもので、本質的に刑罰性をもつがゆえに、保護観察に付加すべきではなく、あくまで拘禁代替刑として考えるべきとする[46]。

これに関連して、公益奉仕労働を伴う執行猶予について、フランス法にこの新たな義務の形態を導入することは、観察的な執行猶予を一新するとはいかないまでも、少なくともこれを若返らせたように思われるとの評価もある[47]。

公益奉仕労働を伴う執行猶予は、刑法典における位置づけとしては、単純執行猶予および保護観察付執行猶予に次ぐ、執行猶予の第3の形態であるが、実際には、保護観察付執行猶予の多くの規定を準用しており、保護観察付執行猶予の一態様と考えられる[48]。宣告件数に鑑みれば、公益奉仕労働刑が十分に定着した制度といえるのに対して、公益奉仕労働を伴う執行猶予は執行猶予全体のわずか5％にすぎず、後者の制度が十分に活用されているかは若干疑問である。この点は、保護観察付執行猶予に対して公益奉仕労働を伴う執行猶予が独自性を明確に示せていないことに起因している可能性がある。

公益奉仕労働の内容について、特定の交通事犯に対して、交通事故負傷者のための施設の一つで公益奉仕労働刑を命じる規定(刑法131-22条3項)が存在するのもフランスに特徴的である。また、落書きをした者に落書きの清掃作業を科しうる点が公益奉仕労働の長所として挙げられる等、フランスでは、

公益奉仕労働は、対象者別にきめ細かい対応を可能にし、当該対象者の社会復帰を促進しうるものと評価されているといえる。

次に、電子監視（固定型）について、フランスにおける電子監視（固定型）は、法文にも現れているとおり、「恩恵」（刑法132-26-3条、刑訴法723-7-1条）と位置づけられている。すなわち、同制度は、社会復帰へ向けて真摯に努力する者に対して、恩恵として、施設内処遇から社会内処遇への移行を認めるものとされる。

しかし、電子監視（固定型）に対する批判も根強い。たとえば、「ブレスレットは再社会化を促進しうるものであっても、その不都合は多数ある。特定の住居の必要性が最も弱い者を排除する。……私生活及び人間の尊厳の尊重といった問題が、正当にも、電子ブレスレットでもって提起される。『ブレスレットは、踝にではなく、頭に付けられている』。時間の遵守は、しばしば、重大なストレスを生じさせる」と批判が展開されている[49]。また、「社会的監視の私的領域への移行は、客観的には施設内収容より穏やかなものであるとしても、電子的統制に内在する強制に起因するストレスを生じさせ、かくして、固定された場所にいる対象者にとって犯罪に身を置く誘惑を増大させる。電子監視が長ければ長いほど、この危険は増大する」との指摘もある[50]。

他方、電子監視（移動型）について、その有効性を肯定する論者は次のように述べる。「この遠隔統制は、有罪判決を受けた者に、再び犯行に及ぶことを断念させることによって、予防効果を有する。この効果が発揮されないとしても、この装置の技術的有効性は、犯罪者を追いつめて自白させ、犯罪者をより迅速に逮捕することを可能にする」と[51]。

これに対しては、「電子監視（移動型）は、移動の自由を著しく制限する措置であり、家族の生活にも衝撃を与える。電子監視（移動型）は、フランス法のみならずヨーロッパ人権裁判所の判例に鑑みても、刑罰的性格を示している。……この措置の有効性は十分に証明されておらず、個人の継続的監視は、再犯予防目的と均衡を保っていない」といった反論がある[52]。

わが国で社会奉仕命令および電子監視について考えるに際して、フランスにおける公益奉仕労働および電子監視をめぐる問題状況の検討は有益な示唆をもたらす。

まず、公益奉仕労働に関して、フランスでは、公益奉仕労働刑はその有用性も肯定され積極的に活用されている。他方、わが国では、社会奉仕命令を

特別遵守事項の一つとして導入しようとする動きがある。この点、社会奉仕命令を遵守事項の内容に盛り込めるかどうかについては、公益奉仕労働は強制的性質を有し、本質的に刑罰性をもつがゆえに、保護観察に付加すべきではなく、あくまで拘禁代替刑として考えるべきとする、DESPORTES=LE GUNEHECの指摘が参考になる。やはり、強制的性質の強い社会奉仕命令を執行猶予の枠内に位置づけるのには無理があるといわざるをえない。このことは、フランスにおいて、公益奉仕労働を伴う執行猶予の活用がそれほど多くないのに対して、公益奉仕労働刑の宣告件数が年々増加している点に端的に表れているように思われる。

もっとも、公益奉仕労働を刑罰として捉えるべきであるとしても、その内容については、別途検討が必要である。公益奉仕労働を施設内処遇から解放する「恩恵」と位置づけるならば、あらゆる措置が、施設内処遇ほど制限的ではないというだけで正当化されてしまうおそれが生じよう。

また、フランスでは、拘禁代替刑としての公益奉仕労働にも公益奉仕労働を伴う執行猶予にも、対象者の「同意」が要件とされている。しかし、これらの場合の「同意」が真意に基づく同意とは考えがたい。不同意の場合に拘禁刑が科されることになる以上、たいていの場合、「同意」は、公益奉仕労働を正当化するためのフィクションにすぎないであろう。「同意」がフィクションであるとすれば、この「同意」が公益奉仕労働の強制的性質を除去ないし軽減することはない。逆に、既に指摘されているとおり、刑罰として公益奉仕労働が命じられる場合に、「同意」が要求されるのは奇異ともいえる。いずれにせよ、仮に「同意」を要件としたとしても、公益奉仕労働を執行猶予の中に取り込むのは困難というべきであり、社会奉仕命令を特別遵守事項として導入しようとするわが国の動きには、この点からも、疑問が残る。

次に、電子監視(固定型)について、上述のとおり、この制度がもつ人権侵害的側面は看過できない。「ブレスレットは、踝にではなく、頭に付けられている」という表現に端的に示されているように、対象者の受ける精神的圧迫は甚大である。このような刑の執行態様が許容されうるのか否かについては慎重に検討する必要がある。ここでも、施設内処遇より社会内処遇の方が制限的でなく、電子監視(固定型)は施設内処遇から解放する「恩恵」であるとする説明は、電子監視(固定型)を正当化するには不十分であろう。このような説明によるならば、社会内処遇の内容がどのようなものであっても、施設内処遇の権利制約性と対比させることによって許容されてしまう危険が生

じる。刑訴法が電子監視（固定型）の実施に際しては、「人の尊厳、無傷性及び私生活の尊重を保障しなければならない」（刑訴法723-8条２項）と規定しているが、電子監視（固定型）それ自体が多分に人権侵害的である以上、その実施に際する配慮だけで根本的な改善が図られるわけではない。

さらに、電子監視（移動型）の場合、電子監視（固定型）よりも一層人権侵害の程度が高まる。電子監視（固定型）同様、刑訴法は、「その実施は、人の尊厳、無傷性及び私生活の尊重を保障し、彼の社会復帰を促進しなければならない」（刑訴法763-12条３項）と規定するが、24時間常時監視が、人の尊厳やプライバシーを害することなく実施されうるのかそもそも疑問であるのみならず、社会復帰を促進するとも到底考えられない。

電子監視に際しても「同意」が要求されている。不同意の場合、電子監視（固定型）では、「恩恵」が付与されず、通常の執行形態、すなわち、施設内処遇となり、電子監視（移動型）では、有罪宣告時に確定される拘禁刑が執行される。このように、電子監視の場合も、公益奉仕労働の場合と同様、拘禁刑による威嚇が背後に存在する以上、対象者の「同意」は真意に基づくものとはいえないであろう。やはり、「同意」でもって、電子監視のもつ人権侵害的側面を払拭することはできないといわざるをえない。

（いのうえ・たかひろ）

1 公益奉仕労働については、BOULOC,Bernard, Droit pénal général, 21ᵉ éd., 2009, pp.445-447; BOULOC,Bernard, MATSOPOULOU,Haritini, Droit pénal général et procédure pénale, 17ᵉ éd., 2009, pp.559-560; DESPORTES,Frédéric, LE GUNEHEC,Francis, Droit pénal général, 16ᵉ éd., 2009, pp.800-802; PRADEL,Jean, Manuel de droit pénal général, 17ᵉ éd., 2008, pp.570-572,725-727; SORDINO,Marie-Christine, Droit pénal général, 3ᵉ éd., 2009, p.272 参照。
2 公益奉仕労働の細則は、コンセイユ・デタのデクレ（刑法典第２部）の中にある。団体に対する資格付与の態様について、刑法R.131-12条以下、公益奉仕労働のリストの作成について、同R.131-17条以下、公益奉仕労働の執行態様を確定する刑罰適用判事の決定について、同R.131-23条以下、公益奉仕労働の実行のコントロールについて、同R.131-29条以下。
3 公益奉仕労働も労働である以上、夜間労働、衛生、安全、女性および少年労働者の労働に関する法律および規則に服する（刑法131-23条）。また、公益奉仕労働を行う際、この労働から他者に対して直接的に生じた損害については、国がその全部または一部につき責任を負う（刑法131-24条１項）。
4 DESPORTES=LE GUNEHEC, op. cit.(note 1), p.801.
5 同項は、さらに、「この期間は、医療、家族、職業または社会上の重大な理由に基づ

いて、一時停止されうる。この期間は、有罪判決を受けた者が電子監視で居住指定されているか、拘留されているか、自由剥奪刑を執行されているか、または、国民役務上の義務を履行している間は停止される。しかしながら、公益奉仕労働は、電子監視による居住指定 (assignation à résidence avec surveillance électronique)、構外作業 (placement à l'extérieur)、半自由 (semi-liberté)、または、電子監視 (placement sous surveillance électronique) と同時に執行されうる」と規定する。

6 刑法131-17条2項「第5級違警罪を処罰する規則は、同様に、補充刑として、20時間から120時間までの公益奉仕労働刑を規定しうる。」

7 DESPORTES=LE GUNEHEC, op. cit.(note 1), p.743は、公益奉仕労働刑を科す実益として、落書きの場合、実際に落書きの清掃作業を科しうるという点を挙げる。

8 ちなみに、未成年者に対して代替刑として宣告された件数は、854件（2002年）、923件（2003年）、1,586件（2004年）、2,397件（2005年）、2,976件（2006年）である。

9 統計は、Annuaire statistique de la Justice. Édition 2008に拠った。

10 公益奉仕労働を伴う執行猶予については、BOULOC, op. cit.(note 1), pp.603-608; BOULOC=MATSOPOULOU, op. cit.(note 1), pp.517-518; DESPORTES=LE GUNEHEC, op. cit.(note 1), pp.951-956; PRADEL, op. cit.(note 1), pp.721-723参照。

11 一部執行猶予の場合に、公益奉仕労働を伴う執行猶予ができない理由について、SALVAGE, Philippe, Sursis assorti de l'obligation d'accomplir un travail d'intérêt général, Juris Classeur de Procédure pénale, 2006, Art. 747-1 à 747-2, fasc.20, n° 5 は、「公益奉仕労働の義務は自由剥奪刑と両立しないように思われる」ためとし、DESPORTES=LE GUNEHEC, op. cit.(note 1), p.952は、「労働が犯罪者によって処罰の観念に直ちに結びつけられるのを回避するため」と説明する。なお、刑法132-57条2項参照。

12 ソーシャルワーカー (travailleur social) は、2000年6月15日の法律 (Loi n° 2000-516) 以前は、保護観察官 (agent de probation) と呼ばれていた。

13 この場合、刑罰適用判事は、日数罰金刑の実行を命じることもできる（刑法132-57条1項）。また、刑罰適用判事は、職権で、または、当事者の要求もしくは検事長の請求に基づいて、理由を付した決定によって、公益奉仕労働を履行する義務を伴った執行猶予に代えて日数罰金を命じることができる（刑訴法747-1-1条）。さらに、公益奉仕労働の一部執行の場合、刑罰適用判事は、未執行部分を日数罰金に代える旨命じることができる（刑法132-57条4項）。

14 ちなみに、軽罪について、公益奉仕労働を伴う執行猶予が未成年者に対して宣告された件数は、733件（2002年）、730件（2003年）、1,002件（2004年）、1,185件（2005年）、1,163件（2006年）である。

15 他方、保護観察付執行猶予の宣告件数は、44,611件（2002年）、49,369件（2003年）、52,754件（2004年）、50,058件（2005年）、51,370件（2006年）であり、全執行猶予件数に対して、保護観察付執行猶予が占める割合は、1/4を超えている。

16 フランスの電子監視については、網野光明「フランスにおける再犯防止策――性犯罪者等に対する社会内の司法監督措置を中心に――」レファレンス平成18年8月号（2006年）47頁以下、末道康之「フランスの再犯者処遇法について」南山大学ヨーロッパ研究センター報13号（2007年）1頁以下参照。その他、フランスにおける電子監視に言及するものとして、中田静「フランス刑事司法における電子監視――刑罰なのか危険な前歴者の監視なのか――」近畿大学法学53巻3・4号（2006年）29頁以

下参照。
17 電子監視（固定型）については、BOULOC, op. cit.(note 1), pp.626-629; BOULOC=MATSOPOULOU, op. cit.(note 1), pp.553-554; DEBOUE,Frédéric, FALLETTI,François, JANVILLE,Thomas, Précis de droit pénal et de procédure pénale, 3ᵉ éd., 2010, pp.298-300; DESPORTES=LE GUNEHEC, op. cit.(note 1), pp.995-998; PRADEL, op. cit.(note 1), pp.641-642; SORDINO, op. cit.(note 1), pp.306-307 参照。
18 DEBOUE=FALLETTI=JANVILLE, op. cit.(note 17), p.298-299; Observatoire international des prisons-section française, Le guide du sortant de prison, 2006, p.104.
19 DEBOUE=FALLETTI=JANVILLE, op. cit.(note 17), p.299-300.
20 電子監視（固定型）は、被疑者・被告人に対しても可能である。予審の必要性から、または、保安処分として、予審判事または自由・拘禁判事によって、収監されない被疑者に課される措置（一定の地域外への移動禁止、一定の場所への立入禁止、出頭義務等）を司法統制処分（contrôle judiciaire）（刑訴法138条）と呼ぶが、これでは不十分な場合、電子監視による居住指定が行われうる（刑訴法137条2項）。電子監視（固定型）は、2年以上の拘禁刑が問題となる場合に可能である（刑訴法142-5条1項）。また、7年以上の拘禁刑で、社会内司法監督の対象となる犯罪が問題となる場合には、電子監視（移動型）によることができる（同条3項）。電子監視（移動型）は、一定の人的関係にある者等に対する5年以上の拘禁刑で処罰される暴行または脅迫が問題となる場合にも可能である（刑訴法142-12-1条）。なお、司法統制処分と電子監視の関係について、LAVIELLE,Bruno, L'assignation à résidence sous surveillance électronique, ou de la difficulté d'être son propre gardien..., Gaz. Pal., 18 au 20 juillet 2010, pp.7-12参照。
21 2009年11月24日の法律（Loi nᵒ 2009-1436）によって、対象が拡大された。改正前は、電子監視が可能なのは判決裁判所が1年以下の拘禁刑を言い渡す場合とされていた（刑法旧規定132-26-1条1項）。
22 2009年11月24日の法律（Loi nᵒ 2009-1436）によって、刑訴法の規定も改正され、対象となる自由剥奪刑の期間、および、残刑期間が1年から2年に延長された（但し、累犯者の場合を除く）。
23 この場合、電子監視措置は、729条に規定された観察期間が終了する前1年執行されうる（刑訴法723-7条2項）。
24 電子監視（移動型）と異なり、電子監視（固定型）は、未成年者も対象となりうる。
25 なお、有罪判決を受けた者の人格または利用可能な手段がこれを正当化する場合、刑罰適用判事は、同様に、同一の態様で、半自由または構外作業の措置をもって電子監視措置に代えることができる（刑訴法723-7-1条）。
26 電子監視（固定型）の期間と場所は、以下の点を顧慮したうえで、刑罰適用判事によって定められる。有罪判決を受けた者による職業活動の実行、彼が社会復帰のために教育課程、職業訓練に出席し、研修を実行し、臨時雇用に就くこと、家族の生活のための協力、医学的治療の処方（刑法132-26-2条）。なお、刑罰適用判事によって指定された場所が有罪判決を受けた者の住居でない場合には、電子監視の決定は、公的場所が問題となっている場合を除いて、その場所の所有者の同意がなければ下すことができない（刑訴法723-7条3項）。
27 統計は、DESPORTES=LE GUNEHEC, op. cit.(note 1), p.997 および

28 電子監視（移動型）については、　BOULOC=MATSOPOULOU, op. cit.(note 1), pp.521-522; DESPORTES=LE GUNEHEC, op. cit.(note 1), pp.814-818; PRADEL, op. cit.(note 1), pp.682-684参照。
29 対象者の位置の遠隔統制に関するデータは、重罪または軽罪に関わる手続に関する調査の枠内で、このために特に資格を有する司法警察官によって参照されうる（刑訴法763-13条）。
30 Observatoire international des prisons-section française, op. cit.(note 18), p.365.
31 対象犯罪は、性犯罪（刑法221-9-1条、222-48-1条、227-31条）の他、故意による生命侵害の罪（刑法221-9-1条）、拷問等の罪（刑法222-48-1条）、故意の爆発等による破壊の罪（刑法322-18条）である。
32 社会内司法監督の期間は、軽罪の場合10年、重罪の場合20年であるが、軽罪の場合でも判決裁判所の特に理由の付された決定によって20年まで引き上げうる。30年の懲役で処罰される重罪の場合、この期間は、30年である。無期懲役で処罰される重罪の場合、期間は無制限となるが、行刑裁判所は30年経過後にこの措置を終了させることができる（刑法131-36-1条2項）。
33 対象者による義務の不遵守の場合、対象者には拘禁刑が科される。この拘禁刑の上限は、有罪判決によってあらかじめ確定され、この拘禁は、軽罪の有罪宣告の場合には3年を超えることはできず、重罪の有罪宣告の場合には7年を超えることはできない（刑法131-36-1条3項）。
34 軽罪の場合、社会内司法監督は、主刑としても命じられうる（刑法131-36-7条）。
35 刑の軽減の自動的付与（crédit de réduction de peine）とは、最初の1年間は3ヶ月、翌年以降は2ヶ月（累犯の場合は、それぞれ2ヶ月、1ヶ月）、自動的に刑が軽減されるものである。1年以下の刑については、1ヶ月間につき7日（累犯の場合は、5日）自動的に刑が軽減される。但し、拘禁中の受刑者による不品行の場合、刑罰適用判事は、この刑の軽減を取り消すことができる（刑訴法721条）。
36 刑の補充的軽減は、社会復帰の真摯な努力が明らかな受刑者に対して、刑罰適用判事によって認められうる（刑訴法721-1条）。
37 社会内司法監督は補充刑であると理解されたことから遡及適用が否定されたが、これに対して、司法監視は遡及適用が可能とされる（DESPORTES=LE GUNEHEC, op. cit.(note 1), p.815参照）。したがって、司法監視は、社会内司法監督の適用できない局面において、これを補完する役割を果たしている。
38 本項のいう暴行または脅迫の対象者は、配偶者、内縁関係にある者、民事連帯契約（pacte civil de solidarité）に基づくパートナー、自分の子、または、配偶者、内縁関係にある者もしくはパートナーの子である。さらに、刑法131-36-12-1条は、暴行が被害者のかつての配偶者もしくは内縁関係の者によってなされた場合、または、暴行が民事連帯契約で結びついた者によってなされ、当該住居が当時被害者の住居であった場合にも適用されうる（同条2項）。
39 したがって、重罪法院で移動型電子監視を命じる場合、12票中8票以上の多数を獲得する必要があり、控訴重罪院では、15票中10票以上の多数を獲得しなければならない。
40 保安処分学際的委員会は、控訴院裁判長、州知事、行刑局州際局長、精神医学者、

心理学者、被害者支援団体の代表、理事会構成員である弁護士によって構成される（刑訴法R.61-8条）。

41 井上宜裕「保安監置及び精神障害を理由とする刑事無答責の宣告に関する二〇〇八年二月二五日の法律（Loi n° 2008-174）について」法政研究77巻4号（2011年）831頁以下参照。

42 対象犯罪は、未成年者を被害者とする、謀殺、故殺、拷問、野蛮行為、強姦、略取、または、監禁の重罪（刑訴法706-53-13条1項）、成人を被害者とする、謀殺、加重的故殺、加重的拷問、加重的野蛮行為、加重的強姦、加重的略取、加重的監禁の重罪である。2010年の改正（Loi n° 2010-242）で、これに、累犯で、故殺、拷問、野蛮行為、強姦、略取または監禁の重罪が犯された場合が追加された（同条2項）。

43 DESPORTES=LE GUNEHEC, op. cit.(note 1), p.1006.

44 なお、公益奉仕労働を伴う執行猶予と刑罰としての公益奉仕労働の関係については、BOYER,Bernard-Marie, Chronique des juges d'application des peines, Le sursis assorti de l'obligation d'accomplir un travail d'intérêt général n'est-il qu'une simple variante du sursis avec mise à l'epreuve?, RPDP, 1987, pp.103 et ss.; BOYER, Ambiguïtés de la nature juridique du sursis assorti de l'obligation d'accomplir un travail d'intérêt général, RSC, 1990, pp.310 et ss.; LORHO,Gérard, L'art baroque en droit pénal(4), L'article 747-8 du code de procédure pénale ou <<la conversion au rite byzantin>>, RSC, 1992, pp.725 et ss.; VITU,André, Problèmes posés par le fonctionnement du sursis, RSC, 1989, pp.95 et ss.参照。

45 DESPORTES=LE GUNEHEC, op. cit.(note 1), p.511.

46 DESPORTES=LE GUNEHEC, op. cit.(note 1), p.583.

47 SALVAGE, op. cit.(note 11), fasc.20, n° 25.

48 SALVAGE, op. cit.(note 11), fasc.20, n° 2.

49 GUIBERT,Nathalie, Une étude dresse un bilan contrasté de la mesure, Le monde, 18 déc. 2004. その他、住居を有する者とこれをもたない者との扱いの不平等の点を批判する者として、 COUVRAT,Pierre, Une première approche de la loi du 19 décembre 1997 relative au placement sous surveillance électronique, RSC, 1998, p.378; FROMENT,Jean-Charles, L'assignation à domicile sous surveillance électronique, l'exécution de la peine et les libertés publiques, RPDP, 1996, p.129がある。

50 KUHN,André, MADIGNIER,Bertrand, Surveillance électronique: la France dans une perspective internationale, RSC, 1998, p.679.

51 DEBOUE=FALLETTI=JANVILLE, op. cit.(note 17), p.242.

52 FENECH,Georges, Le placement sous surveillance électronique mobile, Rapport de la mission confiée par le Premier ministre, avril 2005, pp.54-55. また、Observatoire international des prisons-section française, op. cit.(note 18), pp.365-366参照。

第17章 韓国における「特定性暴力犯罪者に対する位置追跡電子装置装着に関する法律」施行による位置追跡電子装置装着に対する考察[1]

金炯局（韓国ソウル西部地方法院国選担当弁護士）
訳：崔鍾植（大阪商業大学総合経営学部准教授）

1. 序論

　韓国においては、以前から国選弁護人制度があったが、より充実した国選弁護のために、2006年から国選専門弁護人制度を本格的に実施している。国選専門弁護士とは、国家の委嘱によって刑事事件に対する国選弁護のみを専門的に担当する弁護士として一定の報酬を支給され、他の事件の受任や有料による相談を禁止されている弁護士をいう[2]。筆者は、重大事件を処理する合議部を担当している。扱う重大事件に占める、性暴力犯罪事件の割合は比較的高い。

　さらに筆者が性暴力犯罪事件の被告人に対する国選弁護を担当したケースにおいては、「特定性暴力犯罪者に対する位置追跡電子装置装着に関する法律[3]（以下、「電子監視装着法」という）に基づいて、検事が被告人に対して位置追跡電子装置装着命令[4]を請求する事例が増えている。この制度は、これまで韓国刑法が規定を設けていなかった新しい形態の制裁手段である。

　「電子監視装着法」の第1条は、「性暴力犯罪者[5]の再犯防止や性行矯正の

ために、その行跡を追跡して位置を確認することができる電子監視装置を身体に装着させる付加的措置をとることで、性暴力犯罪から国民を保護することを目的とする」と規定している[6]。この条文における「性暴力犯罪から国民を保護しようとする目的」を果たす義務を有するのは、当然、国家である。しかしながら、その一方で現代法治国家では、目的と手段は均衡を保たなければならず、目的における正当性のほかに、手段においても正当化されなければならない。そして、その正当性の限界は、人間に対する尊厳性の保障になろうと思われる[7]。

このような考え方を基礎とし、現在、韓国で施行されている「電子監視装着法」について述べ、その実務上の実施状況を紹介した後、性暴力犯罪事件を担当した弁護士としての意見を提示することによって、電子監視装置装着という新しい形態の制裁手段についての議論の端緒を提供したい。

2.「電子監視装着法」の要旨

電子監視装着法は、2007年4月27日に制定され、施行日についての改正を経て2008年9月1日から施行された。本法律の柱は、性暴力犯罪を犯した者の中で、再犯の危険がある者に対して一定の期間、位置追跡電子装置を身体に付着し、その行跡を追跡できるようにする措置に関する規定である。

位置追跡電子装置は、性暴力犯罪を再び犯す危険性があると認められる者に装着されるが、具体的な要件は以下の通りである。すなわち、①性暴力犯罪を犯し、2回以上の懲役刑の言渡を受け、その刑期の合計が3年以上である者が、その執行終了または執行免除後5年以内に再び性暴力犯罪をしたとき、②電子監視装置を装着された前歴のある者が、再び性暴力犯罪をしたとき、③性暴力犯罪を2回以上犯してその習癖が認められたとき、④13歳に満たない者に対して性暴力犯罪をしたとき、である(第5条)[8]。ただし、対象者が19歳に満たない場合には言い渡すことができない(第4条)[9]。また、法院から電子装置装着の命令を受けていない場合であっても、仮釈放の場合には、保護観察官が課する遵守事項の履行状況を確認するために、仮釈放の期間、電子監視装置を装着しなければならない(第22条)。

電子監視装置装着の命令は検事が請求するが、検事は請求するに当たって事前調査をすることができ(第6条)、電子監視装置装着命令の請求は、地方法院合議部の管轄になっている(第7条)。

法院は、装着命令の請求が合理的な理由ありと認めたときは、10年以内の範囲で装着期間を決めて言い渡さなければならない（第9条第1項）[10]。理由がない、または公訴事実に対して無罪、免訴、公訴棄却を言い渡す場合、罰金刑を言い渡す場合、宣告猶予を言い渡す場合には、装着命令の請求を棄却する。ただし、執行猶予を言い渡す場合には装着命令を言い渡すことができる（第9条第2項）。特に、装着命令の言渡は、性暴力犯罪に対する裁判の量刑判断において有利に酌量されてはならない。

　法院は、装着命令を言い渡す場合、遵守事項を課することができる。その遵守事項は、以下の通りである。①夜間などの特定時間帯の外出の制限、②特定地域の場所への立ち入り禁止、③被害者など特定人への接近禁止、④性暴行治療プログラムの受講[11]、⑤その他、装着命令の言渡を受けた者の再犯防止と性行の矯正のために必要な措置を受けること（第9条の2）。

　電子監視装置の装着された者は、自身で電子監視装置を身体から取り外してはならない（第14条）。

　位置追跡の記録は、捜査や裁判の資料、保護観察官の指導監督用として使われる場合以外には、その使用は制限されており、電子監視装置装着を終了した日から55年が過ぎると廃棄される（第16条）。

　以上が、2008年9月1日から韓国で施行されている電子監視装着法の要旨の説明である。

3. 立法理由と導入の背景

　韓国における位置追跡電子監視制度は、まず学界から論議され始め、2005年頃、韓国法制研究院[12]で立法意見調査に着手することによって立法に向けた議論がなされるようになった。この動きは、その頃発生した子供たちに対する性暴力犯罪事件がその契機となっている。

　元来、追跡電子監視制度の刑事政策的な有用性は、過剰拘禁の解消方策、社会内処遇の新しい手段、犯罪汚染の防止、出所した犯罪者の再犯防止等について論じられてきたが、当時発生した重大事件への対策が強く要求されたことを受けて、特に再犯防止に重点が置かれるようになった。電子監視装着法は2007年4月27日に制定され、その際にその施行時期は1年6ヶ月後と決まったものの、その後再び子供5人がわいせつ、殺害された事件が発生した。この事件を受けて、世論のこのような犯罪に対する厳しい対処を要求す

る声が高まり、施行時期を繰り上げて2008年9月1日から施行されることとなった。

　このような電子監視装着法の制定および施行過程に鑑みれば、犯罪に対する応報的要求が主な動機であって、新しい制裁手段を導入することによって考慮しなければならない多様な刑事政策的な有用性は、十分には反映されなかった側面があった。

4．運用状況と裁判例

(1) 運用状況

　位置追跡電子装置の装着は、検事の指揮のもと保護観察官が執行する[13]。位置追跡電子装置には電子足首輪、携帯用端末機、家庭用端末機がある。電子足首輪は、位置追跡電子装置の装着命令を受けた者（以下、被装着者という）の足首に装着し、携帯用端末機は被装着者に交付し、家庭用端末機は被装着者の住居に設置する[14]。

　電子足首輪は、装着を命令された期間中、身体から外してはならず、無理やり外した場合は警報が鳴る。被装着者は、外出の際には常に通信可能な携帯用端末機を携帯しなければならない。

　被装着者の位置情報は、リアルタイムで保護観察所の中央官制センターに送信され記録される。特に被装着者が特定地域への出入り禁止命令を受けた場合は、電子監視システムは特定地域を設定し、その地域に被装着者が接近すると警報を送る。それをうけて、保護観察官は直ちに携帯用端末機を用いて接近の経緯を問うなどの援護措置をとる。

　韓国政府の報道用文書[15]によると、2008年12月31日まで、192人に位置追跡電子装置が装着され、その中で1人が再犯した。再犯率は0.51％であり、一般的な性暴力犯罪者の再犯率である5.2％より低いとされている。しかし、この数字は、装着命令請求後裁判を受けた人たちをも対象としたものではなく、ほとんどは性暴力犯罪で収容されたのち仮釈放とともに位置追跡装置を装着された人たちを対象としたものであるため、位置追跡電子装置装着による再犯予防効果について、正確な状況を反映したものとはいえない。

　被装着者において装置については比較的受容されており、これに関しては特に苦情が提起されたことはこれまでないとのことである[16]。対象者自身による装置の取外し、接近禁止地域への立入りなどに対する警報は1日平均5

～6回くらい発生しているものの、ほとんど軽微な事案やミスによるもので、保護観察官の指導によって是正され、特に問題の発生はなかったとのことである。しかし、これもやはり仮釈放の取消の警告を受けている人たちを対象として、短期間装着している状態に対する統計であるため、2～3年後に満期出所する性暴力犯罪者の状況もこれと同じと断定することは困難である。

位置追跡電子装置装着命令が請求された刑事事件の裁判では、性暴力犯罪を再び犯す危険性を判断するための資料として被告人に対する装着命令請求前調査書、請求前調査検討資料が提出される。装着命令請求前調査書は、保護観察官が被疑者と面接し、その結果を記録したものであり、請求前調査検討資料は個々の質問に対する回答を分析したものであるが、いずれも「韓国性暴力犯罪者危険性評価尺度（KSORAS）」を用いている。

(2) 裁判例

①一人暮らしの女性の住居に侵入して強盗・強姦の犯行を9回も繰り返した事例

この事件の被告人は前科がなく、昼には平凡な会社員として働き、また周りの人々にも評判がよかったが、深夜には上記のような犯罪を4年にわたって犯していたことを自白した事件であった。電子装置付着法第6条に基づいて、再犯の危険性を判断するために判決前調査が実施された。具体的には、二重人格などの精神上の障害の存否を判断するために精神鑑定が実施された。鑑定の結果、精神上の障害はなく、再犯の危険性は「中の上」と判断された。しかし、前科がなかったためか、位置追跡電子装置の装着命令の請求はなされなかった。

②女性の一人暮らしの住居に侵入して強盗・強姦の犯行を4回犯し、また同種の前科が2回あった事例

この事件の被告人は、20代後半の若者で、同種の前科で刑務所に収容されたことがあり、その刑期は合計約10年だった。本案では電子装置装着命令が請求され、責任能力の判断のために精神鑑定の申請がなされた。

③住居に侵入し、窃盗・強姦の犯行を1回犯し、窃盗前科はあったものの性暴力犯罪の前科はなかった事例

この事件の被告人は、性暴力犯罪の前科はなかったが、被告人からの精神障害の主張によって判決前調査[17]が行われ、保護観察所は、窃視症および性衝動過多症を疑い、位置追跡電子装置の装着が必要であるという意見を提出

したが、検察官は装着請求をしなかった。

④昼間に店舗に侵入して女性の店員を強姦しようとしたもので、性暴力犯罪の前科が33回あった事例

この事件の被告人は50歳代で精神科治療歴があり、アルコール依存症であった。性暴力犯罪につき拘禁刑を言い渡され、刑事施設に収容されたことがある。出所してから3年後にこの当該犯罪を犯したが、未遂に終わった。本案においては、懲役2年6月、位置追跡電子装置装着命令2年が言い渡された[18]。

5. 現行電子装置装着法の問題点および改善方案

(1) 特定性暴力犯罪に限定した運用に関する考察

現行電子監視装着法は、特定性暴力犯罪者に限って電子装置を装着することになっており、任意に装置を取り外すことは禁止されている。したがって、電子装置が装着されている人に出会えば、誰にでも被装着者が性暴力犯罪の前科者だということがわかる[19]。これは、位置追跡という制度の目的を越えて人間の内密の領域が露出されることになり、人間の尊厳性を深刻に毀損する結果をもたらすおそれがある。

現行電子監視装着法第1条は、再犯防止の手段として位置追跡のみを規定しており、同法第3条は、この制度の執行過程で国民の人権が不当に侵害されないように注意することを国家に義務づけている。電子監視装着法は位置追跡のみを手段としており、個人の前科を公開することは定めていないため、装着されている電子装置が一般人に見られないように注意する義務がある。技術的な限界のために電子装置を小さくできないのであれば、位置追跡電子装置装着の範囲を広げず被告人の人間としての尊厳性を保護する必要があると思わる[20]。

また、位置追跡電子装置装着制度は、もともと過剰拘禁の解消、犯罪汚染の防止、多様な社会内処遇の手段の提供など、様々な効果を期待し導入が議論された制度であったが、現行電子監視装着法は、特定性暴力犯罪者に対する付加処分としてのみ実施されているため、再犯防止と応報という側面のみが強調されている。科学技術の発展によって得られた新しい制度を被告人に不利な付加処分としてのみ用いるのではなく、様々な事件ごとに、被告人に有利な処分として発展し使用することによって、被告人の個人の特性に適合

する適切な処分を実施し、国民を犯罪から効果的に守ることになると思われる。たとえば、前科がない偶発犯の場合、刑務所に収容し前科が多い他の犯罪者と接触させるよりは、電子装置を装着して刑期の間住居内で過ごさせる自宅拘禁のほうが犯罪の汚染を阻止するよい方策になると思われる。

(2) 刑事裁判における装着命令に関する証拠の信憑性に関する考察

電子監視装置装着命令が請求される刑事裁判においては、再犯の危険性を判断するための資料として保護観察官の作成した事前調査書が提出されるが、その内容は「韓国性暴力犯罪者危険性評価尺度（KSORAS）」によって、被告人に質問してその回答を調査し再犯の危険性を評価したものである。この「韓国性暴力犯罪者危険性評価尺度（KSORAS）」は、過去に性暴力犯罪を犯した人々の行跡に関する統計に基づいて危険性を評価する様々な危険要素を設定し、各々危険要素に一定の点数を割り当て、被告人に該当する危険要素の点数の合計によって再犯の危険性を評価する。

この方法は、一貫性を確保できるという長所はあるが、その一方で性暴力犯罪のほとんどを占めている精神障害者には、上記の統計値が適用されないという点で限界がある。また、設定された危険要素には年齢、婚姻関係など一般的な事項も含まれているが、このような要素によって再犯の危険性を評価することは適切ではないと思われる[21]。さらに、保護観察官が調査の主体になっているが、保護観察業務を担当する保護観察官が検事の指揮のもとに調査することになると、先入観を持つおそれがある。

したがって、「韓国性暴力犯罪者危険性評価尺度（KSORAS）[22]」を再犯の危険性の判断資料として用いるためには、評価尺度をもっと細密化し、個人の特性が反映できるように様々な尺度を工夫して刑事裁判に証拠[23]として提出することができるようにする必要がある[24]。

また、再犯の危険性は、精神的問題に起因する場合が多いので、上記の評価尺度のほかにも精神科専門医による精神鑑定結果も再犯の危険性を判断する資料として提出される必要がある。

(3) 刑事裁判において電子監視装置装着命令を量刑上考慮することに関する考察

現行電子監視装着法第9条第5項は、電子装置装着命令は量刑に有利に酌量されてはならないと定めている。これは現行法が電子監視装置装着を犯罪者に対する追加的制裁の手段としてのみ使用していることを示している[25]。

電子監視装置装着は、個人の行動に大変な制限を加える措置である。電子監視装置を装着された者は、自分の前歴が露見することを避けるため、事実上、真夏にも半ズボンを穿かず、プールや銭湯にも行けない。さらに、自分の行跡がすべて記録されているという負担を感じながら生活しなければならず、しばしば保護観察官の連絡に応じなければならない。被装着者は、風呂に入るときも、寝るときも、治療を受けるときも電子監視装置を取り外せない。

　このように個人の自由にとても大きな制限を加える措置であるにもかかわらず、これを量刑の考慮に入れないことは、他の犯罪との均衡に鑑みて妥当ではないと思われる。

　性暴力犯罪は、具体的な行為態様が非常に多様であり、罪質の偏差も大きいため、個別的な処遇が必要である点を考えれば、電子監視装置装着制度を量刑において積極的に酌量し、多様な処遇を可能にする必要があろう[26]。

(4) 電子装置の一時的な取外しの必要性と規定形式に関する考察

　電子装置は、人の身体に装着する物であるが、緊急事態の場合には取り外す必要がある。また、電子装置の装着の目的は、犯罪者の再犯防止であるため、再犯防止に必要な場合には一時的に取り外す必要がある。

　電子装置の一時的に取り外すことについて、法律上の規定はなく、施行令に規定がある。保護観察官は、被装着者の治療、電子装置の交換、その他電子装置を一時的に取り外す必要がある場合、保護観察所の長の承認を得て電子装置を一時的に取り外すことができるよう規定されている。承認を得る余裕がない場合には、取り外した後直ちに報告しなければならない（電子監視装着法施行令第10条）[27]。

　この規定は、主に緊急事態の場合や電子装置のバッテリーの交換など、必要な場合には一時的に取り外すと規定しているが、その他一時的に取り外す必要がある場合については具体的な規定はない。

　病気や事故など緊急事態が発生した場合、被装着者が自身で電子装置を取り外して自分の生命や身体を保護できるようにすることは人間の当然の権利である。それにもかかわらず、電子監視装着法第14条では、被装着者は自身で電子監視装置を取り外してはならないと定めているのみであり、病気や事故など正当な理由がある場合を除いては装置の取外しは認められていない。このような規定により、人間の当然の権利を制限されるおそれがある。この

規定は、「正当な理由がある場合以外には自身で電子装置を取り外してはならない」と改正されなければならない。

一時的に取り外すことができる事由に関して現行法は、治療という極めて制限的な事由と電子監視装置の交換という行政目的達成のみを規定している。しかし、保護観察官は被装着者の再犯防止と性行を矯正するために、多様な措置をとることができる。その一方で、効果的な措置のために、一時的に電子監視装置を取り外す必要がある。たとえば、家族との絆を親密にすることは、犯罪者の再犯防止と性行矯正に効果的であるが、家族といっしょに過ごしたり、海辺へ休暇に行ったりするときなどは、一時的に電子装置を取り外すほうがより効果的であると思われる。このような事例について個別具体的な判断基準をすべて規定することは不可能であるため、法律には一般的な規定を定め、専門家である保護観察官が対象者の矯正にとって必要な場合には、一時的に電子監視装置を取り外すことができる権限を与えるのが妥当だと思われる。

一時的な取外しの権利は被装着者の日常生活にとって大変メリットがあり、またその一方で一時的な取外しの事由を拡大し、その権限を保護観察官に与えるのは電子監視装置装着制度の重要な核となる。したがって、一時的な取外しの要件と手続は法律に規定するのが妥当である。というのも、現在のように施行令に規定した場合は、国民の法律上の権利として認められないため、積極的な権限の行使が難しくなるからである。

(5) **内部的烙印効果の防止策の必要性**

電子装置を装着された者は、一定期間、常に身体に電子装置を装着されたまま生活しなければならない。このような電子監視装置を装着していることに他の人が気づくと、その否定的印象から被装着者を忌避するようになってしまう。このような外部的な烙印効果は、再犯防止と性行の矯正に悪い影響を及ぼすことから、適切な対策が必要になる。

一方、烙印は外部的にも行われるが、本人の内部でも行われる。すなわち、被装着者は足首に装着された電子監視装置を自覚することによって自分が犯罪者であることを持続的に思い起こす。このような自覚は、反省のきっかけにもなりうるが、時間が経つと自ら犯罪者であることを受け入れて絶望することになる。それは、身体に装着されたものは、被装着者に強い影響を及ぼすことにならざるをえないからである[28]。

したがって、電子監視装置被装着者には、より細心な配慮と援護が必要であり、場合によっては電子監視装置装着の仮解除制度も積極的に活用する必要がある。

6. 結論

　文明国家の刑罰は、人間の尊厳の尊重に基づいている。いくら凶悪な犯罪をした者であっても、その者に対する文明国家の対応は人間の尊厳を尊重する中でなされる。

　位置追跡電子監視装置装着処分は、人間の身体に直接電子監視装置を装着するものであり、一度装着すれば数年間は取り外せない。足かせをはめられた人間が受ける苦痛については、詳しくは知られていない。しかし、大変深刻な影響を受けることは間違いない[29]。

　現在、韓国においては主に法施行以前に犯罪をした後、仮釈放された者に位置追跡電子監視装置を装着しているが、これら電子監視装置が装着される期間は、比較的に短期間である仮釈放の期間のみである。しかし、2～3年後には数年間にわたって電子監視装置を装着したまま生活しなければならない人々が社会に復帰するようになる。

　電子監視装置を装着したまま数年間にわたって生活することが果たして人間の尊厳を尊重する文明国家の刑罰として妥当なことであるのか否かに関しては、真剣な議論と検討が必要である。ただし凶悪犯罪の発生によって悪化した世論が即興的に決定できることではない。また、数年間にわたって、電子監視装置を装着されたまま生活しなければならない人々が人間らしい人生を送れるように配慮することは、憲法上の国家の義務である。

　本来、電子監視装着法は、各犯罪者に適した多様な処遇を通じて刑罰の効果をあげるだけでなく、犯罪者に生じる弊害を最小化して犯罪者の社会復帰を援助することから、有益な制度として論じられたものである。このような立場に立ってはじめて、身体に対する直接的な制限という過酷な措置ではあるが、この措置は、もっぱら被告人の利益のために実施されうるということとなる。しかし、韓国の電子監視装着法では、身体に対する直接的な制限という措置をとりながら、これを被告人にさらに不利益な処分として使用しているだけで、量刑に酌量することすら明らかに禁止している。その結果、新しい制裁手段の導入によって人権と処罰の必要性との間に均衡を失ってし

まったのではないかと思われる。

　施行されたばかりの電子監視装着法が本来の意義を取り戻し、人間の尊厳を尊重する文明国家における処遇に適合するように制度を補完・発展させなければならない。そして、新しい制度を通じて罪を犯した人々が社会に復帰しやすくなる多様な処遇が行われることによって、結果的に国民が犯罪から守られることを願う。

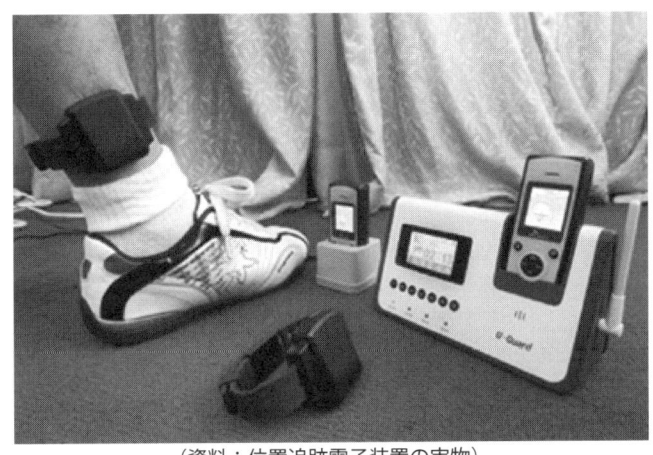

（資料：位置追跡電子装置の実物）

（キム・ヒョングク）

1　本稿は、2009年3月28日九州大学で行われた講演会の原稿にその後の情報を入れて加筆修正し、論文にしたものである。その後の法改正等については、以下の注を参照されたい。
2　国選専門弁護人に志願した弁護士のうち、裁判所によって選抜された者のみが国選弁護人として活動することができる。なお、法院の特定の裁判部の刑事事件については国選弁護のみを専門とする弁護士に優先的に割り当てられる［今井輝幸『韓国の国民参与裁判制度』（イウス出版、2010年）87頁］。
3　本法律は、2009年5月8日の改正によってその名称が「特定犯罪者に対する位置追跡電子装置付着などに関する法律」と変わり、その適用対象が従来の「性暴力犯罪」のほかに「未成年者対象誘拐犯罪」が追加され、さらに2010年4月15日の改正を通して対象犯罪に「殺人罪」が付け加えられた。以下では、2010年4月改正された法律を「改正法律」とする。
4　裁判所は、検事の装着命令請求に理由があると認めるときには、法9条に定める範囲内で装着期間を定め判決で装着命令を宣告しなくてはならない。さらに、装着命

令を宣告された者は、装着期間、「保護観察等に関する法律」による保護観察を受ける（法9条③）。

5 本法律が対象とする性暴力犯罪については法2条2項に規定されている。すなわち、刑法第2編第32章に定める強姦とわいせつの罪、「性暴力犯罪の処罰に関する特例法」3条（特殊強盗強姦等）から10条（業務上威力等によるわいせつ）および未遂罪、「児童・青少年の性保護に関する法律」7条（児童・青少年に対する強姦・強制わいせつ等）。本法律はこれらの性暴力犯罪のほかに、未成年者略取誘拐、殺人罪についても装着命令の対象としている。

6 改正法律第1条は、「目的」という題目の下で「この法律は特定犯罪者の再犯防止と性行の矯正を通した再社会化のためにその行跡を追跡して位置を確保することができる電子装置を身体に装着させる付加的措置をとることによって特定犯罪から国民を保護することを目的とする」と定めている。

7 韓国において人間の尊厳性の保障が一般的な法的根拠として使われるのは、この価値が人類普遍的な価値だけではなく、韓国憲法第10条前文が「すべての国民は、人間としての尊厳と価値を有し、また幸福を求める権利を有する」と明文で規定しているからである。

8 改正法律によると、性暴力犯罪の場合、①性暴力犯罪で懲役刑の実刑を言い渡された者が、執行終了や執行免除後10年以内に性暴力犯罪を犯したとき、②この法律による電子装置を装着された前歴がある者が再び性暴力犯罪を犯したとき、③性暴力犯罪を2回以上犯しその習癖が認められたとき、④16歳未満の者に対し性暴力犯罪を犯したとき、検事は電子装置の装着を請求することができる。未成年者を対象とし誘拐犯罪と殺人犯罪を犯した場合、上記の犯罪を犯した者として再び未成年者を対象とし誘拐犯罪や殺人犯罪を犯すおそれがある者に対しては、検事は電子装置の装着を請求することができ、特に上記の犯罪で懲役刑の実刑を言い渡された者が、再び上記の犯罪を犯した場合、検事は必ず電子装置の装着を請求しなければならない（改正法律第5条）。

9 改正法律は、19歳未満の者に対して装着命令を言い渡すことはできるが、19歳に至るまで電子装置を装着させることはできない（改正法律第4条）と定めている。なお、韓国の少年法は2007年に改正され、現在は19歳未満の者を対象としている。

10 改正法律は装着の期間を当該犯罪の法定刑によって区分し、1年から30年まで言い渡すことができる。但し、競合犯の場合、上限の2分の1まで加重することができることから、最長45年の装着命令を言い渡すことができる（改正法律第9条）。実際に言い渡された例として、小学生を拉致して性暴行した被告人に30年の装着命令が言い渡された（2010年8月20日ソウル南部地方法院）。

11 保護観察所など公的機関が行っているプログラムが課される。

12 国が出捐した機関であり、適切な立法のために専門家や個人から意見を収集・分析し立法のための情報を集め、立法活動に役立つ情報を提供することを目的としている。

13 韓国では、保護観察の執行に検事がかかわることがある。たとえば保護観察法第7条によれば、検事は法務部長官の任命により保護観察の審査委員会の委員になることができる。また、「性暴力犯罪者の性衝動薬物治療に関する法律」第13条に基づいて、治療命令については、検事の指揮により保護観察官が執行することと定められている。

14 現在使用されている位置追跡電子装置の実物については、本稿末尾に添付した写真参照。
15 『李明博政府1年、活動報告』86頁。
16 位置追跡電子装置の中央管制センターに所属している保護観察官とのインタビュー資料による。しかし仮釈放対象者ではない被装着者たちは、装置の装着について強い拒否感を示しているため、執行が難しいとする保護観察官もいる。
17 判決前調査は、「保護観察等に関する法律」19条に規定されている。すなわち、裁判所の要求により、保護観察所が調査を行い、その結果や結果についての意見を報告する。
18 この他に著者が弁護を担当した事件として、昼には一般的な生活を送っていたが、深夜3〜4時頃に家を出て性暴力犯罪を犯し、合わせて7件の強姦および強姦未遂の嫌疑で起訴された事件がある。当該被告人は前科はなかったものの、位置追跡電子装置装着の命令20年が言い渡された。
19 改正法律によると、未成年者対象誘拐犯、殺人犯も位置追跡電子装置装着命令の対象になったため、被装着者が必ず性暴力を犯したとは断定できなくなった。しかし、追加された犯罪もまた重大な犯罪であるため、前科公開による不利益が減ったとは言えない。
20 代案として提示された他の犯罪に対する適用は罪質が軽い犯罪に対しても位置追跡電子装置の活用の幅を広げ、被装着者の前科が特定されることを防止することを目的としている。
21 「韓国性暴力犯罪者危険性評価尺度（KSORAS）」によると、項目ごとに採点して15点を基準とし、それ以上の者を再犯高危険群、14点以下の者を再犯低危険群と評価する。この評価尺度の項目の中、婚姻関係の配点は1点であるが、14点を得た人々の中で婚姻してない者は1点が追加され再犯高危険群と分類され、婚姻した者は低危険群として分類される。婚姻の如何によって再犯高危険群と分類され再犯可能性があるという結論を下すことは合理的ではないと思われる。
22 2008年に開発された尺度であり、4つの要因（人口社会学的要因、前科要因、被害者要因、本件関連要因）に関する15項目で構成されている。すなわち、①人口社会学的要因として、年齢、婚姻有無、②前科要因として、最初の立件年齢、性犯罪を犯した回数、暴力犯罪の回数、施設収容の期間、収容施設内での問題行動、③被害者要因として、被害者の年齢、被害者との関係、被害者の性別、被害者の数、被害者との年齢差、④本件関連要因として本件犯罪の類型、著しい暴力の使用、本件の責任の受容の項目がある。
23 現在、大法院は再犯の危険性を証拠として認めないという立場をとっている。
24 位置追跡電子装置装着命令を言い渡すためには、再犯の危険性が認められなければならないが、再犯の危険性は単純な量刑の要素ではなく構成要件の要素である。したがって、厳格な証明が要求されるが、韓国性暴力犯罪者の危険性評価尺度がとっている評価方式としてはより断片的な原因によって再犯の危険性が分かれる問題点があり刑事裁判を行う中でこのような証拠が提示されるとき、弁護人はその信憑性について積極的に争うことになる
25 この条項は、改正法律第9条第7項で維持されている。
26 具体的な行為態様が多様であることは、未成年者対象の誘拐犯罪や殺人犯罪の場合も同じである。

27 「特定性暴力犯罪者に対する位置追跡電子監視装着法施行令」は、改正により「特定犯罪者に対する位置追跡電子装置装着等に関する法律施行令」へと名称が変更された。
28 電子装置を装着した状態で犯罪を犯した事例は、本稿執筆時には1件にすぎなかったが、現在は増加しつつあり、時々報道されている。
29 近代以降、人間の尊厳が重視されることにより犯罪に対する対応として人間の身体に直接加えられる身体刑はほとんどなくなったが、位置追跡電子装置を人間の身体に強制的に装着することは新しい身体刑に当たるおそれがある。

第4部

資料

特定犯罪者に対する位置追跡電子装置装着等に関する法律

［制定2007年4月27日・法律第8,394号、施行2008年10月28日、一部改正2008年6月13日、改正2009年5月8日・2010年4月15日］

第1章　総則

第1条（目的）　この法は、特定犯罪者の再犯防止と性行矯正を通じた再社会化のため、その行動を追跡し、位置を確認することができる電子装置を身体に装着する付加的な措置をとることによって特定犯罪から国民を保護することを目的とする。〈改正2009年5月8日〉

第2条（定義）　この法で使用する用語の定義は、次の通りである。〈改正2007年8月3日、2009年5月8日、2009年6月9日〉
1．「特定犯罪」とは、性暴力犯罪と未成年者対象の誘拐の罪と殺人の罪をいう。
2．「性暴力犯罪」とは、次に掲げる犯罪をいう。
　イ．「刑法」第2編第32章強姦とわいせつの罪のうち、第297条（強姦）・第298条（強制わいせつ）・第299条（準強姦、準強制わいせつ）・第300条（未遂犯）・第301条（強姦等傷害・致傷）・第301条の2（強姦等殺人・致死）・第302条（未成年者等に対する姦淫）・第303条（業務上威力等による姦淫）・第305条（未成年者に対する姦淫・わいせつ）、第2編第38章窃盗と強盗の罪のうち、第399条（強盗強姦）および第340条（海上強盗）第3項（婦女を強姦した罪のみをいう）の罪
　ロ．「性暴力犯罪の処罰等に関する特例法」第3条（特殊強盗強姦等）ないし第10条（業務上威力等によるわいせつ）までの罪および第14条（未遂犯）の罪（第3条ないし第9条までの未遂犯のみをいう）
　ハ．「児童・青少年の性保護に関する法律」第7条（児童・青少年に対する強姦、強制わいせつ等）の罪
　ニ．イからハまでの罪として他の法律により加重処罰される罪
3．「未成年者対象の誘拐犯罪」とは、次の各目の犯罪をいう。
　イ．未成年者に対する「刑法」第287条（未成年者の略取、誘拐）・第288条（営利等のための略取、誘拐、売買など）・第289条（国外移送のための略取、誘拐、売買）・第290条（予備、陰謀）・第291条（結婚のための略取、誘拐）・第292条（略取、誘拐、売買された者の収受または隠匿）・第293条（常習犯）・第294条（未遂犯）・第324条の2（人質強要）および第336条（人質強盗）の罪
　ロ．未成年者に対する「特定加重処罰などに関する法律」第5条の2（略取・誘拐罪の加重処罰）の罪
　ハ．イからロまでの罪として他の法律により加重処罰される罪
3の2．「殺人の罪」とは、次に掲げる犯罪をいう。
　イ．「刑法」第2編第1章内乱の罪のうち、第88条（内乱目的の殺人）、第2編第24章殺人

の罪のうち、第250条（殺人、尊属殺人）・第251条（嬰児殺害）・第252条（嘱託・承諾による殺人等）・第253条（偽計等による嘱託殺人等）・第254条（未遂犯）・第255条（予備、陰謀）、第2編第32章強姦とわいせつの罪のうち、第301条の2（強姦等殺人・致死）前段、第2編第37章権利行使を妨害する罪のうち、第324条の4（人質殺害・致死）前段、第2編第38章窃盗と強盗の罪のうち、第338条（強盗殺人・致死）前段および第340条（海上強盗）第3項（人を殺害する罪のみをいう）の罪

ロ．「性暴力犯罪の処罰等に関する特例法」第9条（強姦等殺人・致死）第1項の罪および第14条（未遂犯）の罪（第9条第1項の未遂犯のみをいう）

ハ．「特定犯罪加重処罰等に関する法律」第5条の2（略取・誘拐罪の加重処罰）第2項第2号の罪および同条第6項の罪（同条第2項第2号の未遂犯のみをいう）

ニ．イからハまでの罪として他の法律により加重処罰される罪

4．「位置追跡電子装置（以下「電子装置」という）」とは、電磁波を発信し追跡する原理を利用し位置を確認するか、移動経路を探知する一連の機械的設備として大統領令で定めるものをいう。

第3条（国家の責務） 国家は、この法の執行過程で国民の人権が不当に侵害されないよう注意しなければならない。

第4条（適用範囲） 満19歳未満の者に対して装着命令を言い渡したときには、19歳に至るまでこの法による電子装置を装着することができない。〈改正2009年5月8日〉

第2章　懲役刑終了後の電子装置装着

第5条（電子装置装着命令の請求） ①検事は、次の各号の一に該当し、性暴力犯罪を再び犯す危険性があると認める者に対し、電子装置を装着する命令（以下「装着命令」という）を法院に請求することができる。〈改正2008年6月13日、2010年4月15日〉

1．性暴力犯罪で懲役刑の実刑を言い渡された者が、その執行を終了した後または執行が免除された以後10年以内に再び性暴力犯罪を犯したとき
2．性暴力犯罪でこの法による電子装置を装着された前歴がある者が再び性暴力犯罪を犯したとき
3．性暴力犯罪を2回以上犯し（有罪の確定判決を言い渡された場合を含む）、その習癖が認められるとき
4．16歳未満の者に対して性暴力犯罪を犯したとき

②検事は未成年者対象の誘拐の罪を犯した者のうち、未成年者対象の誘拐の罪を再び犯す危険性があると認められる者に対して装着命令を法院に請求することができる。ただ、誘拐の罪によって懲役刑の実刑以上を言い渡されてその執行が終了または免除された後、再び誘拐の罪を犯した場合には装着命令を請求しなければならない。〈新設2009年5月8日、2010年4月15日〉

③検事は殺人の罪を犯した者のうち、殺人の罪を再び犯す危険性があると認められる者に対して、装着命令を法院に請求することができる。ただし、殺人の罪で懲役刑の実刑以上の刑を言い渡されてその執行が終了または免除された後、再び殺人の罪を犯した場合には、装着命令を請求しなければならない。〈新設2010年4月15日〉

④第1項ないし第3項までの規定による装着命令の請求は、公訴が提起された特定犯罪事件の控訴審の弁論終結時までに行わなければならない。〈改正2009年5月8日、2010年4月15日〉
⑤法院は、公訴が提起された特定犯罪事件を審理した結果、装着命令を言い渡す必要があると認めるときには、検事に装着命令の請求を要求することができる。〈改正2009年5月8日、2010年4月15日〉
⑥第1項から第3項までの規定による特定犯罪事件に対し、判決の確定がないまま公訴が提起されたときから15年が経過した場合には、装着命令を請求することはできない。〈改正2009年5月8日、2010年4月15日〉

第6条（調査） ①検事は、装着命令を請求するために必要であると認められる場合、被疑者の居住地または所属検察庁（支庁を含む。以下同じ）の所在地を管轄する保護観察所（支所を含む。以下同じ）の長に犯罪の動機、被害者との関係、心理状態、再犯の危険性など、被疑者に関して必要な事項の調査を要請することができる。
②第1項の要請を受けた保護観察所の長は、調査する保護観察官を指名しなければならない。
③第2項によって指名された保護観察官は、検事の指揮を受け、遅滞なく必要な事項を調査した後、検事に調査報告書を提出しなければならない。
④検事は、装着命令を請求するにあたって必要な場合には、被疑者に対する精神鑑定その他の専門家の診断などの結果を参考にしなければならない。

第7条（装着命令の請求事件の管轄） ①装着命令の請求事件の管轄は、装着命令の請求事件と同時に審理する特定犯罪事件の管轄に拠る。〈改正2009年5月8日〉
②装着命令の請求事件の第1審の裁判は、地方法院合議部（地方法院支院合議部を含む。以下同じ）の管轄とする。

第8条（装着命令の請求書の記載事項等） ①装着命令の請求書には、次の各号の事項を記載しなければならない。
1．装着命令請求対象者（以下「被装着命令請求者」という）の氏名とその他被装着命令請求者を特定することができる事項
2．請求の原因となる事実
3．適用条文
4．その他大統領令で定める事項
②法院は、装着命令の請求があるときには、遅滞なく、装着命令請求書の副本を被装着命令請求者または彼の弁護人に送達しなければならない。この場合、特定犯罪事件に対する公訴提起と同時に装着命令の請求があるときには、第1回の公判期日の5日前までに、特定犯罪事件の審理中に装着命令の請求があるときには次の公判期日の5日前までに送達しなければならない。〈改正2009年5月8日〉

第9条（装着命令の判決等） ①法院は、装着命令の請求に理由があると認めるときには、次の各号による期間の範囲内で装着期間を決めて判決で装着命令を言い渡さなければならない。ただし、13歳に満たない者に対して特定犯罪を犯した場合には、装着期間の下限を次の各号による装着期間の下限の2倍とする。〈改正2008年6月13日、2010年4月15日〉

1．法定刑の上限が、死刑または無期懲役である特定犯罪：10年以上30年以下
2．法定刑が、下限3年以上の有期懲役である特定犯罪（第1号に当たる特定犯罪は除外する）：3年以上20年以下
3．法定刑が、下限3年未満の有期懲役である特定犯罪（第1号または第2号に当たる特定犯罪は除外する）：1年以上10年以下

②複数の特定犯罪に対して同時に装着命令を言い渡すときには、法定刑がもっとも重い罪の装着期間の上限の2分の1まで加重するが、各罪の装着期間の上限を合算した期間を超えることはできない。ただし、一つの行為が複数の特定犯罪に当たる場合には、もっとも重い罪の装着期間をその装着期間とする。〈新設2010年4月15日〉

③装着命令を言い渡された者は、装着期間中「保護観察等に関する法律」による保護観察を受ける。〈新設2010年4月15日〉

④法院は、次の各号の一に該当するときには、判決で装着命令の請求を棄却しなければならない。〈改正2008年6月13日、2009年5月8日、2010年4月15日〉
1．装着命令の請求に理由がないと認めるとき
2．特定犯罪事件に対し無罪（心神喪失を理由として治療監護が言い渡された場合を除く）・免訴・公訴棄却の判決または決定を言い渡すとき
3．特定犯罪事件に対し罰金刑を言い渡すとき
4．特定犯罪事件に対し宣告猶予または執行猶予を言い渡すとき（第28条第1項により電子装置装着を言い渡すときを除く）

⑤装着命令の請求事件の判決は、特定犯罪事件の判決と同時に言い渡さなければならない。〈改正2009年5月8日、2010年4月15日〉

⑥装着命令言渡の判決理由には、要件となる事実、証拠の要旨および適用条文を明示しなければならない。〈2010年4月15日〉

⑦装着命令の言渡は、特定犯罪事件の量刑に有利に斟酌されてはならない。〈改正2009年5月8日、2010年4月15日〉

⑧特定犯罪事件の判決に対し上訴および上訴の放棄・取下げがあるときには、装着命令の請求事件の判決に対しても上訴および上訴の放棄・取下げがあるものとみなす。上訴権の回復または再審の請求または非常上告があるときも、また同じである。〈改正2009年5月8日、2010年4月15日〉

⑨第8項にもかかわらず、検事または被装着命令請求者および「刑事訴訟法」第340条・第341条に規定された者は、装着命令に対し独立して上訴および上訴の放棄・取下げをすることができる。上訴権回復または再審の請求、非常上告の場合にもまた同じである。

第9条の2（遵守事項） ①法院は、第9条第1項により装着命令を言い渡す場合、装着の期間の範囲内で遵守期間を決めて次の各号の遵守事項のうち一つ以上を付加することができる。ただし、第4号の遵守事項は500時間の範囲内でその期間を定めなければならない。〈2010年4月15日〉
1．夜間など特定時間帯の外出の制限
2．特定地域・場所への立入禁止
2の2．居住地域の制限
3．被害者など特定人への接近禁止
4．特定犯罪治療のプログラムの履修

5．その他、装着命令の言渡を受ける者の再犯防止と性行矯正のために必要な事項
②削除

第10条（装着命令の判決等の通知） ①法院は、第9条により装着命令を言い渡したときには、その判決が確定した日から3日以内に装着命令の言渡を受けた者（以下「被装着命令者」という）の居住地を管轄する保護観察所の長に判決文の謄本を送達しなければならない。
②矯導所、少年矯導所、拘置所、治療監護所および軍矯導所の長（以下「矯導所長等」という）は、被装着命令者が釈放される5日前までに被装着命令者の居住地を管轄する保護観察所の長にその事実を通報しなければならない。〈改正2008年6月13日〉

第11条（国選弁護人等） 装着命令の請求事件に関しては、「刑事訴訟法」第282条および第283条を準用する。〈2010年4月15日〉

第12条（執行指揮） ①装着命令は、検事の指揮を受け、保護観察官が執行する。
②第1項による指揮は、判決文の謄本を添付した書面で行う。

第13条（装着命令の執行） ①装着命令は、特定犯罪事件に対する刑の執行が終了し、または免除もしくは仮釈放される日または治療監護の執行が終了・仮終了となる日の、釈放の直前に被装着命令者の身体に電子装置を装着することによって執行する。〈改正2008年6月13日、改正2009年5月8日〉
②装着命令の執行は、身体の完全性を害しない範囲内で行われなければならない。
③装着命令が複数の場合は、確定した順によって執行する。〈新設2010年4月15日〉
④次の各号の一に該当するときには、装着命令の執行は停止する。〈改正2008年6月13日、2010年4月15日〉
1．装着命令の執行中、他の罪をおかし、拘束令状の執行を受け拘禁されたとき
2．装着命令の執行中、他の罪をおかし、禁錮以上の刑の執行を受けるようになったとき
3．仮釈放または仮終了となった者に対し、電子装置装着期間の間、仮釈放または仮終了が取り消されるか失効したとき
⑤第4項により執行が停止された装着命令の残余期間に対しては、次の各号の区分によって執行する。〈改正2008年6月13日、2010年4月15日〉
1．第4項第1号の場合には、拘禁が解除されるか禁錮以上の刑の執行を受けないことが確定したときから、その残余期間を執行する。
2．第4項第2号の場合には、その刑の執行が終了するか免除された後または仮釈放されたときから、その残余期間を執行する。
3．第4項第3号の場合には、その刑や治療監護の執行が終了し、または免除された後、その残余期間を執行する。
⑥その他、装着命令の執行および停止について必要な事項は大統領令で定める。〈2010年4月15日〉

第14条（被装着者の義務） ①電子装置が装着された者（以下「被装着者」という）は、電子装置の装着期間中、電子装置を身体から故意に分離・損傷、電波の妨害または受信資料の変造、その他の方法によってその効用を害してはならない。
②被装着者は特定犯罪事件に対する刑の執行が終了され、または免除・仮釈放される日

から10日以内に居住地を管轄する保護観察所に出席して書面で申告しなければならない。〈新設2010年4月15日〉
③被装着者は、住居を移転し、または7日以上の国内旅行をし、または出国するときには、あらかじめ保護観察官の許可を受けなければならない。〈2010年4月15日〉

第14条の2（装着期間の延長等） ①被装着者が次の各号の一に当たる場合には、法院は保護観察所の長の申請による検事の請求で1年の範囲で装着期間を延長し、または第9条の2第1項の遵守事項を追加または変更する決定をすることができる。
1. 正当な理由なしに「保護観察等に関する法律」第32条による遵守事項に違反した場合
2. 正当な理由なしに第14条第2項に違反して申告しなかった場合
3. 正当な理由なしに第14条第3項に違反して許可を受けずに住居移転・国内旅行または出国をし、または虚偽で許可を受けた場合

②第1項各号に規定した事項以外の事情変更がある場合でも法院は相当の理由があると認めた場合は、保護観察所の長の申請による検事の請求で第9条の2第1項の遵守事項を追加、変更または削除することができる。〈新設2010年4月15日〉

第15条（保護観察官の任務） ①保護観察官は、被装着者の再犯防止と健全な社会復帰のために必要な指導と援護を行う。
②保護観察官は電子装置装着期間中、被装着者の所在地近所の医療機関での治療、相談施設での相談治療など被装着者の再犯防止のために必要な措置を行うことができる。

第16条（受信資料の保存・使用・廃棄等） ①保護観察所の長は、被装着者の電子装置から発信される電磁波を受信し、その資料（以下、「受信資料」という）を保存しなければならない。
②受信資料は、次の各号の場合以外は閲覧・照会または公開することができない。〈改正2009年5月8日〉
1. 被装着者の特定犯罪の嫌疑に対する捜査または裁判資料として使用する場合
2. 保護観察官が指導・援護の目的のために使用する場合
3. 「保護観察に関する法律」第5条による保護観察審査委員会（以下「審査委員会」という）の装着命令の仮解除とその取消に関する審査のために使用する場合

③保護観察所の長は、被装着者が特定犯罪を犯したと疑うに足りるだけの相当な理由がある場合には、管轄検察庁に通報しなければならない。〈改正2009年5月8日〉
④検事または司法警察官は、受信資料を閲覧または照会する場合、法官が発した押収・捜索の令状を提示しなければならない。
⑤保護観察所の長は、次の各号の一に該当するときには、受信資料を廃棄しなければならない。〈2010年4月15日〉
1. 装着命令とともに言い渡された刑が「刑法」第81条によって失効したとき
2. 装着命令とともに言い渡された刑が恩赦により、その効力を喪失したとき
3. 電子装置の装着を終了した者が資格停止以上の刑またはこの法による電子装置の装着を受けることなく電子装置の装着を終了した日から5年が経過したとき

⑥その他に受信資料の保存・使用・廃棄などに関して必要な事項は大統領令で定める。

第17条（装着命令の仮解除の申請等） ①保護観察所の長または被装着者およびその法定代理人は、該当保護観察所を管轄する審査委員会に装着命令の仮解除を申請することができる。

②第1項の申請は、装着命令の執行が開始された日から3月が経過した後にしなければならない。申請が棄却された場合には、棄却された日から3月が経過した後に再び申請することができる。
③第2項により仮解除の申請をするときには、申請書に仮解除の審査に参考となる資料を添付して提出しなければならない。

第18条（装着命令仮解除の審査および決定） ①審査委員会は、仮解除を審査するときには被装着者の人格、生活態度、装着命令の履行状況および再犯の危険性に対する専門家の意見などを考慮しなければならない。
②審査委員会は、仮解除の審査のため必要なときには、保護観察所の長に必要な事項を調査させるか被装着者またはその他関係人を直接に召喚・尋問または調査することができる。
③第2項の要求を受けた保護観察所の長は、必要な事項を調査し、審査委員会に通報しなければならない。
④審査委員会は、被装着者が装着命令を継続執行する必要がない程度に改善され、再犯の危険性がないと認めるときには、装着命令の仮解除を決定することができる。この場合、被装着者に住居移転の状況などを保護観察所の長に定期的に報告するようにすることができる。
⑤審査委員会は、装着命令の仮解除をしないことに決定したときには、決定書でその理由を明示しなければならない。
⑥第4項により装着命令が仮解除された場合には、第9条第3項による保護観察と第9条の2による遵守事項が仮解除されたものとみなす。〈新設2008年6月13日、改正2010年4月15日〉

第19条（仮解除の取消等） ①保護観察所の長は、装着命令が仮解除された者が特定犯罪を行うか、住居移転の状況などの報告を行わないなど再犯の危険性があると判断されるときには、審査委員会に仮解除の取消を申請することができる。この場合、審査委員会は、仮解除された者の再犯の危険性が顕著と認められるときには、仮解除を取り消さなければならない。〈改正2009年5月8日〉
②第1項によって仮解除が取り消された者は、残余の装着命令期間の間、電子装置を装着しなければならない。この場合、仮解除期間は装着命令の期間に算入しない。

第20条（装着命令執行の終了） 第9条により言い渡された装着命令は次の各号の一に該当するとき、その執行は終了する。
1．装着命令期間が経過したとき
2．装着命令とともに言い渡された刑が恩赦になり、その言渡の効力を喪失するに至ったとき
3．削除〈2008年6月13日〉
4．装着命令を仮解除された者が、その仮解除を取り消されることなく、残余の装着命令期間を経過したとき

第21条（装着命令の時効） ①被装着命令者は、その判決が確定した後、執行を受けず一緒に言い渡された特定犯罪事件の刑の時効が完成された場合、その執行は免除される。〈改正2009年5月8日〉

②装着命令の時効は、被装着命令者を逮捕することによって中断される。

第3章　仮釈放および仮終了等と電子装置の装着

第22条（仮釈放と電子装置の装着）　①第9条による装着命令の判決を言い渡されなかった特定犯罪者として刑の執行中に仮釈放され、保護観察を受けるようになる者は、遵守事項の履行有無の確認などのために仮釈放期間中、電子装置を装着しなければならない。〈改正2009年5月8日〉
②審査委員会は、第1項によって電子装置が装着するようになる者の居住地を管轄する保護観察所の長に、仮釈放者の人的事項など電子装置の装着に必要な事項を直ちに通報しなければならない。
③矯導所長などは、仮釈放予定者が釈放される5日前までに、彼の居住地を管轄する保護観察所長にその事実を通報しなければならない。

第23条（仮終了等と電子装置の装着）　①「治療監護法」第37条による治療監護審議委員会（以下、「治療監護審議委員会」という）は、第9条による装着命令の判決を言い渡されなかった特定犯罪者として治療監護の執行中、仮終了または治療委託される被治療監護者や保護監護執行中、仮釈放される被保護観察者（以下「仮終了者等」という）に対し、「治療監護法」または「社会保護法」（法律第7,656号で廃止される前の法律を言う）による遵守事項の履行の如何の確認等のために保護観察期間の範囲で期間を決めて電子装置を装着させることができる。〈改正2008年6月13日、2009年5月8日、2010年4月15日〉
②治療監護審議委員会は、第1項によって電子装置の装着を決定した場合には、直ちに被装着決定者の居住地を管轄する保護観察所の長に通報しなければならない。
③治療監護所の長・保護監護施設の長または刑務所の長は、仮終了者などが仮終了または治療委託され、もしくは仮釈放される5日前までに、仮終了者等の居住地を管轄する保護観察所の長にその事実を通報しなければならない。〈2010年4月15日〉

第24条（電子装置の装着）　①電子装置の装着は、保護観察官が執行する。
②電子装置は、次の各号の一に該当するとき、釈放の直前に装着する。〈2010年4月15日〉
1．仮釈放される日
2．仮終了または治療委託され、もしくは仮釈放される日。ただし、治療監護と刑が併科された仮終了者の場合、執行する残余の刑期があるときには、その刑の執行が終了するか免除される日に装着する。
③電子装置の装着の執行中、保護観察の遵守事項の違反により留置許可状の執行を受け、留置されたときには装着の執行は停止する。この場合、審査委員会が保護観察所の長の仮釈放の取消の申請を棄却した日、または法務部長官が審査委員会の許可申請を却下した日からその残余期間を執行する。

第25条（装着命令の終了）　第22条および第23条による電子装置の装着は、次の各号の一に該当するときに、その執行は終了する。〈2010年4月15日〉
1．仮釈放の期間が経過するか仮釈放が失効または取り消されたとき
2．仮終了者等の装着期間が経過するか保護観察が終了したとき

3．仮釈放された刑が恩赦になって刑の言渡の効力が喪失するに至ったとき
4．削除〈2010年4月15日〉

第26条（受信資料の活用）　保護観察官は、受信資料を遵守事項の履行有無の確認など「保護観察等に関する法律」による保護観察対象者の指導・監督および援護に活用することができる。

第27条（準用）　この章による電子装置の装着に関しては第13条第2項・第4項第1号・第5項第1号・第6項、第14条および第15条ないし第19条までの規定を準用する。〈2010年4月15日〉

第4章　刑の執行猶予と装着命令

第28条（刑の執行猶予と装着命令）　①法院は、特定犯罪を犯した者に対し刑の執行を猶予しながら保護観察を受けることを命じるときには、保護観察期間の範囲内で期間を決め、遵守事項の履行状況の確認などのために電子装置を装着することを命じることができる。〈改正2009年5月8日〉
②法院は、第1項による装着命令の期間中、所在地近郊の医療機関での治療、指定相談施設での相談治療など対象者の再犯防止のため必要な措置等を課することができる。
③法院は、第1項による電子装置の装着を命じるため必要と認めるときには、被告人の居住地またはその法院の所在地を管轄する保護観察所の長に犯罪の動機、被害者との関係、心理状態、再犯の危険性など被告人に関して必要な事項の調査を要請することができる。

第29条（装着命令の執行）　①装着命令は、電子装置の装着を命じる法院の判決が確定したときから執行する。
②装着命令の執行中、保護観察の遵守事項の違反で、留置許可状の執行を受け、留置されたときには、装着命令の執行は停止する。この場合、検事が保護観察所の長の執行猶予の取消の申請を棄却した日または法院が検事の執行猶予の取消の請求を棄却した日からその残余期間を執行する。

第30条（装着命令執行の終了）　第28条の装着命令は、次の各号の一に該当するときにその執行が終了する。
1．装着命令の期間が経過したとき
2．執行猶予が失効または取り消されたとき
3．執行猶予された刑が恩赦になり、刑の言渡の効力が喪失するに至ったとき
4．削除〈2010年4月15日〉

第31条（準用）　この章による装着命令に関しては、第6条、第9条第5項から第7項まで、第10条第1項、第12条、第13条第2項・第4項第1号・第5項第1号・第6項、第14条、第15条第1項、第16条から第19条までおよび第26条を準用する。〈2010年4月15日〉

第5章　補則

第32条（電子装置の装着期間の計算）　①電子装置の装着期間は、これを執行した日から起算するが、初日は時間を計算することなく一日に算定する。
②被装着者が電子装置を身体から分離するか損傷するなどその効用を害した期間は、その電子装置の装着期間に算入しない。ただし、保護観察が付加された者の電子装置の装着期間は、保護観察の期間を超過することができない。

第32条の2（装着命令等執行専担の保護観察官の指定）　保護観察所の長は所属の保護観察官の中で次の各号の事項を専担する保護観察官を指定しなければならない。
1．装着命令を請求するために必要な被疑者に対する調査
2．装着命令の執行
3．被装着者の再犯防止と健全な社会復帰のための治療等必要な措置の付加
4．その他に被装着者の「保護観察等に関する法律」等による遵守事項の履行の如何の確認等、被装着者に対する指導・監督および援護〈新設2010年4月15日〉

第33条（電子装置の装着の仮解除の擬制）　保護観察が仮解除となった場合には、電子装置の装着が仮解除になったものとみなす。

第34条（軍法の被適用者に対する特則）　この法を適用するにあたり「軍事法院法」第2条第1項の各号の一に該当する者に対しては、軍事法院は法院の、軍検事は検事の、軍司法警察官吏は司法警察官吏の、軍矯導所長は矯導所長の、この法による職務を各々行う。

第35条（他の法律の準用）　この法を適用するにあたって、この法に規定がある場合を除き、その性質に反しない範囲内で「刑事訴訟法」および「保護観察等に関する法律」の規定を準用する。

第6章　罰則

第36条（罰則）　①電子装置の装着業務を担当する者が、正当な事由なく、被装着者の電子装置を解除するか損傷したときには、1年以上の有期懲役に処する。
②電子装置の装着業務を担当する者が、金品を授受・要求または約束して第1項の罪を行ったときには、2年以上の有期懲役に処する。
③受信資料を管理する者が、第16条第2項に違反したときには、1年以上の有期懲役に処する。

第37条（罰則）　①他人に装着命令を受けさせる目的で、公務所または公務員に対し虚偽の事実を申告するか「刑法」第152条第1項の罪を犯したときには、10年以下の懲役に処する。
②第2章の装着命令の請求事件に関して、被装着命令請求者を謀略で害する目的で「刑法」第154条・第233条または第234条（虚偽作成診断書の行使に限る）の罪を犯したときには、10年以下の懲役または禁錮に処する。この場合、10年以下の資格停止を併科する。

第38条（罰則）　被装着者が第14条（第27条および第31条により準用される場合を含む）に違反

して電子装置の装着期間中、電子装置を身体から故意に分離・損傷、電波の妨害または受信資料の変造、その他の方法でその効用を害したときには、7年以下の懲役または2千万ウォン以下の罰金に処する。

第39条（罰則） ①被装着者が第9条第1項第3号または第4号の遵守事項を正当な理由なく違反したときには、3年以下の懲役または1千万ウォン以下の罰金に処する。
②被装着者が第9条の2第1項第1号・第2号・第2号の2または第5号の遵守事項を正当な理由なく違反したときには、1千万ウォン以下の罰金に処する。〈本条新設2008年6月13日、2010年4月15日〉

附則〈第10,257号、2010年4月15日〉

第1条（施行日） この法は、公布後3カ月が経過した日から施行する。ただし、第2条第2項イ、第5条第4項、第9条第1項・第2項および第23条第1項・第3項の改正規定は公布した日から施行する。

第2条（装着命令の請求に関する適用例および経過措置） ①第5条第1項の改正規定による装着命令の請求は、この法の施行前に犯した性暴力犯罪に対しても適用する。ただし、法律第9,112号の特定性暴力犯罪者に対する位置追跡電子装置の装着に関する法律の一部改正法律の附則第2条の改正規定によって装着命令請求の対象になる性暴力犯罪の場合には適用しない。
②この法の施行の前に未成年者を対象とし、誘拐の罪を犯して懲役刑の実刑以上の刑を言い渡された者は、第5条第2項の改正規定による実刑以上の刑を言い渡されたこととみなす。
③第5条第3項の改正規定による装着命令の請求は、この法律の施行以前に犯した殺人の罪に対しても適用する。
④この法律の施行以前に殺人の罪を犯して懲役刑の実刑以上の刑を言い渡された者は、第5条第3項の改正規定による実刑以上の刑を言い渡されたこととみなす。

第3条（装着期間に関する適用例） 第9条第1項の改正規定は、この法律の施行以前に犯した特定犯罪に対しても適用する。ただし、法律第9,112号の特定性暴力犯罪者に対する位置追跡電子装置の装着に関する法律の一部改正法律の附則第2条の改正規定によって装着命令の請求の対象になる性暴力犯罪の場合には適用しない。

第4条（保護観察に関する適用例） 第9条第3項の改正規定による保護観察はこの法律の施行以前に第9条第1項による装着命令が確定され、または装着命令の執行が開始された者に対しても適用する。

第5条（被装着者の申告義務等に関する適用例） ①第14条第2項の改正規定による申告義務は、この法律の施行以前に第9条第1項による装着命令が確定され、または装着命令の執行が開始された者に対しても適用する。
②第14条第3項の改正規定による許可を受ける義務は、この法律の施行以前に電子装置装着命令が確定され、または電子装置を装着中の者に対しても適用する。

第6条（装着期間の延長、遵守事項の追加・変更等に関する適用例） ①第14条の２第１項の改正規定による装着期間の延長や遵守事項の追加または変更は、この法律の施行以前に第９条第１項による装着命令が確定され、または装着命令の執行が開始された者に対しても適用する。
②第14条の２第２項の改正規定による遵守事項の追加、変更または削除は、この法律の施行以前に第９条第１項による装着命令が確定され、装着命令の執行が開始された者に対しても適用する。

第7条（仮釈放、仮出所または仮終了時の電子装置の装着に関する適用例） 第22条および第23条の改正規定による電子装置の装着は、この法律の施行当時に、殺人の罪を犯して刑の執行、保護監護または治療監護を受けている者に対しても適用する。

特定犯罪者に対する位置追跡電子装置装着等に関する法律施行令

［制定2008年９月18日、改正2009年７月30日・2010年７月12日］

第1章　総則

第１条（目的）　この令は、「特定犯罪者に対する位置追跡電子装置装着に関する法律」で委任された事項とその施行に必要な事項を規定することを目的とする。〈改正2009年７月30日〉

第２条（位置追跡電子装置の構成）　「特定犯罪者に対する位置追跡電子装置装着に関する法律」（以下「法」という）第２条第２号による位置追跡電子装置（以下「電子装置」という）は、次の各号に定める装置により構成する。〈改正2009年７月30日〉
1．携帯用追跡装置：電子装置が装着された人（以下「被装着者」という）が携帯するもので、衛星位置確認システム（Global Positioning System）および移動通信網を通じて被装着者の位置を確認する装置
2．在宅監督装置：携帯用追跡装置を補助する装置として、被装着者の居住地に設置し被装着者の位置を確認する装置
3．装着装置：被装着者の身体に装着し携帯用追跡装置と在宅監督装置に電磁波を送信する装置

第３条（位置追跡管制センターの設置・運営）　法務部長官は、保護観察所の長および保護観察官が被装着者の位置を確認し、移動の経路を探知し、または電子装置から発信される電

磁波を受信した資料を保存・使用・廃棄する業務を支援するため位置追跡管制センターを設置し運営することができる。〈2010年7月12日〉

第2章　懲役刑の終了以後の電子装置の装着

第4条（調査）　①検事は、法第6条第1項によって保護観察所（支所を含む。以下同じ）長に調査を要請するときには、法第5条第1項と第3項までの規定による電子装置の装着命令（以下「装着命令」という）を請求する被疑者の人的事項および犯罪事実の要旨を通報しなければならない。この場合、法務部令で定める参考資料を送ることができる。〈改正2009年7月30日、2010年7月12日〉
②保護観察所の長は、法第6条第1項の調査のため矯導所・少年矯導所・拘置所・軍矯導所長、警察署長、治療監護所長（以下「収容機関の長」という）に協力を要請することができる。この場合、収容機関の長は、特別な理由がない限り協力しなければならない。

第5条（装着命令の請求書の記載事項および方式）　①法第8条第1項第1号で「その他被装着命令請求者を特定することができる事項」とは、被装着命令の請求者の住民登録番号、職業、住居、登録基準地をいい、同項第4号で「大統領令で定める事項」とは、被装着命令の請求者の罪名をいう。〈2010年7月12日〉
②検事が公訴の提起とともに装着命令を請求する場合には、公訴状に装着命令の請求の原因となる事実と適用の条文を追加し記載することによって装着命令の請求書に代えることができる。

第6条（執行の指揮）　検事は、装着命令の判決の確定後直ちに、装着命令が言い渡された人（以下「被装着命令者」という）の居住地を管轄する保護観察所の長に法第12条第2項の装着命令の執行を指揮した書面を送らなければならない。

第7条（装着命令の執行）　①保護観察官は、被装着命令者に対する判決文の謄本、法第12条第2項の装着命令の執行を指揮した書面、その他関連の書類を確認した後、装着命令を執行しなければならない。
②保護観察官は、法第13条第1項により装着命令を執行する前に、被装着命令者に法第14条とこの令による被装着者の義務事項および法第38条および第39条による罰則に関する事項を通知しなければならない。
③装着命令は、次の各号の方法で執行する。
1．携帯用追跡装置は、被装着命令者が携帯できるように交付する。
2．装着装置は、被装着命令者の足首に装着する。ただし、足首に装着できない特別な理由がある場合には、他の身体部位に装着することができる。
3．在宅監督装置は、被装着命令者の釈放の後、遅滞なく被装着命令者の居住地に固定し設置する。ただし、被装着命令者の住居が一定しない場合、またはその他に在宅監督装置を設置しにくい事情がある場合には、設置しなくてもよい。
④保護観察所の長は、所属の保護観察官が装着命令を執行するため必要な場合には、収容機関の長に協力を要請することができる。この場合、収容機関の長は、特別な理由がない限り協力しなければならない。

第8条（装着命令の執行停止） ①保護観察官は、法第13条第4項による装着命令の執行停止後直ちに、電子装置を分離し回収しなければならない。この場合、装着命令の執行期間は、身体から装着装置を分離したときに停止する。〈2010年7月12日〉
②収容機関の長は、法第13条第4項の各号の理由で被装着者が拘禁された場合には、直ちに彼の居住地を管轄する保護観察所の長にその事実を通報しなければならない。〈2010年7月12日〉
③保護観察官は、法第13条第5項により装着命令の残余期間の執行事由が発生した場合、再び電子装置を装着しなければならない。この場合、装着命令の執行期間は、身体に装着装置を装着したときから進行する。〈2010年7月12日〉
④収容機関の長は、法第13条第5項第1号による装着命令の残余期間の執行事由が発生した場合、拘禁を解除する前に被装着命令者の居住地を管轄する保護観察所の長にその事実を通報しなければならない。〈2010年7月12日〉
⑤収容機関の長は、法第13条第5項第2号および第3号による装着命令の残余期間の執行事由が発生した場合、装着命令の執行が停止された者が釈放される5日前までにその居住地を管轄する保護観察所の長にその事実を通報しなければならない。〈2010年7月12日〉

第9条（装着命令の執行停止者の移送） 収容機関の長は、法第13条第4項により装着命令の執行が停止された人をほかの収容機関に移送する場合には、彼の居住地を管轄する保護観察所の長と該当の収容機関の長にその事実を通報しなければならない。〈2010年7月12日〉

第10条（電子装置の一時分離） ①保護観察官は、被装着者の治療、電子装置の交換、その他電子装置を一時分離する必要がある場合、保護観察所の長の承認を受けて電子装置の全部または一部を被装着者の身体または住居から一時的に分離することができる。ただし、承認を受ける時間的余裕がない場合には分離した後、直ちに報告しなければならない。
②保護観察官は、第1項の一時分離の事実を台帳に書き、その台帳を保管しなければならない。

第11条（電子装置の効用維持の義務） 被装着者は、電子装置の装着期間中、法第14条第1項によって電子装置の効用維持のために次の各号の事項を遵守しなければならない。
1．電子装置の機能が正常に維持されるように電子装置を充電、携帯または管理すること
2．電子装置が正常に作動しない場合、遅滞なくその事実を保護観察官に知らせること
3．電子装置の機能維持のための保護観察官の正当な指示に従うこと

第12条（住居移転・国内旅行および出国の許可） ①被装着者は、法14条第2項による申告をする場合には、住居、職業、生活計画、その他被装着者に対する指導・監督に必要な事項を書いた書面を提出しなければならない。
②被装着者が法律第14条第3項による住居移転等の許可を受けようとするときには、本人の氏名、現住所、住居移転の予定地や国内旅行の予定地または出国予定地、住居移転の理由や国内旅行の目的また出国の目的、住居移転の日にちや国内旅行期間または出国期間等を書いた許可申請書と証明資料を保護観察所に出席して提出しなければならない。
③第2項による許可申請を受けた保護観察官は、申請日から7日以内に住居移転の予定地や国内旅行の予定地または出国予定地、住居移転の理由や国内旅行の目的または出国の目

的等を総合的に考慮して許可の如何を決定しなければならない。
④被装着者が住居移転の許可を受けて、他の保護観察所の管轄区域へ住居を移転した場合には、3日以内に新しい居住地を管轄する保護観察所に出席し第1項の申告をしなければならない。
⑤保護観察所の長は、所属の保護観察官が第3項によって被装着者に出国を許可した場合、法務部長官に被装着者の出入国の事実を通報するよう要請しなければならない。
⑥法務部長官は、第5項による要請を受けた場合、被装着者の出入国のとき、直ちにその事実を保護観察所の長に通報しなければならない。
⑦第3項による出国許可を受けて出国した被装着者は、入国した後、直ちに管轄の保護観察所に出席し電子装置が正常に作動しているか確認を受けなければならない。〈全文改正2010年7月12日〉

第12条の2（装着期間の延長等の申請） ①保護観察所の長は、法第14条の2によって装着期間の延長または遵守事項の追加・変更・削除を申請する場合には、次の各号の事項を書いた書面で行わなければならない。
1．被装着者の氏名、住民登録番号、職業および住所
2．申請の趣旨
3．装着期間の延長または遵守事項の追加・変更・削除が必要な理由
②保護観察所の長は、第1項の申請をするとき、申請事由を証明することができる資料を提出しなければならない。
③法院は法第14条の2による請求の審理のために必要な場合は、担当の保護観察官を出席させて意見を聞くことができ、被装着者を召喚して尋問したり必要な事項を確認することができる。〈新設2010年7月12日〉

第13条（相談治療等の執行） ①法務部長官は、次の各号の施設または団体を指定し、法第15条第2項の治療および相談治療などを実施することができる。〈改正2009年7月30日〉
1．「精神保健法」第3条2号の精神保健施設
2．「性暴力防止および被害者保護等に関する法律」第10条による性暴力被害相談所、および同法第27条による専担医療機関
3．特定犯罪者を治療し、性暴力犯罪者の矯正プログラムを開発・実施した経験がある民間団体または機関
②法務部長官は、第1項の治療および相談治療などに対し予算の範囲内で費用の全部または一部を支給することができる。
③法務部長官は第1項の治療および相談治療に必要なプログラムの開発と専門職員の養成のために努力しなければならない。
④法務部長官は、第1項による指定を受けた施設または団体が治療および相談治療等を行うに不適当な場合、その指定を取り消すことができる。〈新設2010年7月12日〉

第14条（受信資料の使用） 保護観察所の長および第3条による位置追跡管制センターの長は、法第16条第2項第1号および第3号によって受信資料が使用された場合には、その事実を台帳に記録し、これを保管しなければならない。

第15条（受信資料の廃棄） ①電子装置の装着期間が終わった人が、装着を終わった日から

5年以内に資格停止以上の刑を受けた場合には、その刑の執行が終わった日から5年が経ったときに受信資料を廃棄する。
②受信資料の廃棄は、電算資料から削除する方法によって行う。

第16条（装着命令の仮解除の申請） ①法第17条第1項による装着命令の仮解除の申請は、「保護観察等に関する法律」第5条による保護観察審査委員会（以下「審査委員会」という）に書面で行わなければならない。
②審査委員会は、被装着者またはその法定代理人が装着命令の仮解除を申請した場合、直ちにその事実を保護観察所の長に通報しなければならない。

第17条（装着命令の仮解除の審査および決定） ①審査委員会は、法第18条第1項によって装着命令の仮解除を審査するときには、精神科の医師、精神保健臨床心理士、その他の専門家の意見を考慮しなければならない。
②審査委員会は、法第18条第4項および第5項の決定をした場合直ちに、その決定書の謄本を管轄の保護観察所長と申請人に送達しなければならない。
③保護観察官は、法第18条第4項の装着命令の仮解除の決定がされた場合、決定書に記載された仮解除日に電子装置を回収しなければならない。
④審査委員会が第1項によって専門家の意見を考慮した場合、意見を陳述したり資料を提出した専門家には、予算の範囲内で必要な費用の全部または一部を支給することができる。
〈新設2010年7月12日〉

第18条（仮解除の取消等） ①審査委員会は、法第19条第1項によって装着命令の仮解除の取消の決定をした場合直ちに、その事実を管轄の保護観察所の長に通報しなければならない。
②保護観察官は、装着命令の仮解除の取消の決定があると、被装着命令者に決定書を提示した後、電子装置を装着しなければならない。
③仮解除が取り消された場合、装着命令の執行期間は、装着装置を被装着命令者の身体に装着したときから進行する。

第3章　仮釈放および仮終了等と電子装置の装着

第19条（決定の告知等） ①審査委員会は、「保護観察等に関する法律」第24条第1項による保護観察の決定書の謄本を収容機関の長に送達することと共に、法第22条第1項による電子装置の装着に関する事項を一緒に通報しなければならない。
②「治療監護法」第37条による治療監護審議委員会は、法第23条第1項により被治療監護者または被保護監護者に電子装置を装着する決定をした場合、その決定書を被治療監護者または被保護監護者に、決定書の謄本を収容機関の長（保護監護施設の長を含む。以下この章で同じ）に各々送達しなければならない。〈2010年7月12日〉
③第1項および第2項により決定書の謄本の送達を受けた収容機関の長は、電子装置を装着することになる仮釈放の予定者および被治療監護者または被保護監護者に電子装置の装着に関する内容を通知しなければならない。〈2010年7月12日〉

第20条（治療監護所の長の通報） ①治療監護施設の長および被保護監護施設の長は、法第

23条第1項により電子装置の装着決定を受けた人(以下「被装着決定者」という)をほかの収容機関へ移送する場合、その収容機関の長に移送される人が電子装置の装着決定を受けたことを通報しなければならない。〈2010年7月12日〉
②第1項により被装着決定者を引き受けた収容機関の長は、彼が出所する5日前までに、彼の居住地を管轄する保護観察所の長に被装着決定者の釈放予定の事実を通報しなければならない。

第21条(準用) この章による電子装置の装着に関しては、第7条から第12条まで、第12条の2および第13条から第18条までの規定を準用する。

第4章 刑の執行猶予と装着命令

第22条(執行猶予と装着命令の執行) 法第28条第1項により執行猶予とともに電子装置の装着を命じる法院の判決が確定した人は、判決の確定後、10日以内に保護観察所に出席し法第29条第1項による装着命令の執行に従わなければならない。

第23条(準用) この章による装着命令に関しては、第4条、第6条から第12条まで、第12条の2および第13条から第18条までの規定を準用する。〈2010年7月12日〉

第5章 出所者などに対する電子装置の装着〈新設2010年7月12日〉

第24条(出所者などの人的事項など通報) ①法律第9,112号の特定性暴力犯罪者に対する位置追跡電子装置の装着に関する法律の一部改正法律の附則第2条第2項および第3項第1号によって性暴力犯罪を犯し、2008年9月1日以前に第1審の判決を言い渡され2010年7月16日基準で懲役刑以上の刑、治療監護または保護監護(以下「懲役刑等」という)の執行終了日まで6カ月以上が残っている者(以下「出所予定者」という)、懲役刑等の執行が終了、仮終了・仮出所・仮釈放または免除された後3年が経っていない者(以下「出所者」という)について教導所・拘置所・治療監護施設・保護監護施設(以下「収容施設」という)の長が収容施設の所在地を管轄する地方検察庁の検事に通報しなければならない事項は次の各号のとおりである。
1．収容記録簿
2．判決文の謄本
3．分類処遇審査表
4．その他電子装置装着命令の請求に必要な事項
②法律第9,112号の特定性暴力犯罪者に対する位置追跡電子装置の装着に関する法律の一部改正法律の附則第2条第2項第1号および第3項第1号によって性暴力犯罪を犯して2008年9月1日以前に第1審判決を言い渡され、2010年7月16日の基準で出所予定者、出所切迫者、出所者(以下「出所者等」という)である者について、収容施設の長が収容施設の所在地を管轄する保護観察所の長に通報しなければならない事項は、出所者等の氏名、住民登録番号、住所、出所予定日および罪名とする。〈新設2010年7月12日〉

第25条(調査) 検事は法律第9,112号の特定性暴力犯罪者に対する位置追跡電子装置に関する法律の一部改正法律の附則第2条第2項第2号および第3項第2号によって保護観察

所の長に出所者等に対する法第6条による調査を要請するときは、収容施設の長から通報された第24条第1項各号の事項と出所者等に対する犯罪経歴照会書、連絡先、面談結果書等を通知しなければならない。〈新設2010年7月12日〉

第26条（装着命令請求の事実の通報）　検事は、法律第9,112号の特定性暴力犯罪者に対する位置追跡電子装置の装着に関する法律の一部改正法律の附則第2条第2項第4号および第3項第4号によって出所者等に対して装着命令を請求した場合には、被請求人に直ちに請求事実を通知しなければならない。〈新設2010年7月12日〉

第27条（装着命令決定の通知）　①法院は法律第9,112号の特定性暴力犯罪者に対する位置追跡電子装置の装着に関する法律の一部改正法律の附則第2条第2項第5号および第3項第8号によって出所者等に対して装着命令を決定した場合には、装着命令を受けた者にその決定を告知しなければならない。
②法院は第1項によって決定が告知された日から3日以内に装着命令の告知を受けた者の居住地を管轄する保護観察所の長に決定文の謄本を送達しなければならない。
③収容施設の長は、装着命令の告知を受けた者が釈放される5日前までに対象者の居住地を管轄する保護観察所の長にその事実を通報しなければならない。〈新設2010年7月12日〉

第28条（執行指揮）　①出所者等に対する装着命令は、装着命令が告知された後、直ちに検事の指揮のもとで保護観察官が執行する。
②第1項による指揮は決定文の謄本を添付した書面によって行う。〈本条新設2010年7月12日〉

附則省略

特定犯罪者に対する位置追跡電子装置装着等に関する法律施行規則

［制定2008年9月19日、改正2009年7月30日・2010年7月15日］

第1条（目的）　この規則は、「特定犯罪者に対する位置追跡電子装置装着に関する法律」および「特定犯罪者に対する位置追跡電子装置装着に関する法律施行令」の施行に必要な事項を規定することを目的とする〈改正2009年7月30日〉。

第2条　削除〈2010年7月15日〉

第3条（調査の要請）　①「特定犯罪者に対する位置追跡電子装置装着等に関する法律」（以下

「法」という）第6条第1項、法律第9,112号の特定性暴力犯罪者に対する位置追跡電子装置装着に関する法律の一部改正法律の附則第2条第2項第2号および第3項第2号による調査の要請は、別紙第1号の書式の装着命令請求前調査要請書による。〈改正2009年7月30日、2010年7月15日〉
②「特定犯罪者に対する位置追跡電子装置装着に関する法律の施行令」（以下「令」という）第4条第1項後段による参考資料とは、被疑者尋問調書、被害者陳述調書、犯罪経歴資料および捜査経歴資料等をいう。〈2010年7月15日〉

第4条（装着命令の方式） ①法第8条の装着命令請求書は、別紙第2号の書式と同様である。ただし、公訴提起と同時に装着命令を請求する場合には、令第5条2項により別紙第3号の書式の公訴状および装着命令請求書で行うことができる。
②公訴を提起した後に装着命令を請求する場合には、装着命令の請求事件と併合審理する被告事件の法院名、事件番号、被告人名、罪名などを明示し装着命令の請求事件の管轄法院に併合審理を申請しなければならない。

第5条（矯導所長等の釈放予定の通報） 法第10条第2項、第22条第3項、第23条第3項および令第8条第5項、第20条第2項および第27条第3項の通報は、別紙第4号の書式の釈放予定通報書による。〈2010年7月15日〉

第6条（執行指揮） ①法第12条（法第31条によって準用される場合を含む）および令第28条第1項の執行指揮は、別紙第5号の書式の装着命令執行指揮書による。〈2010年7月15日〉
②検事は、装着命令と併科された刑の執行指揮書の備考欄に「装着命令」と赤色で記載しなければならない。

第7条（拘禁の通報等） 令第8条第3項および第4項（令第21条および第23条により準用される場合を含む）の通報は、各々別紙第6号の書式の拘禁（拘禁解除の決定）通報書による。

第8条（装着命令執行停止者の移送の通報等） 令第9条（令第21条および第23条により準用される場合を含む）および第20条1項の通報は、別紙第7号の書式の装着命令執行停止者（被装着決定者）移送通報書による。

第9条（一時分離の台帳） 令第10条第2項（令第21条および第23条により準用される場合を含む）の一時分離の台帳は、別紙第8号の書式による。

第10条（住居移転および出国申告書等） ①令第12条第1項（令第21条および第23条により準用される場合を含む）の申告は、別紙第8号の2の書式の申告書による。
②令第12条第2項および第3項（令第21条および第23条により準用される場合を含む）の許可申請および許可は、それぞれ別紙第9号の書式の住居移転、国内旅行または出国許可申請書と別紙第9号の2の書式の住居移転、国内旅行または出国許可書による。
③令第12条第5項（令第21条および第23条によって準用される場合を含む）の通報要請は、別紙第10号の書式の出入国事実の通報要請書による。〈全文改正2010年7月15日〉

第10条の2（装着期間の延長等申請） 法第14条の2および令第12条の2による装着期間の

延長または遵守事項の追加・変更・削除の申請と法第14条の2による装着期間の延長または遵守事項の追加・変更・削除の請求は別紙第10号の2の書式による。〈新設2010年7月15日〉

第10条の3（治療期間等の指定） ①令第13条第1項により治療および相談治療などを実施できる施設または団体に指定を受けようとする者（以下「申請人」という）は、別紙第10号の3の書式による特定犯罪者治療機関または相談治療機関指定申込書に次の各号の書類を添付して住所地を管轄する保護観察所（支所を含む。以下同じ）の長に提出しなければならない。
1．令第13条第1項第1号または、第2号に該当する施設・団体であることを立証できる書類または、特定犯罪者を治療して特定犯罪者矯正プログラムを開発・実施した実績を立証できる書類
2．治療または、矯正プログラムを担当する者が次に掲げるいずれかに該当する人物であることを証明する書類
　イ．精神科専門医または、精神保健専門要員として3年以上の特定犯罪者治療に関する実務経歴を有する者
　ロ．特定犯罪者治療関連分野の修士以上の学位所持者として5年以上の特定犯罪者治療に関する実務経歴を有する者
3．治療または、相談治療などの実施に必要な建物の賃貸借契約書（建物を賃借した場合のみ添付する）
4．施設または、団体の会則、規約または、法人の定款
5．施設または、団体の運営計画書および収支予算書
②第1項による申込書を受けた担当公務員は、「電子政府法」第36条第1項による行政情報の共同利用を通じて次の各号の書類の内容を確認しなければならない。
1．治療または、相談治療などの実施に必要な建物の登記簿謄本（建物が申請人の所有の場合のみ確認する）
2．法人の登記事項証明書（申請人が法人の場合のみ確認する）
③第1項による申請を受けた場合、保護観察所の長は申請日から14日以内に別紙第10号の4の書式の特定犯罪者治療機関または相談治療機関指定申請に対する意見と共に、申請人が提出した特定犯罪者治療機関または相談治療機関指定申込書と添付書類を法務部長官に送らなければならない。
④法務部長官は令第13条第1項により、申請人を治療および相談治療などを実施することができる施設または団体に指定するときには、申請人に別紙第10号の5の書式の特定犯罪者治療機関または相談治療機関指定書を発給しなければならない。
⑤令第13条第1項による指定を受けた施設または団体は、次の各号のいずれかに該当する事項を変更しようとする場合には、別紙第10号の6の書式の特定犯罪者治療機関または相談治療機関指定事項変更申込書に変更された事項を証明する書類などを添付して居住地を管轄する保護観察所の長に提出しなければならない。
1．施設または、団体の長、名称および所在地
2．治療または、矯正プログラムの対象特定犯罪の変更
3．治療または、矯正プログラムを担当する者
4．1年間で治療または、相談治療が可能な人員
⑥第5項による変更申請を受けた場合、保護観察所の長は変更申請日から14日以内に別紙第10号の7の書式の特定犯罪者治療機関または相談治療機関指定事項変更申請に対する意

見書と変更申請をした施設または、団体が提出した特定犯罪者治療機関または相談治療機関指定事項変更申込書、および添付書類を法務部長官に送らなければならない。
⑦法務部長官は第5項による指定事項変更申請が適正だと判断される場合、変更内容が記載された第10号の5の書式の特定犯罪者治療機関または相談治療機関指定書を申請人に再発給しなければならない。
⑧保護観察所の長は、法務部長官に令第13条第1項による指定を受けた施設または、団体の施設や特定犯罪者治療および矯正プログラムが、特定犯罪者の治療・改善に適当であるかどうか、ならびにその運営状況を定期的に報告しなければならない。
⑨法務部長官は、第8項による報告結果、令第13条による指定を受けた施設または、団体の施設や特定犯罪者治療および矯正プログラムが、特定犯罪者の治療・改善に不適当だと認められれば指定を取り消すことができる。ただし、次の各号のいずれかに該当する場合には、指定を取り消さなければならない。
1．虚偽やその他の不正な方法で指定を受けた場合
2．第1項および第2項による指定基準に達しなくなった場合〈新設2010年7月15日〉

第11条（受信資料使用台帳） 令第14条（令第21条および第23条により準用される場合を含む）の受信資料使用台帳は、別紙第11号の書式による。

第12条（仮解除申請書等） 令第16条第1項の仮解除申請（令第21条および第23条により準用される場合を含む）および法第19条第1項の仮解除取消申請（法第27条および第31条により準用される場合を含む）は、各々別紙第12号の書式の装着命令仮解除（仮解除取消）申請書による。

第13条（決定書） 法第18条第4項・第5項および令第17条による仮解除決定と法第19条第1項および令第18条第1項による仮解除取消決定（令第21条および第23条により準用される場合を各々含む）は、各々別紙第13号の書式の装着命令仮解除（仮解除取消）決定書による。

第14条（電子装置装着対象者の通報等） ①法第22条第2項および第23条第2項による電子装置装着対象者の通報は、各々別紙第14号の書式の電子装置装着対象者通報書による。
②令第19条第2項の決定書は、別紙第15号の書式による。

第15条（出所者など通知書） 法律第9,112号の特定性暴行犯罪者に対する位置追跡電子装置装着に関する法律の一部改正法律付則第2条第2項第1号、第3項第1号および令第24条による出所者などの人的事項などの通知は、別紙第16号の書式の出所者などの通知書による。〈新設2010年7月15日〉

第16条（出席要求書） 法律第9,112号特定性暴行犯罪者に対する位置追跡電子装置装着に関する法律の一部改正法律附則第2条3項5号による出席要求は、別紙第17号の書式の出席要求書による。〈新設2010年7月15日〉

第17条（拘留令状請求書など） ①法律第9,112号特定性暴行犯罪者に対する位置追跡電子装置装着に関する法律の一部改正法律附則第2条第3項第6号による拘引令状の請求と申請は各々別紙第18号の書式と別紙第19号書式による。

②保護観察所の長は、法律第9,112号の特定性暴行犯罪者に対する位置追跡電子装置装着に関する法律の一部改正法律附則第2条3項6号により検査に拘引令状を申請するときには、別紙第20号の書式の拘引令状申請簿に所定の事項を記載しなければならない。〈新設2010年7月15日〉

第18条（拘引令状）　①法律第9,112号特定性暴行犯罪者に対する位置追跡電子装置装着に関する法律の一部改正法律附則第2条第3項第6号による拘引令状は、別紙第21号の書式に従う。
②検査は、拘引令状の上側に執行を指揮するという内容を記載し、署名または記名捺印の方法で拘引令状の執行を指揮することができる。〈新設2010年7月15日〉

第19条（装着命令の執行状）　①法律第9,112号特定性暴行犯罪者に対する位置追跡電子装置装着に関する法律の一部改正法律附則第2条第3項第10号による装着命令の執行状の申請は別紙第22号の書式による。
②法律第9,112号特定性暴行犯罪者に対する位置追跡電子装置装着に関する法律の一部改正法律附則第2条第3項第10号による装着命令の執行状は別紙第23号の書式による。〈新設2010年7月15日〉

附則
　この規則は、2010年7月16日から施行する。

（翻訳：崔鍾植）

更生保護法成立後の更生保護に関する略年表

2007	3・2	「更生保護法案」閣議決定、第166通常国会に上程
	3・22	日弁連、「更生保護法案に対する意見書」公表
	4・1	法務省令「地方更生保護委員会事務局組織規則」および「保護観察所組織規則」の全部改正（地方更生保護委員会および保護観察所に専門官を導入）
	4・12	更生保護法案、衆議院本会議において趣旨説明・審議入り
	5・25	少年法等の一部を改正する法律、可決、成立
	6・8	更生保護法、参議院本会議において全会一致で可決、成立
	6・15	更生保護法公布
	8・29	刑務所出所者等を保護する更生保護施設の充実強化等に向けた検討を行うことを目的として、保護局長が「更生保護施設検討会」を設置
	8・31	日弁連、「仮釈放、仮出場及び仮退院並びに保護観察等に関する規則の一部を改正する省令の制定に関する意見書」公表
	10・4	北海道に保護観察を受けている少年を対象とする「沼田町就業支援センター」開所
	11・1	1号観察少年への警告手続の規定等を盛り込んだ少年法等の一部を改正する法律施行
	11・8	法務省令「仮釈放、仮出場及び仮退院並びに保護観察に関する規則」一部改正（施行は12月1日）
	12・1	犯罪被害者等施策に関連する規定について更生保護法一部施行
	12・18	閣僚懇談会において、経済産業大臣が中小企業等による刑務所出所者の就労支援の取り組みを行うことを表明
	12・24	2008年度政府予算案に、保護司等地域の更生保護の活動拠点となる「更生保護活動サポートセンター」設置関連予算が計上される
2008	3・5	刑務所出所者等の社会復帰支援に関する関係省庁（内閣府、警察庁、総務省、法務省、厚生労働省、農林水産省、経済産業省、国土交通省）による「刑務所出所者等の社会復帰支援に関する関係省庁連絡会議」設置
	3・10	日弁連、「犯罪をした者及び非行のある少年に対する社会内における処遇に関する規則案に対する意見書」公表
	3・24	「社会福祉士及び介護福祉士法」に基づく「社会福祉に関する科目」に「更生保護制度」が盛り込まれる
	4・1	地域の更生保護活動拠点として「更生保護活動サポートセンター」設置。2008年度は6地区を指定

4・23	法務省令「犯罪をした者及び非行のある少年に対する社会内における処遇に関する規則」制定（施行は6月1日）
5・9	法務省、覚せい剤事犯者に対する保護観察の充実強化のため「覚せい剤事犯者処遇プログラムを活用した保護観察の実施について」（2008年5月9日法務省保観第347号）を全国の保護観察所長宛に通達
5・30	「少年鑑別所処遇規則等の一部を改正する省令」（少年鑑別所処遇規則、少年院処遇規則等）制定
6・1	更生保護法全面施行
6・1	更生保護法に基づき「覚せい剤事犯者処遇プログラム」および「暴力防止プログラム」運用開始
6・13	刑務所出所者等を雇用する企業を拡大するため、就労支援推進協議会等の開催等を含む就労支援の推進に関する保護局長通達を発出
6・27	経済財政諮問会議「経済財政改革の基本方針2008」（骨太2008）において、「再犯防止の観点から、地域社会・民間企業の協力や社会福祉との連携等を図りつつ、矯正施設及び社会内における処遇の充実や出所者等の社会復帰支援を効率的に実施する」ことを決定
8・2	刑事立法研究会、日本司法福祉学会第9回大会（於・福岡）において「更生保護基本法要綱試案」公表
8・4	更生保護施設検討会、中間報告取りまとめ
8・22	法務大臣、法務省内に「無期刑受刑者の仮釈放に係る勉強会」設置を公表
8・22	政府の薬物乱用対策推進本部、「第三次薬物乱用防止五か年戦略」を策定。薬物依存・中毒者の治療・社会復帰の支援等の保護観察の充実強化策が盛り込まれる
9・5	日本経団連等経済団体を会員とする「全国就労支援事業者機構」設立（NPO法人の認証は12月24日）。各都道府県に同じNPO法人の就労支援事業者機構を立ち上げることを目指す
9・10	刑務所出所者等の社会復帰支援に関する関係省庁連絡会議、「刑務所出所者等の社会復帰支援（中間まとめ）」を取りまとめ。刑務所等と自治体、社会福祉法人等の実施する福祉サービスをつなぐための仕組みの構築の必要性を提言
11・28	「無期刑受刑者の仮釈放に係る勉強会」、無期刑受刑者の仮釈放の運用について情報公開すること、刑執行開始後30年が経過した時点で無期刑受刑者に対する仮釈放審理を実施すること、複数委員による面接、被害者等に対する調査および検察官に対する意見照会を実施することを内容とする報告書を法務大臣に提出

資料第4部

	11・28	第25回近畿弁護士会連合会人権擁護大会において、更生保護に関する決議採択
	12・22	犯罪対策閣僚会議「犯罪に強い社会の実現のための行動計画2008」、高齢・障がい等により自立が困難な刑務所出所者が福祉サービスを受けられるようにするため、刑事施設への社会福祉士等の配置や「地域生活定着支援センター(仮称)」設置等を提言
	12・22	法制審議会「被収容人員適正化方策に関する部会」第26回会議において、初入者および薬物使用者に対する刑の一部の執行猶予制度の導入、保護観察の特別遵守事項の類型に社会貢献活動を加えることを内容とする要綱(骨子)案が全会一致で採択される
	12・25	2009年度政府当初予算案に、刑務所出所者等の地域生活定着支援に関し、新規補助事業として「地域生活定着支援センター(仮称)」関連予算が計上される
	12・26	薬物乱用対策推進本部、犯罪対策閣僚会議に統合され「薬物乱用対策推進会議」(内閣府所管)となる
2009	1・5	少年院出院者による少年院出院者への全国サポートネットワーク「セカンドチャンス！」設立
	1・19	地域定着支援センターのモデル事業として長崎県に「社会福祉法人南高愛隣会地域生活定着支援センター」開設
	2・19	日弁連、「『地域生活定着支援センター(仮称)』に関する要望書」公表
	3・30	長崎県雲仙市の「社会福祉法人南高愛隣会」が、社会福祉法人として初めて法務大臣から継続保護事業経営の認可を受ける
	4・1	無期刑受刑者に係る仮釈放審理の運用の透明性の向上、慎重かつ適正な審理を確保を目的とする「無期刑受刑者に係る仮釈放審理に関する事務の運用について(通達)」実施
	4・1	保護観察所による「高齢又は障害により特に自立が困難な矯正施設出所者等に対する社会復帰支援策」実施。更生保護施設に社会福祉士を配置
	4・2	「社会福祉法人南高愛隣会」が、更生保護施設「虹」を開所
	5・21	「裁判員の参加する刑事裁判に関する法律」施行
	6・29	成人男子の仮釈放者を対象とする「北九州自立更生促進センター」開所
	7・3	更生保護法人同歩会設立認可(一時保護事業のみを実施する初めての法人)
	8・1	社会福祉法人南高愛隣会地域生活定着支援センター、長崎県から正式認可され「NPO法人長崎県地域生活定着支援センター」へ移管

	8・3	福岡県田川市の「NPO法人TFG（田川ふれ愛義塾）」が、NPO法人として初めて法務大臣から継続保護事業経営の認可を受ける
	8・24	更生保護施設検討会、更生保護施設の積極的活用等を盛り込んだ報告書を保護局長に提出
	9・9	神戸地裁で裁判員裁判として初の保護観察付執行猶予判決言渡し。同日、山口地裁でも保護観察付執行猶予判決
	9・9	成人男子の仮釈放者・満期釈放者を対象とする「茨城就業支援センター」が茨城県ひたちなか市に開所
2010	1・1	受刑者の処遇指標について、長期刑に関する処遇指標（L指標）が8年から10年に変更される（2009年12月9日矯成訓第6473号「受刑者の集団編成に関する訓令」、2009年12月9日矯成第6474号「刑執行開始時及び釈放前の指導等に関する訓令の運用について（依命通達）」）
	1・26	法務大臣の私的諮問機関として「少年矯正を考える有識者会議」設置
	1・31	第22回社会福祉士国家試験で初めて「更生保護制度」が試験科目とされる
	2・24	法制審議会第162回会議において、諮問第77号に関し、被収容人員適正化方策についての要綱（骨子）案が全会一致で原案通り採択され、答申
	2・25	法務大臣を議長とする「再犯防止対策推進会議」設置。同会議の下に「就労・福祉等による社会復帰支援施策検討プロジェクトチーム」設置
	3・26	社団法人沖縄産業開発青年協会が、社団法人として初めて法務大臣から継続保護事業経営の認可を受ける
	6・18	政府の「新成長戦略」に「刑務所出所者等の社会復帰」が盛り込まれる
	7・23	薬物乱用対策推進会議、「薬物乱用防止戦略加速化プラン」策定。薬物事犯者の刑の一部執行猶予等を提言
	8・1	「福島自立更生促進センター」開所
	8・17	大阪府吹田市と吹田地区保護司会が、同保護司会推薦の保護観察中の少年らを市のアルバイトとして雇用する協定締結
	8・29	菅直人内閣総理大臣、姫路更生保護活動サポートセンターを視察し、保護司制度の充実、罪を犯した人の就労支援等の施策を充実等を法務大臣に対し指示
	8・31	法務省再犯防止対策推進会議、再犯防止施策の今後の展開についての中間取りまとめ「再犯防止施策の今後の展開〜就労・福祉による社会復帰支援を中心として〜」を公表、就労支援拠点として「更生保護就労センター（仮称）」の設置が盛り込まれる

	9・24	茨城県保護司会連合会、法務省保護局長に対して保護観察対象者の行為によって財産に重大な損害をこうむった場合の補償制度の確立を求める陳情書提出
	10・1	飲酒運転防止プログラムの運用開始
	11・4	警察庁、子どもへの性犯罪で服役した出所者に警察官が面接する制度を検討開始
	11・22	「医療観察法の施行状況に関する報告」を閣議決定し、国会に報告
	12・7	少年矯正を考える有識者会議第15回会議で「少年矯正を考える有識者会議提言――社会に開かれ，信頼の輪に支えられる少年院・少年鑑別所へ――」を全会一致で決定し法務大臣に提出
	12・14	第16回犯罪対策閣僚会議において再犯防止対策関係省庁連絡会議による「再犯防止施策の今後の展開～現状の課題と施策実現に向けた取組の方向性～」了承。同会議の下に刑務所出所者等の社会復帰支援を始めとした総合的な再犯防止対策のの検討・推進のため、「再犯防止対策ワーキングチーム」を設置
	12・16	警察庁、「非行少年を生まない社会づくりの推進について（通達）」「少年に手を差し伸べる立ち直り支援活動の推進について（通達）」発出。非行少年の立ち直り支援のため相談業務を積極化
	12・17	日弁連、「無期刑受刑者に対する仮釈放制度の改善を求める意見書」公表
	12・24	2011年度政府当初予算案に、更生保護就労支援モデル事業、NPO等との連携による緊急的住居確保対策等に関する予算が計上される（2011年度は東京、福岡、宇都宮の3保護観察所管内で「更生保護就労支援モデル事業」を実施)
2011	1・22	宮城県知事、宮城県内に在住する性犯罪の前歴者等にGPS装置を携帯させる条例案の検討を公表
	3・9	法務省、「保護司制度の基盤整備に関する検討会」の初会合を開き、保護司活動に伴う物的な損害の補償のあり方や、保護司の担い手確保策等について検討を開始
	3・11	東日本大震災発生。492人の保護司の自宅が地震・津波で損壊。面接が困難に
	3・31	犯罪対策閣僚会議の下に「被災地等における安全・安心の確保対策ワーキングチーム」設置。被災地域における保護観察体制の再構築、刑務所出所者の就労支援対策の充実強化等も課題とされる
	4・1	全国25か所の保護観察所で「社会貢献活動」先行実施

4・1	警察庁、子どもを対象とした性犯罪で服役した刑務所出所者に対する措置を強化。往訪による所在確認、面談などを実施
5・8	福岡で弁護士有志、協力雇用主会、就労支援事業者機構関係者により「非行少年更生支援ネットワーク会議」設立
5・16	警察庁、「立ち直り支援活動の一環として行う少年の就労支援について」発出。公共職業安定署等と連携した就労支援を開始
6・3	大阪市と大阪市保護司会連絡協議会が、保護観察中の少年を市の臨時職員として雇用する協定締結
7・14	再犯防止対策ワーキングチーム、「刑務所出所者等の再犯防止に向けた当面の取組」を決定
10・7	日弁連第54回人権擁護大会において、仮釈放の積極化、矯正・保護部門と福祉部門との連携の拡大強化等を盛り込んだ「罪を犯した人の社会復帰のための施策の確立を求め、死刑廃止についての全社会的議論を呼びかける宣言」採択
11・4	刑の一部執行猶予、社会貢献活動を新設する「刑法等の一部を改正する法律案」「薬物使用等の罪を犯した者に対する刑の一部の執行猶予に関する法律案」(刑の一部執行猶予関連二法)閣議決定
11・21	刑の一部執行猶予関連二法、参議院法務委員会で審議入り
12・1	刑事立法研究会「刑法等の一部を改正する法律案及び薬物使用等の罪を犯した者に対する刑の一部の執行猶予に関する法律案についての意見」公表
12・9	刑の一部執行猶予関連二法、衆議院で継続審査
12・13	大阪府青少年健全育成審議会部会、18歳未満の子どもに対する性犯罪の前歴者の居住地届出を義務化を求めることを決定、条例化へ

注：略年表の大部分は、更生保護60年史編集委員会編『更生保護60年史』(同編集委員会、2010年)等の更生保護関係機関記念誌を参照し、最近の動向については各種雑誌論文、新聞記事および法務省ウェブサイト等により補足した。なお、更生保護法成立以前の動向については『更生保護制度改革のゆくえ』(現代人文社、2007年)の略年表を参照されたい。

(藤井 剛)

更生保護に関係する主な文献

　以下は、戦後の更生保護制度発足後の更生保護(保護観察、仮釈放等)に関する主な文献である。

　ただし、そのすべてを網羅することは紙幅の関係上不可能であるので、更生保護の歴史や実情を知る上で研究上有用な冊子体について収録し、雑誌論文等については割愛した。

　なお、出版年が古いものや法務省部内の報告書については、現在では入手が困難なものも含まれるが、その重要性に鑑みて収録してある。そのような文献についても、国立国会図書館をはじめ、各地のいずれかの図書館には収蔵されているので、必要と考える方はぜひアクセスしていただきたい。

　また、2008年に「更生保護制度」が新たに社会福祉士国家試験の科目として追加された関係により、社会福祉系出版社から相次いで更生保護の概説書が刊行されているので主なものを収録した。

　なお、1990年までの図書・雑誌論文については、安形静男編『更生保護関係文献目録』(日本更生保護協会、1990)が網羅的に収録しているので、こちらも参照されたい。

◆研究書・研究報告書

- ヘレン・ディ・ピジョン『ケース・ワークの技術と方法』[更生保護叢書1号](日本更生保護協会、1951)
- 小川太郎『保護観察制度について』[法務研究報告書39集8号](法務研修所、1954)
- 西村克彦＝林知己夫『假釋放の研究』(東京大学出版会、1955)
- 栗原一夫『保護観察におけるケースワークについて』[法務研究報告書44集2号](法務研修所、1956)
- 法務省保護局編『恩赦制度に関する資料』[保護資料12号](法務省保護局、1957)
- 吉野栄二『更生保護会運営に関する実証的研究』[法務研究報告書45集1号](法務研修所、1957)
- 小川太郎『自由刑の展開：保護観察を基点とした保安処分』(一粒社、1964)
- 斎藤欣子『横浜地検における起訴猶予者に対する更生保護事件について』[検察研究叢書43](法務総合研究所、1965)
- 東徹『保護観察付執行猶予の実証的研究』[司法研究報告書18輯1号](司法研修所、1966)
- 畠山勝美『試験観察の実証的研究』[司法研究報告書17輯2号](司法研修所、1966)
- 坂部正晴『更生保護会における被保護者処遇の実証的研究』[法務研究報告書55集5号](法務総合研究所、1968)
- 菊田幸一『保護観察の理論』(有信堂、1969)
- 吉田次郎『刑事政策としての更生保護』(大永舎、1971)
- 鈴木一久『犯罪者の社会内処遇に関する比較法制的研究』[法務研究報告書57集5号](法務総合研究所、1971)
- 鈴木昭一郎『保護観察の遵守事項に関する研究』[法務研究報告書60集3号](法務総合研究所、1972)
- 清水義廣『保護観察ケースワークに関する研究』[法務研究報告書63集3号](法務総合研究所、1975)
- 松本勝『保護観察における交通事件対象者の処遇について』[法務研究報告書64集2号](法

務総合研究所、1976）
- 高橋和雄『保護観察事例の実証的研究：保護観察実施過程における諸問題と処遇のあり方について』［法務研究報告書65集1号］（法務総合研究所、1977）
- 山口透『保護観察における居住施設の活用に関する研究』［法務研究報告書67集1号］（法務総合研究所、1979）
- 法務省保護局編『社会内処遇の基準と目標』［保護資料19号］（法務省保護局、1981）
- 千条武『仮出獄の取消しに関する実証的研究』［法務研究報告書69集2号］（法務総合研究所、1981）
- 宮澤浩一ほか『犯罪者の社会復帰』［現代刑罰法大系7巻］（日本評論社、1982）
- 市川清志『更生保護会の運営に関する実証的研究』［法務研究報告書71集5号］（法務総合研究所、1984）
- 橋本詔子『保護観察における環境調整に関する研究』［法務研究報告書73集5号］（法務総合研究所、1987）
- 高池俊子『中学生の保護観察に関する研究』［法務研究報告書74集6号］（法務総合研究所、1987）
- 山田憲児『保護観察付刑執行猶予の取消し等に関する研究』［法務研究報告書75集2号］（法務総合研究所、1988）
- 橋本昇『更生緊急保護をめぐる諸問題』［法務研究報告書79集1号］（法務総合研究所、1992）
- 瀬川晃『犯罪者の社会内処遇』(成文堂、1991)
- 岩井敬介『社会内処遇論考』［更生保護叢書］（日本更生保護協会、1992）
- 伊福部舜児『社会内処遇の社会学』［更生保護叢書2号］（日本更生保護協会、1993）
- 生島浩『保護観察における家族援助に関する実証的研究』［法務研究報告書81集1号］（法務総合研究所、1993）
- 菅沼登志子『社会内処遇における社会奉仕活動に関する研究』［法務研究報告書82集2号］（法務総合研究所、1995）
- 原一馬『日本の恩赦と前科抹消』(佐賀県更生保護協会、1995）
- 大坪與一『更生保護の生成』［更生保護叢書3号］（日本更生保護協会、1996）
- 川崎政宏『仮釈放における遵守事項の研究』［法務研究報告書83集3号］（法務総合研究所、1997）
- 染田惠『犯罪者の社会内処遇の多様化に関する比較法制的研究』［法務研究報告書86集1号］（法務総合研究所、1998）
- 西瀬戸伸子『保護観察における行動療法的技法等の実証的研究』［法務研究報告書85集2号］（法務総合研究所、1998）
- 前澤雅男『保護司の面接・カウンセリング入門』(日本更生保護協会、1998）
- 鈴木昭一郎『更生保護の実践的展開』［更生保護叢書4号］（日本更生保護協会、1999）
- 常井善『更生保護と刑事政策』［更生保護叢書5号］（日本更生保護協会、2002）
- 今福章二『更生保護施設における処遇に関する研究』［法務研究報告書89集3号］（法務総合研究所、2002）
- 染田惠＝岡田和也＝吉田里日＝石井智之『外国人保護観察対象者に係る処遇上の問題点対応策』［法務総合研究所研究部報告17］（法務総合研究所、2002）
- 中野陽子＝染田惠『保護観察付き執行猶予者の成り行きに関する研究』［法務総合研究所研究部報告17］（法務総合研究所、2002）

- 鮎川潤『非行少年のための更生保護施設に関する研究』(金城学院大学、2002-2003)
- 北澤信次『犯罪者処遇の展開：保護観察を焦点として』(成文堂、2003)
- 木村隆夫『非行克服の援助実践：ある保護観察官の実践的非行臨床論』(三学出版、2003)
- 西川正和＝寺戸亮二＝大場玲子＝押切久遠＝小國万里子『保護司の活動実態と意識に関する調査——保護司の活動実態と意識に関する調査——』[法務総合研究所研究部報告26]（法務総合研究所、2005)
- 安形静男『社会内処遇の形成と展開』[更生保護叢書6号]（日本更生保護協会、2005)
- 松嶋秀明『関係性のなかの非行少年』(新曜社、2005)
- 西川正和＝大場玲子＝寺戸亮二『保護観察対象者の分類の基準に関する研究』[法務総合研究所研究部報告30]（法務総合研究所、2006)
- 染田惠『犯罪者の社会内処遇の探求：処遇の多様化と修復的司法』(成文堂、2006)
- 刑事立法研究会編『更生保護制度改革のゆくえ』(現代人文社、2007)
- 羽間京子『少年非行：保護観察官の処遇現場から』(批評社、2009)
- 日本犯罪社会学会編『犯罪からの社会復帰とソーシャル・インクルージョン』(現代人文社、2009)
- 浜井浩一編著『刑事司法統計入門』(日本評論社、2010)
- 日本犯罪社会学会編『犯罪者の立ち直りと犯罪者処遇のパラダイムシフト』(現代人文社、2011)

◆記念論文集
- 更生保護制度施行十周年記念全国大会事務局編『更生保護論集：更生保護制度施行十周年記念』(更生保護制度施行十周年記念全国大会事務局、1959)
- 法務省保護局編『新更生保護論集』(日本更生保護協会、1988)
- 更生保護50年史編集委員会編『更生保護の課題と展望：更生保護制度施行50周年記念論文集』(日本更生保護協会、1999)

◆記念誌
- 全国保護司大会事務局編『全國保護司大會誌』(全国保護司連盟、1954)
- 更生保護制度施行十周年記念全国大会事務局編『更生保護10年のあゆみ：更生保護制度施行10周年記念』(更生保護制度施行十周年記念全国大会事務局、1959)
- 更生保護制度施行十周年記念全国大会事務局編『更生保護制度施行十周年記念全国大会誌』(更生保護制度施行十周年記念全国大会事務局、1960)
- 更生保護制度施行三十周年記念全国大会事務局編『更生保護制度施行三十周年記念全国大会誌』(更生保護制度施行三十周年記念全国大会事務局、1980)
- 更生保護三十年史編集委員会編『更生保護三十年史』(日本更生保護協会、1982)
- 更生保護会設立百周年記念事業準備委員会編『更生保護会設立百周年記念大会誌』(更生保護会設立百周年記念事業準備委員会、1989)
- 更生保護四十年史編集委員会編『更生保護四十年史』(日本更生保護協会、1989)
- 日本BBS連盟OB会編『BBS運動50年の回顧』(日本BBS連盟OB会、1997)
- BBS運動発足50周年記念誌編集委員会編『BBS運動発足50周年記念誌』(日本更生保護協会、1997)

- 全国更生保護婦人連盟「35年のあゆみ」編集委員会編『全国更生保護婦人連盟「35年のあゆみ」』(全国更生保護婦人連盟、1999)
- 日本BBS連盟編『BBS運動発足50周年記念事業報告書』(日本BBS連盟、1999)
- 更生保護50年史編集委員会編『更生保護50年史：地域社会と共に歩む更生保護』(全国保護司連盟＝全国更生保護法人連盟＝日本更生保護協会、2000)
- 日本BBS連盟OB会編『BBS運動の軌跡』(日本BBS連盟OB会、2006)
- 更生保護60年史編集委員会編『更生保護60年史：地域社会に生きる更生保護』(日本更生保護協会、2010)

※上記のほか、各地の地方更生保護委員会、保護観察所、保護司会、更生保護法人等において記念誌が多く刊行されている。

◆評伝・人物研究
- 安形静男『原胤昭免囚の父：更生保護史上に異彩の生涯と足跡』(北見虹の会、1995)
- 若木雅夫『更生保護の父原胤昭』(大空社、1996)
- 室田保夫『留岡幸助の研究』(不二出版、1998)
- 法務省保護局更生保護誌編集委員会編『更生保護史の人びと』(日本更生保護協会、1999)
- 田澤薫『留岡幸助と感化教育』(勁草書房、1999)
- 今波はじめ『池上雪枝』(大空社、1999)
- 鹿嶋海馬『山室軍平』(大空社、1999)
- 野村朋子『留岡幸助その事業と思想』(旭図書刊行センター、2000)
- 黒沢明彦『人を信じ、人を生かす：群馬の更生保護の先覚者　橋本園太』(群馬県保護司会連合会、2002)
- 兼田麗子『福祉実践にかけた先駆者たち：留岡幸助と大原孫三郎』(藤原書店、2003)
- 倉田和四生『留岡幸助と備中高梁』(吉備人出版、2005)
- 三戸岡道夫『金原明善の一生』(栄光出版社、2007)
- 大分県中津市監修『川村矯一郎：マンガ更生保護の創始者』(梓書院、2009)
- 二井仁美『留岡幸助と家庭学校』(不二出版、2010)
- 佐保圭『どがんね：古賀常次郎詳伝』(日経BPマーケティング、2010)
- 片岡優子『原胤昭の研究』(関西学院大学出版会、2011)

◆法令・統計・事典
- 綿引紳郎『犯罪者予防更生法解説』(大学書房、1949)
- 中央更生保護委員会編『保護観察読本』(司法保護協会、1949)
- 小川太郎『更生保護法』(一粒社、1954)
- 東京保護観察所編『保護司の法律』(東京保護観察協会、1954)
- 『少年矯正保護法』(第一法規出版、1955)
- 法務省保護局編『更生保護法令全書』(衆文社、1956)
- 法務省保護局編『恩赦制度に関する資料』[保護資料12号](法務省保護局、1957)
- 岡田亥之三朗『逐条恩赦法釈義』[改訂再増補版](第一法規出版、1959)
- 平野龍一『矯正保護法』[法律学全集44](有斐閣、1963)

- 法務省保護局編『更生保護例規集』(法務省保護局、1963)
- 石井照久ほか編『監獄法・恩赦法等』(第一法規出版、1964)
- 井上登ほか編『少年法・少年院法・犯罪者予防更生法等』(第一法規出版、1964)
- 朝倉京一ほか編『日本の矯正と保護　保護編』[日本の矯正と保護3巻](有斐閣、1981)
- 吉永豊文＝鈴木一久『矯正保護法』[現代行政法学全20](ぎょうせい、1986)
- 法務省保護局編『保護観察読本』(日本更生保護協会、1987)
- 原一馬『日本の恩赦と前科抹消』(佐賀県更生保護協会、1995)
- 法務省保護局編『保護司のための保護観察関係法規』(日本更生保護協会、1996)

- 法務総合研究所編『犯罪白書』(1960年より毎年刊)
- 法務大臣官房司法法制調査部調査統計課編『保護統計年報』(1961年より毎年刊)

- 保護観察事典編集委員会編『保護観察事典』(文教書院、1968)
- 新訂保護観察事典編集委員会編『新訂保護観察事典』(文教書院、1974)

※これらの文献のほか、保護司の研修用教材として、法務省保護局、日本更生保護協会等から少なからぬ小冊子が刊行されており、更生保護制度のあらましを知るうえで参考になる。

◆更生保護に関する教科書（教科書のため逐次改訂あり）
- 社会福祉士養成講座編集委員会編『新・社会福祉士養成講座 20（更生保護制度）』(中央法規出版、2009)
- 松本勝編著『更生保護入門』(成文堂、2009)
- 木村隆夫＝中川純編著『更生保護制度』(久美出版、2009)
- 清水義悳＝若穂井透編著『Minerva社会福祉士養成テキストブック　更生保護』(ミネルヴァ書房、2009)
- 全国社会福祉協議会編『法学：権利擁護と成年後見制度/更生保護制度（社会福祉学習双書 2009 第13巻）』(全国社会福祉協議会、2009)
- 森長秀責任編集『更生保護制度：司法福祉（社会福祉士シリーズ20）』(弘文堂、2009)
- 渡辺信英『更生保護制度』(南窓社、2011)

◆海外のパロール・プロベーション制度
- United Nations編『プロベイションとこれに関係のある諸制度』[保護資料7号](法務省保護局、1955)
- ドラ・フォン・ケメラーほか『保護観察制度』[法務資料366号](法務大臣官房司法法制調査部、1959)
- 法務省編『欧米諸国のプロベーション制度』[法務資料368号](法務大臣官房司法法制調査部、1960)
- N. S. ティマシェフ『プロベイションの百年』[法務資料382号](法務大臣官房司法法制調査部調査統計課、1963)
- 法務省保護局編『プロベイションのための犯罪者の選択』[保護資料14号](法務省保護局、

- 1967)
- 法務省保護局恩赦課編『外国の恩赦制度に関する資料』(法務省保護局恩赦課、1971)
- 法務省保護局編『更生保護関係外国法令集』［保護資料15号］(法務省保護局、1973)
- フィリダ・パースローほか『英国における保護観察制度』［保護資料16号］(法務省保護局、1975)
- 法務省保護局編『フランスにおける更生保護関係法令』［保護資料17号］(法務省保護局、1976)
- 法務省保護局編『アメリカ合衆国連邦保護観察執務要領』［保護資料18号］(法務省保護局、1976)
- 法務省保護局編『社会内処遇の基準と目標』［保護資料19号］(法務省保護局、1981)
- 法務省保護局編『ハーフウェイ・ハウス』［保護資料20号］(法務省保護局、1981)
- E. Kim Nelson『プロベーション及びパロールにおける有望な施策』［保護資料21号］(法務省保護局、1982)
- C. P. ナットール『イングランド及びウェールズにおける仮釈放』［保護資料22号］(法務省保護局、1983)
- 法務省保護局編『成人プロベーションにおける緊急の諸課題』［保護資料23号］(法務省保護局、1983)
- ジョン・オーガスタス『ジョン・オーガスタス：最初の保護司』［保護資料24号］(法務省保護局、1988)
- 法務省保護局編『アメリカ・イギリスの社会奉仕命令』［保護資料25号］(法務省保護局、1993)
- 法務省保護局編『ジャービス保護観察マニュアル　第5版』［保護資料26号］(法務省保護局、1994)
- 法務総合研究所編『イングランド及びウェールズの保護観察所における被害者支援調査』［法務総合研究所研究部資料41］(法務総合研究所、1997)
- 法務省保護局編『諸外国の更生保護制度　1(スウェーデン王国)』［保護資料27号］(法務省保護局、1997)
- 法務省保護局編『諸外国の更生保護制度　2(オーストラリア連邦の更生保護)』［保護資料28号］(法務省保護局、1998)
- 法務省保護局編『諸外国の更生保護制度　3(フランス共和国の司法制度と更生保護)』［保護資料29号］(法務省保護局、2000)
- 法務省保護局編『諸外国の更生保護制度　4(カナダの更生保護)』［保護資料30号］(法務省保護局、2001)
- 法務省保護局編『諸外国の更生保護制度　5(アメリカ合衆国の更生保護 1)』［保護資料31号］(法務省保護局、2001)
- 多久島晶子『連合王国における社会内処遇プログラムの新しい展開〜「What Works施策」について〜』［「竹内基金」国際交流事業実地調査報告書］(日立みらい財団、2002)
- 法務省保護局編『諸外国の更生保護制度　6(大韓民国の更生保護)』［保護資料32号］(法務省保護局、2004)
- 西川正和＝河原田徹『英国の保護観察制度に関する研究——社会内処遇実施体制の変革と地域性の再建——』［法務総合研究所研究部報告28］(法務総合研究所、2005)
- 法務総合研究所編『カナダの更生保護におけるボランティア：地域社会を基盤にした連携の実情(法務総合研究所研究部資料53)』(法務総合研究所、2006)

◆雑誌
- 『更生保護』(日本更生保護協会、月刊)
- 『更生保護と犯罪予防』(日本更生保護協会、年刊)
- 『犯罪と非行』(日立みらい財団、年4回刊)
- 『罪と罰』(日本刑事政策研究会、年4回刊)
- 『矯正講座』(龍谷大学矯正・保護課程委員会、年刊)
- 『法曹時報』(法曹会、年に一度「更生保護の現状」と題する概況報告が掲載される)

(藤井 剛)

著者一覧 （掲載順。ただし重複を除く。2012年3月31日現在）

土井政和（九州大学大学院法学研究院教授）
甘利航司（国学院大学法学部准教授）
正木祐史（静岡大学大学院法務研究科准教授）
大貝　葵（大阪市立大学大学院法学研究科研究生）
金澤真理（大阪市立大学法学研究科教授）
井上宜裕（九州大学大学院法学研究院准教授）
斎藤　司（龍谷大学法学部准教授）
佐々木光明（神戸学院大学法学部教授）
相澤育郎（九州大学大学院法学府博士後期課程）
丸山泰弘（立正大学法学部専任講師（特任））
高平奇恵（九州大学大学院法学研究院助教、弁護士）
野尻仁将（一橋大学大学院法学研究科博士後期課程）
森久智江（立命館大学法学部准教授）
井上宜裕（九州大学大学院法学研究院准教授）
金炯局（韓国ソウル西部地方法院国選担当弁護士）
崔鍾植（大阪商業大学総合経営学部准教授）
藤井　剛（龍谷大学矯正・保護総合センター嘱託研究員）

編者紹介：刑事立法研究会について

　刑事立法研究会は、刑事立法のあり方やその現状の分析に関心のある刑事法研究者を中心として1987年に設立された。監獄法関連立法の研究に取り組み、国際的人権基準に照らした改革提案を公表してきた。同研究会社会内処遇班は、日韓社会内処遇シンポジウム「共に生きる明日へ」（同報告書および「特集社会内処遇制度改革の日韓比較」龍谷大学矯正・保護研究センター研究年報No.4〔2007年〕所収）、刑事立法研究会編『更生保護制度改革のゆくえ――犯罪をした人の社会復帰のために』（現代人文社、2007年）、刑事立法研究会社会内処遇班「更生保護基本法要綱試案」龍谷大学矯正・保護研究センター研究年報No.5（2008年）、斎藤司ほか「社会内処遇をめぐる動向と課題」龍谷法学第43巻第1号（2010年）所収）などの研究成果を公表している。

非拘禁的措置と社会内処遇の課題と展望
（ひこうきんてきそち　しゃかいないしょぐう　かだい　てんぼう）

2012年3月30日　第1版第1刷発行

編　者　刑事立法研究会
発行人　成澤壽信
編集人　桑山亜也
発行所　株式会社 現代人文社
　　　　〒160-0004 東京都新宿区四谷2-10 八ッ橋ビル7階
　　　　Tel　03-5379-0307（代）　　Fax　03-5379-5388
　　　　E-mail　henshu@genjin.jp（編集）　hanbai@genjin.jp（販売）
　　　　Web　http://www.genjin.jp
　　　　郵便振替口座　00130-3-52366
発売所　株式会社 大学図書
印刷所　株式会社 平河工業社
装幀・本文デザイン　黒瀬章夫

検印省略　Printed in JAPAN
ISBN978-4-87798-520-2 C3032
©2012 by Keijirippo-Kenkyukai

本書の一部あるいは全部を無断で複写・転載・転訳載などをすること、または磁気媒体等に入力することは、法律で認められた場合を除き、著作者および出版者の権利の侵害となりますので、これらの行為をする場合には、あらかじめ小社または編著者宛に承諾を求めてください。